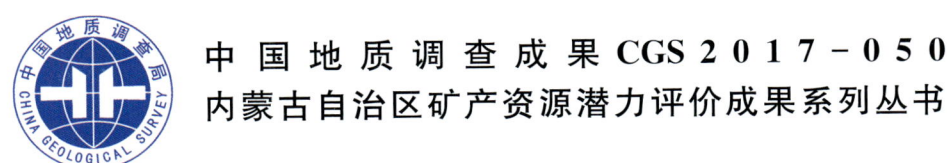

中国地质调查成果 CGS 2017-050
内蒙古自治区矿产资源潜力评价成果系列丛书

内蒙古自治区锡矿资源潜力评价

NEIMENGGU ZIZHIQU XIKUANG ZIYUAN QIANLI PINGJIA

许 展 武跃勇 著

图书在版编目(CIP)数据

内蒙古自治区锡矿资源潜力评价/许展,武跃勇著. —武汉:中国地质大学出版社,2018.8
（内蒙古自治区矿产资源潜力评价成果系列丛书）
ISBN 978-7-5625-4299-5

Ⅰ.①内…
Ⅱ.①许… ②武…
Ⅲ.①锡矿床-矿产资源-资源潜力-资源评价-研究-内蒙古
Ⅳ.①F426.1

中国版本图书馆 CIP 数据核字(2018)第 122688 号

内蒙古自治区锡矿资源潜力评价			许 展 武跃勇 著
责任编辑:张燕霞	选题策划:毕克成 刘桂涛		责任校对:张咏梅
出版发行:中国地质大学出版社(武汉市洪山区鲁磨路388号)			邮编:430074
电　　话:(027)67883511	传　　真:(027)67883580		E-mail:cbb@cug.edu.cn
经　　销:全国新华书店			http://cugp.cug.edu.cn
开本:880毫米×1230毫米　1/16		字数:483千字	印张:15.25
版次:2018年8月第1版		印次:2018年8月第1次印刷	
印刷:武汉中远印务有限公司		印数:1—900册	
ISBN 978-7-5625-4299-5			定价:258.00元

如有印装质量问题请与印刷厂联系调换

《内蒙古自治区矿产资源潜力评价成果》
出版编撰委员会

主　　　任：张利平

副 主 任：张　宏　赵保胜　高　华

委　　　员（按姓氏笔画排列）：

　　　于跃生　王文龙　王志刚　王博峰　乌　恩　田　力

　　　刘建勋　刘海明　杨文海　杨永宽　李玉洁　李志青

　　　辛　盛　宋　华　张　忠　陈志勇　邵和明　邵积东

　　　武　文　武　健　赵士宝　赵文涛　莫若平　黄建勋

　　　韩雪峰　路宝玲　褚立国

项目负责：许立权　张　彤　陈志勇

总　　编：宋　华　张　宏

副 总 编：许立权　张　彤　陈志勇　赵文涛　苏美霞　吴之理

　　　　　　方　曙　任亦萍　张　青　张　浩　贾金富　陈信民

　　　　　　孙月君　杨继贤　田　俊　杜　刚　孟令伟

《内蒙古自治区锡矿资源潜力评价》

主　　编：许　展　武跃勇

编著人员：许　展　武跃勇　贺宏云　魏雅玲　张玉清　梁彩飞
　　　　　郝先义　柳永正　吴之理　方　曙　赵文涛　苏美霞
　　　　　任亦萍　陈信民　张　青　张　浩　田　俊　张　明
　　　　　康小龙　张永清　贾和义　郭仁旺　韩建刚　贺　峰
　　　　　郑武军　阎　洁　韩宗庆　李满英　张婷婷　李　杨
　　　　　佟　卉　李雪娇　胡　雯　陈晓宇　安艳丽　肖建伟
　　　　　孙景浩　刘小女　胡玉华　左玉山　高清秀

序

2006年,国土资源部为贯彻落实《国务院关于加强地质工作决定》中提出的"积极开展矿产远景调查评价和综合研究,科学评估区域矿产资源潜力,为科学部署矿产资源勘查提供依据"的精神要求,在全国统一部署了"全国矿产资源潜力评价"项目,"内蒙古自治区矿产资源潜力评价"项目是其子项目之一。

"内蒙古自治区矿产资源潜力评价"项目2006年启动,2013年结束,历时8年,由中国地质调查局和内蒙古自治区人民政府共同出资完成。为此,内蒙古自治区国土资源厅专门成立了以厅长为组长的项目领导小组和技术委员会,指导监督内蒙古自治区地质调查院、内蒙古自治区地质矿产勘查开发局、内蒙古自治区煤田地质局以及中化地质矿山总局内蒙古自治区地质勘查院等7家地勘单位的各项工作。我作为自治区聘请的国土资源顾问,全程参与了该项目的实施,亲历了内蒙古自治区新老地质工作者对内蒙古自治区地质工作的认真与执着。他们对内蒙古自治区地质的那种探索和不懈追求精神,给我留下了深刻的印象。

为了完成"内蒙古自治区矿产资源潜力评价"项目,先后有270多名地质工作者参与了这项工作,这是继20世纪80年代完成的《内蒙古自治区地质志》《内蒙古自治区矿产总结》之后集区域地质背景、区域成矿规律研究,物探、化探、自然重砂、遥感综合信息研究以及全区矿产预测、数据库建设之大成的又一巨型重大成果。这是内蒙古自治区国土资源厅高度重视、完整的组织保障和坚实的资金支撑的结果,更是内蒙古自治区地质工作者8年辛勤汗水的结晶。

"内蒙古自治区矿产资源潜力评价"项目共完成各类图件万余幅,建立成果数据库数千个,提交结题报告百余份。以板块构造和大陆动力学理论为指导,建立了内蒙古自治区大地构造构架。研究和探讨了内蒙古自治区大地构造演化及其特征,为全区成矿规律的总结和矿产预测奠定了坚实的地质基础。其中提出了"阿拉善地块"归属华北陆块,乌拉山岩群、集宁岩群的时代及对孔兹岩系归属的认识、索伦山-西拉木伦河断裂厘定为华北板块与西伯利亚板块的界线等,体现了内蒙古自治区地质工作者对内蒙古自治区大地构造演化和地质背景的新认识。项目对内蒙古自治区煤、铁、铝土矿、铜、铅锌、金、钨、锑、稀土、钼、银、锰、镍、磷、硫、萤石、重晶石、菱镁矿等矿种，划分了矿产预测类型；结合全区重力、磁测、化探、遥感、自然重砂资料的研究应用，分别对其资源潜力进行了科学的潜力评价，预测的资源潜力可信度高。这些数据有力地说明了内蒙古自治区地质找矿潜力巨大，寻找国家急需矿产资源，内蒙古自治区大有可为，成为国家矿产资源的后备基地已具备了坚实的地质基础。同时，也极大地增强了内蒙古自治区地质找矿的信心。

"内蒙古自治区矿产资源潜力评价"是内蒙古自治区第一次大规模对全区重要矿产资源现状及潜力进行摸底评价，不仅汇总整理了原 1∶20 万相关地质资料，还系统整理补充了近年来 1∶5 万区域地质调查资料和最新获得的矿产、物化探、遥感等资料。期待着"内蒙古自治区矿产资源潜力评价"项目形成的系统的成果资料在今后的基础地质研究、找矿预测研究、矿产勘查部署、农业土壤污染治理、地质环境治理等诸多方面得到广泛应用。

2017 年 3 月

前 言

为了贯彻落实《国务院关于加强地质工作的决定》中提出的"积极开展矿产远景调查和综合研究,科学评估区域矿产资源潜力,为科学部署矿产资源勘查提供依据"的要求和精神,国土资源部部署了全国矿产资源潜力评价工作,并将该项工作纳入国土资源大调查项目。内蒙古自治区矿产资源潜力评价为该计划项目下的一个工作项目[项目编号:10813005(2006～2008)、1212010881609(2009～2010)、1212011121003(2011～2013)]。工作起止年限为2006—2013年,项目由内蒙古自治区国土资源厅负责,承担单位为内蒙古自治区地质调查院,参加单位有内蒙古自治区地质矿产勘查开发局、内蒙古地质矿产勘查院、内蒙古自治区第十地质矿产勘查开发院、内蒙古自治区煤田地质局、内蒙古国土资源信息院、中化地质矿山总局内蒙古地质勘查院6家单位。

项目的目标是全面开展内蒙古自治区重要矿产资源潜力预测评价,在现有地质工作程度的基础上,基本摸清自治区重要矿产资源"家底",为矿产资源保障能力和勘查部署决策提供依据。

项目的具体任务为:①在现有地质工作程度的基础上,全面总结内蒙古自治区基础地质调查和矿产勘查工作成果与资料,充分应用现代矿产资源预测评价的理论方法和GIS评价技术,开展自治区非油气矿产——煤炭、铁、铜、铝、铅、锌、钨、锡、金、锑、稀土、磷等的资源潜力预测评价,估算自治区有关矿产资源潜力及其空间分布,为研究制定自治区矿产资源战略与国民经济中长期规划提供科学依据;②以成矿地质理论为指导,深入开展自治区范围的区域成矿规律研究;充分利用地质、物探、化探、遥感、自然重砂及矿产勘查等综合成矿信息,圈定成矿远景区和找矿靶区,逐个评价成矿远景区资源潜力,并进行分类排序;编制自治区成矿规律与预测模型图,为科学合理地规划和部署矿产勘查工作提供依据;③建立并不断完善自治区重要矿产资源潜力预测相关数据库,特别是成矿远景区的地学空间数据库、典型矿床数据库,为今后开展矿产勘查的规划部署研究奠定扎实的信息基础。

项目共分为3个阶段实施,第一阶段为2007年—2011年3月,2008年完成了全区1:50万地质图数据库、工作程度数据库、矿产地数据库及重力、航磁、化探、遥感、自然重砂等基础数据库的更新与维护;2008—2009年开展典型示范区研究;2010年3月,提交了铁、铝两个单矿种资源潜力评价成果;2010年6月编制完成全区1:25万标准图幅建造构造图、实际材料图,全区1:50万、1:150万物探、化探、遥感及自然重砂基础图件;2010年—2011年3月完成了铜、铅、锌、金、钨、锑、稀土、磷及煤等矿种的资源潜力评价工作。

第二阶段为2011—2012年,完成了银、铬、锰、镍、锡、钼、硫铁矿、萤石、菱镁矿、重晶石10个矿种的资源潜力评价工作及各专题成果报告。

第三阶段为2012年6月—2013年10月,以Ⅲ级成矿区(带)为单元开展了各专题研究工作,并编写地质背景、成矿规律、矿产预测、重力、磁法、遥感、自然重砂、综合信息专题报告,在各专题报告的基础上,编写了内蒙古自治区矿产资源潜力评价总体成果报告及工作报告。2013年6月,完成了各专题汇总报告及图件的编制工作;6月底,由内蒙古自治区国土资源厅组织对各专题综合研究及汇总报告进行了初审;7月中国地质科学院矿产资源研究所召开了各专题汇总报告验收会议,项目组提交了各专题综合研究成果,均获得优秀评价。

内蒙古自治区锡矿资源潜力评价项目从成矿地质背景、成矿规律、矿产预测、物化遥及自然重砂应用、综合信息集成5个方面进行了研编。参与锡矿资源潜力评价研编的主要人员有许立权、张彤、武跃勇、许展、贺宏云、魏雅玲、张玉清、梁采飞、郝先义、柳永正等,完成实物工作量见下表。

内蒙古自治区锡矿资源潜力评价完成实物工作量一览表

课题名称		工作内容	单位	数量
成矿地质背景		预测区图件	幅	7
		说明书	份	7
成矿规律		全区性图件	幅	1
		典型矿床图件	幅	7
		预测工作区图件	幅	7
		内蒙古自治区矿产资源潜力评价锡矿成果报告	份	1
矿产预测		全区性图件	幅	1
		典型矿床图件	幅	12
		预测工作区图件	幅	14
		内蒙古自治区锡矿预测报告	份	1
物化遥及自然重砂应用	磁法	全区性图件	幅	28
		典型矿床图件	幅	28
		预测工作区图件	幅	28
		内蒙古自治区磁测资料应用综合研究成果报告	份	1
	重力	全区性图件	幅	1
		典型矿床图件	幅	12
		预测工作区图件	幅	21
		内蒙古自治区锡单矿种重力资料应用成果报告	份	1
	化探	全区性图件	幅	1
		典型矿床图件	幅	8
		预测工作区图件	幅	174
		内蒙古自治区锡矿化探资料应用成果报告	份	1
	遥感	典型矿床图件	幅	7
		预测工作区图件	幅	7
		内蒙古自治区遥感专题单矿种研究报告	份	1
	自然重砂	全区性图件	幅	7
		预测工作区图件	幅	7
		内蒙古自治区自然重砂异常解释与评价报告	份	1
综合信息集成		各专题数据库	个	247
		内蒙古自治区矿产资源潜力评价锡矿成果报告	份	1

内蒙古自治区地质矿产局原总工程师邵和明为项目顾问,中国地质科学院陈毓川院士、内蒙古自治区国土资源厅张宏总工程师对项目进行了多次指导,在保证工作成果质量上起到了重要作用,在此致以诚挚的谢意!

目 录

第一章　资源概况 …………………………………………………………………………………（1）

 第一节　时空分布规律 ……………………………………………………………………（1）

 第二节　控矿因素 …………………………………………………………………………（10）

第二章　内蒙古自治区锡矿床类型 ………………………………………………………………（11）

 第一节　锡矿床成因类型及主要特征 ……………………………………………………（11）

 第二节　矿产预测类型及预测工作区划分 ………………………………………………（11）

第三章　毛登-林西式复合内生型锡矿预测成果 ………………………………………………（14）

 第一节　典型矿床特征 ……………………………………………………………………（14）

 第二节　预测工作区研究 …………………………………………………………………（24）

 第三节　矿产预测 …………………………………………………………………………（32）

第四章　太平林场式复合内生型锡矿预测成果 …………………………………………………（42）

 第一节　典型矿床特征 ……………………………………………………………………（42）

 第二节　预测工作区研究 …………………………………………………………………（43）

 第三节　矿产预测 …………………………………………………………………………（49）

第五章　黄岗式侵入岩体型锡矿预测成果 ………………………………………………………（59）

 第一节　典型矿床特征 ……………………………………………………………………（59）

 第二节　预测工作区研究 …………………………………………………………………（69）

 第三节　矿产预测 …………………………………………………………………………（76）

第六章　朝不楞式侵入岩体型锡矿预测成果 ……………………………………………………（96）

 第一节　典型矿床特征 ……………………………………………………………………（96）

 第二节　预测工作区研究 …………………………………………………………………（104）

 第三节　矿产预测 …………………………………………………………………………（109）

第七章　孟恩陶勒盖式侵入岩体型锡矿预测成果 ………………………………………………（121）

 第一节　典型矿床特征 ……………………………………………………………………（121）

 第二节　预测工作区研究 …………………………………………………………………（130）

 第三节　矿产预测 …………………………………………………………………………（136）

第八章 大井子式侵入岩体型锡矿预测成果 …………………………………………………（150）

第一节 典型矿床特征 ……………………………………………………………（150）
第二节 预测工作区研究 …………………………………………………………（160）
第三节 矿产预测 …………………………………………………………………（166）

第九章 千斤沟式侵入岩体型锡矿预测成果 …………………………………………………（175）

第一节 典型矿床特征 ……………………………………………………………（175）
第二节 预测工作区研究 …………………………………………………………（185）
第三节 矿产预测 …………………………………………………………………（191）

第十章 内蒙古自治区锡单矿种资源总量潜力分析 …………………………………………（201）

第一节 锡单矿种估算资源量与资源现状对比 …………………………………（201）
第二节 预测资源量潜力分析 ……………………………………………………（202）
第三节 内蒙古自治区锡单矿种勘查部署建议 …………………………………（213）

结　论 …………………………………………………………………………………………（229）

主要参考文献 ……………………………………………………………………………………（230）

第一章 资源概况

截至2010年底，内蒙古自治区查明资源储量的矿产共103种（含亚种），列入《内蒙古自治区矿产资源储量表》的矿产为99种（石油、天然气、铀矿、地热由国土资源部统计管理）。内蒙古自治区已发现锡矿产地22处，上表矿产地15处，其中包括以锡为主矿产的矿产地5处、共生锡上表单元5个、伴生锡上表单元5个。大型、超大型矿产地3处，占全区总数的13.6%；中型矿产地5处，占全区总数的22.73%；小型矿产地3处，占全区总数的13.6%；其余为矿点（矿化点），开发利用矿产地12处。

在成矿区域上，矿产资源集中分布于华北陆块北缘成矿带、大兴安岭中南段成矿带，98%以上的锡金属储量和95%以上的锡矿都位于上述两个成矿带内。资源分布相对集中，为规模开采创造了良好条件。

在地域分布上，全区锡矿资源集中分布于赤峰市、锡林郭勒盟和通辽市，3个盟（市）保有资源储量占全区的100.00%。其中赤峰市（主要有黄岗铁锡共生矿、大井子铜锡矿等）保有资源储量达745 092t，占全区的94.77%；锡林郭勒盟（主要有毛登锡矿、二道沟锡多金属矿、朝不楞铁多金属矿等）保有资源储量为41 060t，占全区5.17%；通辽市（主要有孟恩陶勒盖银铅锌锡多金属矿）保有资源储量461t，占全区的0.06%。

第一节 时空分布规律

一、空间分布

在空间位置上，全区锡矿床集中分布在天山-兴蒙构造系南缘及华北陆块北缘，大兴安岭弧盆系和狼山-阴山陆块，具体在二连浩特—东乌珠穆沁旗一线、太仆寺旗千斤沟、锡林浩特—林西—克什克腾旗、科右中旗孟恩陶勒盖4个地区，每个地区锡矿的成因类型、形成时代等都各有特点。这些地区同时也是贵金属和多金属集中分布区，构成了全区最重要的矿床密集区（表1-1，图1-1）。

（一）天山-兴蒙造山系（Ⅰ）

处于华北陆块北部大陆边缘和滨西太平洋大陆边缘。由于古亚洲构造成矿域与环太平洋构造成矿域的叠加、复合和转换，使该区域成矿地质条件优越，成矿期次多、强度大，矿床类型多样。燕山期是该区的主要成矿期。

1. 大兴安岭弧盆系（Ⅰ-1）

额尔古纳岛弧（Pt_3）（Ⅰ-1-2）：额尔古纳岛弧是大兴安岭弧盆系最北部的三级构造单元。这是一个在兴凯期发育成熟的岛弧。最老的地层为新元古界佳疙疸组，岩性为一套片岩、千枚岩、大理岩夹酸性火山岩，系海相碎屑岩夹火山岩沉积。震旦系额尔古纳河组为一套浅变质的浅海相类复理石建造、碳酸盐岩建造。志留系为海相砂页岩建造。

该单元断裂构造极发育，一般为北东向断裂，活动时间长，并造成强烈的构造破碎带或糜棱岩化带，褶皱构造为北西向、北东东向的紧密线型褶皱和倒转褶皱，侵入岩浆活动以海西中期的后造山期大面积花岗岩岩基侵入为主。

该区的成矿期主要为燕山期，分布有乌努格吐山式斑岩型铜钼矿、甲乌拉式火山热液型铅锌银矿、比利亚谷式铅锌银矿、额仁陶勒盖式银锰矿及努其根呼都格式锡钼矿。

东乌珠穆沁旗-多宝山岛弧（O、D、C_2）（Ⅰ-1-5）：位于海拉尔-呼玛弧后盆地之南和二连-贺根山结合带以北，岛弧的东部零星出露元古宙变质岩系——兴华渡口岩群，具低角闪岩相和低绿片岩相变质特征；寒武系为浅海陆棚碎屑岩和碳酸盐岩建造；奥陶系为岛弧型火山岩建造和周缘盆地类复理石建造；志留系和泥盆系分布较广，为浅海相类复理石建造，古生物面貌一致，局部时段沉积火山碎屑岩，向上过渡为陆相沉积。

表1-1 内蒙古自治区锡矿大地构造位置一览表

大地构造分区			矿产地名称	工业类型	行政隶属
一级	二级	三级			
天山-兴蒙造山系（Ⅰ）	大兴安岭弧盆系（Pt_3—T_2）（Ⅰ-1）	额尔古纳岛弧（Pt_3）（Ⅰ-1-2）	努其根呼都格锡钼矿	矿点	海拉尔市新巴尔虎右旗
		东乌珠穆沁旗-多宝山岛弧（O、D、C_2）（Ⅰ-1-5）	准乌日斯哈拉锡矿	小型矿床	锡林郭勒盟阿巴嘎旗
			朝不楞锡铁矿	中型矿床	锡林郭勒盟东乌珠穆沁旗
		锡林浩特岩浆弧（Pz_2）（Ⅰ-1-7）	小孤山北锡矿	小型矿床	锡林郭勒盟锡林浩特市
			毛登锡银矿	中型矿床	
			孟恩陶勒盖锡银矿	中型矿床	通辽市科尔沁右翼中旗
	索伦山-林西结合带（P_1末—T_2）（Ⅰ-7）	林西残余盆地（P_2—T_2）（Ⅰ-7-2）	窟窿山锡矿	矿点	锡林郭勒盟西乌珠穆沁旗
			维拉斯托锡铜矿	中型矿床	赤峰市克什克腾旗
			顺元昌锡矿	小型矿床	
			白音皋锡矿	矿点	
			黄岗锡铁矿	大型矿床	
			苏木沟锡铁矿	矿点	
			宝盖沟锡矿	小型矿床	赤峰市林西县
			大井子锡铜矿	中型矿床	
			小海清锡铁矿	矿点	赤峰市巴林右旗
			小井子锡铜矿	矿点	赤峰市巴林左旗
			常胜屯锡钨矿	矿点	
			东山湾锡钨矿	矿点	
	包尔汉图-温都尔庙弧盆系（Ⅰ-8）	温都尔庙俯冲增生杂岩带（Pt_2—P）（Ⅰ-8-2）	小东沟锡钨矿	矿点	赤峰市克什克腾旗
			二道沟锡矿	中型矿床	赤峰市翁牛特旗
华北陆块区（Ⅱ）	狼山-阴山陆块（Ⅱ-4）	色尔腾山-太仆寺旗古岩浆弧（Ar_3）（Ⅱ-4-2）	千斤沟锡铜矿	小型矿床	锡林郭勒盟太仆寺旗
		狼山-白云鄂博裂谷（Pt_2）（Ⅱ-4-3）	西圪堵村锡钨矿	矿点	乌兰察布市乌拉特前旗

晚石炭世本区又经历一次岛弧裂谷时期,在奥陶纪岛弧之上又沉积了晚石炭世的陆相安山质火山岩、火山碎屑岩建造。本区岩浆侵入活动发生在海西晚期和燕山期。

该区矿床的成矿期主要有两期:海西期与燕山期。海西期形成梨子山式矽卡岩型铁钼矿、罕达盖式矽卡岩型铁铜矿和小坝梁式火山岩型铜金矿。燕山期形成朝不楞式矽卡岩型铁锌锡矿、沙麦式热液型钨矿、乌日尼图式热液型钨钼矿、阿尔哈达式热液型铅锌矿、奥尤特式火山热液型铜矿、吉林宝力格式热液型银矿、巴升河式重晶石矿和准乌日斯哈拉式锡矿。

锡林浩特岩浆弧（Pz_2）（Ⅰ-1-7）:位于二连-贺根山蛇绿混杂岩带之南,是一个在中元古代从华北陆块分裂出去的古老地块,称锡林浩特地块。其间扩展为具有一定规模的再生洋盆,暂称为索伦山-西拉木伦洋盆,是以大石寨组火山岩陆缘弧为优势构造相的构造单元。

中新元古代,再生洋板块向北部地块之下俯冲,形成中新元古界温都尔庙群的俯冲增生杂岩并拼贴于地块之上。

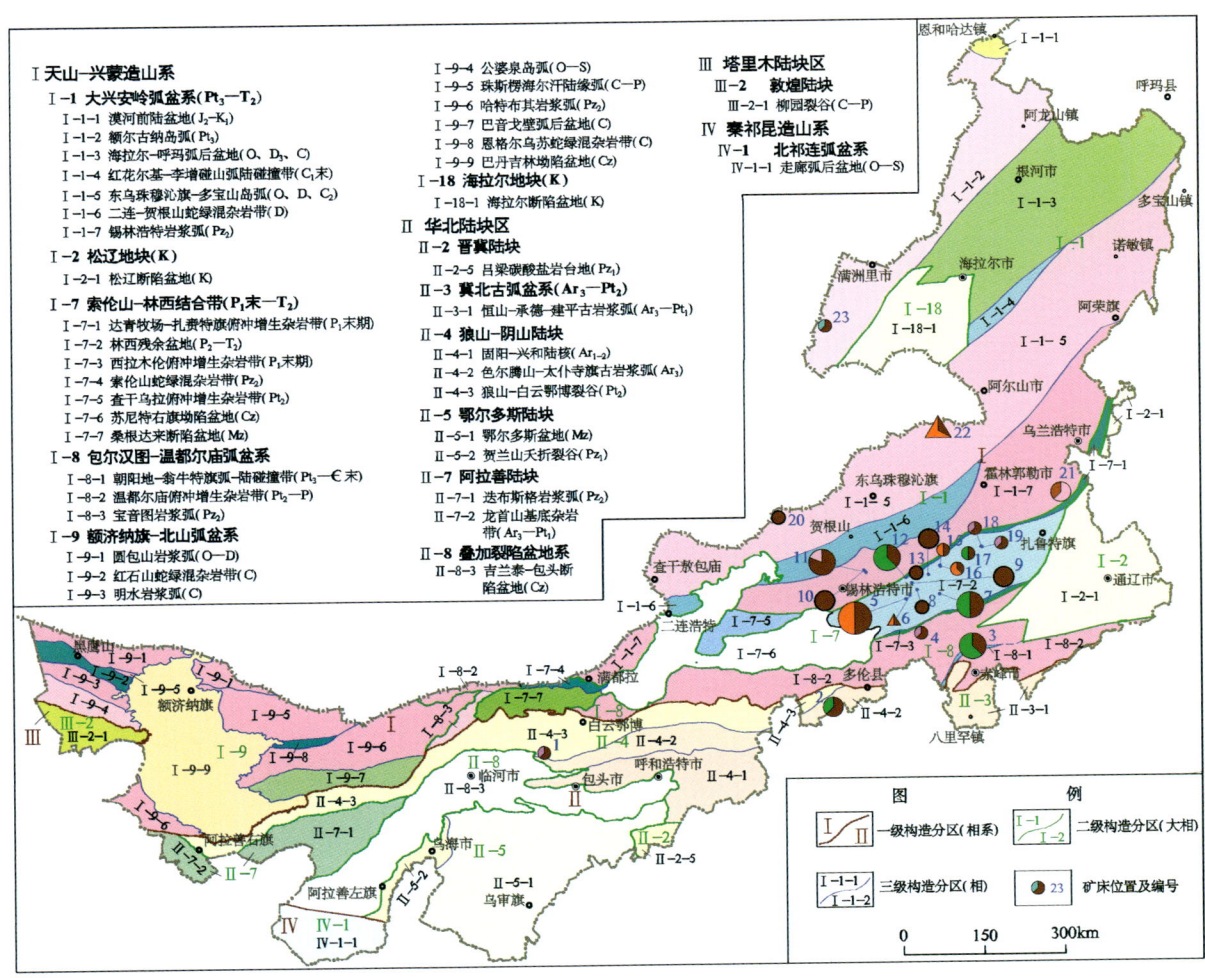

图1-1 内蒙古自治区锡矿大地构造位置示意图

1. 西圪堵村锡钨矿点；2. 千斤沟锡铜小型矿床；3. 二道沟锡铜中型矿床；4. 小东沟锡钨矿点；5. 黄岗锡铁大型矿床；6. 苏木沟锡铁矿点；7. 大井子锡铜中型矿床；8. 白音皋锡矿点；9. 顺元昌锡小型矿床；10. 小孤山北锡小型矿床；11. 毛登锡银中型矿床；12. 维拉斯托锡铜中型矿床；13. 窟隆山锡矿点；14. 宝盖沟锡小型矿床；15. 小海清锡铁矿点；16. 巴林右旗小海清锡铁矿点；17. 小井子锡铜矿点；18. 常胜屯锡钨矿点；19. 东山湾锡钨矿点；20. 准乌日斯哈拉锡小型矿床；21. 孟恩陶勒盖锡银中型矿床；22. 朝不楞锡铁中型矿床；23. 努其根呼都格锡钼矿点

奥陶纪—泥盆纪,洋壳继续向北部俯冲,形成同期俯冲岩浆杂岩(TTG)岩石构造组合,但规模不大。志留纪—泥盆纪发育有弧后前陆盆地长石砂岩、碳酸盐岩组合。

石炭纪—二叠纪早期,洋壳向北的俯冲消减作用加快,在地块之上形成石炭纪俯冲岩浆杂岩(TTG)岩石构造组合和蛇绿混杂岩。二叠纪早中期,广泛发育以大石寨组海相钙碱性陆缘火山岩、硅质岩、砂板岩为主的岩石组合及俯冲岩浆杂岩英云闪长岩、花岗岩、二长花岗岩、石英闪长岩等(TTG)岩石构造组合,构成本单元的优势构造相。中二叠统哲斯组为陆棚碎屑岩沉积,上二叠统林西组为坳陷盆地砂页岩沉积。三叠纪发育后碰撞岩浆杂岩和后造山岩浆杂岩。

中生代本区受东部造山-裂谷系的影响,从晚侏罗世至早白垩世,本区发育陆相火山弧和俯冲岩浆杂岩。陆相火山弧具代表性的有中侏罗统塔木兰沟组,上侏罗统满克头鄂博组、玛尼吐组和下白垩统白音高老组、义县组、梅勒图组。同期发育伸入陆内的俯冲岩浆杂岩(G_1G_2)岩石构造组合。

新生代为陆内断陷盆地河湖相砂砾岩、砂岩和陆内裂谷碱性玄武岩岩石组合。

本区分布有小孤山北锡小型矿床、毛登锡银中型矿床及孟恩陶勒盖锡银中型矿床。

2. 索伦山-林西结合带(P_1末—T_2)(Ⅰ-7)

位于锡林浩特岩浆弧和温都尔庙俯冲增生杂岩带之间。西起于索伦山,向东掩没于苏尼特右旗坳陷盆地之下。再向东,则出露于西拉木伦河两岸。

林西残余盆地(P_2—T_2)(Ⅰ-7-2):为具有边缘弧性质的岩浆弧,其变质基底岩系是古元古界宝音图岩群,通常认为是从华北陆块上裂离出来的陆块。中新元古代,由于南部洋壳向北部陆缘的俯冲作用,形成苏尼特左旗一带的具岛弧性质的温都尔庙群火山岩、火山碎屑岩和弧前盆地性质的浊积岩建造。

志留系—泥盆系为前陆盆地的碎屑岩沉积,并有少量俯冲型侵入岩浆活动。石炭系为陆棚碎屑岩沉积建造。早中二叠世,由于南部洋壳向北俯冲作用加强,从西部满都拉至东部乌兰浩特一带,发生分布十分广泛的以安山岩为主的大石寨组中酸性、中基性岛弧型火山喷发活动。晚侏罗世—早白垩世,陆缘弧之上叠加了陆相中酸性火山岩和火山碎屑岩,侵入岩为后造山型的花岗岩、二长花岗岩。新生代形成了陆内裂谷,产生碱性系列的玄武岩。

该区位于大兴安岭中南段,成矿条件优越。矿床从元古宙至中生代均有分布。主要有黄岗式矽卡岩型铁锡矿、拜仁达坝式热液型银铅锌多金属矿、花敖包特式热液型银铅锌矿、扎木钦式火山热液型银铅锌矿、曹家屯式热液型钼矿、敖仑花式斑岩型钼矿、西里庙式热液型锰矿、苏莫查干敖包式热液型萤石矿、驼峰山式硫铁矿等,分布有大小锡(或共伴生锡)矿产地12处。

3. 包尔汉图-温都尔庙弧盆系(Pz_2)(Ⅰ-8)

温都尔庙俯冲杂岩带(Pt_2—P)(Ⅰ-8-2):西段(正蓝旗以西)西起于白音查干,向东经包尔汉图、白乃庙、温都尔庙、正镶白旗、正蓝旗一带。中新元古代,大洋板块向南俯冲形成温都尔庙群俯冲增生楔,由温都尔庙群蛇绿岩、洋内弧和远洋沉积物堆积而成,并有蓝闪片岩高压变质带。奥陶纪,洋壳继续向南俯冲,形成奥陶纪火山岛弧和弧后盆地。火山岛弧为下中奥陶统包尔汉图群哈拉组玄武岩、安山岩、安山质凝灰岩等外弧岩石组合和同期分布在白乃庙一带的白乃庙组钙碱系列火山岩和碳酸盐岩、浊积岩组合。志留纪至石炭纪,本带为相对稳定的被动陆缘环境,次一级环境为陆棚碎屑岩沉积盆地和碳酸盐岩台地,包括中志留统徐尼乌苏组浅海相碎屑岩组合、上志留统—下泥盆统西别河组浅海相碎屑岩组合,同期有过铝质碱性后碰撞岩石构造组合。晚泥盆世—早石炭世,北部大洋板块向南部发生短暂的俯冲,在包尔汉图一带形成俯冲岩浆杂岩(TTG)岩石构造组合。上石炭统为陆棚碎屑岩盆地本巴图组浅海相砂岩、粉砂岩、泥岩岩石组合和酒局子组陆相碎屑岩。上石炭统—下二叠统阿木山组为碳酸盐岩岩石组合。二叠纪是大洋板块向南俯冲消减速度加快的时期,形成中二叠统额里图组中酸性火山岩。三叠纪,本区进入后碰撞和后造山构造阶段。侏罗纪—早白垩世,形成有大量的中性、酸性陆相火山岩岩石组合。新生代,陆内裂谷碱性玄武岩大面积溢出。

东段(正蓝旗以东)分布在西拉木伦河以南朝阳地—翁牛特旗一带。在喀喇沁旗小牛群乡萝卜起沟一带出露以上寒武统锦山组为代表的海陆源碎屑岩-火山岩组合。奥陶纪—中志留世为岛弧环境,沉积了奥陶纪—中志留世灰色大理岩、石英片岩夹角闪片岩和八当山火山岩(变质流纹岩、流纹质凝灰岩)。晚志留世—早泥盆世为被动陆缘环境,沉积了西别河组,在敖汉旗前坤头沟一带出露有下泥盆统前坤头沟组,在翁牛特旗北晒勿苏一带出露有中志留统晒勿苏组;晚志留世发育二长花岗岩、正长花岗岩碱性—钙碱性岩石构造组合,为后造山构造环境。石炭纪,本区为陆缘火山弧环境,出露有下石炭统朝吐沟组和晚石炭世青龙山火山岩。石炭纪晚期为周缘前陆隆后环境,沉积上石炭统酒局子组、石嘴子组和白家店组。二叠纪早期,本区为被动陆缘环境,出露有下二叠统三面井组。中二叠世,北部大洋板块向南俯冲作用,产生了陆缘弧性质的额里图组、于家北沟组,发育俯冲岩浆杂岩英云闪长岩、奥长花岗岩、花岗闪长岩、二长花岗岩、闪长岩等岩石构造组合。上三叠统铁营子组为弧盖层沉积。三叠纪岩浆岩为强过铝质黑云母二长花岗岩、二云母二长花岗岩、白云母二长花岗岩等同碰撞岩浆杂岩岩石构造组合。

区内与成矿有关的侵入岩主要属燕山期,区内构造线方向以北北东向、北东向为主,北西向及近东西向次之。区内已发现有二道沟锡铜中型矿床和小东沟锡矿点。

(二)华北陆块区(Ⅱ)

华北陆块区是自古太古代开始至中元古代华北陆块经过多次裂解、合并最终形成的早前寒武纪克拉通,与传统地质构造所指的华北陆块范围大致相当。

狼山-阴山陆块(大陆边缘岩浆弧Pz_2)(Ⅱ-4):本构造单元曾被黄汲清等命名为内蒙古地轴。其北部以深断裂与天山-兴蒙造山系接壤,南部以狼山-乌拉山-大青山山前大断裂为界与吉兰太-包头断陷盆地相邻。陆块内由古中太古代陆核、新元古代岩浆弧、中新元古代狼山-白云鄂博裂谷构成。

该单元在石炭纪—二叠纪由于受北部索伦山-西拉木伦洋板块向南俯冲的影响,由稳定状态进入了大陆边缘活动状态。在陆块之上,发生大规模的构造岩浆侵入和中酸性火山岩喷发活动,使原来的构造格局发生了重大的变化。

1. 色尔腾山-太仆寺旗古岩浆弧(Ar_3)(Ⅱ-4-2)

位于固阳-兴和陆核之北和狼山-白云鄂博裂谷之南,西起色尔腾山一带,向东延至太仆寺旗与河北省相接。本单元主要出露新太古界色尔腾山岩群及与其同时代的侵入岩。构造环境为岛弧和弧后盆地。岛弧由新太古界色尔腾山岩群东五分子岩组和柳树沟岩组组成,弧后盆地为点力素泰岩组。同期侵入岩为俯冲型英云闪长岩、石英闪长岩、闪长岩,花岗岩、二长花岗岩组合,属于TTG岩石构造组合。

震旦纪—奥陶纪,与华北陆块同步沉积了一套稳定的陆表海盆地岩石组合,包括震旦系什那干群、下中寒武统色麻沟组、中上寒武统老孤山组。奥陶系发育比较完整,下奥陶统山黑拉组、中奥陶统二哈公组、上奥陶统乌兰胡洞组分布于乌拉特前旗佘太镇附近,为陆表海生物泥晶碳酸盐岩组合。

二叠纪,本区同样进入了大陆边缘活动阶段,有大规模的俯冲型花岗岩浆(TTG)侵入和二叠纪大红山组中酸性火山喷发活动。

区内发现千斤沟热液型锡矿。

2. 狼山-白云鄂博裂谷(Pt_2)(Ⅱ-4-3)

位于狼山-阴山陆块北部边缘,与天山-兴蒙造山系以深断裂相接,西起阿拉善右旗,向东经乌拉特后旗、白云鄂博、四子王旗、化德县,止于正镶白旗一带。

狼山-白云鄂博裂谷是发生在华北陆块古老结晶基底岩系之上的陆缘裂谷带,由白云鄂博群和渣尔泰山群构成。以白云鄂博群为代表的裂谷,起于白云鄂博一带,向东止于正镶白旗;以渣尔泰山群为代表的裂谷,西起于阿拉善右旗,向东止于固阳一带。

震旦纪至早中奥陶世为碳酸盐岩陆表海盆地沉积。晚奥陶世至早石炭世，整体抬升，缺失沉积。二叠纪以后，进入大陆边缘活动边缘阶段，有大量的石炭纪至二叠纪俯冲岩浆杂岩侵入和二叠纪中酸性火山岩喷发活动，如下二叠统苏吉组火山岩和大红山组火山岩。

中生代，受中国东部造山-裂谷系影响，有陆相火山喷发活动，如上侏罗统满克头鄂博组、玛尼吐组，下白垩统白音高老组火山岩和白女羊盘组火山岩、金家窑子组火山岩等。同期还发育有成煤断陷盆地。

本区发现西圪堵村锡钨矿点。

二、所在成矿区（带）

与大地构造位置相对应，内蒙古自治区锡矿主要分布在大兴安岭成矿省，个别分布在华北成矿省内，均属古亚洲成矿域（Ⅰ-1）（图1-2，表1-2）。

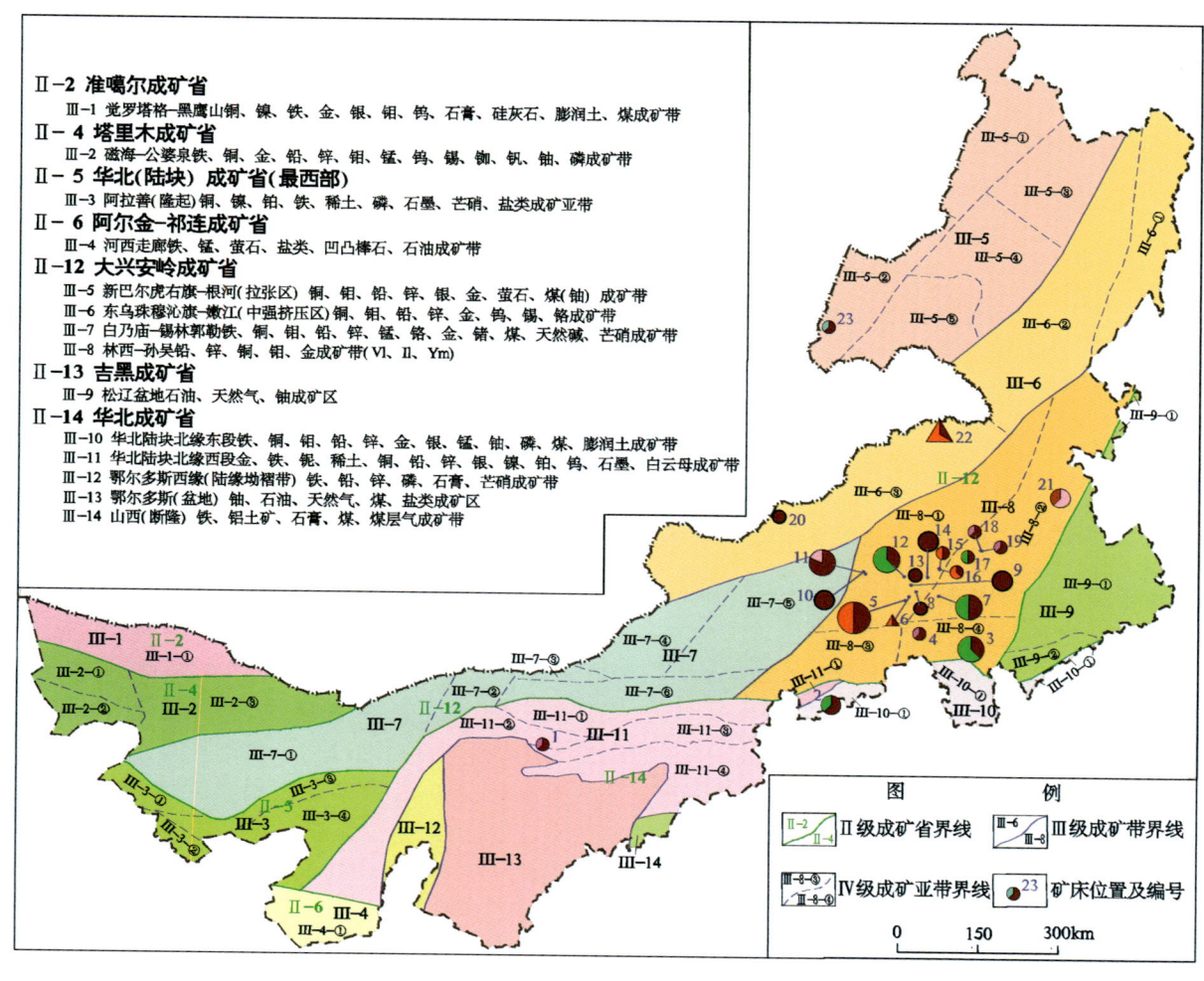

图1-2 内蒙古自治区锡矿成矿区（带）位置示意图

1. 西圪堵村锡钨矿点；2. 千斤沟锡铜小型矿床；3. 二道沟锡铜中型矿床；4. 小东沟锡钨矿点；5. 黄岗锡铁大型矿床；6. 苏木沟锡铁矿点；7. 大井子锡铜中型矿床；8. 白音皋锡铜矿点；9. 顺元昌锡小型矿床；10. 小孤山北锡小型矿床；11. 毛登锡银中型矿床；12. 维拉斯托锡铜中型矿床；13. 窟窿山锡矿点；14. 宝盖沟锡小型矿床；15. 小海清锡铁矿点；16. 巴林右旗小海清锡铁矿点；17. 小井子锡铜矿点；18. 常胜屯锡钨矿点；19. 东山湾锡钨矿点；20. 准乌日斯哈拉锡小型矿床；21. 孟恩陶勒盖锡银中型矿床；22. 朝不楞锡铁中型矿床；23. 努其根呼都格锡钼矿点

(一)大兴安岭成矿省(Ⅱ-12)

1. 新巴尔虎右旗-根河(拉张区)铜、钼、铅、锌、银、金、萤石、煤(铀)成矿带(Ⅲ-5)

成矿带北西侧与俄罗斯、蒙古国接壤,北东端延入黑龙江省,南西端延入蒙古国,南东界以伊列克得-鄂伦春断裂与东乌珠穆沁旗-嫩江(中强挤压区)成矿带为邻。本区属额尔古纳岛弧和海拉尔-呼玛弧后盆地三级大地构造单元。

莫尔道嘎铁、铅、锌、银、金成矿亚带(Pt、V、Y、Q)(Ⅲ-5-①),通称得尔布干成矿带北带,以得尔布干深断裂与额尔古纳金、铁、锌、硫、萤石成矿亚带(大兴安岭中段成矿带)相邻。

甲乌拉-额仁陶勒盖银、铅、锌矿集区(V-25)内发现有努其根呼都格锡钼矿点。

2. 东乌珠穆沁旗-嫩江(中强挤压区)铜、钼、铅、锌、金、钨、锡、铬成矿带(Ⅲ-6)

大地构造属于天山-兴蒙构造系(Ⅰ),大兴安岭弧盆系($Pt_3—T_2$)(Ⅰ-1),东乌珠穆沁旗-多宝山岛弧(O、D、C_2)(Ⅰ-1-5)。

成矿带北西界为伊列克得-鄂伦春断裂,南东界为阿荣旗-东乌珠穆沁旗-二连断裂,北东端进入黑龙江省,南西端延入蒙古国。

表1-2 内蒙古自治区侵入岩体型锡矿成矿区带一览表

滨太平洋成矿域(叠加在古亚洲成矿域之上)(Ⅰ-4)				矿产地名称
二级成矿单元	三级成矿单元	四级成矿单元	五级成矿单元	
大兴安岭成矿省(Ⅱ-12)	新巴尔虎右旗-根河(拉张区)铜、钼、铅、锌、银、金、萤石、煤(铀)成矿带(Ⅲ-5)	八大关-陈巴尔虎旗铜、钼、铅、锌、银、锰成矿亚带(Y)(Ⅲ-5-②)	甲乌拉-额仁陶勒盖银、铅、锌矿集区(V-25)	努其根呼都格锡钼矿
	东乌珠穆沁旗-嫩江(中强挤压区)铜、钼、铅、锌、金、钨、锡、铬成矿带(Ⅲ-6)	二连-东乌珠穆沁旗钨、钼、铁、锌、铅、金、银、铬成矿亚带(V、Y)(Ⅲ-6-③)	乌兰德勒-准苏吉花铜、钼矿集区(V-44)	准乌日斯哈拉锡矿
			朝不楞-阿尔哈达铁、锡、铅、锌、银矿集区(V-37)	朝不楞锡铁矿
	林西-孙吴铅、锌、铜、钼、金成矿带(Ⅲ-8)	索伦镇-黄岗铁、锡、铜、铅、锌、银成矿亚带(V-Y)(Ⅲ-8-①)	毛登-白音乌拉铅、锌、锡矿集区(V-67)	小孤山北锡矿
				毛登锡银矿
			黄岗-同兴铁、锡、铅、锌、银矿集区(V-71)	黄岗锡铁矿
				苏木沟锡铁矿
				白音皋锡矿
				顺元昌锡矿
			拜仁达坝铅、锌、银矿集区(V-68)	维拉斯托锡铜矿
				窟窿山锡矿
			道伦达坝铁、铜、锡、铅、锌、银矿集区(V-69)	宝盖沟锡矿
				小海清锡铁矿

续表 1-2

滨太平洋成矿域（叠加在古亚洲成矿域之上）（Ⅰ-4）				矿产地名称
二级成矿单元	三级成矿单元	四级成矿单元	五级成矿单元	
大兴安岭成矿省（Ⅱ-12）	林西-孙吴铅、锌、铜、钼、金成矿带（Ⅲ-8）	神山-大井子铜、铅、锌、银、铁、钼、锡、稀土、铌、钽、萤石成矿亚带（Ⅲ-8-②）	大井子铜、铅、锌、银、锡矿集区（Ⅴ-92）	大井子锡铜矿
			白音诺尔-乃林坝铅、锌、铜、铁矿集区（Ⅴ-87）	小井子锡铜矿
				常胜屯锡钨矿
				东山湾锡钨矿
			孟恩陶勒盖-布敦花金、铜、铅、锌矿集区（Ⅴ-81）	孟恩陶勒盖锡银矿
		小东沟-小营子钼、铅、锌、铜成矿亚带（Vm、Y）（Ⅲ-8-④）	小东沟-大黑山钼、铅、锌、铜、银矿集区（Ⅴ-95）	小东沟锡钨矿
				二道沟锡铜矿
华北成矿省（Ⅱ-14）	华北陆块北缘东段铁、铜、钼、铅、锌、金、银、锰、铀、磷、煤、膨润土成矿带（Ⅲ-10）	内蒙古隆起东段铁、铜、钼、铅、锌、金、银成矿亚带（Ar、Y）（Ⅲ-10-①）	大西沟-山河达钼、铜、萤石矿集区（Ⅴ-108）	千斤沟锡铜矿
	华北陆块北缘西段金、铁、铌、稀土、铜、铅、锌、银、镍、铂、钨、石墨、白云母成矿带（Ⅲ-11）	狼山-渣尔泰山铅、锌、金、铁、铜、铂、镍、硫成矿亚带（Ar₃、Pt、V）（Ⅲ-11-②）	甲生盘铁、铅、锌、硫矿集区（Ⅴ-127）	西圪堵村锡钨矿

二连-东乌珠穆沁旗钨、钼、铁、锌、铅、金、银、铬成矿亚带（V、Y）（Ⅲ-6-③）内乌兰德勒-准苏吉花铜、钼矿集区（Ⅴ-44）有准乌日斯哈拉锡小型矿床，朝不楞-阿尔哈达铁、锡、铅、锌、银矿集区（Ⅴ-37）有朝不楞锡铁中型矿床。

3. 林西-孙吴铅、锌、铜、钼、金成矿带（Ⅲ-8）

成矿带的北西以二连-贺根山-扎兰屯断裂为界，西界呈斜线状，即镶黄旗—锡林浩特；南界为槽台断裂，南东以嫩江-八里罕断裂为界。本区跨越了温都尔庙俯冲增生杂岩带和锡林浩特岩浆弧等两个三级大地构造单元的东段，分属包尔汉图-温都尔庙弧盆系、大兴安岭弧盆系两个二级大地构造单元。

索伦镇-黄岗铁、锡、铜、铅、锌、银成矿亚带（V-Y）（Ⅲ-8-①）内，毛登-白音乌拉铅、锌、锡矿集区（Ⅴ-67）有小孤山北锡小型矿床和毛登锡银中型矿床，拜仁达坝铅、锌、银矿集区（Ⅴ-68）有维拉斯托锡铜中型矿床和窟窿山锡矿点，道伦达坝铁、铜、锡、铅、锌、银矿集区（Ⅴ-69）有宝盖沟锡小型矿床和小海清锡铁矿点，黄岗-同兴铁、锡、铅、锌、银矿集区（Ⅴ-71）有黄岗锡铁大型矿床、苏木沟锡铁矿点、白音皋锡矿点及顺元昌锡小型矿床。

神山-大井子铜、铅、锌、银、铁、钼、锡、稀土、铌、钽、萤石成矿亚带（Ⅲ-8-②）内，孟恩陶勒盖-布敦花金、铜、铅、锌矿集区（Ⅴ-81）有孟恩陶勒盖锡银中型矿床，白音诺尔-乃林坝铅、锌、铜、铁矿集区（Ⅴ-87）有小井子锡铜矿点、常胜屯锡钨矿点和东山湾锡钨矿点，大井子铜、铅、锌、银矿集区（Ⅴ-92）有大井子锡铜中型矿床。

小东沟-小营子钼、铅、锌、铜成矿亚带（Vm、Y）（Ⅲ-8-④）内，小东沟-大黑山钼、铅、锌、铜、银矿集区（Ⅴ-95）有小东沟锡钨矿点、二道沟锡铜中型矿床。

(二)华北成矿省(Ⅱ-14)

华北成矿省北界为狼山-白云鄂博-商都深大断裂,南接鄂尔多斯盆地,西接阿拉善陆块,东侧延入山西省境内。本区大地构造单元属狼山-阴山陆块(大陆边缘岩浆弧)、叠加裂陷盆地系两个二级单元,跨越多个三级大地构造单元,包括固阳-兴和陆核、色尔腾山-太仆寺旗古岩浆弧、狼山-白云鄂博裂谷及吉兰泰-包头断陷盆地。

1. 华北陆块北缘东段铁、铜、钼、铅、锌、金、银、锰、铀、磷、煤、膨润土成矿带(Ⅲ-10)

该成矿带主体位于太仆寺旗—赤峰以南,南侧与山西省、河北省、辽宁省接壤,西侧延伸至山西省境内,北界为化德-赤峰-开源深大断裂与林西-孙吴铅、锌、铜、钼、金成矿带为邻。大地构造单元属华北地块阴山断隆,该成矿带跨越大青山-冀北古弧盆系(Ⅱ-3)、狼山-阴山陆块(Ⅱ-4)两个三级大地构造单元。

内蒙古隆起东段铁、铜、钼、铅、锌、金、银成矿亚带(Ar、Y)(Ⅲ-10-①)内,在大西沟-山河达钼、铜、萤石矿集区(Ⅴ-108)发现千斤沟锡铜小型矿床。

2. 华北陆块北缘西段金、铁、铌、稀土、铜、铅、锌、银、镍、铂、钨、石墨、白云母成矿带(Ⅲ-11)

成矿带位于华北成矿省西缘和北缘,东端延入山西省境内。大地构造单元主要属华北陆块华北北缘隆起带。

狼山-渣尔泰山铅、锌、金、铁、铜、铂、镍、硫成矿亚带(Ar_3、Pt、V)(Ⅲ-11-②)内,甲生盘铁、铅、锌、硫矿集区(Ⅴ-127)有西圪堵村锡钨矿点。

三、形成时代

根据对全区锡矿床的研究,锡矿的形成时代主要为燕山期,少部分矿点成矿时代为二叠纪,全区已查明资源量的锡矿床的成矿时代全部为燕山期。所以全区锡矿成矿时代的特点表现为前中生代形成的锡矿规模较小,大都为矿点;中生代形成的锡矿规模大,且中生代是主要的成矿期。各矿床成矿时代见表1-3。

表1-3 内蒙古自治区侵入岩体型锡矿成矿时代简表

矿产地名称	成矿期	形成时代	矿产地名称	成矿期	形成时代
努其根呼都格锡钼矿	燕山期	J_3	苏木沟锡铁矿	燕山期	J_2—K
准乌日斯哈拉锡矿	海西期	P_1	小东沟锡钨矿	燕山期	J_2—K
朝不楞锡铁矿	燕山期	J—K	宝盖沟锡矿	燕山期	K_1
小孤山北锡矿	燕山期	J_1	大井子锡铜矿	燕山期	J
毛登锡银矿	燕山期	J_1	小海清锡铁矿	燕山期	K_1
窟窿山锡矿	燕山期	J_2—K	小井子锡铜矿	燕山期	J_2—K
孟恩陶勒盖锡银矿	燕山期	J	常胜屯锡钨矿	海西期	P_1
维拉斯托锡铜矿	燕山期	K_1	东山湾锡钨矿	燕山期	J_2—K
顺元昌锡矿	燕山期	J_3	二道沟锡铜矿	燕山期	J_3
白音皋锡矿	燕山期	J_2	西圪堵村锡钨矿	海西期—印支期	C—T
黄岗锡铁矿	燕山期	J_3	千斤沟锡铜矿	燕山期	J_2—K

第二节 控矿因素

内蒙古自治区处于华北陆块与西伯利亚陆块的接合部,古构造及板间缝合带基本上都是呈近东西向展布。因此,区域地质构造线方向主要为近东西向和北东向,区内所有地质体的展布都受其控制。

一、构造对成矿的控制作用

矿床的形成过程中,成矿流体的运移和成矿物质的沉淀、定位空间及其形成的保存条件都与构造息息相关。因此构造是成矿控制地质因素中的首要因素。

(1)晚古生代华北陆块基底构造活化,中酸性岩浆侵位,形成矽卡岩型铁锡多金属矿床;中生代滨西太平洋活动大陆边缘构造环境形成了大兴安岭火山-岩浆构造带,并形成与陆相中酸性火山-侵入岩相关的花岗岩型、热液型锡矿床。

(2)区域性深断裂构造带均为超壳断裂,有的甚至切穿了岩石圈,所以它们是地幔物质上涌的通道。而与其有成生联系的次断裂或裂隙构造带往往就是成矿物质沉淀定位的空间。另外,这些深断裂构造带具有活动时间长的特点,往往形成不同时代的矿床。如二连-贺根山深断裂带两侧分布不同时代形成的铁、铜、锡、铅、锌、金、萤石等矿床,大兴安岭弧盆系中北北东向中生代多期复活断裂为印支-燕山期热液型银、铅、锌、锡多金属矿形成提供了运移通道和就位空间。

(3)内蒙古自治区境内已发现的锡矿,基本上是燕山期花岗岩大规模侵入时形成的大量含矿热液,沿侵入岩的原生构造、接触带的断层、破碎带、裂隙等侵位而形成。与母岩侵入体连通的断裂裂隙系统是含矿热液在岩体附近流动的重要通道,也是主要的含矿构造。外接触带矿床受围岩中各种构造形式如断裂、裂隙、褶皱及构造角砾岩带等所控制。

二、地层对成矿的控制作用

在已知的锡矿床中,泥盆系、二叠系是主要的锡矿围岩,在地层岩石形成的同时成矿物质大量富集,也是成矿物质来源之一。

三、岩浆岩对成矿的控制作用

纵观内蒙古自治区地质发展史,从太古宙到新生代,每个地质构造运动都留有地质行迹。中生代以来,受到太平洋板块向西俯冲的影响,印支期、燕山期侵入岩比较发育,形成侵入岩带。侵入岩浆热液型矿床与岩浆岩在时间上、空间上、成因上有着密切关系,尤其是燕山期酸性侵入岩,是内蒙古自治区热液型锡矿形成的富矿岩浆热液的物源。

朝不楞铁锡矿、黄岗铁锡矿、孟恩陶勒盖银铅锌锡多金属矿,与浅成岩浆岩有直接关系;毛登锡矿、千斤沟锡矿、大井子锡矿主要受岩浆岩成分控制,燕山期中浅成花岗岩、花岗斑岩体是其含矿母岩。

第二章　内蒙古自治区锡矿床类型

第一节　锡矿床成因类型及主要特征

内蒙古自治区锡矿床成因类型较单一,目前已知矿床只有热液型、矽卡岩型两种类型。其中矽卡岩型锡矿成矿规模较大,矿床集中;热液型多为中小型矿床、矿点及矿化点,成矿规模小,分布广泛。各种成因类型的锡矿床多为复合矿床,很少形成单元素矿床。热液型分中低温热液型,如孟恩陶勒盖银铅锌锡多金属矿;高中温热液型,如千斤沟锡矿;次火山热液型,如大井子锡矿。矽卡岩型锡矿床以朝不楞为代表;黄岗铁锡矿为叠加于矽卡岩型之上的热液型矿床。

一、矽卡岩型锡矿

全区已知的矽卡岩型矿床有黄岗铁锡矿、朝不楞铁锡矿,大地构造位于二连-贺根山蛇绿岩带的两侧。黄岗铁锡矿属锡林浩特岩浆弧,朝不楞铁锡矿属扎兰屯-多宝山岛弧。两个构造单元构造活动频繁,多期次的岩浆侵入,使这两个构造单元成为内蒙古自治区重要的矿产基地。

矽卡岩型锡矿的成矿特征无疑与碳酸盐岩的分布及岩浆岩的侵入有密切的联系,朝不楞铁锡矿赋矿碳酸盐岩为塔尔巴格特组,主要由大理岩、砂质板岩、变质粉砂岩、变质砂岩、变质长英砂岩和变质砂砾岩组成;黄岗铁锡矿赋矿碳酸盐岩为哲斯组,为一套碳酸盐岩建造。

矽卡岩型锡矿均与燕山期花岗岩的侵入有直接的关系,朝不楞主要与侏罗纪花岗岩的侵入有关,而黄岗铁锡矿与白垩纪的花岗岩有关,其矽卡岩型锡矿的成矿时代也主要集中在燕山期。

二、热液型锡矿

全区的热液型锡矿床主要有毛登锡矿、大井子锡矿、千斤沟锡矿等,大地构造位于华北陆块与兴蒙造山带界线的两侧。千斤沟锡矿属华北陆块狼山-白云鄂博裂谷单元,其余锡矿位于锡林浩特岩浆弧,锡林浩特岩浆弧是内蒙古自治区重要的矿床集中地区。

热液型锡矿床的成矿特征,大多对地层无选择性,或者有一定的关系。对锡矿的形成有一定作用的地层也不集中,从古生代至中生代的地层,都有可能成为锡矿的赋矿地层,前提是该地层 Sn 元素的丰度值较高。

热液型锡矿主要与侵入岩有关,特别是燕山期花岗岩、浅成超浅成侵入岩和次火山岩,而局部二叠纪的侵入体也是 Sn 元素的携带者。

断裂构造是热液型锡矿的主要控矿构造,同时也是容矿构造。锡矿集中分布的锡林浩特岩浆弧内的断裂构造十分发育,主要以西拉木伦断裂的次级断裂为主,活动频繁,为多期次的侵入岩提供上升通道。

第二节　矿产预测类型及预测工作区划分

根据《重要矿产预测类型划分方案》(陈毓川等,2010),内蒙古自治区锡矿确定为复合内生型和侵入岩体型两种预测方法类型,划分了热液型的毛登式、黄岗式、孟恩陶勒盖式、大井子式、千斤沟式和矽卡岩型的朝不楞式6个矿产预测类型。根据矿产预测类型及预测方法类型共划分了毛登-林西、太平林场、黄岗、朝不楞、孟恩陶勒盖、大井子和千斤沟7个预测工作区(表2-1)。各预测工作区所处大地构造位置见图2-1,所属成矿区带见图2-2。

表2-1 内蒙古自治区锡单矿种预测类型及预测方法类型划分一览表

序号	预测工作区名称	典型矿床名称	成矿时代	矿床成因类型	矿产预测类型	预测方法类型	对应全国矿产预测类型
1	毛登-林西预测工作区	毛登铜锡矿	J_1	热液型	毛登式热液型锡矿	复合内生型	毛登式
2	太平林场预测工作区	毛登铜锡矿	P	热液型	毛登式热液型锡矿	复合内生型	毛登式
3	黄岗预测工作区	黄岗铁锡矿	J_3	热液型	黄岗式热液型铁锡矿	侵入岩体型	黄岗式
4	朝不楞预测工作区	朝不楞铁多金属矿	J—K	矽卡岩型	朝不楞式矽卡岩型铁多金属矿	侵入岩体型	朝不楞式
5	孟恩陶勒盖预测工作区	孟恩陶勒盖银铅锌矿	J	中低温热液型	孟恩陶勒盖式中低温热液型多金属矿	侵入岩体型	毛登式
6	大井子预测工作区	大井子锡矿	J_3	次火山热液型	大井子式次火山热液型锡矿	侵入岩体型	大井子式
7	千斤沟预测工作区	千斤沟锡矿	J_3	热液型	千斤沟式热液型锡矿	侵入岩体型	毛登式

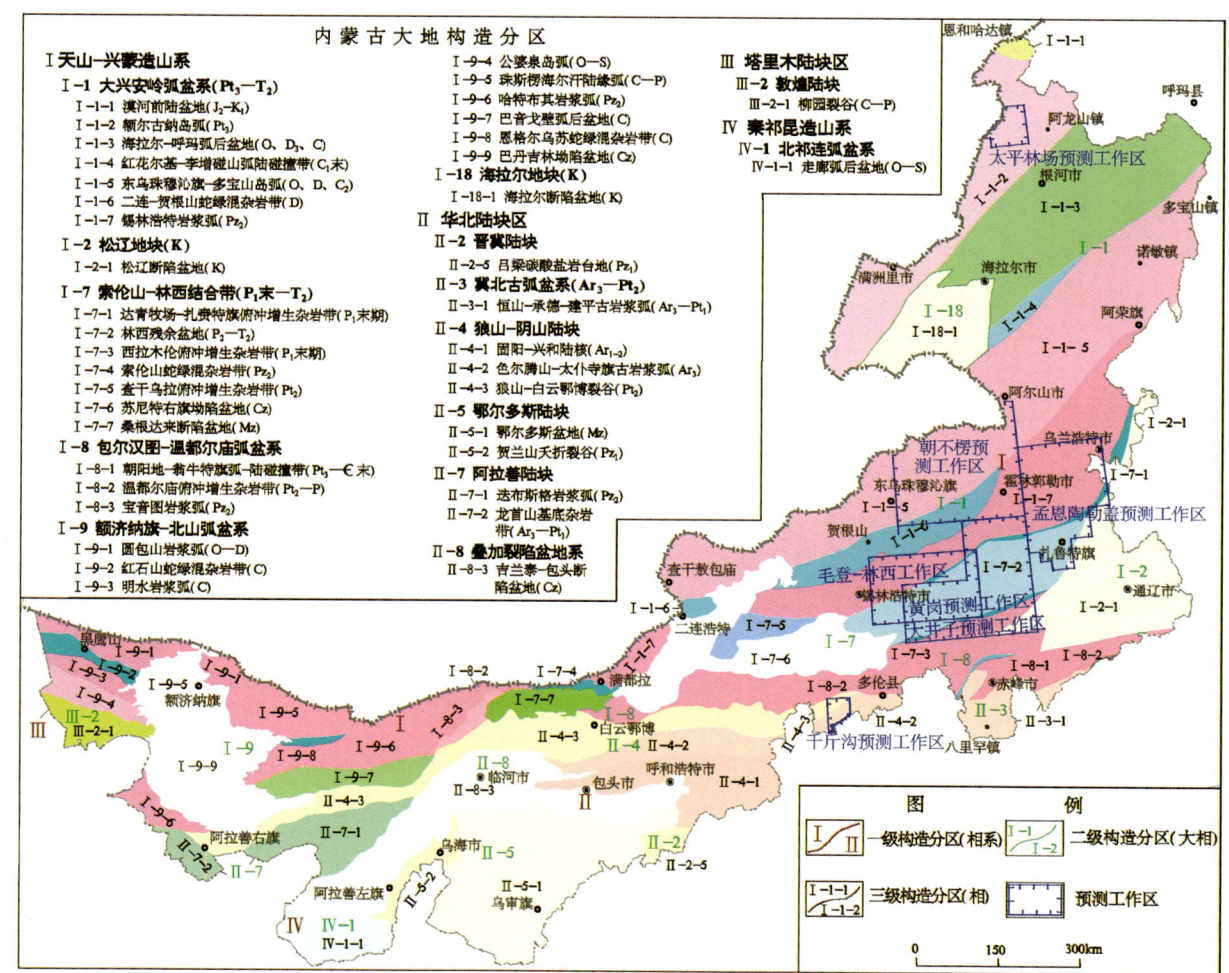

图2-1 内蒙古自治区锡矿预测工作区位置图

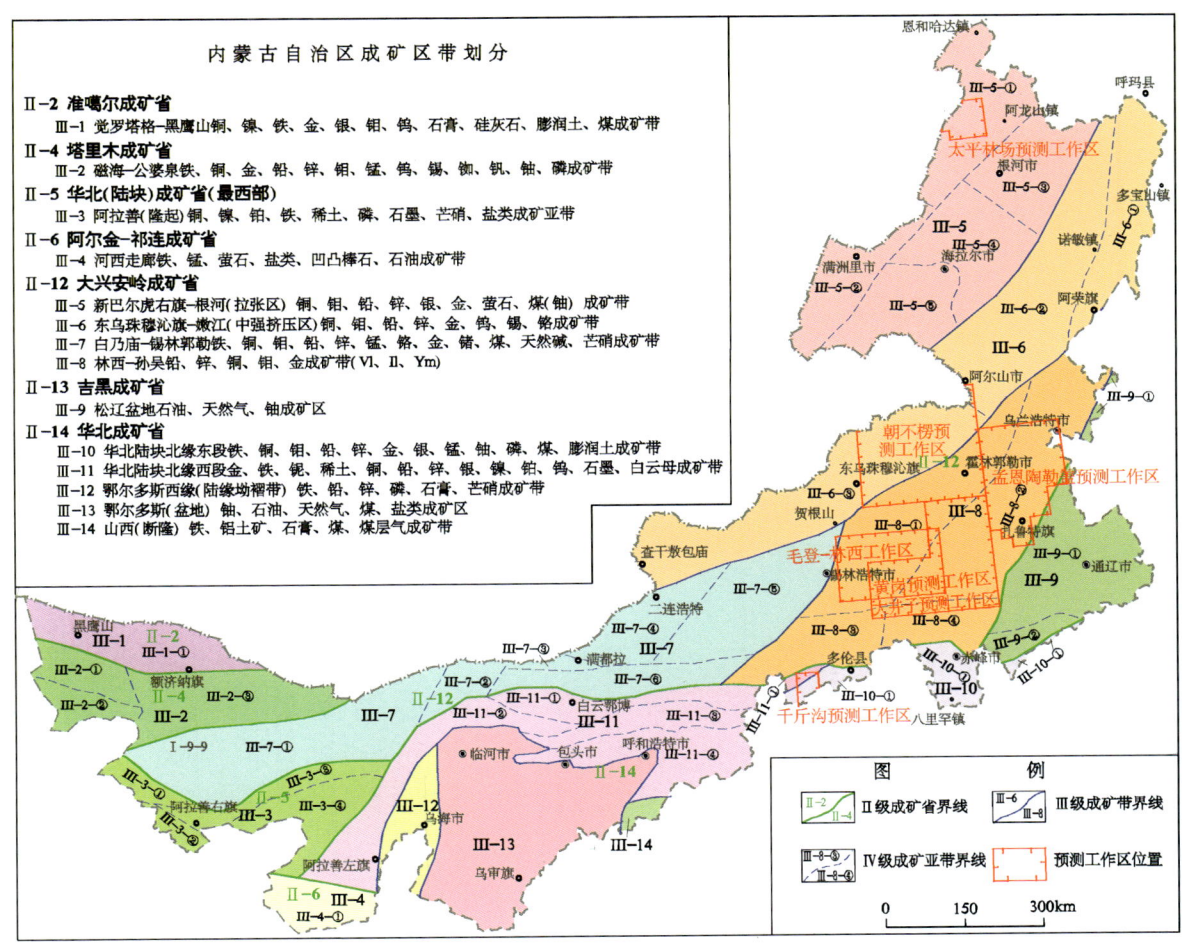

图 2-2 内蒙古自治区锡矿预测工作区成矿区(带)位置图

第三章　毛登-林西式复合内生型锡矿预测成果

内蒙古自治区毛登-林西复合内生型锡矿预测工作区，地理坐标东经116°15′—118°45′，北纬43°20′—44°30′。行政区划隶属于内蒙古自治区赤峰市和锡林郭勒盟，地处大兴安岭与阴山、浑善达克沙地和科尔沁沙地的交会地带。属中温带半干旱大陆性季风气候，年平均气温2~4℃，年降水量250~500mm，无霜期60~160天。北部草原区以畜牧业为主，南部为农业区。交通条件较好。

第一节　典型矿床特征

一、典型矿床及成矿模式

内蒙古自治区毛登-林西复合内生型锡矿预测工作区典型矿床为内蒙古自治区锡林浩特市毛登小孤山北矿区锌锡矿，行政隶属内蒙古自治区锡林浩特市，地理坐标为东经116°32′31″，北纬44°11′25″。毛登小孤山锡矿是位于华北陆块北缘古生界中的大型锡矿，查明锡资源量4925t，平均品位1.1%。

（一）典型矿床特征

1. 矿区地质

区域上下中二叠统大石寨组分3个岩性段，即下碎屑岩段、火山岩段和上碎屑岩段，而勘查区内主要出露上碎屑岩段和少量的火山岩段及第四系（图3-1）。

大石寨组火山岩段：出露在勘查区的南东角，主要由杂砾岩和少量的流纹岩及变质粉砂岩组成。

大石寨组上碎屑岩段：主要分布在勘查区南东部，面积约2.34km²。下部以浅海潟湖相沉积为主，为含碳质变质粉砂岩、粉砂岩夹细—粗砂岩、泥岩及少量的碳质板岩等；上部以陆相沉积为主，为灰绿色岩屑晶屑凝灰岩、安山岩、砂砾岩、凝灰质粉砂岩及粉砂质板岩夹砂岩、灰岩薄层。

第四系：在勘查区内广泛分布，按沉积时代可分为更新统和全新统。更新统主要分布于山前坡地及河流沟谷地带，为一套砾石成分复杂的砂砾石层，厚度小于30m。全新统分布较广，为风积、冲积、湖积等松散砂砾、砂土、淤泥，厚度小于20m。

勘查区位于西乌珠穆沁旗复背斜次级褶曲背斜南西倾伏端轴部，亦即穹隆构造的南西侧，矿区地质构造完全受穹隆构造的制约，区内构造简单，以褶皱构造和断层构造为主。区内南东部地层由于受北东侧岩体入侵上拱作用而向南西倾斜，总体呈一南缓北陡的单斜构造，地层总体走向315°~330°，倾角25°~55°。

区内断裂构造较为发育，在勘查区南东部发育有数条受构造控制的规模不等的硅化带，其总体走向120°左右，倾向南西，倾角45°~65°，长数十米至数百米，宽1.0~4.0m。岩性以硅化粉砂岩为主，硅化、绢英岩化较强，局部发育有褐铁矿化、方铅矿化等，样品化验显示具弱Ag、Cu、Sn等多金属矿化。该硅化带与区内多金属矿化关系密切，北西-南东向的断裂构造、裂隙构造是本区的主要导矿、控矿构造，其次生的层间裂隙是重要的容矿构造。

矿区层间裂隙构造较发育，多充填断层泥和硫化物脉，是成矿的有利部位。

区内节理较为发育，在花岗斑岩出露地段，根据节理在表面上的组合特征及相互切割关系划分为3组。

第一组：节理面平直，走向10°，倾向南东，倾角85°，节理裂隙内充填细小的硅质脉，其成分单一，未见矿化，被后期节理所切割。

第二组：节理面较平直，无充填物，走向275°~285°，倾向南偏西，倾角78°左右。

第三组：分布较广，走向305°~325°，倾向南西，倾角65°~85°，充填有细小的硅质脉，见黄铁矿化、方铅矿化及闪锌矿化，脉宽一般为1~3mm，个别为5~10mm。

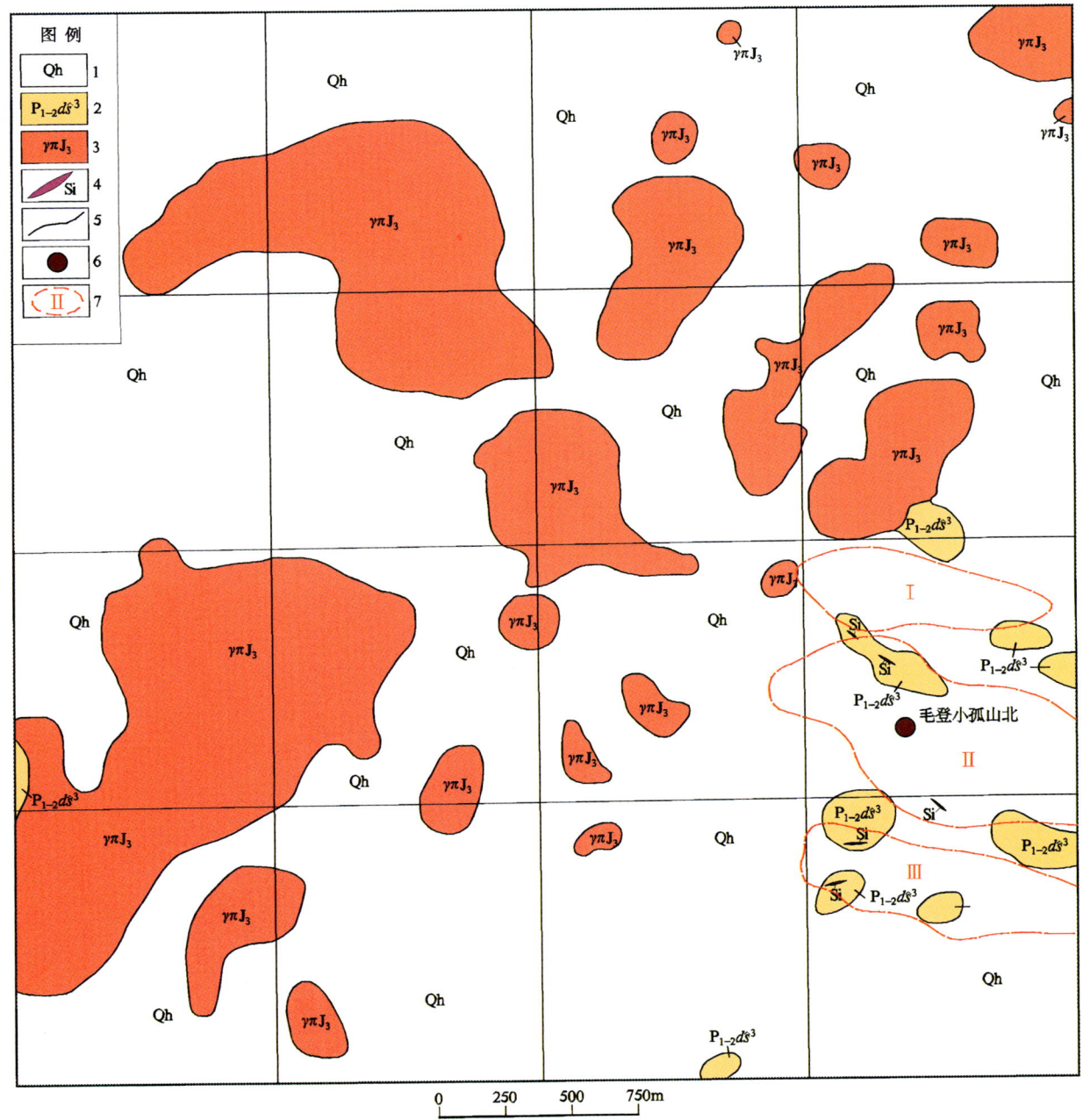

图3-1 毛登小孤山北矿区锌锡矿矿区地质简图

1.全新统砂土、砂砾石；2.下中二叠统大石寨组上碎屑岩段；3.晚侏罗世花岗斑岩；4.硅质脉；5.地质界线；6.矿床位置；7.蚀变带及编号

岩浆岩为阿鲁包格山似斑状花岗岩体边缘相花岗斑岩,占据了矿区的大部分面积,是区内主体岩石,形成于燕山早期,分布于区内西部及北部,分布面积约 14.2km²。在岩体的内接触带见捕虏体,捕虏体大小一般为 1~10cm,最大可为 15~20cm。捕虏体多具棱角状。近接触带的围岩具角岩化、绢英岩化;外接触带呈现硅化、电气石化、绿泥石化等围岩蚀变。

2. 矿床特征

毛登小孤山北矿区发现有 4 条含矿蚀变带,由北向南依次为Ⅰ号、Ⅱ号、Ⅲ号和Ⅳ号,共圈定出矿体 34 条(图 3-2、图 3-3)。

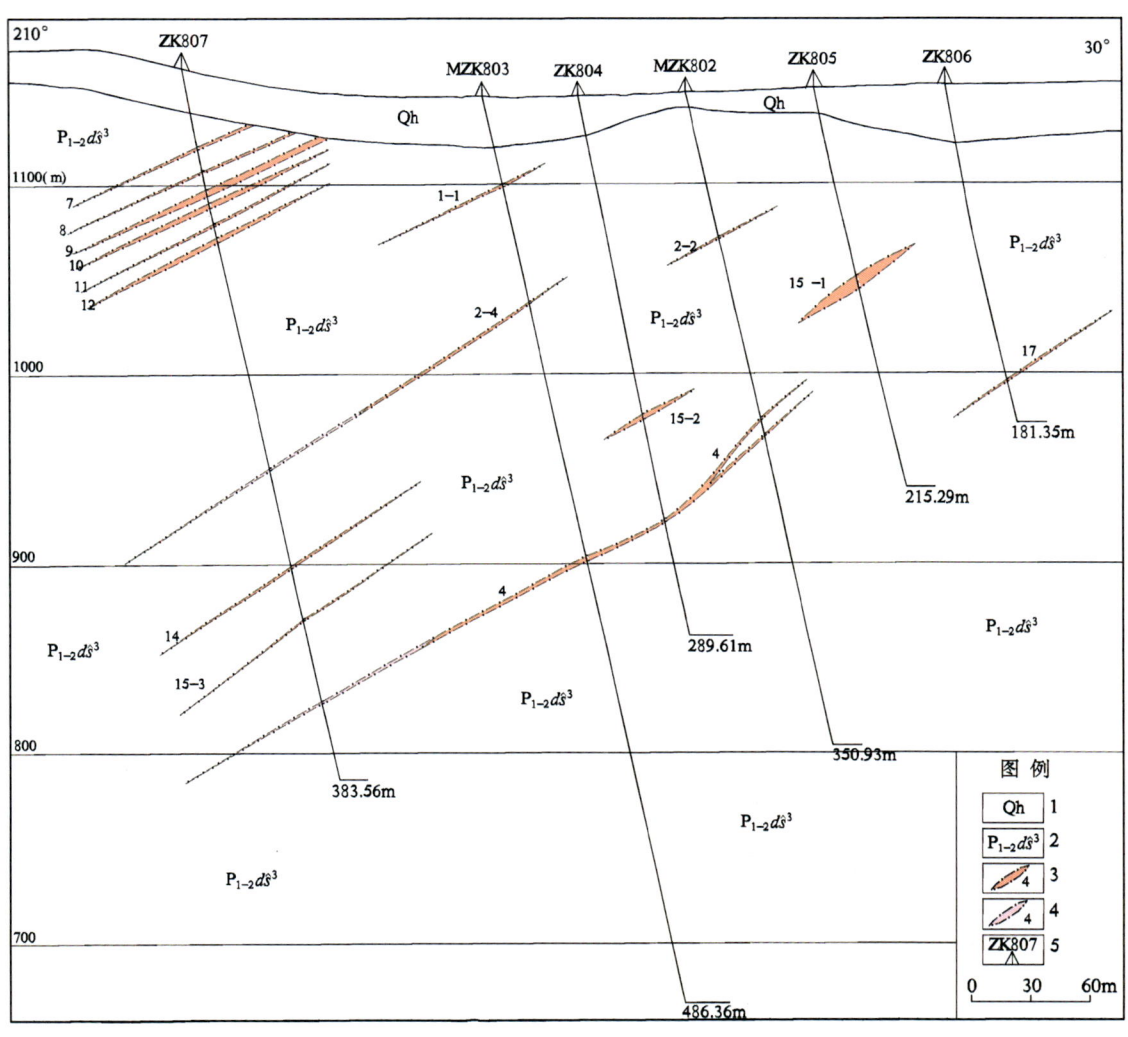

图 3-2 毛登小孤山北锡锌矿第 8 勘探线剖面图

1. 全新统砂土、砂砾石;2. 下中二叠统大石寨组上碎屑岩段;3. 锡矿体及编号 4. 锡矿化体及编号;5. 钻孔位置及编号

Ⅰ号含矿蚀变带:

位于矿区内毕架山北侧,地表基本上被第四系覆盖,仅出露硅化、绢英岩化粉砂岩(硅化带)。总体走向近东西,长约 950m,宽约 300m。钻孔资料显示,矿体主要产于变质粉砂岩或含碳质变质粉砂岩的层间裂隙。共圈定出具有工业价值的矿体 3 个,沿走向自南东向北西依次为 25 号、26 号和 27 号矿体。总体走向 97°左右,倾向南,倾角 22°~33°。其中 25 号矿体为锡多金属矿体,26 号、27 号矿体为锌多金属矿体。

Ⅱ号含矿蚀变带：

位于Ⅰ号蚀变带南东侧，平面上与Ⅰ号含矿蚀变带大约呈23°夹角，北西端基本与Ⅰ号含矿蚀变带西端相交。总体走向120°，长约1200m，宽约550m。地表除断续出露0.5～3.0m硅化带外，钻孔资料显示，矿体主要产于变质粉砂岩或含碳质（或黄铁矿）变质粉砂岩的层间裂隙，个别矿体产在细砂岩中。共圈定出矿体24个，即1～24号矿体。产状基本一致，总体走向120°左右，倾向南西，倾角21°～47°。1～17号矿体为锌多金属矿体。其中4号矿体为以锡为主的多金属矿体，是本矿床主要矿体，赋存于Ⅱ号含矿蚀变带含碳质变质粉砂岩的层间裂隙中，走向总体呈120°，倾向南西，倾角23°～47°。矿体沿走向有分支复合现象，矿体总体呈似层状产出，沿倾向形态较稳定；沿走向控制长度约560m，宽75～170m，埋深166～460m；矿体厚度1.46～3.27m，平均厚度为2.05m，厚度变化系数为32.51%，属稳定型。主元素Sn品位0.21%～2.22%，平均品位为1.09%，品位变化系数为70.22%，属较均匀。伴生银品位（0.22～771.13）×10^{-6}，平均品位64.31×10^{-6}；伴生铜品位0.01%～0.53%，平均品位0.11%；伴生铅品位0.01%～17.99%，平均品位0.27%；伴生锌品位0.01%～2.98%，平均品位0.29%。矿体赋有标高780～985m。

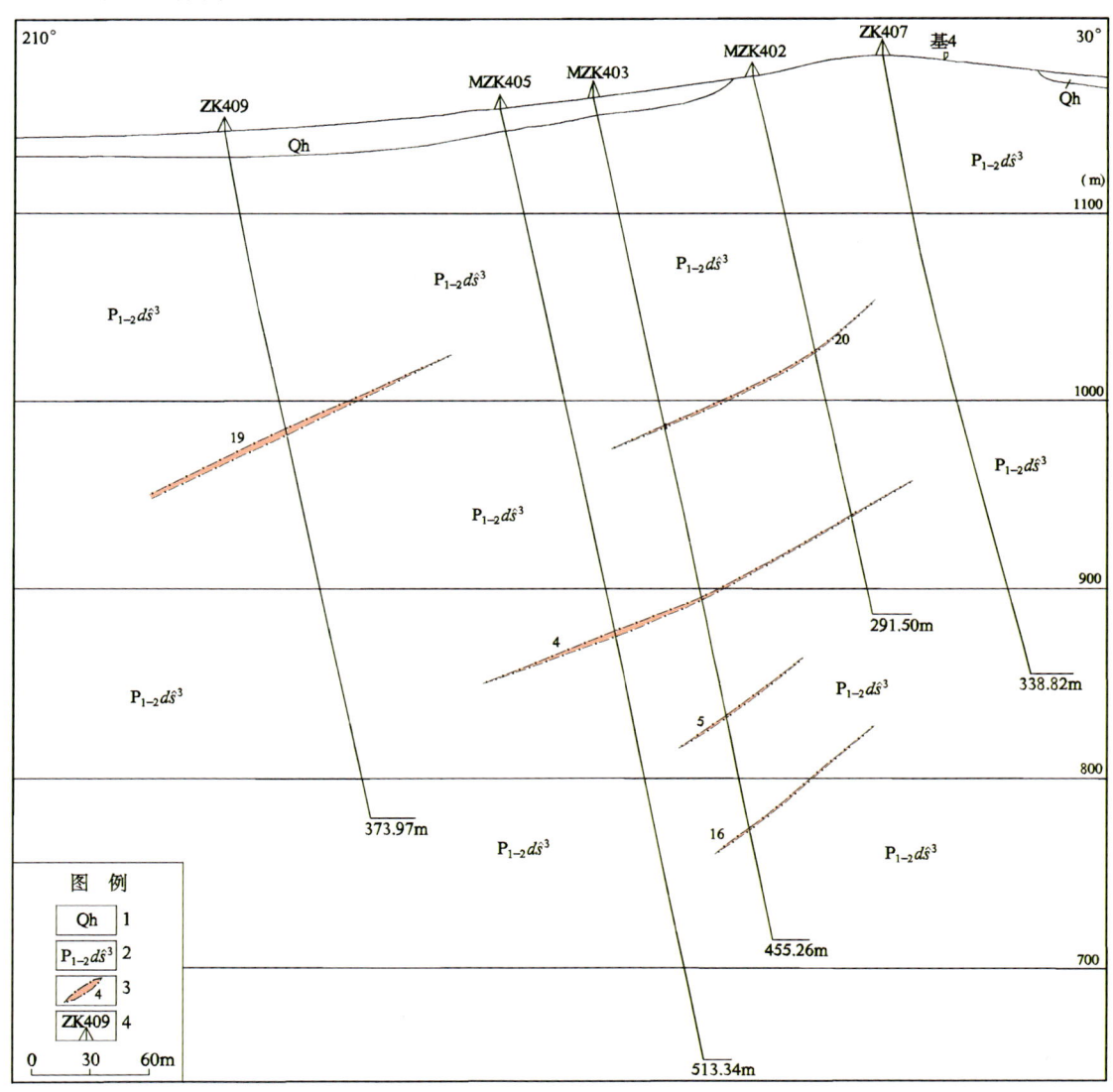

图3-3 毛登小孤山北锡锌矿第4勘探线剖面图

1. 全新统砂土、砂砾石；2. 下中二叠统大石寨组上碎屑岩段；3. 锡矿体及编号；4. 钻孔位置及编号

Ⅲ号含矿蚀变带：

位于Ⅱ号含矿蚀变带南侧约150m，总体走向约105°，长约1050m，宽约300m。钻孔资料显示，矿体主要产于变质粉砂岩的层间裂隙，个别矿体出现在变质粉砂岩和砾岩的接触部位。共圈定出矿体7个，即：28～34号矿体。其中28号、29号矿体为锡多金属矿体，其余30～34号矿体为锌多金属矿体。总体走向105°左右，倾向南西，倾角32°～48°。

Ⅳ号含矿蚀变带：

位于Ⅲ号蚀变带南侧约200m，总体走向近东西，长约300m，宽300m，向南东延伸出矿区范围外，未见矿。

3. 矿石特征

毛登小孤山北矿区锡锌多金属矿床的特点是矿石种类多、含量较少。主要矿石矿物有锡石、黄锡矿、黄铜矿、方铅矿、闪锌矿、黄铁矿、斑铜矿、辉铜矿等，次生矿物为褐铁矿、孔雀石等。

锡石：浅棕色、黑褐色，颜色变化较大，往往同一颗粒的锡石一边为透明的浅棕色，而另一边为半透明的黑褐色，且二者界线清晰。锡石多呈半自形晶，常见四方锥、短柱状，少量具膝状双晶。粒度大者可达3～5mm，可见锡石晶体，多数颗粒在0.4～0.5mm之间，含量约0.15%。锡石多呈浸染状分布于石英脉、硫化物-石英脉中，在裂隙中呈晶簇状于裂隙壁生长，构成集合体或团块，尚有少数自形锡石晶体呈包裹体赋存于黄铁矿晶体内。偶见部分锡石被压碎呈碎裂结构。与锡石共生的矿物有石英、萤石、云母等，偶见黄锡矿呈锡石的反应边。锡石的化学成分除SnO_2外，尚含Fe、Mn、W及稀有元素。Sn元素主要呈锡石单矿物形式存在，锡石中的锡占全部锡含量的90.7%，硫化锡仅占全部锡含量的2.3%，胶态锡仅占全锡的2.9%，硅酸盐锡占全锡的4.1%。

黄锡矿：反光镜下呈较磁黄铁矿稍黄的颜色，呈锡石的反应边或沿锡石的裂隙呈鸡爪状分布，多呈狭长带状。粒径0.02～0.07mm。肉眼难以鉴别，由X光粉晶分析可确定为黄锡矿。

黄铜矿：黄色，金属光泽。呈他形晶集合体块状或脉状产出，可见呈浸染状分布在锡石-硫化物石英脉中，含量约0.22%。块状黄铜矿与闪锌矿、黄铁矿、方铅矿等金属硫化矿物共生，最大粒径可达2mm；呈脉状者多与黄铁矿、闪锌矿共生，在被压碎的黄铁矿裂隙中充填有黄铜矿，使黄铜矿呈乳滴状包裹于闪锌矿晶体中。颗粒粗大者分布于早期黄铜矿颗粒内、晶隙中或颗粒边缘，部分颗粒分布于围岩矿物颗粒间，个别颗粒被蓝辉铜矿沿边缘交代。

方铅矿：集合体呈铅灰色，金属光泽，光片中呈白色。发育形式有块状和裂隙充填状。块状者多呈他形—半自形—自形晶，粗—细粒、不等粒，粒径一般为0.1～1mm，最大者可达10mm，含量约1.14%。与黄铁矿、闪锌矿紧密共生。裂隙充填者多呈半自形—自形晶，粗—细粒、不等粒，方铅矿的含量与铅、银品位呈正相关关系，与锡品位关系不明显。

闪锌矿：铁黑色，自形—半自形晶，常呈块状集合体或脉状。闪锌矿集合体呈扁豆状、港湾状，常与方铅矿、黄铜矿共生。镜下闪锌矿属两期形成，早期者为无包体的单晶，氧化后呈孤岛状出现，其颗粒较粗大，粒径在0.1～3mm之间，含量约2.39%；分布于矿石裂隙内，裂隙发育，常充填有黄铜矿，或分布于黄铁矿边缘。晚期者与黄铜矿密切共生，含较多黄铜矿包体，其颗粒一般在0.015～0.100mm之间。

脉石矿物：脉石矿物主要为非金属矿物，有石英，其次为少量白云母、萤石、绢云母、绿泥石、方解石等。

4. 矿石结构构造

矿石结构：锡石、黄铁矿、方铅矿、闪锌矿及部分非金属矿物呈自形—半自形晶粒结构；部分黄铁矿、黄铜矿、闪锌矿及其他硫化物呈他形粒状结构；锡矿石中，后期形成的硫化物如黄铜矿、闪锌矿等充填在石英等早先形成的矿物晶粒间形成填隙结构；黄锡矿沿锡石矿物边缘形成反应边结构；蓝辉铜矿沿黄铜矿边缘形成反应边结构；较早形成的闪锌矿被氧化后呈孤岛状，黄铜矿被辉铜矿交代而呈孤岛状构成交代残余结构;部分锡石、黄铁矿、石英等受应力作用被压碎具碎裂结构。

矿石构造:充填脉状构造和浸染状构造是主要构造类型,其次有晶簇状构造、块状构造和蜂窝状构造。

5. 围岩蚀变

接触带发育有角岩化、绢英岩化、硅化、电气石化、绿泥石化等围岩蚀变。

6. 矿床成因及成矿时代

矿体主要赋存于下中二叠统大石寨组含碳变质粉砂岩、粉砂岩中。褶皱和裂隙发育,具有良好的成矿构造环境,是含矿热液上升的通道和赋存场所,同时使围岩中的有用组分活化并随之迁移,再次富集沉淀,形成一定规模的矿床。

燕山期岩浆活动为成矿提供了热动力条件,同时也是成矿物质的供给者。

根据矿石中矿物组合特征及矿物分布特点,矿床经历了高温氧化物期→中温硫化物期→碳酸盐期3个成矿期,主要矿石矿物出现在高温氧化物期和中温硫化物期的早期阶段。

成矿时代为燕山期。

(二)矿床成矿模式

矿床为高温热液型锡矿床。其成矿作用分为二叠纪预富集和燕山期定型两个过程。下中二叠统火山喷发沉积岩中Sn、As丰度较高,为燕山期热液成矿作用提供了一定的锡。燕山期陆壳强烈活化,含锡花岗岩浆沿区域大断裂上升,侵入下中二叠统并改造、汲取火山沉积岩中的Sn元素,形成锡多金属的富集(图3-4)。

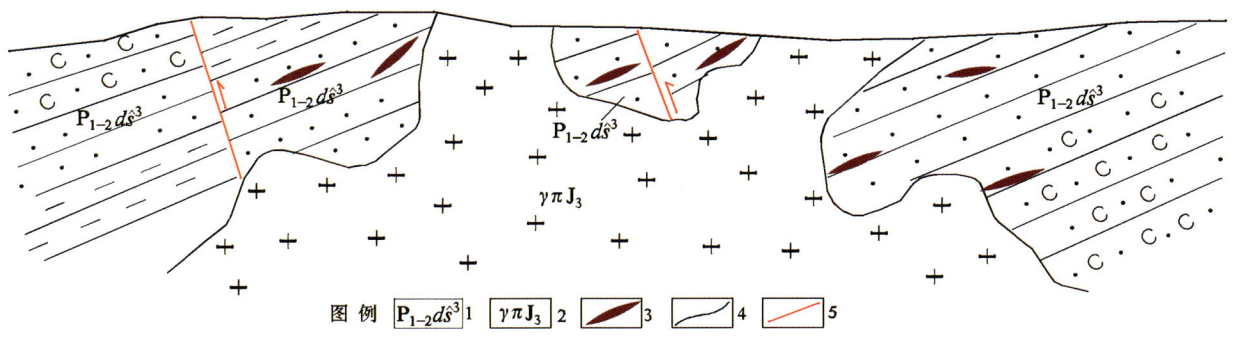

图3-4 毛登-林西锡矿典型矿床成矿模式图

1.下中二叠统大石寨组上碎屑岩段;2.晚侏罗世花岗斑岩;3.锡矿脉;4.地质界线;5.断层

二、典型矿床地球物理特征

(一)重力特征

毛登小孤山北锡矿床布格重力位于平稳的布格重力低异常的边界,异常变化范围为$(-130.93 \sim -122) \times 10^{-6} m/s^2$;剩余重力异常图上,矿区位于剩余重力负异常L蒙-387的一侧,异常呈北东走向,该负异常最低值为$-8.06 \times 10^{-6} m/s^2$(图3-5)。

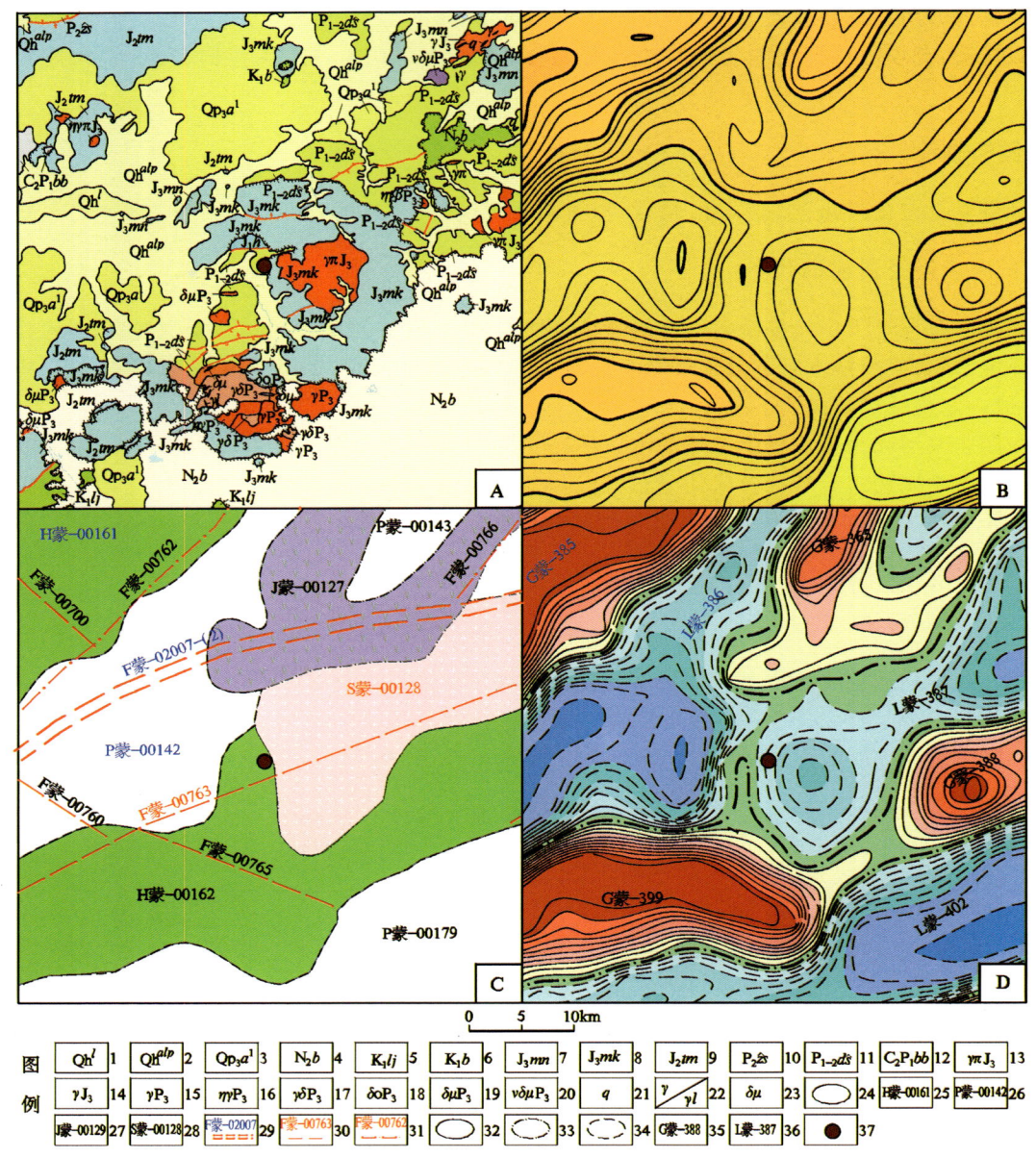

图 3-5 毛登小孤山北锡典型矿床重力异常图

A. 地质矿产图；B. 布格重力异常图；C. 重力推断地质构造图；D. 剩余重力异常图。1. 全新统湖积；2. 全新统洪冲积；3. 上更新统阿巴嘎组第一段；4. 上新统宝格达乌拉组；5. 下白垩统龙江组；6. 下白垩统白音高老组；7. 上侏罗统玛尼吐组；8. 上侏罗统满克头鄂博组；9. 中侏罗统塔木兰沟组；10. 中二叠统哲斯组；11. 下中二叠统大石寨组；12. 上石炭统—下二叠统本巴图组；13. 晚侏罗世花岗斑岩；14. 晚侏罗世花岗岩；15. 晚二叠世花岗岩；16. 晚二叠统二长花岗岩；17. 晚二叠世花岗闪长岩；18. 晚二叠世石英闪长岩；19. 晚二叠世闪长玢岩；20. 晚二叠世辉长闪长玢岩；21. 石英脉；22. 花岗岩脉、花岗细晶岩脉；23. 闪长玢岩脉；24. 布格重力等值线；25. 推断古生代地层及编号；26. 推断盆地及编号；27. 推断超基性岩体及编号；28. 推断酸性—中酸性岩体及编号；29. 半隐伏重力推断一级断裂构造及编号；30. 隐伏重力推断三级断裂构造及编号；31. 半隐伏重力推断三级断裂构造及编号；32. 重力正等值线；33. 重力零等值线；34. 重力负等值线；35. 剩余重力正异常编号；36. 剩余重力负异常编号；37. 锡矿产地位置

（二）航磁特征

航磁异常总体走向为北东向，由多个北东向展布的局部异常组成。异常强度中等，幅差一般不大于 500nT。根据航磁异常的性质可以确定侵入岩和构造的位置，对本区找矿有指导意义（图 3-6）。

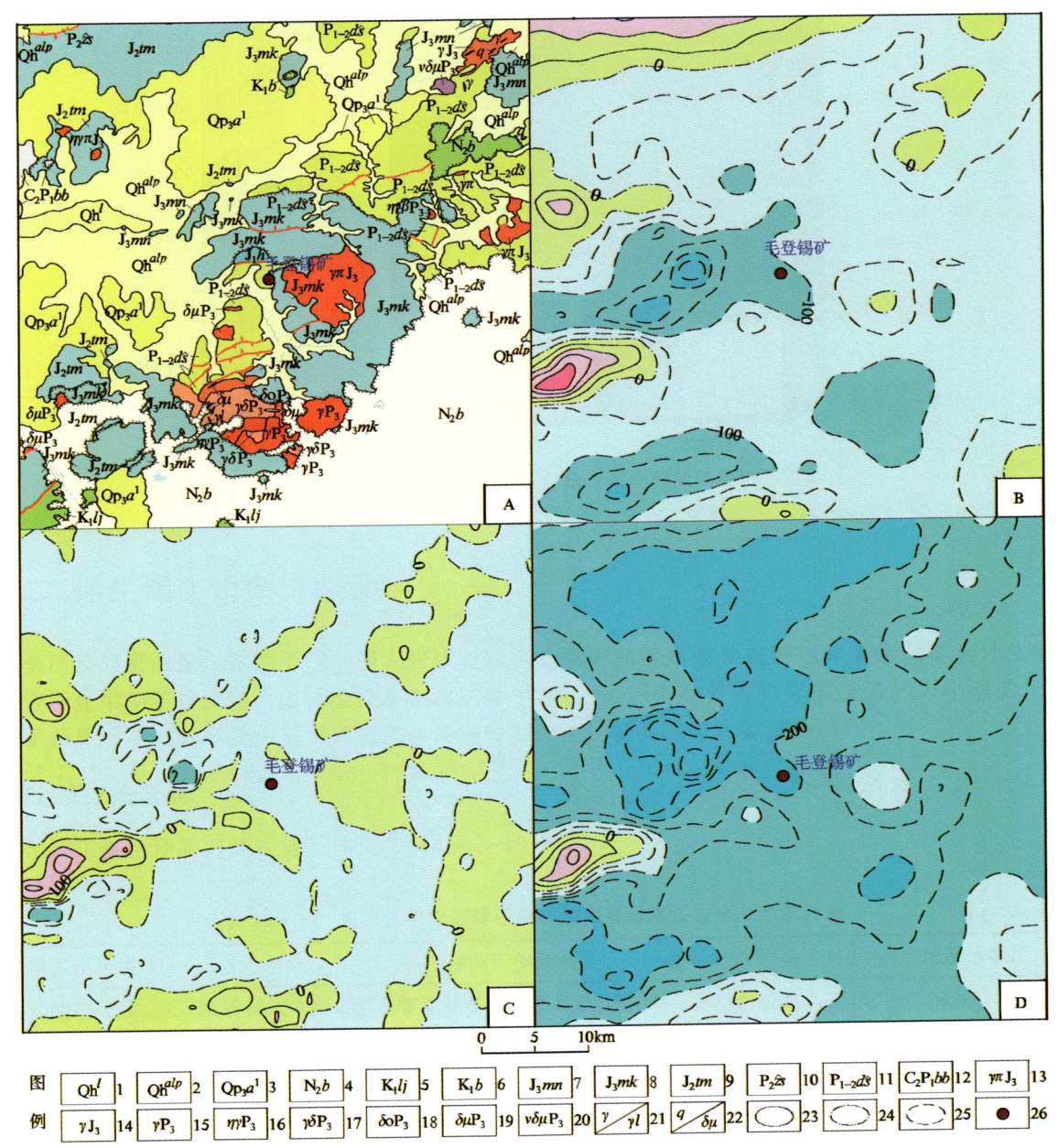

图 3-6 毛登小孤山北锡典型矿床航磁异常图

A. 地质矿产图；B. 航磁 ΔT 等值线平面图；C. 航磁 ΔT 化极垂向一阶导数等值线平面图；D. 航磁 ΔT 化极等值线平面。1. 全新统湖积；2. 全新统洪冲积；3. 上更新统阿巴嘎组第一段；4. 上新统宝格达乌拉组；5. 下白垩统龙江组；6. 下白垩统白音高老组；7. 上侏罗统玛尼吐组；8. 上侏罗统满克头鄂博组；9. 中侏罗统塔木兰沟组；10. 中二叠统哲斯组；11. 下中二叠统大石寨组；12. 上石炭统—下二叠统本巴图组；13. 晚侏罗世花岗斑岩；14. 晚侏罗世花岗岩；15. 晚二叠世花岗岩；16. 晚二叠世二长花岗岩；17. 晚二叠世花岗闪长岩；18. 晚二叠世石英闪长岩；19. 晚二叠世闪长玢岩；20. 晚二叠世辉长闪长玢岩；21. 花岗岩脉、花岗细晶岩脉；22. 石英脉、闪长玢岩脉；23. 航磁正等值线；24. 航磁零等值线；25. 航磁负等值线；26. 锡矿产地位置

三、典型矿床地球化学特征

该区是 Sn、Cu、W、Mo、Pb、Zn、Ag 等元素的组合异常区，在毛登小孤山北锡矿区呈良好的套合关

系。Sn、Zn、Cu、Ag、Pb、Sb 异常规模大,具有三级浓度分带,Sn 异常规模最大,呈面状分布,Zn、Ag、Pb、Sb 异常呈近东西向分布,Cu 呈北东向等轴状展布。As 异常规模较小,但强度高,在矿区具有明显的浓集中心和浓度分带。W、Sb 等元素在矿区外围多处浓集,为远程指示元素。Mo 呈高背景分布(图3-7)。

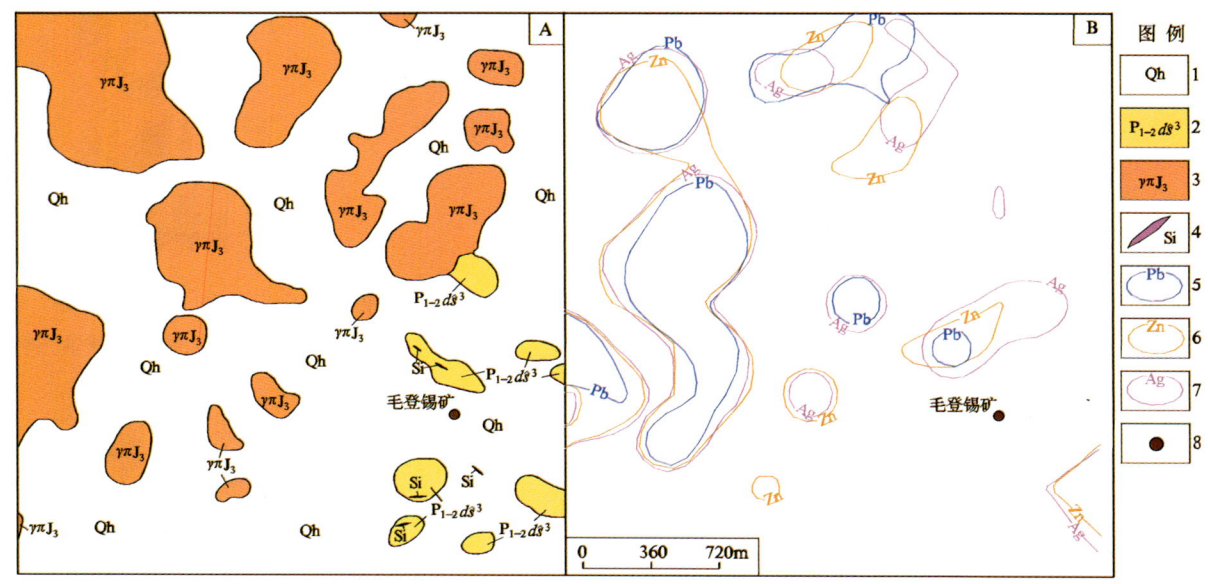

图 3-7 毛登小孤山北锡典型矿床地球化学异常图

A. 地质矿产图;B. 地球化学异常图。1. 全新统;2. 下中二叠统大石寨组上碎屑岩段;3. 晚侏罗世花岗斑岩;4. 硅质脉;5. Pb 异常;6. Zn 异常;7. Ag 异常;8. 锡矿床位置

四、遥感特征

矿区内断裂构造发育,海西晚期形成的南东向节理密集带,控制了矿带的分布,其派生的次级构造和节理密集带控制了矿体的形态、产状和空间分布。断裂构造和裂隙构造是含矿热液上升的通道和赋存场所。二叠纪地层中的张性断裂构造带及北东向主体断裂旁侧成群出现的次级东西向和北西向断裂构造是重要的赋矿构造。

环形构造发育,多数为成因不明的环形构造,佐证岩浆活动频繁,说明了岩浆岩与内生矿产有密切的依存关系(图 3-8)。

五、自然重砂特征

自然重砂锡石最高含量为 25 827 粒,异常面积 52.54km²,形态呈不规则状。该异常位于毛登锡矿周边,为热液型,分布于岩体与火山岩接触带。

六、矿床预测模型

以典型矿床成矿要素为基础,综合研究重力、航磁、化探、遥感、自然重砂等综合致矿信息,总结出典型矿床预测要素见表 3-1。

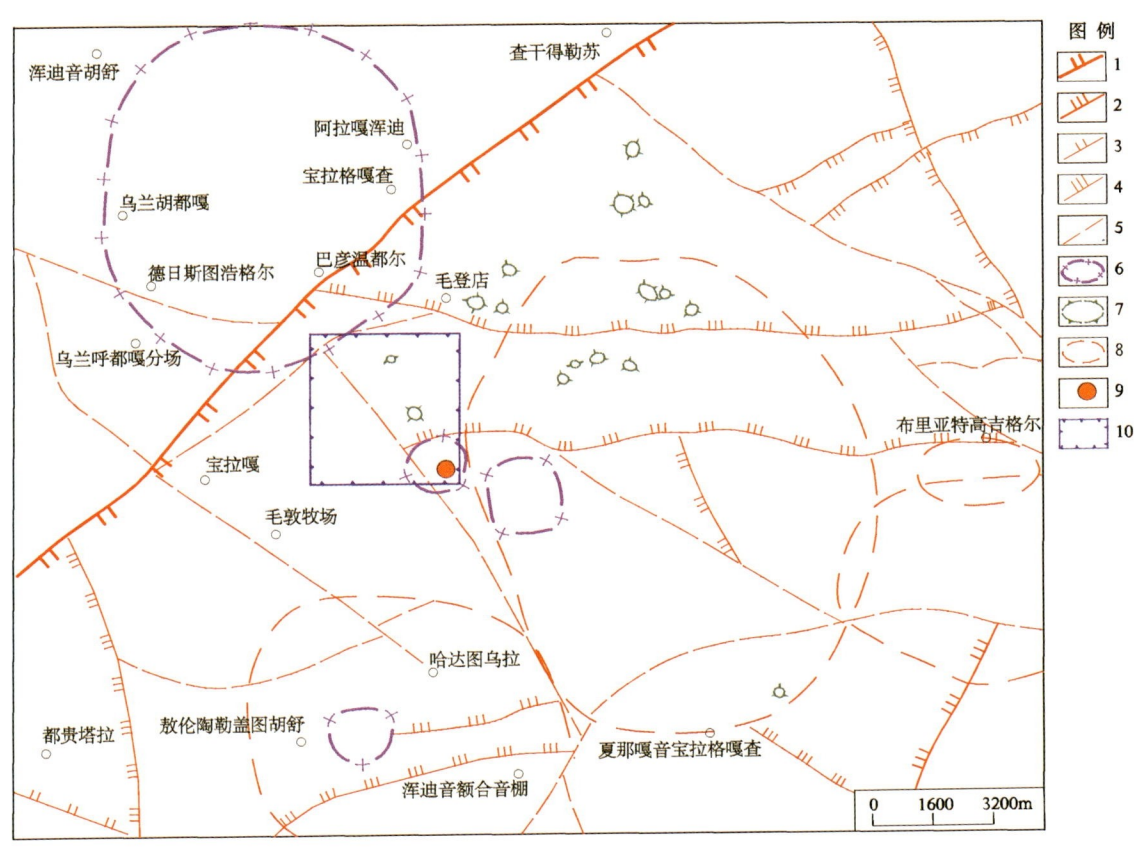

图 3-8 毛登小孤山锡矿典型矿床所在区域遥感解译图

1. 大型正断层;2. 中型逆断层;3. 小型正断层;4. 小型逆断层;5. 性质不明断层;6. 与隐性岩体有关的环形构造;
7. 火山口;8. 成因不明环形构造;9. 锡矿;10 典型矿床范围线

表 3-1 毛登式复合内生型锡矿典型矿床预测要素表

典型矿床预测要素		内容描述		要素类别
储量		4925t	平均品位　1.1%	
特征描述		沉积-热液改造型锡矿床		
地质环境	构造背景	天山-兴蒙构造系(Ⅰ),大兴安岭弧盆系(Pt_3—T_2)(Ⅰ-1),锡林浩特岩浆弧(Pz_2)(Ⅰ-1-7)		必要
	成矿环境	大兴安岭成矿省(Ⅱ-12),林西-孙吴铅、锌、铜、钼、金成矿带(Ⅲ-8),索伦镇-黄岗铁、锡、铜、铅、锌、银成矿亚带(Ⅴ-Y)(Ⅲ-8-①),毛登-白音乌拉铅、锌、锡矿集区(Ⅴ-67)		必要
	成矿时代	燕山期		必要

续表 3-1

典型矿床预测要素		内容描述			要素类别
储量		4925t	平均品位	1.1%	
特征描述		沉积-热液改造型锡矿床			
矿床特征	矿体形态	矿体以似层状产出，沿倾向形态较稳定，均属于稳定型			重要
	岩石类型	含碳质变质粉砂岩、粉砂岩夹细—粗砂岩、泥岩、碳质板岩、灰绿色岩屑晶屑凝灰岩、安山岩、砂砾岩、凝灰质粉砂岩、粉砂质板岩夹砂岩、灰岩			重要
	岩石结构	自形—半自形晶粒结构、他形粒状结构、填隙结构、反应边结构、交代残余结构、压碎碎裂结构			次要
	矿物组合	主要的矿石矿物有锡石、黄锡矿、黄铜矿、方铅矿、闪锌矿、黄铁矿、斑铜矿、辉铜矿等，次生矿物为褐铁矿、孔雀石等。脉石矿物主要为非金属矿物，有石英，其次为少量白云母、萤石、绢云母、绿泥石、方解石等			重要
	矿石结构构造	锡矿石：半自形晶粒结构、反应边结构、压碎碎裂结构、填隙结构；致密块状构造、充填脉状构造、浸染状构造、晶簇状构造、蜂窝状构造。锌矿石：自形—半自形粒状结构、他形粒状结构、交代残余结构；块状构造、浸染状构造、晶簇状构造			次要
	蚀变特征	主要为硅化、绢英岩化			次要
	控矿条件	围岩下中二叠统大石寨组、呈北东向展布背斜构造之层间裂隙和硅化带是找矿的直接标志			必要
物化探特征	地球物理特征	重力	位于平稳的布格重力低异常的边界，异常变化范围为$(-130.93 \sim -122) \times 10^{-6}$ m/s^2；位于剩余重力负异常 L 蒙-387 的一侧，异常呈北东走向，该负异常最低值为-8.06×10^{-6} m/s^2		次要
		航磁	区内航磁异常总体走向为北东向，由多个北东向展布的局部异常组成。异常强度中等，幅差一般不大于 500nT。根据航磁异常的性质可以确定侵入岩和构造的位置，对本区找矿有指导意义		重要
	地球化学特征		在毛登锡矿区呈良好的套合关系，Sn、Zn、Cu、Ag、Pb、Sb 异常规模大，具有三级浓度分带；Sn 异常规模最大，呈面状分布；W、Sb 等元素在矿区外围多处浓集，为远程指示元素；Mo 呈高背景分布		重要

第二节 预测工作区研究

内蒙古自治区毛登式热液型锡矿毛登-林西预测工作区行政区划隶属于内蒙古自治区赤峰市、锡林郭勒盟管辖。地理坐标为东经116°15′—118°45′，北纬43°20′—44°30′。

大地构造位置跨天山-兴蒙构造系（Ⅰ）大兴安岭弧盆系（$Pt_3—T_2$）（Ⅰ-1）锡林浩特岩浆弧（Pz_2）（Ⅰ-1-7）和索伦山-林西结合带（P_1末—T_2）（Ⅰ-7）达青牧场-扎赉特旗俯冲增生杂岩带（P_1末）（Ⅰ-7-1）、林西残余盆地（$P_2—T_2$）（Ⅰ-7-2）（图2-1）。

所在成矿区带为大兴安岭成矿省（Ⅱ-12），林西-孙吴铅、锌、铜、钼、金成矿带（Ⅲ-8），索伦镇-黄岗铁、锡、铜、铅、锌、银成矿亚带(Ⅴ-Y)(Ⅲ-8-①)和神山-大井子铜、铅、锌、银、铁、钼、锡、稀土、铌、钽、萤石成矿亚带(Ⅲ-8-②),典型矿床位于毛登-白音乌拉铅、锌、锡矿集区(Ⅴ-67)(图2-2)。

一、区域地质特征

(一)成矿地质背景

下中二叠统大石寨组是区内主要赋矿层位。上部为以海相基性—中基性火山岩为主的火山-沉积岩建造,岩石组合以安山岩、安山质凝灰岩、凝灰质砂岩、粉砂岩、粉砂质板岩为主,含少量结晶灰岩和大理岩,形成于火山喷发频繁的不稳定深海—半深海的浊流环境。在该套岩层中形成了众多以火山-沉积岩为容矿岩的层控型铁(锌)、锡、铜、金矿床,如黄岗、毛登等矿床(点)。下部则是以海相中酸性、酸性火山岩为主的火山-沉积岩建造,由千枚状板岩、粉砂质板岩、千枚岩、角闪千枚岩组成,反映出火山喷发频繁的不稳定半深海溺谷海湾-浊流与泛滥平原的沉积环境。在该套岩层中形成了以酸性海底火山熔岩为主体的火山-沉积岩为容矿岩的具层控特征的锡、钨、铜、铅、锌矿床,如胡家店-曹家屯、八家子、前地、园林子-那仁布拉格等矿床(点)。在火山作用减弱、局部呈现相对稳定的浅海环境,形成火山-碳酸盐岩建造,从而形成与该套建造有关的层控型铁、锡多金属矿床,如黄岗、白音诺尔等矿床。

岩浆活动十分强烈。除大量的火山喷发外,侵入作用也十分强烈。根据其活动特点和演化规律,可分为海西期、燕山早中期和燕山晚期3个旋回。海西期岩体受东西向基底构造控制,从早期到晚期,岩石类型由辉长岩(玄武岩)向花岗闪长岩(安山岩、英安岩)变化,化学成分由基性向酸碱度增加的方向演化。燕山早中期岩浆旋回以中酸性为主,从早期到晚期由中性、中酸性—酸性、超酸性,向富硅、富碱方向演化。燕山晚期岩浆旋回以黑云母花岗岩、钾长花岗岩为主,从早期到晚期硅碱组分有所降低。成矿主要与燕山期岩浆岩关系密切。

区内构造以东西向和北东向为主。东西向构造为基底断裂,形成于海西期。燕山期又继续活动。北东向构造是区内主干构造,为相互平行的复背斜、复向斜及与其伴生的断裂,海西晚期开始活动,燕山期又进一步加强。此外,北西向断裂也较发育,局部地段发育南北向断裂。

(二)区域成矿模式

预测工作区发现的矿产以有色金属矿和贵金属矿为主,次为黑色金属矿和非金属矿。如黄岗矽卡岩型铁锡矿(大型)、毛登热液型锡锌矿(小型)、大井子火山热液型铜银矿(小型)等,还有众多矿点。

本区成矿地质条件优越。成矿作用主要与中生代岩浆侵入活动及火山活动有关,矿床成因类型主要为矽卡岩型和热液型、次火山热液型,成矿时代为燕山期。

预测工作区成矿要素见表3-2,成矿模式见图3-9。

表3-2 毛登式热液型锡矿毛登-林西预测工作区成矿要素表

区域成矿(预测)要素		内容描述	要素类别
地质环境	大地构造位置	天山-兴蒙构造系(Ⅰ)大兴安岭弧盆系(Pt_3—T_2)(Ⅰ-1)锡林浩特岩浆弧(Pz_2)(Ⅰ-1-7)和索伦山-林西结合带(P_1末—T_2)(Ⅰ-7)达青牧场-扎赉特旗俯冲增生杂岩带(P_1末)(Ⅰ-7-1)、林西残余盆地(P_2—T_2)(Ⅰ-7-2)	必要
	成矿区(带)	大兴安岭成矿省(Ⅱ-12),林西-孙吴铅、锌、铜、钼、金成矿带(Ⅲ-8),索伦镇-黄岗铁、锡、铜、铅、锌、银成矿亚带(Ⅴ-Y)(Ⅲ-8-①)和神山-大井子铜、铅、锌、银、铁、钼、锡、稀土、铌、钽、萤石成矿亚带(Ⅲ-8-②)	必要
	区域成矿类型及成矿时代	热液型,燕山期	必要

续表 3-2

区域成矿（预测）要素		内容描述	要素类别
控矿地质条件	赋矿地质体	下中二叠统大石寨组含碳变质粉砂岩、粉砂岩	重要
	控矿侵入岩	燕山期分异较好的酸性侵入岩与二叠纪地层外接触带是主要的赋矿部位	必要
	主要控矿构造	燕山期酸性岩体与二叠纪地层中的张性断裂构造带及北东向主体断裂旁侧成群出现的次级北西向断裂构造是重要的赋矿构造	必要
区内相同类型矿产		区内6个矿点、矿化点	重要

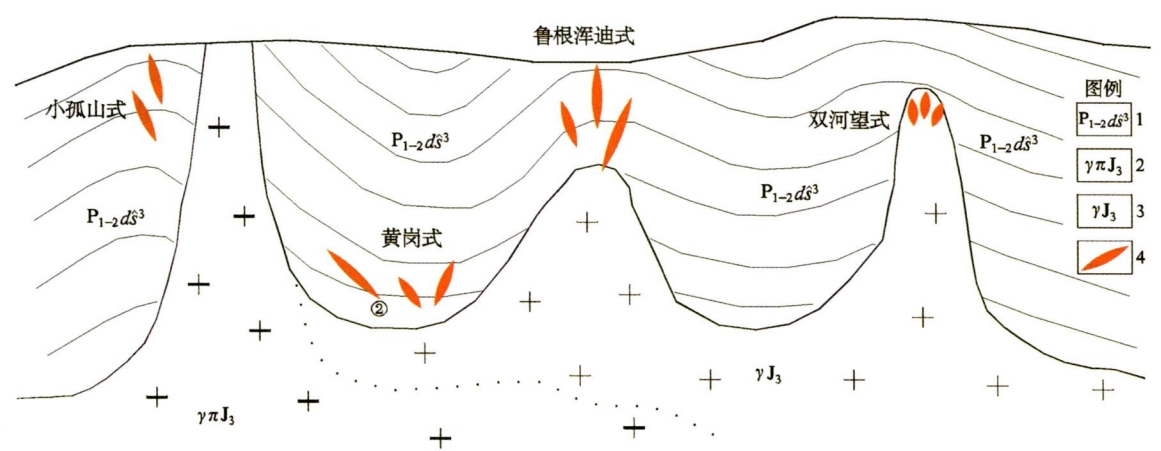

图 3-9　毛登式热液型锡矿毛登-林西预测工作区成矿模式图
1. 下中二叠统大石寨组上碎屑岩段；2. 晚侏罗世花岗斑岩；3. 晚侏罗世花岗岩；4. 矿脉

二、区域地球物理特征

（一）重力特征

毛登锡矿预测工作区位于纵贯全国东部地区的大兴安岭-太行山-武陵山北北东向巨型重力梯度带的西侧。该巨型重力梯度带东、西两侧重力场下降幅度达 $80\times10^{-5}\,\mathrm{m/s^2}$，下降梯度约 $1\times10^{-5}\,\mathrm{m\cdot s^{-2}}/\mathrm{km}$。由地震和大地电磁测深资料可知大兴安岭-太行山-武陵山巨型宽条带重力梯度带是一条超地壳深大断裂带的反映。沿深大断裂带侵入了大量的中—新生代中—酸性岩浆岩，喷发、喷溢了大量的中—新生代火山岩。

预测工作区区域重力场总体走向呈北东向，反映了区域构造格架的方向；预测工作区反映南东部重力高、中部重力低、北西部相对重力高的特点，重力场最低值 $-148.63\times10^{-5}\,\mathrm{m/s^2}$，最高值 $-61.34\times10^{-5}\,\mathrm{m/s^2}$，沿克什克腾旗—霍林郭勒市一带布格重力异常总体反映重力低异常带，异常带走向北北东，呈宽条带状，长约 370km，宽约 90km。地表断续出露不同期次的中—新生代花岗岩体，推断该重力低异常带是由中—酸性岩浆岩活动区（带）引起。局部重力低异常是由花岗岩体和次火山热液活动带所致。

预测工作区北西侧区域重力场高、低相间分布,主要是因古生代基底隆起和凹陷引起。局部重力低与酸性侵入岩有关。

预测工作区推断断裂构造以北东向和北西向为主;推断地层单元呈带状和不规则面状,对应剩余重力正异常;中—新生代盆地呈北东向带状分布,中—酸性岩体呈等轴状和椭圆状分布,二者均与区内的剩余重力负异常对应。

预测工作区推断断裂构造62条,地层单元18个,中—酸性岩浆岩活动区(带)1个,中—酸性岩体10个,中基性岩体2个,中—新生代盆地16个。

根据重力场特征和推断的地质体分布,在该区截取了4条重力剖面进行2D反演计算,其中2条重力剖面选择在已知矿床的位置,考虑到该区还有可能形成类似已知矿床的重力场环境,又在该重力场选择了其余2条剖面,通过反演计算,岩体最大延深达36km。

该区域拜仁达坝复合内生型银铅锌多金属矿、道伦达坝铜矿位于预测工作区中部的中—酸性岩浆岩活动区(带)北西部边缘,另外还分布有10多处锡矿床(点)。表明矿床在成因上与中—酸性花岗岩体有关。

(二)航磁特征

在1∶10万航磁ΔT等值线平面图上,预测工作区磁异常幅值范围为$-1250\sim625$nT,背景值为$-50\sim100$nT,其中磁异常形态杂乱,正负相间,多为不规则带状、片状、团状。中部磁异常为大面积的低缓正异常,纵观预测工作区磁异常轴向及ΔT等值线延伸方向,以北东向为主,磁场特征显示预测工作区构造方向以北东向为主。毛登式火山热液型锡矿床位于预测工作区北西部,磁异常背景为平缓负磁异常区,-50nT等值线附近。

预测工作区内推断断裂走向与磁异常轴向相同,主要为北东向,以不同磁场区的分界线和磁异常梯度带为标志。结合预测工作区地质出露情况分析,预测工作区北部磁异常多由火山岩地层引起,中部磁异常多由中酸性侵入岩体引起,南部的磁异常主要由酸性岩体引起。

根据磁异常特征,毛登式热液型锡矿预测工作区磁法推断断裂构造18条,中酸性岩体22个,火山岩地层16个,变质岩地层2个,火山构造1个,蚀变带1个。与成矿有关的断裂1条,位于预测工作区北西部,走向为北东向。

三、区域地球化学特征

区域上分布有Sn、Ag、Zn、As、Sb等元素组成的高背景区带,在高背景区带中有以Sn、W、Ag、Pb、Zn、Cu、As、Sb为主的多元素局部异常。预测工作区内共有102个Sn异常,61个Mo异常,100个W异常,128个Ag异常,86个Pb异常,91个Zn异常,106个Cu异常,82个As异常,110个Au异常,79个Sb异常。

在Sn、W元素高背景带上,存在规模较大的Sn异常,黄岗及其以北呈一条北北东向的Sn、Pb、Zn异常带,强度高,存在明显的浓度分带。在多日勃吉勒存在规模较大的Sn异常,强度高,呈面状分布,空间上与毛登锡矿所处位置吻合;达巴希拉塔以西也存在范围较大的面状Sn异常;区域上还存在多处Sn高值区,均具有三级浓度分带,与中酸性岩的分布有关。W元素的高值区集中在黄岗、毛登、二道沟等已知矿床周围和呼斯尔陶勒盖、林西一带,W异常规模较Sn异常小,但空间上与Sn异常重叠性较高。Mo元素呈背景及低背景分布,仅在黄岗、二道沟等已知锡矿床周围存在规模较小、强度较高的Mo异常。Ag的高背景带上沿努其宫村到萨仁图嘎查有一条北北西向条带状Ag异常带,规模较大,具有明显的浓集中心的浓度分带;从巴彦高勒苏木到乌日图郭勒存在Ag、Pb、Zn、Cu多元素异常带,呈串珠状沿北东向分布。预测工作区北西部还存在Ag的高背景带,在Ag的高背景带上存在Ag、Zn、Cu多元素局部异常,该区Pb元素呈低背景分布。预测工作区南西部还存在Zn、Cu元素局部异常。毛登、黄岗—林西一带还存在 As、Sb 高背景带，其上存在大规模的 As 异常，Sb 异常范围较小。Au 呈低背景分布，无明显的浓度分带。

Z-1 位于毛登锡矿上，Sn 异常具有三级浓度分带，并有多个浓集中心，该处 W、Mo、Pb、Zn、Ag、Cu 异常套合程度较高，Sn 异常比该多元素组合异常规模大。Z-2 上 Sn、Ag、Pb、Zn 异常规模较大，强度均较高，呈条带状沿北东向展布，As、Sb 元素作为远程元素分布于 Sn 异常南东侧，也具有较大的异常范围和异常强度。

四、遥感影像及解译特征

预测工作区内解译出大型构造即锡林浩特北缘断裂带和大兴安岭-太行山断裂带。锡林浩特北缘断裂带位于预测工作区北西部，贯穿左半工作区，显示明显沿北东向延伸。大兴安岭-太行山断裂带位于图幅东部，纵穿右半工作区，显示为北北东向延伸。

预测工作区内共解译出中小型构造 400 余条，中小型断裂比较发育，大多构造明显显示为北东东走向。

环形构造比较发育，共解译出 100 多个，其成因为中生代花岗岩类引起的环形构造、古生代花岗岩类引起的环形构造、与隐伏岩体有关的环形构造、褶皱引起的环形构造、火山口引起的构造以及成因不明环形构造。其中有 15 个大型环形构造，环内发育有白垩纪花岗斑岩。

羟基异常在预测工作区分布广泛，只在南西部零星分布，主要分布在北西部地区和中部地区以及东部等地，其他地区的羟基异常分布较少或零星分布。西乌珠穆沁旗以南构造北部与杰仁苏木构造交接处有大片异常，锡林浩特北缘断裂带以西分布部分羟基异常。巴彦查干苏木构造与同兴镇构造之间分布大量的羟基异常，呈带状分布，延续至中部板石房子乡构造附近。板石房子乡构造以东索博日嘎苏木构造周围也分布大量羟基异常。查干沐沦苏木以东的大兴安岭主脊—林西深断裂带附近，以及巴彦琥硕镇附近散布了大片羟基异常。

铁染异常主要分布在北西部地区和中部地区以及南部等地，其他地区的铁染异常分布较少或零星分布。中部的巴彦查干苏木构造与同兴镇构造之间分布大片的铁染异常。板石房子乡构造以东索博日嘎苏木构造周围分布大量铁染异常。宇宙地镇构造以南、新林-白音特拉断裂带以东的地区分布大片铁染异常。索博日嘎苏木构造以北地区散布了大片铁染异常。

根据预测工作区遥感解译特征，共圈定 6 个最小预测区。

最小预测区-1：多条断层与多个环形构造交错，有零星的羟基铁染异常图斑，有一个已知矿点落此区域内。

最小预测区-2：有 2 个中生代花岗岩类引起的环形构造交错穿过此区域，有零星的铁染异常图斑和大量的羟基异常图斑，有一个已知矿点落此区域内。

最小预测区-3：一条性质不明断层与一个古生代花岗岩类引起的环形构造交错于此区域，有零星的羟基异常图斑，有一个已知矿点落此区域内。

同心镇最小预测区：同心镇方圆 80 多千米内有 3 个最小预测区，均有断层穿过此区域，有已知矿点落此区域内。

大井镇最小预测区：多条断层和一个与隐伏岩体有关的环形构造，有零星的羟基异常图斑分布，有两个已知矿点落此区域内。

巴彦高勒苏木最小预测区：位于巴彦高勒苏木北东 70 多千米处，多条断层和多个环形构造由此交错穿过，有零星的羟基铁染异常图斑分布于此，有一个已知矿点落此区域内。

五、区域自然重砂特征

毛登式热液型锡矿毛登-林西预测工作区，1∶20万区域地质自然重砂测量，共圈出13个锡石异常，其中Ⅰ级异常5个，Ⅱ级异常4个，Ⅲ级异常4个。锡石自然重砂异常特征见表3-3。

表3-3 毛登-林西预测工作区锡石自然重砂异常一览表

编号	异常名称	级别	地质情况	异常特征	评价	推断矿种
1	毛登锡石异常	Ⅱ	北部出露下侏罗统红旗组泥岩-碳质泥岩建造，上侏罗统满克头鄂博组流纹质凝灰岩，下中二叠统大石寨组安山质凝灰岩、砾岩、砂岩建造。岩体有晚侏罗世花岗斑岩、晚二叠世闪长玢岩	自然重砂锡石最高含量为25 827粒，异常面积52.54km²，形态呈不规则状。该异常位于毛登锡矿周边，为热液型，分布于岩体与火山岩接触带	成矿条件有利，进一步扩大找锡范围	锡石
2	巴彦拉格嘎查锡石异常	Ⅱ	穿越异常区有一条河流为第四系冲洪积亚砂土、黄土。河流两侧为下白垩统白音高老组流纹质凝灰岩、熔岩建造，上二叠统林西组砂岩、泥岩建造。河流北侧有晚侏罗世斑状黑云母正长花岗岩	自然重砂锡石最高含量25 200粒，异常面积183.34km²，形态呈北西向不规则状。异常区南东部锡石含量高，分布密集，岩体与火山岩接触带锡石富集	进一步工作	锡石
3	天合圆乡锡石异常	Ⅱ	北部出露晚侏罗世二长花岗岩，下二叠统寿山组泥岩-砂岩建造；中部为上侏罗统满克头鄂博组流纹质凝灰岩、熔岩建造；南部为晚侏罗世花岗斑岩、上二叠统林西组砂岩-泥岩建造	自然重砂锡石最高含量为2954粒，异常面积107.62km²，形态呈南北向不规则状。上侏罗统火山岩被晚侏罗世花岗岩侵入，在接触部位有硅化、角岩化，锡石富集。伴生矿物有白钨矿、泡铋矿、黄铁矿	可进一步工作	锡石、白钨矿
4	黄岗锡石异常	Ⅰ	分布有上侏罗统玛尼吐组安山质凝灰岩，下白垩统白音高老组流纹质凝灰岩、流纹质角砾岩，上二叠统林西组砂岩-泥岩建造，中二叠统哲斯组灰岩、杂砂岩建造及火山碎屑岩建造。岩体为晚侏罗世花岗斑岩、中粒黑云正长花岗岩	自然重砂锡石最高含量5140粒，异常面积226.47km²，异常形态为不规则状。区内有黄岗大型磁铁矿床、锡矿床，为矽卡岩型。在其接触带广泛分布云英岩条带，锡石产于其中，其富集程度达最低工业品位。伴生矿物有白钨矿、孔雀石、毒砂等	成矿条件好，可进一步扩大范围	锡石、磁铁矿
5	白音皋锡石异常	Ⅰ	北部分布下中二叠统大石寨组安山质凝灰岩；中南部为中侏罗统新民组砂砾岩夹火山碎屑岩。岩体为晚侏罗世石英斑岩。异常中南部断裂构造发育	自然重砂锡石最高含量为2940粒，异常形态为南北向长条状，面积40.92km²。区内有一小型锡矿，中侏罗统砂砾岩与酸性火山岩接触带的角闪石岩中锡石较多。伴生矿物有黄铁矿、黄铜矿、毒砂	可进一步工作	锡石

续表 3-3

编号	异常名称	级别	地质情况	异常特征	评价	推断矿种
6	米生庙锡石异常	Ⅲ	地处锡林郭勒变质杂岩带，岩性为灰黑色绢云母片岩及黑云母角闪片麻岩组合	自然重砂锡石最高含量100粒，异常区形态为北西向长条状，面积31.46km²	含量低、面积小，无意义	锡石
7	巴音乌拉锡石异常	Ⅲ	西部出露下中二叠统大石寨组安山质凝灰岩；中部为下二叠统寿山沟组板岩、泥岩建造；东部为早白垩世二长花岗岩	自然重砂锡石最高含量6650粒，异常面积42.92km²，形态呈不规则状。异常产生于岩体与地层接触带，区内石英脉发育，并有萤石矿化。锡石可能与岩体热液活动及石英脉有关	一般找矿线索	锡石
8	宝盖沟锡石异常	Ⅰ	侵入岩较发育，主要有早白垩世碱长花岗岩、黑云母花岗岩和早二叠世花岗闪长岩。火山岩为上侏罗统满克头鄂博组流纹质凝灰岩、熔岩建造。多处见磁铁矿化	自然重砂锡石最高含量2314粒，异常形态为东西向不规则状，面积352.45km²。异常中央有锡石矿点。区内侵入岩普遍，锡石来源于花岗岩、花岗闪长岩。应为热液型锡矿化	含量高、面积大，可进一步工作	锡石
9	小海锡石异常	Ⅰ	北部出露早白垩世二长花岗岩，下二叠统寿山沟组板岩、泥岩建造；南部为早二叠世花岗闪长岩	自然重砂锡石最高含量为2090粒，异常形态为不规则状。区内有一处锡石矿化点，锡石来源于岩体	可进一步工作	锡石
10	小东沟锡石异常	Ⅰ	北部分布晚三叠世角闪辉长闪长岩；中部出露晚侏罗世中粒黑云母正长花岗岩、花岗闪长岩，上侏罗统满克头鄂博组流纹质凝灰岩、熔岩建造；南部为上二叠统林西组砂岩、泥岩建造	自然重砂锡石最高含量12 180粒，异常形态呈北西向长方形，面积171.36km²。区内有小东沟锡矿点一处。锡石来源于岩体与地层接触带硅化砂岩裂隙之中。在冲沟中锡石分布富集	含量高、面积大，成矿有利，可进一步工作	锡石
11	马莲滩锡石异常	Ⅱ	北部分布第四系冲洪积砂土、淤泥；中部为中二叠统哲斯组灰岩、杂砂岩；南部为中侏罗世黑云母二长花岗岩	自然重砂锡石最高含量3096粒，异常形态为北东向不规则状，面积208.45km²。锡石主要来源于黑云母二长花岗岩与地层接触带，有一处铅锌矿化点	找矿线索	锡石
12	芦营子锡石异常	Ⅲ	异常区主要分布晚侏罗世不等粒黑云母二长花岗岩，区东部和西部均出露中二叠统哲斯组灰岩、杂砂岩	自然重砂锡石最高含量2304粒，异常形态为东西向不规则状，面积48.78km²。锡石主要来源于黑云母二长花岗岩与地层接触带，有一处铅锌矿化点	找矿线索	锡石
13	乌兰绍荣锡石异常	Ⅲ	异常区内主要出露第四系冲洪积物，北东向河流穿越异常区。冲洪积两侧为早白垩世石英二长斑岩	自然重砂锡石最高含量670粒，异常区面积17.69km²，形态为北东向长条状。推测锡石来源于石英斑岩或上游锡石矿化带	找矿线索	锡石

六、区域预测模型

以区域成矿要素图为基础,综合研究重力、航磁、化探、遥感、自然重砂等综合致矿信息,区域预测要素见表3-4。

以地质剖面图为基础,叠加区域航磁、重力及化探剖面图而形成预测模型图(图3-10)。

表3-4 毛登-林西式热液型锡矿预测工作区预测要素表

区域成矿预测要素		描述内容	要素类别
地质环境	大地构造位置	天山-兴蒙构造系(Ⅰ)大兴安岭弧盆系($Pt_3—T_2$)(Ⅰ-1)锡林浩特岩浆弧(Pz_2)(Ⅰ-1-7)和索伦山-林西结合带(P_1末—T_2)(Ⅰ-7)达青牧场-扎赉特旗俯冲增生杂岩带(P_1末)(Ⅰ-7-1)、林西残余盆地($P_2—T_2$)(Ⅰ-7-2)	必要
	成矿区(带)	大兴安岭成矿省(Ⅱ-12),林西-孙吴铅、锌、铜、钼、金成矿带(Ⅲ-8),索伦镇-黄岗铁、锡、铜、铅、锌、银成矿亚带(V-Y)(Ⅲ-8-①)和神山-大井子铜、铅、锌、银、铁、钼、锡、稀土、铌、钽、萤石成矿亚带(Ⅲ-8-②)	必要
	区域成矿类型及成矿时代	热液型,成矿时代为燕山期	必要
控矿地质条件	赋矿地质体	矿体主要赋存在古生代地层,大石寨组含碳变质粉砂岩、粉砂岩	必要
	控矿侵入岩	燕山期分异较好的酸性侵入岩	重要
	主要控矿构造	燕山期酸性岩体与二叠纪地层中的张性断裂构造带及北东向主体断裂旁侧成群出现的次级北西向断裂构造是重要的赋矿构造	重要
区内相同类型矿产		区内6个矿点、矿化点	重要
物化探特征	地球物理特征	重力	矿区位于平稳的布格重力低异常的边界,异常变化范围为$(-130.93\sim-122)\times10^{-6} m/s^2$;剩余重力异常图上,矿区位于剩余重力负异常L蒙-387的一侧,异常呈北东走向,该负异常最低值为$-8.06\times10^{-6} m/s^2$	次要
		航磁	航磁化极值$-50\sim100 nT$的范围	重要
	地球化学特征		区域上分布有Sn、Ag、Zn、As、Sb等元素组成的高背景区带,在高背景区带中有以Sn、W、Ag、Pb、Zn、Cu、As、Sb为主的多元素局部异常。在Sn、W元素高背景带上,存在规模较大的Sn异常,黄岗及其以北呈一条北北东向的Sn、Pb、Zn异常带,强度高,存在明显的浓度分带	重要
	遥感特征		解译断层及环要素(推测隐伏岩体)	次要

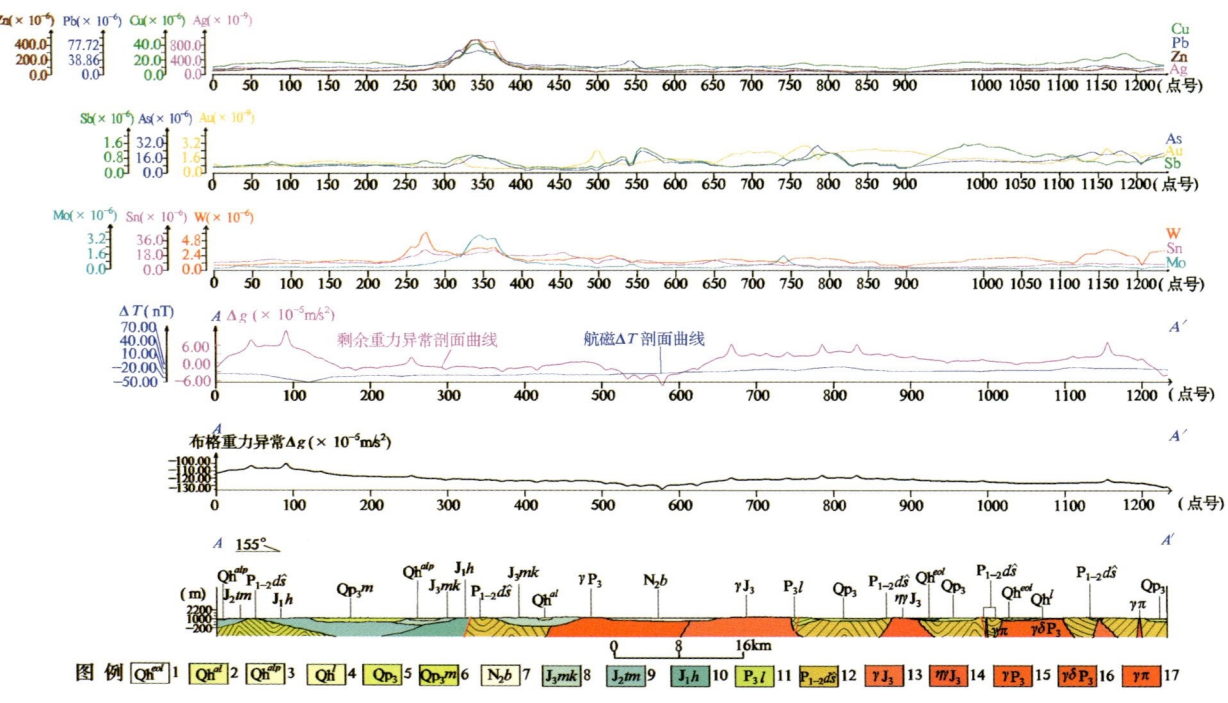

图 3-10　毛登-林西预测工作区预测模型图

1. 全新统风积;2. 全新统冲积;3. 全新统洪冲积;4. 全新统湖积;5. 上更新统砂砾石;6. 上更新统马兰组;7. 上新统宝格达乌拉组;8. 上侏罗统满克头鄂博组;9. 中侏罗统塔木兰沟组;10. 下侏罗统红旗组;11. 上二叠统林西组;12. 下中二叠统大石寨组二段;13. 晚侏罗世花岗岩;14. 晚侏罗世二长花岗岩;15. 晚二叠世花岗岩;16. 晚二叠世花岗闪长岩;17. 花岗斑岩脉

第三节　矿产预测

一、综合地质信息定位预测

（一）变量提取及优选

根据对典型矿床成矿要素、预测要素及预测工作区总体地质特征的研究，选取以下变量。

（1）地层：下中二叠统大石寨组。

（2）侵入岩：提取侏罗纪酸性花岗岩体。

（3）断层：提取北北东向—北西向断层、物探推断断层及遥感解译断裂，并根据断层的规模做 500m 的缓冲区。

（4）化探：Sn 元素化探异常起始值大于 4×10^{-6} 的范围。

（5）重力：剩余重力异常起始值 $(-5\sim-1)\times10^{-5}\mathrm{m/s^2}$。

（6）航磁：航磁化极值 $-50\sim100\mathrm{nT}$ 的范围。

（7）遥感：遥感解译断层及遥感的环要素用于推测隐伏岩体存在。

(8) 蚀变带：与成矿有关的云英岩化、硅化、绿泥石化、褐铁矿化等蚀变带。

(9) 褶皱：北东向褶皱，并依据规模做 500m 缓冲区。

（二）最小预测区圈定及优选

由于预测工作区内只有一个已知矿床，因此采用 MRAS 矿产资源 GIS 评价系统中预测模型工程，添加地质体、断层、Sn 元素化探异常、剩余重力、航磁化极、遥感线要素、已知矿床点等必要要素，利用网格单元法进行定位预测。采用空间评价中预测变量选择方法进行预测，采用相似系数法的结果，再结合综合信息法叠加各预测要素圈定最小预测区，并进行优选，形成色块图。叠加各预测要素，对色块图进行人工筛选，根据种子单元赋颜色，选择毛登小孤山矿床所在单元为种子单元。

（三）最小预测区圈定结果

本次工作最终圈定 18 个最小预测区，其中 A 级区 1 个，B 级区 6 个，C 级区 11 个（表 3-5）。

所圈定的 18 个最小预测区，面积在 $1.67 \sim 26.5 \text{km}^2$ 之间。各级别分布合理，且已知矿床（点）分布在 A 级预测区内，说明预测区优选分级原则较为合理；最小预测区圈定结果表明，预测区总体与区域成矿地质背景和物化探异常等吻合程度较好，存在或可能发现钨矿产地的可能性高，具有一定的可信度（图 3-11）。

表 3-5 毛登-林西式热液型锡矿预测工作区最小预测区一览表

序号	最小预测区编号	最小预测区名称	序号	最小预测区编号	最小预测区名称
1	A1509601001	毛登	10	C1509601003	1126 高地东
2	B1509601001	多日勃吉勒南东	11	C1509601004	乌兰和布日嘎查
3	B1509601002	扎格斯台嘎查东	12	C1509601005	巴彦查干苏木北
4	B1509601003	维拉斯托	13	C1509601006	查干敖包
5	B1509601004	1704 高地北	14	C1509601007	西乌登西
6	B1509601005	1511 高地北西	15	C1509601008	珠腊木台北东
7	B1509601006	1391 高地	16	C1509601009	1418 高地
8	C1509601001	杰仁苏木北	17	C1509601010	哈登布拉格嘎查
9	C1509601002	1078 高地北	18	C1509601011	哈登布拉格嘎查南西

（四）最小预测区地质评价

预测工作区跨内蒙古自治区锡林郭勒盟和赤峰市，面积约 $2.6 \times 10^4 \text{km}^2$。位于大兴安岭主脊及东坡，地势较陡，森林植被覆盖比较严重。交通比较便利，居民点较多，水资源和人力资源丰富。锡矿的勘查和开采可以参照黄岗铁锡矿的模式。各最小预测区成矿条件及找矿潜力见表 3-6。

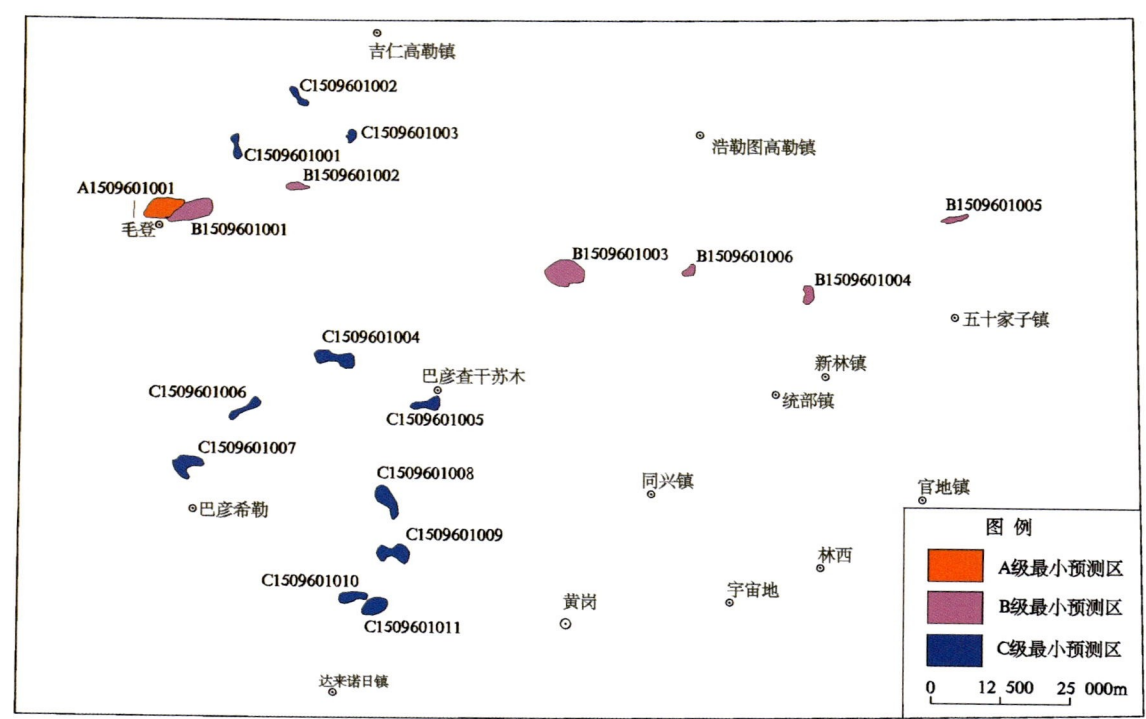

图 3-11 毛登式复合内生型锡矿毛登-林西预测工作区最小预测区分布图

表 3-6 毛登式热液型锡矿毛登-林西预测工作区最小预测区成矿条件及找矿潜力一览表

最小预测区编号	最小预测区名称	最小预测区成矿条件及找矿潜力
A1509601001	毛登	模型区,找矿潜力巨大,出露的地质体为大石寨组上部碎屑岩段,Sn元素化探异常起始值大于6.4×10^{-6},位于大石寨组与侏罗纪花岗岩外接触带,有一东西向断层,区内有毛登锡矿床与毛登小孤山锡矿床
B1509601001	多日勃吉勒南东	具有较好的找矿潜力,出露的地质体为侏罗纪花岗岩,紧邻毛登模型区,Sn元素化探异常起始值大于6.4×10^{-6},浓集中心明显,北西向断层发育
B1509601002	扎格斯台嘎查东	具有较好的找矿潜力,位于大石寨组与侏罗纪花岗岩外接触带,北东向断层发育,Sn元素化探异常起始值大于6.4×10^{-6},东侧遥感环要素指示隐伏岩体的存在
B1509601003	维拉斯托	具有较好的找矿潜力,内有一小型锡矿床,Sn元素化探异常起始值大于6.4×10^{-6},断层十分发育,主要为北东向、北西向断层,北东侧遥感环要素指示隐伏岩体的存在
B1509601004	1704高地北	具有较好的找矿潜力,地表为白垩纪二长花岗岩,Sn元素化探异常起始值大于6.4×10^{-6},区内有一矿点。东侧有中生代岩浆作用引起的环形构造
B1509601005	1511高地北西	具有较好的找矿潜力,地表为白垩纪二长花岗岩,Sn元素化探异常起始值大于6.4×10^{-6},区内有一矿点。北侧有中生代岩浆作用引起的环形构造
B1509601006	1391高地	具有较好的找矿潜力,满克头鄂博组与二叠系寿山沟组不整合接触,区内有一矿点,Sn元素化探异常起始值大于6.4×10^{-6}

续表 3-6

最小预测区编号	最小预测区名称	最小预测区成矿条件及找矿潜力
C1509601001	杰仁苏木北	具有一定的找矿潜力,出露的地质体为大石寨组上碎屑岩段,Sn 元素化探异常起始值大于 6.4×10^{-6},北东向断层十分发育
C1509601002	1078 高地北	具有一定的找矿潜力,出露的地层为大石寨组,侵入体为晚侏罗世花岗岩,Sn 元素化探异常起始值大于 4×10^{-6},北东向断层较发育
C1509601003	1126 高地东	具有一定的找矿潜力,位于大石寨组与侏罗纪花岗岩外接触带,南侧有一与隐伏岩体有关的环形构造,Sn 元素化探异常起始值大于 6.4×10^{-6}
C1509601004	乌兰和布日嘎查	具有一定的找矿潜力,地表为侏罗纪正长花岗岩,Sn 元素化探异常起始值大于 6.4×10^{-6}。附近东西向断层发育
C1509601005	巴彦查干苏木北	具有一定的找矿潜力,模型区位于大石寨组与侏罗纪花岗岩外接触带,模型近东西断层发育,Sn 元素化探异常起始值大于 6.4×10^{-6}
C1509601006	查干敖包	具有一定的找矿潜力,地表为侏罗纪正长花岗岩,Sn 元素化探异常起始值大于 6.4×10^{-6}。附近北东向断层发育
C1509601007	西乌登西	具有一定的找矿潜力,地表为侏罗纪正长花岗岩,Sn 元素化探异常起始值大于 6.4×10^{-6}。附近北东向断层发育
C1509601008	珠腊木台北东	具有一定的找矿潜力,地表为侏罗纪正长花岗岩。Sn 元素化探异常起始值大于 4.7×10^{-6}。附近北东向断层发育
C1509601009	1418 高地	具有一定的找矿潜力,地表为第四系覆盖,附近出露岩体为侏罗纪花岗岩,地层为大石寨组。Sn 元素化探异常起始值大于 4.7×10^{-6}。附近北东向断层发育
C1509601010	哈登布拉格嘎查	具有一定的找矿潜力,位于大石寨组与侏罗纪花岗岩外接触带,北西向断层发育。Sn 元素化探异常起始值大于 6.4×10^{-6}
C1509601011	哈登布拉格嘎查南西	具有一定的找矿潜力,出露的地质体为大石寨组上碎屑岩段,Sn 元素化探异常起始值大于 6.4×10^{-6},北西向断层发育,且矿化蚀变发育

二、综合信息地质体积法估算资源量

(一)典型矿床深部及外围资源量估算

查明资源量、体重及锡品位等资料,均来源于山东省鲁地矿业有限公司 2008 年 12 月提交的《内蒙古自治区锡林浩特市毛登小孤山北矿区锌锡矿详查报告》。矿床面积($S_{查}$)是根据 1∶1 万矿区综合地质图,在 MapGIS 软件下读取数据。依据第 8 勘探线剖面 ZK807 确定,矿体延深($L_{查}$)为 400m;依据第 4 勘探线剖面,围岩蚀变在 600m 标高以下仍继续延伸,且可见共生锌矿体,确定本区预测深度($L_{预}$)为 200m。

典型矿床体积含矿率=查明资源储量÷[面积($S_{查}$)×延深($L_{查}$)]=4925÷(48 019 235×400)=0.000 000 256(t/m³)。

典型矿床深部预测资源量=面积($S_{预}$)×延深($L_{预}$)×体积含矿率=2 458.59(t)。

典型矿床外围预测资源量＝面积($S_{预}$)×延深($L_{查}+L_{预}$)×体积含矿率＝16 854 436×600×0.000 000 256＝2 588.84(t)。

小孤山典型矿床深部和外围预测资源量估算结果见表3-7。

表3-7 毛登式热液型锡矿小孤山典型矿床深部和外围预测资源量估算一览表

典型矿床		深部及外围		
已查明资源量(t)	4925	深部	面积(m^2)	48 019 235
面积(m^2)	48 019 235		深度(m)	200
深度(m)	400	外围	面积(m^2)	16 854 436
品位(％)	1.1		深度(m)	600
体重(t/m^3)	3.03	预测资源量(t)		5 047.43
体积含矿率(t/m^3)	0.000 000 256	典型矿床资源总量(t)		9 972.43

(二)模型区的确定、资源量及估算参数

毛登小孤山锡矿典型矿床位于毛登模型区内，该区还有毛登锡矿，已探明锡资源量5949t；模型区总资源量＝9 972.43＋5949＝15 921.43(t)，模型区延深与典型矿床一致；模型区含矿地质体面积与模型区面积一致，经MapGIS软件下读取数据为20 108 475.57m^2，模型区总体积＝模型区面积×模型区延深＝20 108 475.57×600＝12 065 085 342(m^3)。含矿系数＝资源总量÷(模型区总体积×含矿地质体面积参数)＝15 921.43÷12 065 085 342＝0.000 001 32(t/m^3)(表3-8)。

表3-8 毛登式热液型锡矿模型区预测资源量及其估算参数表

编号	名称	经度	纬度	模型区资源量(t)	模型区面积(m^2)	延深(m)	含矿地质体面积(m^2)	含矿地质体面积参数	含矿地质体总体积(m^3)	含矿系数(t/m^3)
A1509601001	毛登	1163343	441047	15 921.43	20 108 475.57	600	20 108 475.57	1	12 065 085 342	0.000 001 32

(三)最小预测区预测资源量

1. 估算方法的选择

毛登-林西式复合内生型锡矿预测工作区最小预测区资源量定量估算采用地质体积法进行估算(表3-9)。

表3-9 毛登-林西式复合内生型锡矿预测工作区资源量估算方法表

预测工作区编号	预测工作区名称	资源量估算方法
1509601001	毛登式复合内生型锡矿毛登-林西预测工作区	地质体积法

2. 估算参数的确定

1) 最小预测区面积圈定方法及圈定结果

毛登-林西预测工作区底图精度为1:10万,并根据成矿有利度[含矿地质体、控矿构造、矿(化)点、找矿线索及物化探异常]、地理交通及开发条件和其他相关条件,将工作区内最小预测区级别分为A、B、C 3个等级。

A级:含矿地层+含矿侵入体与地层外接触带+化探起始值大于$6.4×10^{-6}$+已知矿床+断层缓冲区。

B级:含矿地质体(地层或侵入体或二者接触带)+化探起始值大于$6.4×10^{-6}$+已知矿点+断层缓冲区或有出露含矿地质体+已知矿点+断层缓冲区。

C级:含地质体(地层或侵入体或二者接触带或推测第四系下为含矿地质体)+断层缓冲区+Sn元素化探异常中心明显。

毛登-林西预测工作区共圈定最小预测区18个,其中A级区1个、B级区6个、C级区11个。最小预测区总面积为191.73km²(表3-10)。

表3-10 毛登-林西式复合内生型锡矿预测工作区最小预测区面积圈定大小及方法依据

编号	名称	经度	纬度	面积(m²)	参数确定依据
A1509601001	毛登	1163343.125	441047.781	20 108 475.57	依据MRAS所形成的色块区与预测工作区底图重叠区域,并结合含矿地质体、已知矿床、矿(化)点及磁异常范围
B1509601001	多日勃吉勒南东	1163804.500	441044.531	22 679 796.72	
B1509601002	扎格斯台嘎查东	1165156.875	441316.594	4 639 507.38	
B1509601003	维拉斯托	1172901.250	440420.219	26 507 198.69	
B1509601004	1704高地北	1180037.625	440221.531	5 372 041.71	
B1509601005	1511高地北西	1182039.500	441003.875	4 239 580.08	
B1509601006	1391高地	1174454.875	440500.531	3 409 528.43	
C1509601001	杰仁苏木北	1164343.125	441713.781	5 283 696.38	
C1509601002	1078高地北	1165147.250	442218.156	4 764 474.09	
C1509601003	1126高地东	1165913.125	441821.125	3 058 448.69	
C1509601004	乌兰和布日嘎查	1165713.750	435556.094	15 039 733.09	
C1509601005	巴彦查干苏木北	1170931.750	435136.188	8 443 983.74	
C1509601006	查干敖包	1164527.125	435055.344	7 258 824.84	
C1509601007	西乌登西	1163644.875	434455.969	13 737 324.19	
C1509601008	珠腊木台北东	1170426.125	434135.906	13 585 222.58	
C1509601009	1418高地	1170508.875	433625.969	13 963 302.73	
C1509601010	哈登布拉格嘎查	1165950.125	433203.563	8 018 468.79	
C1509601011	哈登布拉格嘎查南西	1170246.875	433112.375	11 616 784.09	

2) 延深参数的确定及结果

延深参数的确定是在研究最小预测区含矿地质体地质特征、岩体的形成深度、矿化蚀变、矿化类型的基础上,并对比典型矿床特征由专家综合确定的(表3-11)。

表 3-11 毛登-林西式复合内生型锡矿预测工作区最小预测区延深圈定大小及方法依据

最小预测区编号	最小预测区名称	延深(m)	最小预测区编号	最小预测区名称	延深(m)
A1509601001	毛登	600	C1509601003	1126 高地东	400
B1509601001	多日勃吉勒南东	700	C1509601004	乌兰和布日嘎查	600
B1509601002	扎格斯台嘎查东	400	C1509601005	巴彦查干苏木北	400
B1509601003	维拉斯托	400	C1509601006	查干敖包	400
B1509601004	1704 高地北	400	C1509601007	西乌登西	600
B1509601005	1511 高地北西	400	C1509601008	珠腊木台北东	600
B1509601006	1391 高地	400	C1509601009	1418 高地	600
C1509601001	杰仁苏木北	400	C1509601010	哈登布拉格嘎查	400
C1509601002	1078 高地北	400	C1509601011	哈登布拉格嘎查南西	600

3) 品位和体重的确定

矿体 Sn 平均品位为 0.74%，矿石平均体重为 3.03t/m³。有矿床、矿点者采用其相应资料。各预测工作区内无矿床、矿点的最小预测区品位、体重均采用毛登式典型矿床资料。

4) 相似系数的确定

预测工作区最小预测区相似系数的确定，主要依据最小预测区内含矿地质体本身出露的大小、地质构造发育程度不同、磁异常强度、矿化蚀变发育程度及矿(化)点的多少等因素，由专家确定。各最小预测区相似系数见表 3-12。

表 3-12 毛登式热液型锡矿毛登-林西预测工作区最小预测区相似系数表

编号	名称	相似系数	编号	名称	相似系数
A1509601001	毛登	1.00	C1509601003	1126 高地东	0.10
B1509601001	多日勃吉勒南东	0.40	C1509601004	乌兰和布日嘎查	0.10
B1509601002	扎格斯台嘎查东	0.40	C1509601005	巴彦查干苏木北	0.10
B1509601003	维拉斯托	0.60	C1509601006	查干敖包	0.10
B1509601004	1704 高地北	0.60	C1509601007	西乌登西	0.10
B1509601005	1511 高地北西	0.60	C1509601008	珠腊木台北东	0.10
B1509601006	1391 高地	0.60	C1509601009	1418 高地	0.10
C1509601001	杰仁苏木北	0.10	C1509601010	哈登布拉格嘎查	0.10
C1509601002	1078 高地北	0.10	C1509601011	哈登布拉格嘎查南西	0.10

3. 最小预测区预测资源量估算结果

用地质体积法，根据预测资源量估算公式：

$$Z_{预} = S_{预} \times H_{预} \times K_S \times K \times \alpha; \quad Z_{总} = Z_{预} + Z_{查明}$$

式中,$Z_{总}$为预测区总资源量;$Z_{预}$为预测区预测资源量;$Z_{查明}$为预测区内已查明的资源量;$S_{预}$为预测区面积;$H_{预}$为预测区延深(指预测区含矿地质体延深);K_S为含矿地质体面积参数;K为模型区矿床的含矿系数;$α$为相似系数。

本次预测资源总量毛登地区为 24 939.36t,不包括已查明资源量 20 197t,详见表 3-13。

表 3-13 毛登-林西式复合内生型锡矿预测工作区最小预测区估算成果表

编号	名称	$S_{预}$（m²）	$H_{预}$（t）	K_S	K（t/m³）	$α$	$Z_{总}$（t）	$Z_{查明}$（t）	$Z_{预}$（t）	资源量级别
A1509601001	毛登	20 108 475.57	600	1	0.000 001 32	1.0	15 925.91	10 874.00	5 051.91	334-1
B1509601001	多日勃吉勒南东	22 679 796.72	700	1	0.000 001 32	0.4	8 382.45		8 382.45	334-3
B1509601002	扎格斯台嘎查东	4 639 507.38	400	1	0.000 001 32	0.4	979.86		979.86	334-3
B1509601003	维拉斯托	26 507 198.69	400	1	0.000 001 32	0.6	8 397.48	8 107.00	290.48	334-1
B1509601004	1704 高地北	5 372 041.71	400	1	0.000 001 32	0.6	1 701.86	1 216.00	485.86	334-2
B1509601005	1511 高地北西	4 239 580.08	400	1	0.000 001 32	0.6	1 343.10		1 343.10	334-2
B1509601006	1391 高地	3 409 528.43	400	1	0.000 001 32	0.6	1 080.14		1 080.14	334-2
C1509601001	杰仁苏木北	5 283 696.38	400	1	0.000 001 32	0.1	278.98		278.98	334-3
C1509601002	1078 高地北	4 764 474.09	400	1	0.000 001 32	0.1	251.56		251.56	334-3
C1509601003	1126 高地东	3 058 448.69	400	1	0.000 001 32	0.1	161.49		161.49	334-3
C1509601004	乌兰和布日嘎查	15 039 733.09	600	1	0.000 001 32	0.1	1 191.15		1 191.15	334-3
C1509601005	巴彦查干苏木北	8 443 983.74	400	1	0.000 001 32	0.1	445.84		445.84	334-3
C1509601006	查干敖包	7 258 824.84	400	1	0.000 001 32	0.1	383.27		383.27	334-3
C1509601007	西乌登西	13 737 324.19	600	1	0.000 001 32	0.1	1 088.00		1 088.00	334-3
C1509601008	珠腊木台北东	13 585 222.58	600	1	0.000 001 32	0.1	1 075.95		1 075.95	334-3
C1509601009	1418 高地	13 963 302.73	600	1	0.000 001 32	0.1	1 105.89		1 105.89	334-3
C1509601010	哈登布拉格嘎查	8 018 468.79	400	1	0.000 001 32	0.1	423.38		423.38	334-3
C1509601011	哈登布拉格嘎查南西	11 616 784.09	600	1	0.000 001 32	0.1	920.05		920.05	334-3

4. 最小预测区资源量可信度估计

根据《预测资源量估算技术要求》(2010 年补充)可信度划分标准,针对每个最小预测区评价其可信度,毛登-林西预测工作区最小预测区可信度统计结果见表 3-14。

(四)预测工作区资源总量成果汇总

1. 按精度汇总

毛登式热液型锡矿预测工作区地质体积法预测资源量,依据资源量级别划分标准,可划分为 334-1、334-2 和 334-3 三个资源量精度级别,各级别资源量见表 3-15。

表3-14 毛登-林西式复合内生型锡矿预测工作区最小预测区预测资源量可信度统计表

编号	名称	面积		延深		含矿系数		资源量综合	
		可信度	依据	可信度	依据	可信度	依据	可信度	依据
A1509601001	毛登	0.75	依据MRAS所形成的色块区与预测工作区底图重叠区域,并结合含矿地质体、已知矿床、矿(化)点及磁异常范围	0.90	钻孔	0.75	模型区	0.80	地质、物探
B1509601001	多日勃吉勒南东	0.50		0.25	专家	0.25	模型区	0.30	地质、物探
B1509601002	扎格斯台嘎查东	0.50		0.25	专家	0.25	模型区	0.30	地质、物探
B1509601003	维拉斯托	0.75		0.90	专家	0.75	模型区	0.80	地质、物探
B1509601004	1704高地北	0.75		0.25	专家	0.50	模型区	0.60	地质、物探
B1509601005	1511高地北西	0.75		0.25	专家	0.50	模型区	0.60	地质、物探
B1509601006	1391高地	0.25		0.25	专家	0.50	模型区	0.60	地质、物探
C1509601001	杰仁苏木北	0.25		0.25	专家	0.50	模型区	0.20	地质、物探
C1509601002	1078高地北	0.25		0.25	专家	0.25	模型区	0.20	地质、物探
C1509601003	1126高地东	0.25		0.25	专家	0.25	模型区	0.20	地质、物探
C1509601004	乌兰和布日嘎查	0.25		0.25	专家	0.25	模型区	0.20	地质、物探
C1509601005	巴彦查干苏木北	0.25		0.25	专家	0.25	模型区	0.20	地质、物探
C1509601006	查干敖包	0.25		0.25	专家	0.25	模型区	0.20	地质、物探
C1509601007	西乌登西	0.25		0.25	专家	0.25	模型区	0.20	地质、物探
C1509601008	珠腊木台北东	0.25		0.25	专家	0.25	模型区	0.20	地质、物探
C1509601009	1418高地	0.25		0.25	专家	0.25	模型区	0.20	地质、物探
C1509601010	哈登布拉格嘎查	0.25		0.25	专家	0.25	模型区	0.20	地质、物探
C1509601011	哈登布拉格嘎查南西	0.25		0.25	专家	0.25	模型区	0.20	地质、物探

表3-15 毛登式热液型锡矿毛登-林西预测工作区预测资源量精度统计表 单位:t

预测工作区编号	预测工作区名称	精度		
		334-1	334-2	334-3
1509601001	毛登式热液型锡矿毛登-林西预测工作区	5 342.39	2 909.10	16 687.87

2. 按延深汇总

毛登式热液型锡矿毛登-林西预测工作区中,根据各最小预测区内含矿地质体(地层、侵入岩及构造)特征,预测深度在200～600m之间,其资源量按预测深度统计结果见表3-16。

表3-16 毛登式热液型锡矿毛登-林西预测工作区预测资源量深度统计表 单位:t

预测工作区编号	预测工作区名称	500m以浅			1000m以浅			2000m以浅		
		334-1	334-2	334-3	334-1	334-2	334-3	334-1	334-2	334-3
1509601001	毛登式热液型锡矿毛登-林西预测工作区	2 688.07	2 909.10	13 396.04	5 342.39	2 909.10	16 687.87	5 342.39	2 909.10	16 687.87
		总计:18 993.21			总计:24 939.36			总计:24 939.36		

3. 按矿产预测类型汇总

毛登式热液型锡矿毛登-林西预测工作区中,其矿产预测方法类型为复合内生型,预测类型为热液型,其资源量统计结果见表3-17。

表3-17 毛登式热液型锡矿毛登-林西预测工作区预测资源量矿产类型精度统计表　　　单位:t

预测工作区编号	预测工作区名称	热液型		
		334-1	334-2	334-3
1509601001	毛登式热液型锡矿毛登-林西预测工作区	5 342.39	2 909.10	16 687.87

4. 按可利用性类别汇总

可利用性类别的划分,主要依据深度可利用性(500m、1000m、2000m)、当前开采经济条件可利用性、矿石可选性、外部交通水电环境可利用性,按权重进行取数估算。预测工作区资源量可利用性统计结果见表3-18。

表3-18 毛登式热液型锡矿毛登-林西预测工作区预测资源量可利用性统计表　　　单位:t

预测工作区编号	预测工作区名称	可利用			暂不可利用		
		334-1	334-2	334-3	334-1	334-2	334-3
1509601001	毛登式热液型锡矿毛登-林西预测工作区	5 342.39	2 909.10	—	—	—	16 687.87
		总计:8 251.49			总计:16 687.87		

5. 按可信度统计分析汇总

毛登-林西式复合内生型锡矿预测工作区预测资源量可信度统计结果见表3-19。

表3-19 毛登式热液型锡矿毛登-林西预测工作区预测资源量可信度统计表　　　单位:t

预测工作区编号	预测工作区名称	$X \geqslant 0.75$			$X \geqslant 0.5$			$X \geqslant 0.25$		
		334-1	334-2	334-3	334-1	334-2	334-3	334-1	334-2	334-3
1509601001	毛登式热液型锡矿毛登-林西预测工作区	5 342.39	—	—	5 342.39	2 909.10	—	5 342.39	2 909.10	16 687.87

6. 按级别分类统计汇总

依据最小预测区地质矿产、物探及遥感异常等综合特征,并结合资源量估算和预测区优选结果,将最小预测区划分为A级、B级和C级3个等级,其预测资源量见表3-20。

表3-20 毛登式热液型锡矿毛登-林西预测工作区预测资源量级别分类统计表　　　单位:t

预测工作区编号	预测工作区名称	级别		
		A级	B级	C级
1509601001	毛登式热液型锡矿毛登-林西预测工作区	5 051.91	12 561.89	7 325.56
		总计:24 939.36		

第四章 太平林场式复合内生型锡矿预测成果

内蒙古自治区太平林场地区毛登式复合内生型锡矿预测工作区行政区划隶属于内蒙古自治区呼伦贝尔市额尔古纳市管辖。地理坐标为：东经 120°00′—121°15′，北纬 51°20′—52°00′。地处大兴安岭西坡，属北寒温带大陆性气候，年平均气温 −1.2℃，年日照时数 2736h，年降水量 358mm，无霜期 81 天。森林覆盖率 95% 以上，区内滚河和莫尔道嘎河交汇汇入额尔古纳河。交通欠发达。

第一节 典型矿床特征

由于太平林场预测工作区内没有锡矿床，故太平林场预测工作区采用毛登小孤山锡矿作为典型矿床（见第三章第一节）。

以毛登小孤山锡矿典型矿床成矿要素为基础，总结出太平林场预测工作区典型矿床预测要素表（表 4-1）。

表 4-1 太平林场预测工作区毛登式复合内生型锡矿典型矿床预测要素表

典型矿床预测要素		内容描述		要素类别
储量		4925t	平均品位　　　1.1%	
特征描述		沉积-热液改造型锡矿床		
地质环境	构造背景	天山-兴蒙构造系（Ⅰ），大兴安岭弧盆系（Ⅰ-1），额尔古纳岛弧（Pz_1）（Ⅰ-1-2）		必要
	成矿环境	大兴安岭成矿省（Ⅱ-12），新巴尔虎右旗-根河（拉张区）铜、钼、铅、锌、银、金、萤石、煤（铀）成矿带（Ⅲ-5），莫尔道嘎铁、铅、锌、银、金成矿亚带（Pt,V,Y,Q）（Ⅲ-5-①），吉拉林-西牛尔河砂金、铁矿集区（V-20）		必要
	成矿时代	燕山期		必要
矿床特征	矿体形态	矿体以似层状产出，沿倾向形态较稳定，均属于稳定型		重要
	岩石类型	含碳质变质粉砂岩、粉砂岩夹细—粗砂岩、泥岩、碳质板岩、灰绿色岩屑晶屑凝灰岩、安山岩、砂砾岩、凝灰质粉砂岩、粉砂质板岩夹砂岩、灰岩		重要
	岩石结构	自形—半自形晶粒结构、他形粒状结构、填隙结构、反应边结构、交代残余结构、压碎碎裂结构		次要
	矿物组合	主要的矿石矿物有锡石、黄锡矿、黄铜矿、方铅矿、闪锌矿、黄铁矿、斑铜矿、辉铜矿等，次生矿物为褐铁矿、孔雀石等。脉石矿物主要为非金属矿物，有石英，其次为少量白云母、萤石、绢云母、绿泥石、方解石等		重要

续表 4-1

典型矿床预测要素		内容描述			要素类别
储量		4925t	平均品位	1.1%	
特征描述		沉积-热液改造型锡矿床			
矿床特征	矿石结构构造	锡矿石：半自形晶粒结构、反应边结构、压碎碎裂结构、填隙结构；致密块状构造、充填脉状构造、浸染状构造、晶簇状构造、蜂窝状构造。 锌矿石：自形—半自形粒状结构、他形粒状结构、交代残余结构；块状构造、浸染状构造、晶簇状构造			次要
	蚀变特征	主要为硅化、绢英岩化			次要
	控矿条件	围岩下中二叠统大石寨组、呈北东向展布背斜构造之层间裂隙和硅化带是找矿的直接标志			必要
物化探特征	地球物理特征 重力	位于平稳的布格重力低异常的边界，异常变化范围为$(-130.93\sim-122)\times10^{-6}\mathrm{m/s^2}$；位于剩余重力负异常 L 蒙-387 的一侧，异常呈北东走向，该负异常最低值为$-8.06\times10^{-6}\mathrm{m/s^2}$			次要
	航磁	航磁异常总体走向为北东向，由多个北东向展布的局部异常组成。异常强度中等，幅差一般不大于 500nT。解译推断侵入岩和构造对找矿有指导意义			重要
	地球化学特征	该区是 Sn、Cu、W、Mo、Pb、Zn、Ag 等元素的组合异常区，Sn、Zn、Cu、Ag、Pb、Sb 异常规模大，具有三级浓度分带；Sn 异常规模最大，呈面状分布；W、Sb 等元素在矿区外围多处浓集，为远程指示元素；Mo 呈高背景分布			重要

第二节 预测工作区研究

内蒙古自治区毛登式复合内生型锡矿太平林场预测工作区行政区划隶属于内蒙古自治区呼伦贝尔市额尔古纳市。地理坐标东经$120°00'—121°15'$，北纬$51°20'—52°00'$。

大地构造位置位于天山-兴蒙构造系（Ⅰ），大兴安岭弧盆系（Ⅰ-1），额尔古纳岛弧（Pz_1）（Ⅰ-1-2）（图 2-1）。成矿区带属大兴安岭成矿省（Ⅱ-12），新巴尔虎右旗-根河（拉张区）铜、钼、铅、锌、银、金、萤石、煤（铀）成矿带（Ⅲ-5），莫尔道嘎铁、铅、锌、银、金成矿亚带（Pt、V、Y、Q）（Ⅲ-5-①），吉拉林-西牛尔河砂金、铁矿集区（Ⅴ-20）（图 2-2）。

一、区域地质特征

（一）成矿地质背景

预测工作区地层主要有新元古界佳疙疸组、额尔古纳河组。自古生代以来一直处于隆升剥蚀期，缺失大量地层，经历了较为强烈的构造变形、变质，主要表现为中—中浅层次的绿片岩相—角闪岩相的变质和韧性变形以及浅表层次的脆性断裂。在各地质单元中表现为不同的变质、变形特征。1:20万化探Sn元素异常主要分布在佳疙疸组,为一套滨浅海相碎屑岩夹火山岩、碳酸盐岩沉积等岛弧-活动大陆边缘型沉积岩系。佳疙疸组经历了3期构造变形,发生了不均匀的韧性剪切变形和低绿片岩相的退变质作用,构成了基底岩系中多相片麻岩共存的复杂岩貌特征。

侏罗纪、白垩纪火山岩主要分布于预测区南东侧或北西侧,呈北东向带状断续展布,火山活动随得尔布干深断裂的活化向南迁移,在深断裂周边发生大规模的火山喷发,形成中、上侏罗统中基性火山岩和中酸性火山岩,早白垩世发生中性、基性火山喷溢。

新元古代侵入岩出露面积较大,主要由中基性—中酸性花岗岩类组成,代表了岛弧-活动大陆边缘构造环境。

二叠纪侵入岩主要为中粗粒至粗粒二长花岗岩系列,呈近北东向、近南北向带状叠置于预测区北东部和北西部新元古代构造岩浆岩带之上,其成因类型多数为S型,同时又具有Ⅰ型花岗岩特征。反映了该期花岗岩类具有陆-弧碰撞花岗岩类的特点。

侏罗纪—白垩纪有中酸性岩浆侵位,为张性构造环境下Ⅰ型中细粒石英二长岩、中细粒石英闪长岩和具A型花岗岩某些特点的中细粒花岗闪长岩,均属于偏碱性岩石系列。岩体原生组构和包体不发育,仅见次生节理,脉岩类型较多,常见有辉绿辉长岩、闪长玢岩、花岗细晶岩等,北西西走向,近直立产出。

太平林场预测工作区内断裂构造十分发育,主要是北东向及北西向断裂构造,它们是北东向得尔布干断裂系的次级断裂构造,常同北西向断裂构造联合控制该成矿带中的火山断陷盆地。断陷盆地是有色金属、贵金属矿床成矿的有利地段,在相对抬升的半隆起地段对成矿也较为有利。

（二）区域成矿模式

太平林场预测工作区位于得尔布干断裂带次一级火山盆地内北西向与北东向断裂的交会部位。本区构造变动强烈,岩浆活动频繁,燕山早期含矿热液侵位于北东向和北西向次级断裂构造裂隙中富集成矿,成矿时代为燕山晚期。太平林场预测工作区成矿模式见图4-1,成矿要素见表4-2。

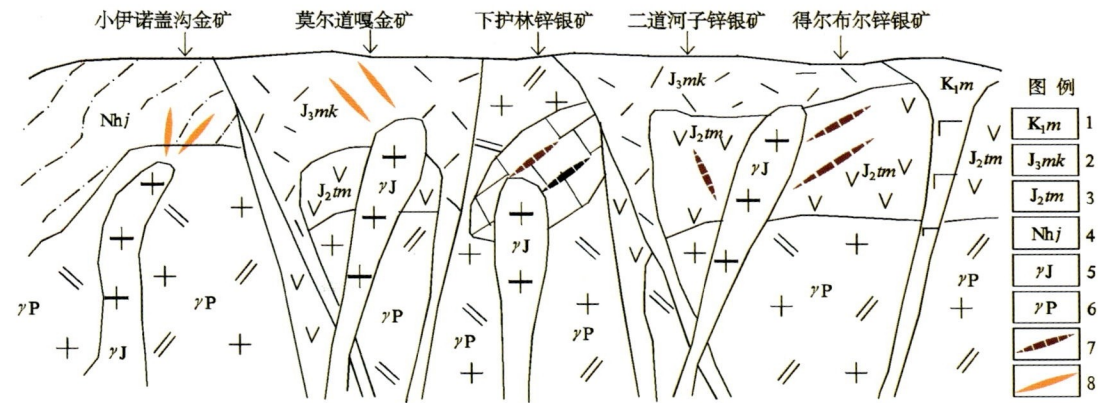

图4-1 太平林场预测工作区锡多金属成矿模式图

1.梅勒图组;2.满克头鄂博组;3.塔木兰沟组;4.佳疙疸组;5.侏罗纪花岗岩;6.二叠纪花岗岩;
7.锌银矿;8.金矿体

表4-2 毛登式复合内生型锡矿太平林场预测工作区成矿要素表

成矿要素		内容描述	要素类别
构造景背		天山-兴蒙构造系(Ⅰ),大兴安岭弧盆系(Ⅰ-1),额尔古纳岛弧(Pz₁)(Ⅰ-1-2)	必要
成矿环境		大兴安岭成矿省(Ⅱ-12),新巴尔虎右旗-根河(拉张区)铜、钼、铅、锌、银、金、萤石、煤(铀)成矿带(Ⅲ-5),莫尔道嘎铁、铅锌、银、金成矿亚带(Pt、V、Y、Q)(Ⅲ-5-①),吉拉林-西牛尔河砂金、铁矿集区(Ⅴ-20)	必要
成矿时代		晚侏罗世—早白垩世	必要
控矿地质条件	赋矿地质体	矿体主要赋存在侏罗系满克头鄂博组酸性火山岩、南华系佳疙疸组绿泥片岩、绿泥石英片岩和二叠纪黑云二长花岗岩中	必要
	控矿侵入岩	晚侏罗世—早白垩世黑云母二长花岗岩、花岗闪长岩	次要
	控矿构造	得尔布干断裂带次一级北西向与北东向断裂交会部位	必要
区域成矿类型及成矿期		燕山晚期侵入岩体型	必要
预测区矿点		5处	重要

二、区域地球物理特征

(一)重力特征

预测工作区位于得尔布干深大断裂西侧,布格重力异常总体走向呈北东向,区域重力场最低值-106.20×10^{-5} m/s²,最高值-75.50×10^{-5} m/s²,具北西高南东低的特点。该区域普遍分布有元古宙酸性侵入岩,北东角、南西角出露有二叠纪、三叠纪花岗岩。元古宙地层在预测工作区中部、北部均有出露,中部出露范围较大,其余地区较小,与之对应的是重力高值区——剩余重力正异常,如G蒙-13。其他大部分地区为剩余重力正负异常过渡带,或宽缓的负异常区,如L蒙-11,L蒙-14,这些区域主要是酸性侵入岩分布区,显然二者互为因果关系。综上所述,这一地区伴随不同期次大面积的岩浆活动,元古宙地层呈残留体存在。

(二)航磁特征

太平林场地区毛登式热液型锡矿预测工作区在1:10万航磁ΔT等值线平面图上,磁异常幅值范围为$-1250\sim1250$ nT,背景值为$-100\sim100$ nT。预测区以负磁场为背景,其间分布有正磁异常。正磁异常主要集中在预测区西部,磁异常形态杂乱,多为不规则带状。预测区南东部为正负相间的磁异常,异常值较西部低,呈不规则条带状。预测工作区磁异常轴向及ΔT等值线延伸方向,以北东向为主。

太平林场锡矿预测工作区磁法推断断裂构造较少,磁场标志多为不同磁场区分界线。预测区磁异常多推断由变质岩地层引起,北部椭圆形异常推断解释由酸性侵入岩体引起;南部条带状磁异常解释推断由火山岩地层和侵入岩体引起。

在该预测工作区推断解释断裂构造5条,中—酸性岩体11个,(火山岩)地层单元3个,变质岩地层单元9个(图4-2)。

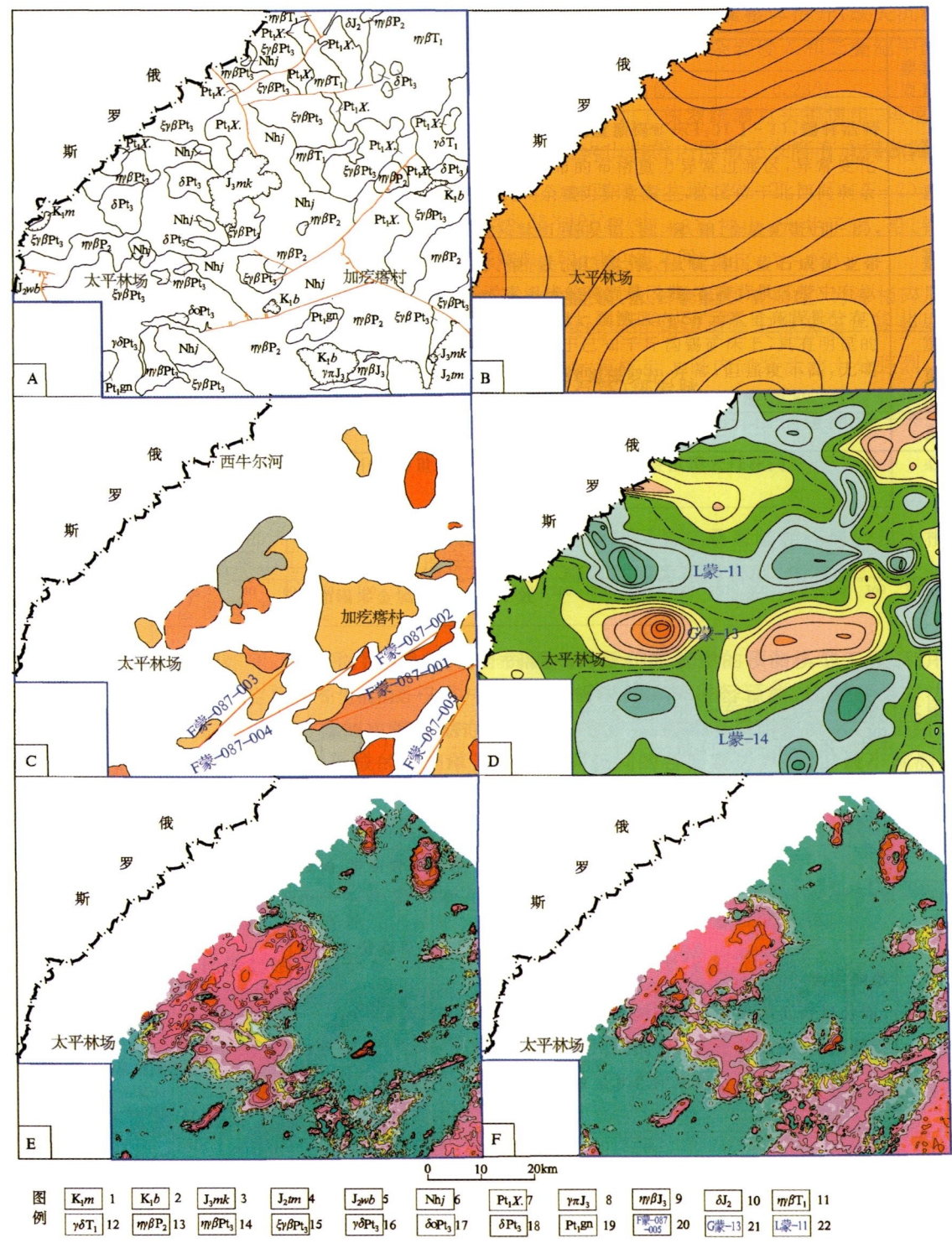

图 4-2 太平林场锡矿预测工作区物探异常剖析图

A. 地质矿产简图；B. 区域重力异常图；C. 推断地质构造图；D. 剩余重力异常图；E. 航磁 ΔT 等值线平面图；F. 航磁 ΔT 化极等值线平面图。1. 下白垩统梅勒图组；2. 下白垩统白音高老组；3. 上侏罗统满克头鄂博组；4. 中侏罗统塔木兰沟组；5. 中侏罗统万宝组；6. 南华系佳疙疸组；7. 古元古界兴华渡口岩群；8. 晚侏罗世花岗斑岩；9. 晚侏罗世黑云母二长花岗岩；10. 中侏罗世闪长岩；11. 早三叠世黑云母二长花岗岩；12. 早三叠世花岗闪长岩；13. 中二叠世黑云母二长花岗岩；14. 新元古代黑云母二长花岗岩；15. 新元古代黑云母正长花岗；16. 新元古代花岗闪长岩；17. 新元古代石英闪长岩；18. 新元古代闪长岩；19. 古元古代片麻岩；20. 物探推断断层编号；21. 重力正异常编号；22. 重力负异常编号

三、区域地球化学特征

区域上分布有 Sn、W、Au、As、Sb 等元素组成的高背景区带,在高背景区带中有以 Sn、W、Pb、Zn、Cu、Au、As、Sb 为主的多元素局部异常。预测区内共有 14 个 Sn 异常,24 个 Mo 异常,16 个 W 异常,13 个 Ag 异常,16 个 Pb 异常,20 个 Zn 异常,27 个 Cu 异常,13 个 As 异常,16 个 Au 异常,11 个 Sb 异常。

Sn 异常大规模分布,特别是岩体与地层的接触带部位,化探 Sn 元素异常成片、成带分布,规模大,浓度高(大于 6.4×10^{-6})。具有明显的浓度分带和多个浓集中心,W、Mo 元素的高异常均位于 Sn 异常带上,Sn、W、Mo 异常均呈北东向或近南北向分布。区域上 Ag、Pb、Zn 呈背景或低背景分布,异常规模较小且浓度分带不明显,太平林场北西存在一条北西向的 Pb 高背景带,东约 18km 处存在 Ag、Pb、Zn、Cu、As、Sb 的组合异常,套合程度高,呈同心环状。预测区内存在多处大规模高强度的 Cu 异常,多呈北东向展布或为面状异常,多分布于 Sn 异常外围。预测区北部炭窑和西牛尔河之间存在一条北东向的 Au 异常带,异常带上具有多个北东向的浓集中心。在加疙瘩村和西牛尔河之间存在高强度的 As、Sb 异常,具有明显的浓集中心,整个异常带呈南北向展布(图 4-3)。

Z-1 是 Sn、W、Mo、Ag、Pb、Zn、Cu、As、Sb 等元素高值异常区。大规模的北东向 Sn 异常带上,存在套合程度较高、规模较大、强度较高的 Ag、Pb、Zn、Cu、As、Sb 元素组合异常。该区是中酸性侵入岩聚集区,大量的中酸性侵入岩是成矿物质的主要来源。

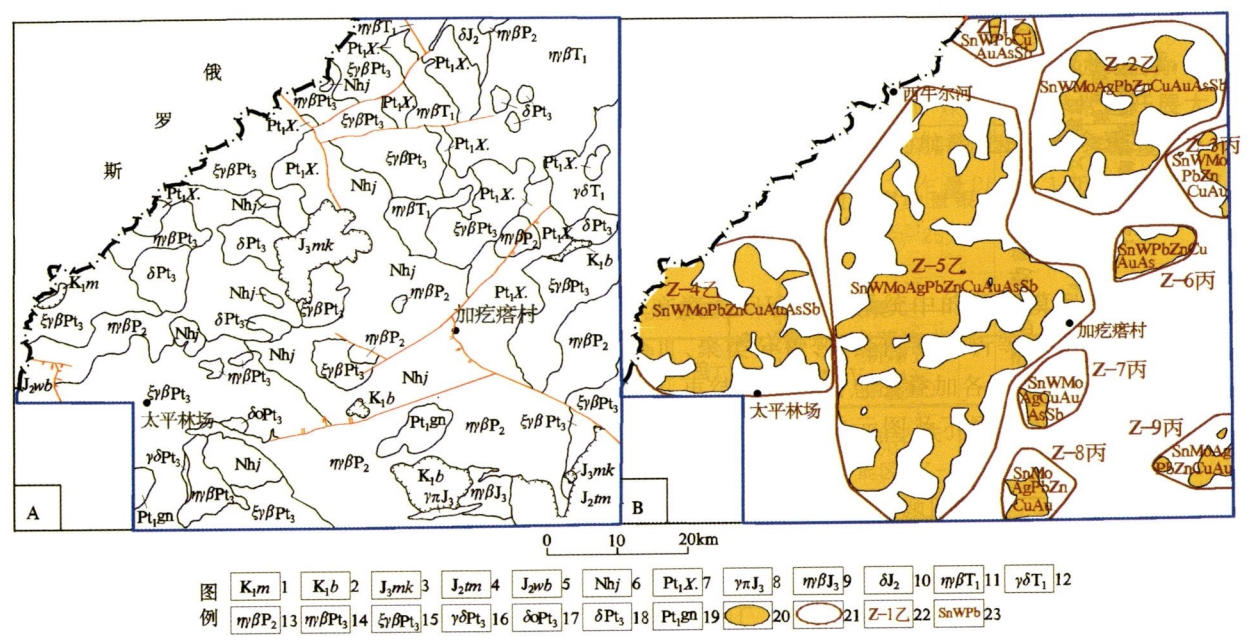

图 4-3 太平林场锡矿预测工作区物探异常剖析图

A. 预测工作区区域地质简图;B. Sn 元素地球化学综合异常图。1. 下白垩统梅勒图组;2. 下白垩统白音高老组;3. 上侏罗统满克头鄂博组;4. 中侏罗统塔木兰沟组;5. 中侏罗统万宝组;6. 南华系佳疙疸组;7. 古元古界兴华渡口岩群;8. 晚侏罗世花岗斑岩;9. 晚侏罗世黑云母二长花岗岩;10. 中侏罗世闪长岩;11. 早三叠世黑云母二长花岗岩;12. 早三叠世花岗闪长岩;13. 中二叠世黑云母二长花岗岩;14. 新元古代黑云母二长花岗岩;15. 新元古代黑云母正长花岗岩;16. 新元古代花岗闪长岩;17. 新元古代石英闪长岩;18. 新元古代闪长岩;19. 古元古代片麻岩;20. Sn 元素异常;21. 综合异常范围;22. 综合异常编号;23. 异常元素组合

四、遥感影像及解译特征

预测工作区内解译出大型构造即额尔古纳断裂带,位于预测区北西方位国境边缘,呈北北东向延伸,自西向北横贯整个预测区。

预测区内共解译出中小型构造 30 余条,北北东走向者居多,主要发育于塔木兰沟组和花岗岩中。

环形构造比较发育,共解译出环形构造 6 个,其成因为中生代花岗岩类引起的环形构造和古生代花岗岩类引起的环形构造。环形构造在空间分布上没有明显的规律,其中有 2 条大型环形构造,环内发育有志留纪、石炭纪和侏罗纪花岗岩。影像中环形特征明显且规模较大,环状地貌的圈闭特征显著,纹理走向清晰。

预测区遥感羟基异常及铁染异常零星分布且无规则、无序,无明显集结特征。预测工作区共圈定出 3 个最小预测区。

最小预测区-1:与古生代花岗岩类引起的环形构造套合在一起,没有羟基异常图斑分布,铁染异常图斑分布较为密切。

最小预测区-2:与古生代花岗岩类引起的环形构造套合在一起,西牛尔河逆断层由此穿过,没有羟基异常图斑分布,铁染异常图斑零星分布。

最小预测区-3:与环形构造套合,没有羟基异常图斑分布,铁染异常图斑零星分布。

五、区域预测模型

根据预测工作区区域成矿要素和重力、航磁、化探及遥感等信息,建立了本预测区的区域预测要素(表 4-3)。

表 4-3 毛登式复合内生型锡矿太平林场预测工作区预测要素表

成矿要素		内容描述	要素类别
构造背景		天山-兴蒙构造系(Ⅰ),大兴安岭弧盆系(Ⅰ-1),额尔古纳岛弧(Pz_1)(Ⅰ-1-2)	必要
成矿环境		大兴安岭成矿省(Ⅱ-12),新巴尔虎右旗-根河(拉张区)铜、钼、铅、锌、银、金、萤石、煤(铀)成矿带(Ⅲ-5),莫尔道嘎铁、铅、锌、银、金成矿亚带(Pt、V、Y、Q)(Ⅲ-5-①),吉拉林-西牛尔河砂金、铁矿集区(Ⅴ-20)	必要
成矿时代		侏罗纪—白垩纪	必要
控矿地质条件	赋矿地质体	南华系佳疙疸组和二叠纪黑云母二长花岗岩	必要
	控矿侵入岩	侏罗纪—白垩纪黑云母二长花岗岩、花岗闪长岩	次要
	控矿构造	得尔布干断裂带次一级北西向与北东向断裂交会部位	必要
区域成矿类型及成矿期		侵入岩体型,燕山晚期	必要
预测区矿点		5 处	重要

续表 4-3

成矿要素		内容描述	要素类别
地球物理特征	重力	布格重力低值区边部的梯级带区域。剩余重力正负异常交接带负异常一侧的梯级带部位	重要
	航磁	预测区磁异常幅值范围为－400～800nT，呈近椭圆状北东向展布。航磁ΔT化极异常强度起始值在0～400nT之间	重要
地球化学特征		分布有Sn、W、Au、As、Sb等元素组成的高背景区带，在高背景区带中有以Sn、W、Pb、Zn、Cu、Au、As、Sb为主的多元素局部异常。Sn异常大规模分布，具有明显的浓度分带和多个浓集中心；W、Mo元素的高异常均位于Sn异常带上；Sn、W、Mo异常均呈北东向或近南北向分布	重要
遥感特征		解译断层及环要素（推测隐伏岩体）	重要

第三节 矿产预测

一、综合地质信息定位预测

（一）变量提取及优选

(1) 地层：提取与成矿有关的地层——南华系佳疙瘩组、侏罗系满克头鄂博组。
(2) 侵入岩：中粗粒黑云母二长花岗岩、白垩纪黑云母二长花岗岩、花岗闪长岩。
(3) 实测断层、物探推断断层、遥感解译断层：提取走向北东、北西向的断裂，并做500m缓冲区。
(4) 韧性剪切带：提取北东向韧性剪切带，并做500m缓冲区。
(5) 航磁化极：航磁化极值范围为0～400nT。
(6) Sn单元素异常：元素异常起始值$(4.7～6.4)\times10^{-6}$的范围，最大达138×10^{-6}。
(7) 剩余重力：重力异常在$(-1～4)\times10^{-5}m/s^2$之间。
(8) 蚀变带：提取与锡矿有关的蚀变带并求存在标志。
(9) 遥感：提取遥感解译的环形构造并求存在标志。

（二）最小预测区圈定及优选

由于预测工作区内没有同预测类型的矿床，故采用少模型预测工程进行预测，预测过程中先后采用了数量化理论Ⅲ、聚类分析、神经网络分析等方法进行空间评价，并采用人工对比预测要素，比照形成的色块图，最终确定采用神经网络分析法作为本次工作的预测方法。

采用MRAS矿产资源GIS评价系统中少预测模型工程，添加地质体、断层、Sn元素化探、剩余重力、航磁化极等各要素专题图层。采用网格单元法设置预测单元，网格单元范围为预测工作区范围，单元大小为10mm×10mm。地质体、化探、断层进行单元赋值时采用工作区的存在标志；剩余重力、航磁化极、化探则求起始值的加权平均值，进行原始变量构置。进行二值化处理，人工输入变化区间，剩余重力范围取$(-1～4)\times10^{-5}m/s^2$，航磁化极值范围取0～400nT，化探异常大于4.7×10^{-6}，最大达138×10^{-6}，并根据形成的定位数据转换专题构造预测模型。

(三) 最小预测区圈定结果

本次工作共圈定18个最小预测区,其中A级最小预测区3个,B级最小预测区6个,C级最小预测区9个。最小预测区面积在9.3~40.9km²之间,各级别面积分布合理。预测区总体与区域成矿地质背景和化探异常、剩余重力异常吻合程度较好(表4-4,图4-4)。

表4-4　毛登式锡矿太平林场预测工作最小预测区一览表

序号	最小预测区编号	最小预测区名称	序号	最小预测区编号	最小预测区名称
1	A1509601002	黄火地南	10	C1509601012	877高地西
2	A1509601003	967高地	11	C1509601013	988高地
3	A1509601004	1050高地南	12	C1509601014	781高地北
4	B1509601007	1169高地	13	C1509601015	921高地
5	B1509601008	1024高地	14	C1509601016	971高地
6	B1509601009	1124高地北	15	C1509601017	993高地
7	B1509601010	962高地	16	C1509601018	加疙瘩村北西
8	B1509601011	炭窑	17	C1509601019	1210高地
9	B1509601012	1006高地	18	C1509601020	829高地南

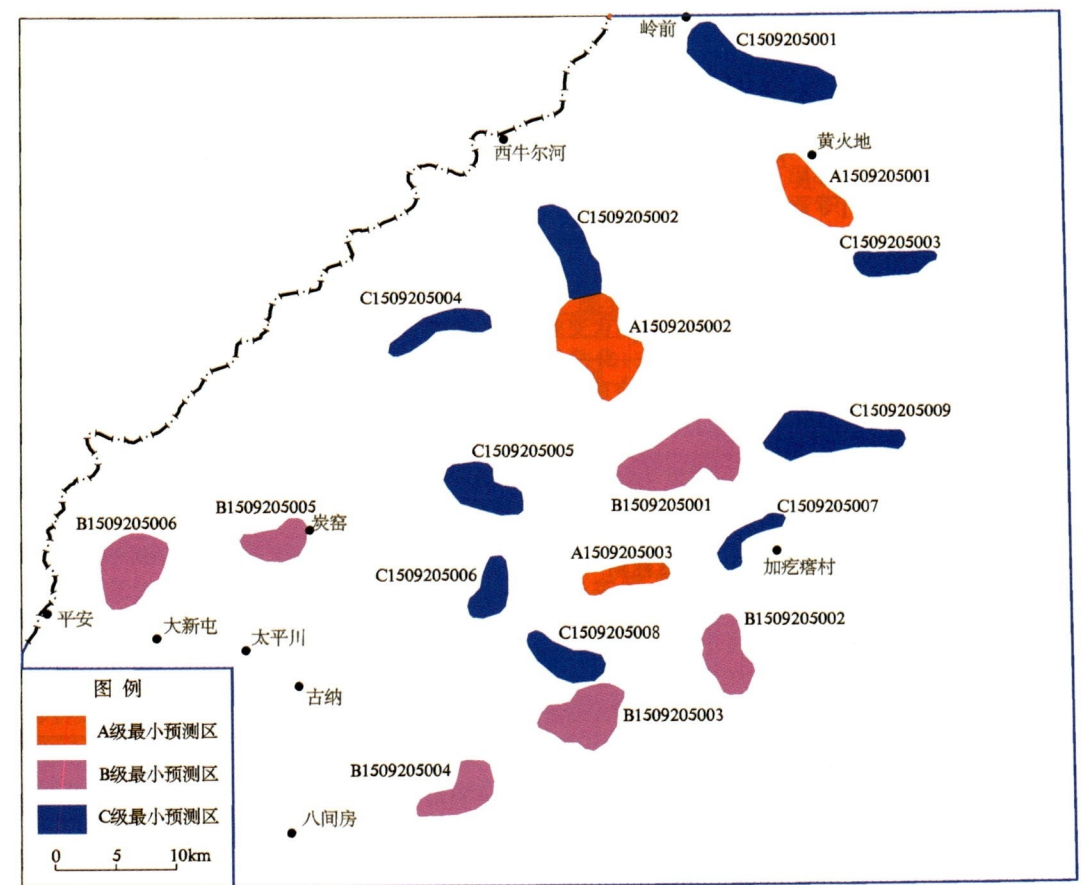

图4-4　毛登式复合内生型锡矿太平林场预测工作区最小预测区分布图

(四)最小预测区地质评价

最小预测区的圈定与优选在成矿区带的基础上,采用神经网络分析法,并根据成矿有利度[含矿层位、矿(化)点、找矿线索]、地理交通及开发条件和其他相关条件,将工作区内最小预测区级别分为A、B、C 3个等级。

A级:北东向、北西向断裂交会处+白垩纪侵入体+新元古代地层和二叠纪侵入体+Sn元素化探异常大于6.4×10^{-6}。

B级:北东向、北西向断裂交会处+新元古代地层和二叠纪侵入体+Sn元素化探异常大于6.4×10^{-6}。

C级:北东向、北西向断裂交会处+新元古代地层或二叠纪侵入体+Sn元素异常较好的第四系+Sn元素化探异常大于6.4×10^{-6}。

各最小预测区成矿条件、找矿潜力地质评价见表4-5。

表4-5 毛登式复合内生型锡矿太平林场预测工作区最小预测区找矿潜力评价一览表

最小预测区编号	最小预测区名称	最小预测区成矿条件及找矿潜力
A1509601002	黄火地南	侵入岩为白垩纪花岗闪长岩和二叠纪黑云母二长花岗岩,Sn元素化探异常起始值大于6.4×10^{-6},规模较大,与成矿有关的北东向、北西向断层十分发育。位于结鲁公河韧性剪切带上。找矿潜力巨大
A1509601003	967高地	地层为佳疙疸组和满克头鄂博组,侵入岩为白垩纪石英二长岩,Sn元素化探异常起始值大于6.4×10^{-6},规模较大,与成矿有关的北东向、北西向断层十分发育。磁异常明显。找矿潜力巨大
A1509601004	1050高地南	地层为佳疙疸组和满克头鄂博组,侵入岩为白垩纪石英二长岩和二叠纪黑云母二长花岗岩,Sn元素化探异常起始值大于6.4×10^{-6},规模较大,与成矿有关的北东向、北西向断层十分发育。找矿潜力巨大
B1509601007	1169高地	地层有佳疙疸组,侵入岩有二叠纪黑云母二长花岗岩,Sn元素化探异常起始值大于6.4×10^{-6},规模较大,与成矿有关的北东向、北西向断层十分发育。找矿潜力较大
B1509601008	1024高地	侵入岩为二叠纪黑云母二长花岗岩,Sn元素化探异常起始值大于6.4×10^{-6},规模较大,与成矿有关的北东向、北西向断层十分发育。位于加疙瘩村大岭北韧性剪切带北侧。找矿潜力较大
B1509601009	1124高地北	地层为佳疙疸组,侵入岩为二叠纪黑云母二长花岗岩,Sn元素化探异常起始值大于6.4×10^{-6},规模较大,与成矿有关的北东向、北西向断层十分发育。航磁呈现正异常。找矿潜力较大
B1509601010	962高地	地层为南华系佳疙疸组,Sn元素化探异常起始值大于6.4×10^{-6},规模较大,与成矿有关的北东向、北西向断层十分发育。磁异常明显。找矿潜力较大
B1509601011	炭窑	地层为南华系佳疙疸组,侵入岩为二叠纪黑云母二长花岗岩,Sn元素化探异常起始值大于6.4×10^{-6},规模较大,与成矿有关的北东向、北西向断层十分发育。磁异常明显。找矿潜力较大
B1509601012	1006高地	侵入岩为二叠纪黑云母二长花岗岩,Sn元素化探异常起始值大于6.4×10^{-6},规模较大,与成矿有关的北东向、北西向断层十分发育。位于六设屯韧性剪切带北侧。找矿潜力较大
C1509601012	877高地西	Sn元素化探异常起始值大于6.4×10^{-6},规模较大,与成矿有关的北东向、北西向断层十分发育。南侧、南西侧韧性剪切带发育。找矿潜力一般

续表 4-5

最小预测区编号	最小预测区名称	最小预测区成矿条件及找矿潜力
C1509601013	988 高地	出露的地层为南华系佳疙疸组，Sn 元素化探异常起始值大于 6.4×10^{-6}，规模较大，与成矿有关的北东向、北西向断层十分发育。磁异常明显。位于西牛尔河韧性剪切带南侧。找矿潜力一般
C1509601014	781 高地北	Sn 元素化探异常起始值大于 6.4×10^{-6}，规模较大，与成矿有关的北东向、北西向断层十分发育。位于结鲁公河韧性剪切带南侧乱石山西韧性剪切带北侧及一遥感环形构造内。找矿潜力一般
C1509601015	921 高地	地层为南华系佳疙疸组，侵入岩为二叠纪黑云母二长花岗岩，Sn 元素化探异常起始值大于 6.4×10^{-6}，规模较大，与成矿有关的北东向、北西向断层十分发育。找矿潜力一般
C1509601016	971 高地	地层为佳疙疸组，侵入岩为二叠纪黑云母二长花岗岩，Sn 元素化探异常起始值大于 6.4×10^{-6}，规模较大，与成矿有关的北东向、北西向断层十分发育。航磁呈现正异常。找矿潜力一般
C1509601017	993 高地	出露的地层为南华系佳疙疸组，Sn 元素化探异常起始值大于 6.4×10^{-6}，规模较大，与成矿有关的北东向、北西向断层十分发育。找矿潜力一般
C1509601018	加疙瘩村北西	地层为佳疙疸组，侵入岩为二叠纪黑云母二长花岗岩，Sn 元素化探异常起始值大于 6.4×10^{-6}，规模较大，与成矿有关的北东向、北西向断层十分发育。找矿潜力一般
C1509601019	1210 高地	地层为佳疙疸组，Sn 元素化探异常起始值大于 6.4×10^{-6}，规模较大，与成矿有关的北东向断层十分发育。找矿潜力一般
C1509601020	829 高地南	地层为佳疙疸组，Sn 元素化探异常起始值大于 6.4×10^{-6}，规模较大，与成矿有关的北东向断层十分发育。南东侧与北西侧均有遥感环形构造。找矿潜力一般

二、综合信息地质体积法估算资源量

(一)典型矿床深部及外围资源量估算

由于太平林场预测区工作区内没有锡矿床，故太平林场预测工作区采用毛登小孤山锡矿床作为典型矿床(见第三章第三节)。

(二)模型区的确定、资源量及估算参数

根据预测工作区区域成矿要素和重力、化探信息，建立了本预测区的区域预测要素，并编制预测工作区预测要素图和预测模型。

资源量及估算参数引用毛登小孤山锡矿典型矿床(见第三章第三节)。

(三)最小预测区预测资源量

1. 估算方法的选择

毛登式复合内生型锡矿太平林场预测工作区最小预测区资源量定量估算采用地质体积法进行估算(表 4-6)。

表 4-6 毛登式复合内生型锡矿太平林场预测工作区资源量估算方法表

预测工作区编号	预测工作区名称	资源量估算方法
1509601002	毛登式复合内生型锡矿太平林场预测工作区	地质体积法

2. 估算参数的确定

1)最小预测区面积圈定方法及圈定结果

太平林场预测工作区,最终圈定 18 个最小预测区,其中 A 级区 3 个,B 级区 6 个,C 级区 9 个。最小预测区面积在 9.29~40.89km² 之间,总面积为 393.82km²(表 4-7)。

表 4-7 太平林场预测工作区最小预测区面积圈定大小及方法依据

编号	名称	经度	纬度	面积(m²)	参数确定依据
A1509601002	黄火地南	1205640.750	515147.750	21 176 060.97	依据 MRAS 所形成的色块区与预测工作区底图重叠区域,并结合含矿地质体、已知矿床、矿(化)点及磁异常范围
A1509601003	967 高地	1204132.000	514436.375	40 601 936.85	
A1509601004	1050 高地南	1204309.875	513357.438	12 373 922.90	
B1509601007	1169 高地	1204731.250	513938.531	38 480 857.78	
B1509601008	1024 高地	1205004.250	513027.844	19 637 901.64	
B1509601009	1124 高地北	1203940.250	512738.281	25 848 979.08	
B1509601010	962 高地	1203209.625	512429.063	17 934 958.32	
B1509601011	炭窑	1201801.000	513549.125	13 987 462.96	
B1509601012	1006 高地	1200754.375	513425.625	26 144 120.34	
C1509601012	877 高地西	1205206.125	515745.813	40 889 806.13	
C1509601013	988 高地	1203942.000	514905.406	22 908 352.66	
C1509601014	781 高地北	1210238.250	514823.969	12 383 523.47	
C1509601015	921 高地	1202836.500	514521.813	15 161 810.53	
C1509601016	971 高地	1203301.375	513811.188	19 527 613.87	
C1509601017	993 高地	1203347.625	513339.781	12 101 642.58	
C1509601018	加疙瘩村北西	1205056.375	513538.594	9 287 170.67	
C1509601019	1210 高地	1203902.250	513027.125	16 020 750.55	
C1509601020	829 高地南	1205818.500	514031.656	29 355 037.92	

2)延深参数的确定及结果

延深参数的确定是在研究最小预测区含矿地质体地质特征、岩体的形成深度、矿化蚀变、矿化类型的基础上,并对比典型矿床特征由经专家综合确定的,详见表 4-8。

表4-8 太平林场预测工作区最小预测区延深表

编号	名称	深度(m)	编号	名称	深度(m)
A1509601002	黄火地南	300	C1509601012	877高地西	400
A1509601003	967高地	400	C1509601013	988高地	400
A1509601004	1050高地南	200	C1509601014	781高地北	200
B1509601007	1169高地	400	C1509601015	921高地	300
B1509601008	1024高地	300	C1509601016	971高地	300
B1509601009	1124高地北	400	C1509601017	993高地	200
B1509601010	962高地	300	C1509601018	加疙瘩村北西	200
B1509601011	炭窑	200	C1509601019	1210高地	300
B1509601012	1006高地	400	C1509601020	829高地南	400

3）品位和体重的确定

矿体Sn平均品位为0.74%，矿石平均体重3.03t/m³。有矿床、矿点者采用其相应资料。各预测工作区内无矿床、矿点的最小预测区品位、体重均采用毛登典型矿床资料。

4）相似系数的确定

最小预测区相似系数主要依据最小预测区内含矿地质体本身出露的大小、地质构造发育程度不同、磁异常强度、矿化蚀变发育程度及矿（化）点的多少等因素，由专家确定。各最小预测区相似系数见表4-9。

表4-9 太平林场预测工作区最小预测区相似系数表

编号	名称	相似系数	编号	名称	相似系数
A1509601002	黄火地南	0.15	C1509601012	877高地西	0.20
A1509601003	967高地	0.20	C1509601013	988高地	0.15
A1509601004	1050高地南	0.10	C1509601014	781高地北	0.10
B1509601007	1169高地	0.20	C1509601015	921高地	0.10
B1509601008	1024高地	0.15	C1509601016	971高地	0.10
B1509601009	1124高地北	0.15	C1509601017	993高地	0.10
B1509601010	962高地	0.10	C1509601018	加疙瘩村北西	0.10
B1509601011	炭窑	0.10	C1509601019	1210高地	0.10
B1509601012	1006高地	0.15	C1509601020	829高地南	0.15

3. 最小预测区预测资源量估算结果

用地质体积法，根据预测资源量估算公式：

$$Z_{预}=S_{预}×H_{预}×K_S×K×α;\quad Z_{总}=Z_{预}+Z_{查明}$$

式中,$Z_{总}$为预测区总资源量;$Z_{预}$为预测区预测资源量;$Z_{查明}$为预测区内已查明的资源量;$S_{预}$为预测区面积;$H_{预}$为预测区延深(指预测区含矿地质体延深);K_S为含矿地质体面积参数;K为模型区矿床的含矿系数;$α$为相似系数。

太平林场预测区预测资源总量资源总量为27 656.45t,详见表4-10。

表4-10 太平林场预测工作区最小预测区资源量估算结果表

编号	名称	$S_{预}(m^2)$	$H_{预}(m)$	K_S	$K(t/m^3)$	$α$	$Z_{总}(t)$	资源量级别
A1509601002	黄火地南	21 176 060.97	300	1	0.000 001 32	0.15	1 257.858 0	334-2
A1509601003	967高地	40 601 936.85	400	1	0.000 001 32	0.20	4 287.565 0	334-2
A1509601004	1050高地南	12 373 922.90	200	1	0.000 001 32	0.10	326.671 6	334-2
B1509601007	1169高地	38 480 857.78	400	1	0.000 001 32	0.20	4 063.579 0	334-3
B1509601008	1024高地	19 637 901.64	300	1	0.000 001 32	0.15	1 166.491 0	334-3
B1509601009	1124高地北	25 848 979.08	400	1	0.000 001 32	0.15	2 047.239 0	334-3
B1509601010	962高地	17 934 958.32	300	1	0.000 001 32	0.10	710.224 3	334-3
B1509601011	炭窑	13 987 462.96	200	1	0.000 001 32	0.10	369.269 0	334-3
B1509601012	1006高地	26 144 120.34	400	1	0.000 001 32	0.15	2 070.614 0	334-3
C1509601012	877高地西	40 889 806.13	400	1	0.000 001 32	0.20	4 317.964 0	334-3
C1509601013	988高地	22 908 352.66	400	1	0.000 001 32	0.15	1 814.342 0	334-3
C1509601014	781高地北	12 383 523.47	200	1	0.000 001 32	0.10	326.925 0	334-3
C1509601015	921高地	15 161 810.53	300	1	0.000 001 32	0.10	600.407 7	334-3
C1509601016	971高地	19 527 613.87	300	1	0.000 001 32	0.10	773.293 5	334-3
C1509601017	993高地	12 101 642.58	200	1	0.000 001 32	0.10	319.483 4	334-3
C1509601018	加疙瘩村北西	9 287 170.67	200	1	0.000 001 32	0.10	245.181 3	334-3
C1509601019	1210高地	16 020 750.55	300	1	0.000 001 32	0.10	634.421 7	334-3
C1509601020	829高地南	29 355 037.92	400	1	0.000 001 32	0.15	2 324.919 0	334-3

4. 最小预测区资源量可信度估计

根据《预测资源量估算技术要求》(2010年补充)可信度划分标准,针对每个最小预测区评价其可信度,太平林场预测工作区最小预测区可信度统计结果见表4-11。

表 4-11 毛登式复合内生型锡矿太平林场预测工作区最小预测区预测资源量可信度统计表

编号	名称	面积		延深		含矿系数		资源量综合	
		可信度	依据	可信度	依据	可信度	依据	可信度	依据
A1509601002	黄火地南	0.50	依据 MRAS 所形成的色块区与预测工作区底图重叠区域，并结合含矿地质体、已知矿床、矿（化）点及磁异常范围	0.50	专家	0.50	模型区	0.50	地质、物探
A1509601003	967 高地	0.50		0.50	专家	0.50	模型区	0.50	地质、物探
A1509601004	1050 高地南	0.50		0.50	专家	0.50	模型区	0.50	地质、物探
B1509601007	1169 高地	0.50		0.25	专家	0.25	模型区	0.30	地质、物探
B1509601008	1024 高地	0.50		0.25	专家	0.25	模型区	0.30	地质、物探
B1509601009	1124 高地北	0.50		0.25	专家	0.25	模型区	0.30	地质、物探
B1509601010	962 高地	0.50		0.25	专家	0.25	模型区	0.30	地质、物探
B1509601011	炭窑	0.50		0.25	专家	0.25	模型区	0.30	地质、物探
B1509601012	1006 高地	0.50		0.25	专家	0.25	模型区	0.30	地质、物探
C1509601012	877 高地西	0.25		0.25	专家	0.25	模型区	0.25	地质、物探
C1509601013	988 高地	0.50		0.25	专家	0.25	模型区	0.25	地质、物探
C1509601014	781 高地北	0.25		0.25	专家	0.25	模型区	0.25	地质、物探
C1509601015	921 高地	0.50		0.25	专家	0.25	模型区	0.25	地质、物探
C1509601016	971 高地	0.50		0.25	专家	0.25	模型区	0.25	地质、物探
C1509601017	993 高地	0.50		0.25	专家	0.25	模型区	0.25	地质、物探
C1509601018	加疙瘩村北西	0.50		0.25	专家	0.25	模型区	0.25	地质、物探
C1509601019	1210 高地	0.50		0.25	专家	0.25	模型区	0.25	地质、物探
C1509601020	829 高地南	0.25		0.25	专家	0.25	模型区	0.25	地质、物探

（四）预测工作区资源总量成果汇总

1. 按精度汇总

毛登式复合内生型锡矿太平林场预测工作区地质体积法预测资源量，依据资源量级别划分标准，可划分为 334-1、334-2 和 334-3 三个资源量精度级别，各级别资源量见表 4-12。

表 4-12 毛登式复合内生型锡矿太平林场预测工作区预测资源量精度统计表　　单位:t

预测工作区编号	预测工作区名称	精度		
		334-1	334-2	334-3
1509601002	太平林场预测工作区	—	5 872.09	21 784.36

2. 按延深汇总

毛登式复合内生型锡矿太平林场预测工作区中，根据各最小预测区内含矿地质体（地层、侵入岩及构造）特征，预测深度在 200～600m 之间，其资源量按预测深度统计结果见表 4-13。

表 4-13 毛登式复合内生型锡矿太平林场预测工作区预测资源量深度统计表　　　单位：t

预测工作区编号	预测工作区名称	500m以浅			1000m以浅			2000m以浅		
		334-1	334-2	334-3	334-1	334-2	334-3	334-1	334-2	334-3
1509601002	太平林场预测工作区	—	5 872.09	21 784.36	—	5 872.09	21 784.36	—	5 872.09	21 784.36
		总计：27 656.45			总计：27 656.45			总计：27 656.45		

3. 按矿产预测类型汇总

毛登式复合内生型锡矿太平林场预测工作区中，其矿产预测方法类型为复合内生型，预测类型为热液型，其资源量统计结果见表 4-14。

表 4-14 毛登式复合内生型锡矿太平林场预测工作区预测资源量矿产类型精度统计表　　　单位：t

预测工作区编号	预测工作区名称	热液型		
		334-1	334-2	334-3
1509601002	太平林场预测工作区	—	5 872.09	21 784.36

4. 按可利用性类别汇总

可利用性类别的划分，主要依据深度可利用性（500m、1000m、2000m）、当前开采经济条件可利用性、矿石可选性、外部交通水电环境可利用性，按权重进行取数估算。预测工作区资源量可利用性统计结果见表 4-15。

表 4-15 毛登式复合内生型锡矿太平林场预测工作区预测资源量可利用性统计表　　　单位：t

预测工作区编号	预测工作区名称	可利用			暂不可利用		
		334-1	334-2	334-3	334-1	334-2	334-3
1509601002	太平林场预测工作区	—	—	—	—	5 872.09	21 784.36
		总计：—			总计：27 656.45		

5. 按可信度统计分析汇总

毛登式复合内生型锡矿太平林场预测工作区预测资源量可信度统计结果见表 4-16。

表 4-16 毛登式复合内生型锡矿太平林场预测工作区预测资源量可信度统计表　　　单位：t

预测工作区编号	预测工作区名称	$X \geqslant 0.75$			$X \geqslant 0.5$			$X \geqslant 0.25$		
		334-1	334-2	334-3	334-1	334-2	334-3	334-1	334-2	334-3
1509601002	太平林场预测工作区	—	—	—	—	15 872.09	—	—	15 872.09	21 784.36

6. 按级别分类统计汇总

依据最小预测区地质矿产、物探及遥感异常等综合特征,并结合资源量估算和预测区优选结果,将最小预测区划分为 A 级、B 级和 C 级 3 个等级,其预测资源量见表 4-17。

表 4-17 毛登式复合内生型锡矿太平林场预测工作区预测资源量级别分类统计表　　单位:t

预测工作区编号	预测工作区名称	级别		
		A 级	B 级	C 级
1509601002	太平林场预测工作区	5 872.09	10 427.42	11 356.94
		27 656.45		

第五章　黄岗式侵入岩体型锡矿预测成果

黄岗式侵入岩体型锡矿预测工作区横跨内蒙古自治区锡林郭勒盟、赤峰市、通辽市。地理坐标为东经117°00′—120°00′,北纬43°00′—45°00′。地处大兴安岭与阴山、浑善达克沙地和科尔沁沙地的交会地带。属中温带半干旱大陆性季风气候,年平均气温0~5℃,年降水量250~500mm,无霜期60~160天。北部草原区以畜牧业为主,南部为农业区。交通条件较好。

第一节　典型矿床特征

根据全国潜力评价技术要求选择黄岗铁锡矿作为典型矿床。黄岗铁锡矿床位于内蒙古自治区赤峰市克什克腾旗,地理坐标为东经117°22′31″,北纬43°35′01″。

一、典型矿床及成矿模式

黄岗铁锡典型矿床位于内蒙古自治区中部锡林浩特岩浆弧,黄岗-甘珠尔庙复式背斜的北西翼,西拉木伦断裂以北约60km。查明锡资源量715 605t,品位0.74%。

（一）典型矿床特征

1. 矿区地质

出露地层有二叠系大石寨组、哲斯组和林西组,呈北东-南西向带状分布,倾向北西,倾角60°~70°,主要分布在矿区中部。此外还广泛分布有侏罗系火山岩。

大石寨组岩相、岩性变化剧烈。下部:东段为火山碎屑岩,向西逐渐相变成海底火山喷发熔岩。上部:从下向上依次为黑色凝灰质砾岩、凝灰质粉砂岩、凝灰质角砾岩,安山质晶屑凝灰岩互层夹粉砂岩并以灰绿色厚层状安山岩及辉石安山岩为主。哲斯组主要分布在矿区中部偏北侧,由一套碳酸盐岩-火山碎屑岩夹薄层火山熔岩组成,分两个岩性段:下段为厚层状白色大理岩、灰岩、含砾结晶灰岩、硅质大理岩夹薄层凝灰岩和复成分砾岩;上段为黑色、灰黑色厚层状粉砂岩、含钙凝灰质粉砂岩夹砂砾岩、砾岩、凝灰质角砾岩、凝灰岩、中基性火山岩薄层。林西组在查木罕河以北地段零星出露,岩性为灰黑色、灰绿色砂岩、粉砂岩及凝灰质粉砂岩。

岩体主要为燕山早期钾长花岗岩和少量黑云母钾长花岗岩。脉岩不发育,有花岗斑岩、伟晶岩、流纹斑岩、闪长岩、细晶闪长岩及闪长玢岩和煌斑岩脉岩等,均呈脉状以不同方向分布于矿区南侧的中生代地层中,与成矿关系不大。

矿区位于黄岗复式背斜北西翼,属单斜构造,与区域构造线基本一致,总体倾向北西,倾角50°~82°。区内断裂构造发育,北东向压性兼扭性断裂长期多次活动,为本区成岩、成矿提供了有利条件,所以是控矿、导矿、容矿的主要构造;北西向张性为主兼扭性断裂,该组断裂由于围岩条件不利,所以控矿性能不如北东向断裂;近东西向正断层、北北东向平推断层属成矿晚期断裂,但对矿体影响不大(图5-1)。

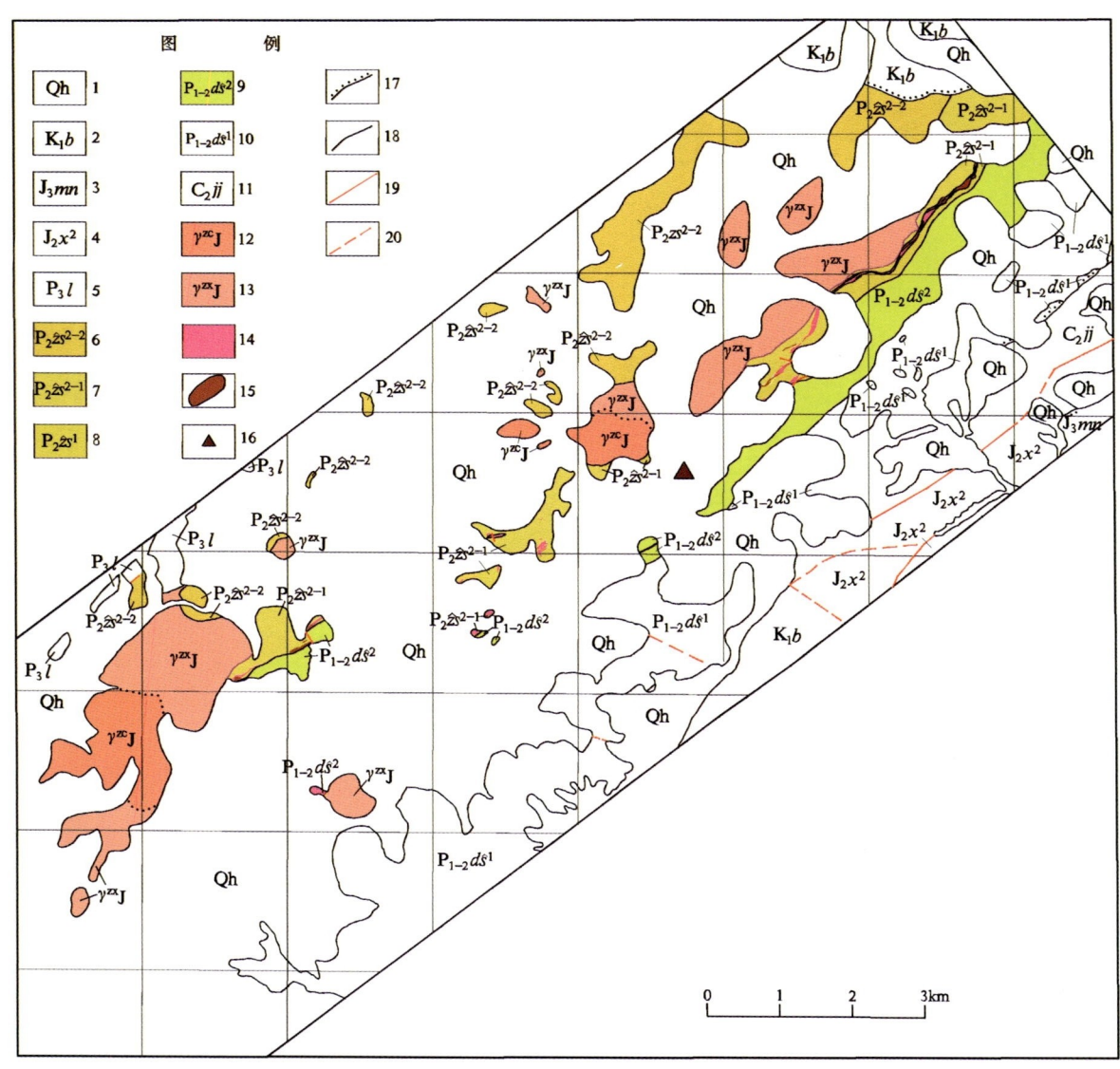

图 5-1 黄岗铁锡矿床矿区地质简图

1.第四系全新统；2.白音高老组；3.玛尼吐组；4.新民组二段；5.林西组；6.哲斯组二段上部；7.哲斯组二段下部；8.哲斯组一段；9.大石寨组上部；10.大石寨组下部；11.酒局子组；12.侏罗纪中粗粒钾长花岗岩；13.侏罗纪中细粒钾长花岗岩；14.矿化蚀变带；15.锡矿体；16.黄岗锡矿床位置；17.角度不整合界线；18.地质界线；19.性质不明断层；20.推测断层

2. 矿床地质

矿体产于钾长花岗岩与大石寨组上部火山岩和哲斯组下部大理岩、上部含钙凝灰质粉砂岩接触带矽卡岩中(图5-2、图5-3)。

矿床呈北东向展布，总体走向北东，倾向北西，倾角20°～80°，含矿带长19km，宽0.2～2.5km，划分为7个矿段。圈出铁矿体67个，铁锡矿体84个，铁锡钨矿体24个，锡矿体64个，其中Ⅰ矿段和Ⅲ矿段矿体最集中，且规模大。

3. 矿脉分带

矿体呈似层状、透镜状、马鞍状及楔状。矿体一般长300～400m，最长达1475m，厚几米至数十米。

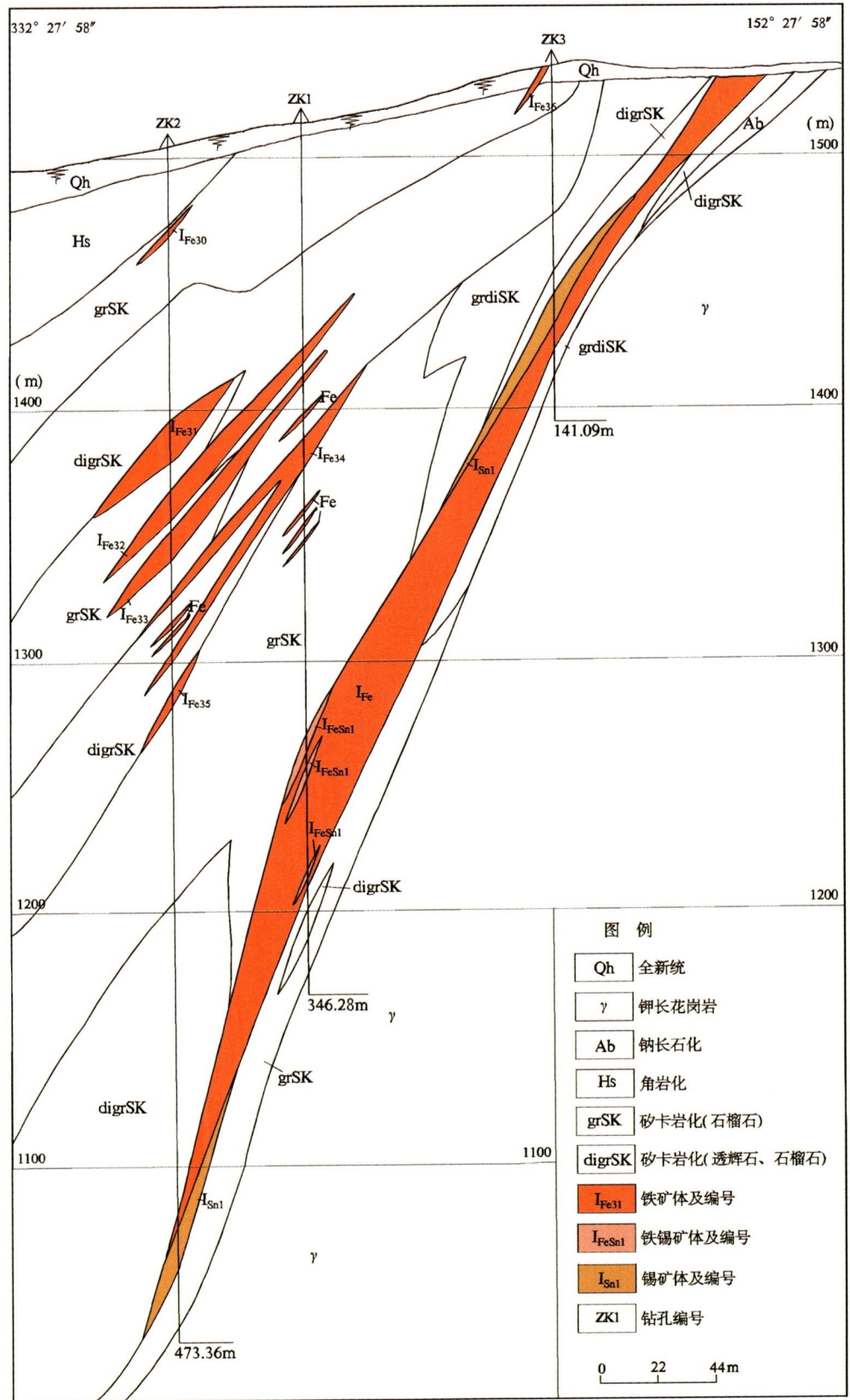

图 5-2 黄岗铁锡矿床 I 矿区 58 号勘探线地质剖面图

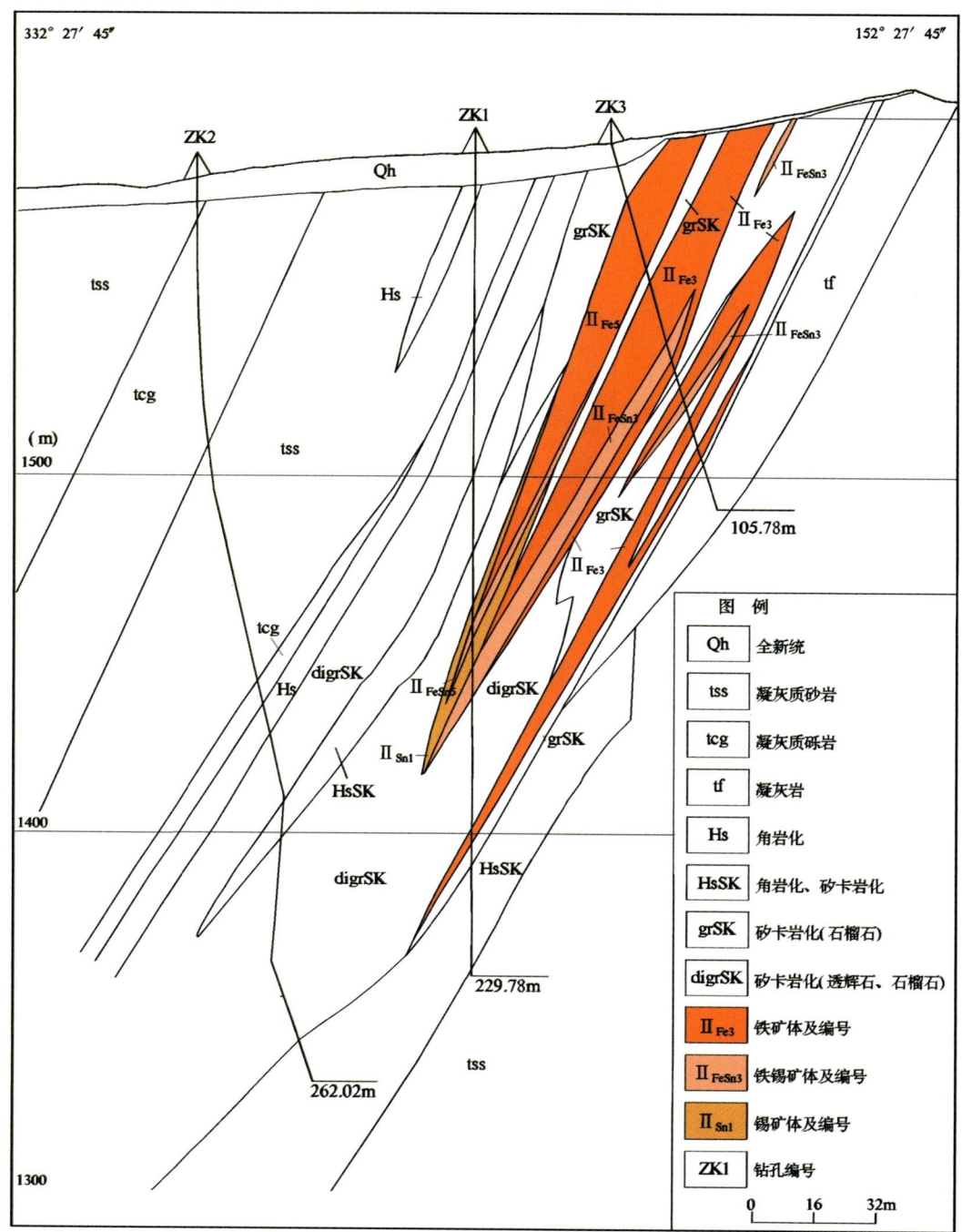

图 5-3 黄岗铁锡矿床Ⅱ矿区 166 号勘探线地质剖面图

矿体多集中分布在海拔 1000~1400m 之间,分段成群出现。矿体产出形式:①产于矽卡岩化安山岩中,与安山岩产状一致;②产于花岗岩与大理岩、安山岩接触带,矿体多卧伏于花岗岩顶部的界面上,矿体厚度大,局部可达 100m;③花岗岩与凝灰岩接触带附近的与凝灰岩产状一致的薄层小矿体。另有一些小矿体产于远离接触带的安山岩中。

4. 矿石特征

矿石矿物已查明有 60 多种,金属矿物以磁铁矿、锡石、锡酸矿、闪锌矿、黄铜矿、斜方砷铁矿、白钨矿、辉钼矿为主,其次是毒砂、辉铜矿、斑铜矿、辉铋矿、方铅矿、黄铁矿。非金属矿物主要有石榴石、透辉石、角闪石,其次为萤石、云母类、绿泥石、石英、方解石、符山石等。

矿石化学成分约有40余种元素,除Fe、Sn、W为本区主要元素外,含量较高的伴生元素尚有Zn、As、Pb、Cu、Mo、Bi以及稀有分散元素Ga、In、Cd、Be等。铁主要赋存于磁铁矿中。锡分布于铁锡矿及含锡矽卡岩中,主要矿物为锡石及锡酸矿(胶态锡)。钨呈白钨矿产出,与萤石、闪锌矿伴生。锌呈闪锌矿产出。砷独立矿物有斜方砷铁矿及毒砂。此外镉、铟在闪锌矿中富集。镓、铍、铟、镉、铋呈分散状态赋存于透辉石、普通角闪石、石榴石等硅酸盐矿物中。

矿石工业类型:属需选矿石,进一步分为磁铁矿矿石、铁锡矿矿石、铁锡钨矿矿石和含锡矽卡岩矿石4种。

矿石自然类型:按脉石矿物和矿石矿物组合分7种类型:硅酸盐-磁铁矿矿石、锡石-磁铁矿矿石、硫化物-磁铁矿矿石、白钨矿-磁铁矿矿石、萤石-磁铁矿矿石、碳酸盐-磁铁矿矿石、锡石-矽卡岩矿石。按结构构造分5种类型:块状及致密块状矿石、浸染状及稠密浸染状矿石、条带状矿石、角砾状矿石、斑杂状矿石。

5. 矿石结构构造

根据磁铁矿结晶程度和粒级分全自形粒状结构、半自形粒状结构、他形—半自形粒状结构;根据磁铁矿形成方式分交代残余结构、假像结构。构造有块状构造、浸染状构造、条带状构造、角砾状构造、斑杂状构造。

6. 围岩蚀变

矽卡岩化强烈,钠长石化广泛,角岩化普遍。其次有绿帘石化、绿泥石化、硅化、萤石化、碳酸盐化、蛇纹石化等多种蚀变。

7. 矿床成因及成矿时代

成矿时空演化分矽卡岩阶段、高温热液阶段与硫化物阶段,该矿床是一个复合成因的矽卡岩型铁锡多金属矿床。铁质主要来自早二叠世海底火山作用,锡主要来自燕山期岩浆作用(地层也提供少量的锡)。

成矿时代:为燕山晚期,辉钼矿Re-Os年龄(141.2 ± 4.3)Ma,岩体Rb-Sr等时线年龄140.7Ma,矽卡岩中角闪石的K-Ar年龄为140~122Ma。

(二)矿床成矿模式

黄岗铁锡矿床为钙矽卡岩型,它的成矿作用分为二叠纪预富集和燕山期定型两个过程。早二叠世海槽中的玄武质岩浆海底喷发过程中,形成与海相中基性火山喷发作用有关的贫铁矿层,并且在下二叠统火山喷发沉积岩中Sn、As丰度较高。因此,早二叠世海底火山作用不仅为燕山期热液成矿作用准备了足够的铁质,也提供了一定的锡。燕山期陆壳强烈活化。在基底(二叠系)隆起区含锡花岗岩浆沿区域大断裂上升并侵入于早二叠世地层中。岩浆期后高温热流体与围岩交代形成钙矽卡岩,并改造或汲取早二叠世火山岩中的贫铁矿层及锡金属,形成铁锡多金属的富集(图5-4)。

以黄岗铁锡矿典型矿床成矿要素为基础,总结出黄岗锡矿预测工作区典型矿床预测要素表(表5-1)。

二、典型矿床地球物理特征

(一)重力

黄岗铁锡矿床位于布格重力低值区,Δg为$(-146\sim-144)\times10^{-5}$m/s^2,其东西两侧均为相对高值带状区。在剩余重力异常图上,处在负重力异常L蒙-420号负异常区近低值中心区,剩余重力异常为-4.26×10^{-5}m/s^2,西侧为正异常值5.81×10^{-5}m/s^{2}的G蒙-419号异常区,东侧为4.26×10^{-5}m/s^2

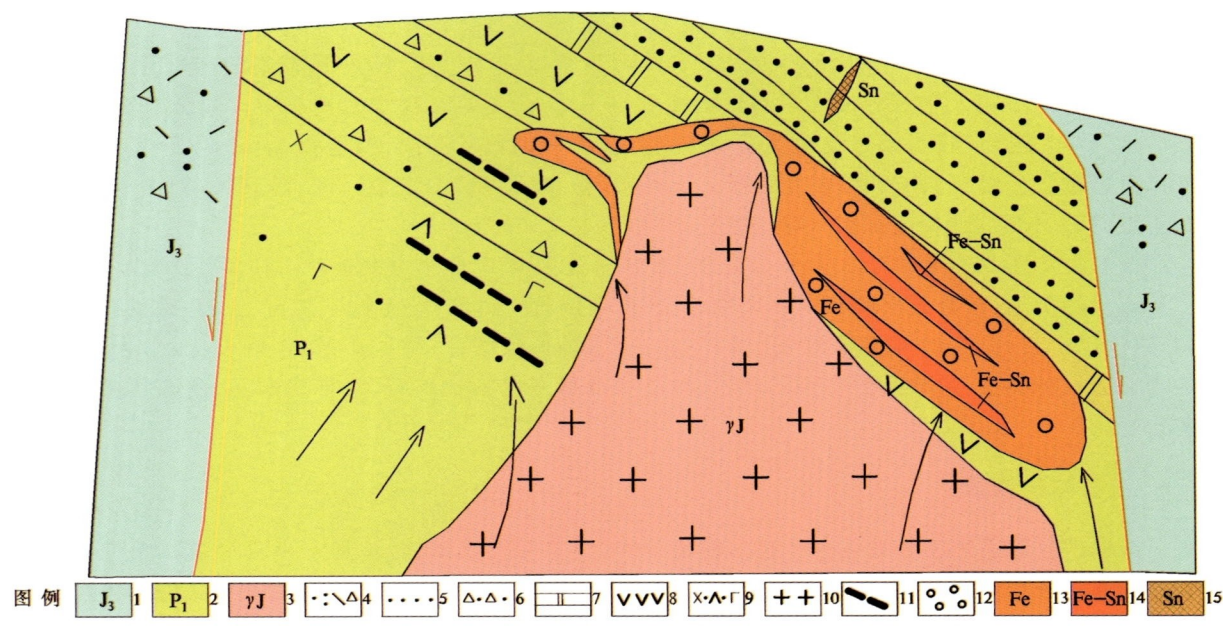

图 5-4 黄岗铁锡矿床模式图

1. 上侏罗统火山岩；2. 下二叠统碎屑岩；3. 侏罗纪花岗岩；4. 火山岩；5. 砂岩；6. 火山碎屑岩；7. 大理岩；8. 安山岩；9. 细碧角斑岩；10. 花岗岩；11. 贫铁层位；12 矽卡岩；13. 铁矿体；14. 铁锡矿床；15. 锡矿体

表 5-1 黄岗式矽卡岩型铁锡矿典型矿床成矿要素表

预测要素		内容描述		类别
储量		锡金属量：715 605t	平均品位 Sn 0.74%	
特征描述		矽卡岩型铁锡矿床		
地质环境	构造背景	天山-兴蒙造山系（Ⅰ），索伦山-林西结合带（P_1末—T_2）（Ⅰ-7），林西残余盆地（P_2—T_2）（Ⅰ-7-2）		必要
	成矿环境	大兴安岭成矿省（Ⅱ-12），林西-孙吴铅、锌、铜、钼、金成矿带（Ⅲ-8），索伦镇-黄岗铁、锡、铜、铅、锌、银成矿亚带（Ⅴ-Y）（Ⅲ-8-①），黄岗-同兴铁、锡、铅、锌、银矿集区（Ⅴ-71）		次要
	成矿时代	早白垩世		必要
矿床特征	矿体形态	矿体以似层状产出，沿倾向形态较稳定，均属于稳定型		重要
	岩石类型	下中二叠统大石寨组上部安山岩和中二叠统哲斯组碳酸盐岩，燕山早期（黑云母）钾长花岗岩		重要
	岩石结构	沉积岩为碎屑结构和变晶结构，侵入岩为中细粒结构		次要
	矿物组合	矿石矿物为锡石、毒砂、黄铜矿、闪锌矿、斜方砷铁矿等。脉石矿物主要为石英、长石、萤石、电气石、黄玉等		重要
	结构构造	结构：半自形粒状结构、柱粒状结构、粒状鳞片结构、他形粒状结构、不规则粒状结构。构造：平行细脉状构造、网脉状构造、浸染状构造、团块状构造		次要
	蚀变特征	矽卡岩化、角岩化、云英岩化、萤石化及碳酸盐化		重要
	控矿条件	北东向的压性-扭性断裂		必要

的 G 蒙-415 号异常区。参考地质资料,锡铁矿床处负异常由燕山期花岗岩引起,东侧和西侧的正异常区推断由古生代地层引起。黄岗铁锡矿床处于燕山期花岗岩与古生代地层的接触带上(图 5-5)。

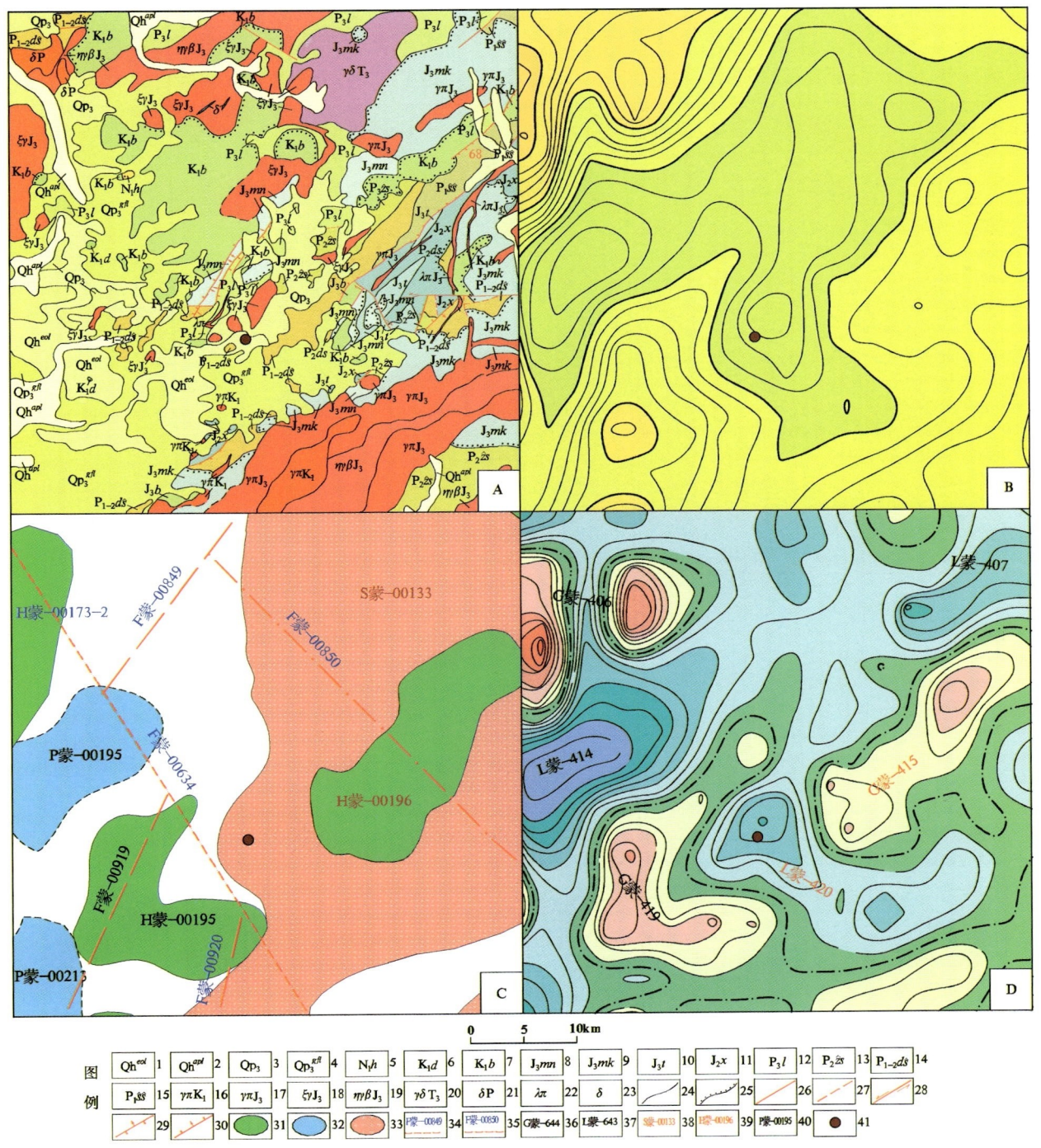

图 5-5 黄岗铁锡矿床区域地质图及重力剖析图

A. 地质矿产图;B. 布格重力异常图;C. 重力推断地质构造图;D. 剩余重力异常图。1. 全新统风积;2. 全新统冲洪积;3. 上更新统冲洪积;4. 上更新统冰碛;5. 中新统汉诺坝组;6. 下白垩统大磨拐河组;7. 下白垩统白音高老组;8. 上侏罗统玛尼吐组;9. 上侏罗统满克头鄂博组;10. 上侏罗统土城子组;11. 中侏罗统新民组;12. 上二叠统林西组;13. 中二叠统哲斯组;14. 中-下二叠统大石寨组;15. 下二叠统寿山沟组;16. 早白垩世花岗斑岩;17 晚侏罗世花岗岩;18. 晚侏罗世正长花岗岩;19. 晚侏罗世黑云母二长花岗岩;20. 晚三叠世花岗闪长岩;21. 二叠纪闪长岩;22. 石英斑岩脉;23. 闪长岩脉;24 地质界线;25. 角度不整合界线;26. 性质不明断层;27. 推测断层;28. 平移断层;29. 逆断层;30. 正断层;31. 推断古生代地层;32. 推断盆地;33. 推断酸性—中酸性岩体;34. 隐伏重力推断三级断裂构造及编号;35. 半隐伏重力推断三级断裂构造及编号;36. 正剩余异常编号;37. 负剩余异常编号;38. 推断岩体编号;39. 推断地层编号;40. 推断盆地编号;41. 锡矿点位置

(二）航磁特征

磁异常轴向趋势呈北东向,磁场值总体处在正负磁场互现的负磁场背景上,磁场值变化范围在 -550~625nT 之间,其间分布着许多正磁异常。部分磁异常轴向为北西向,磁异常形态各异,多呈不规则形状分布,少数为规则似圆状异常。预测工作区磁场南东部场值高于北西部,也比北西部杂乱（图5-6）。

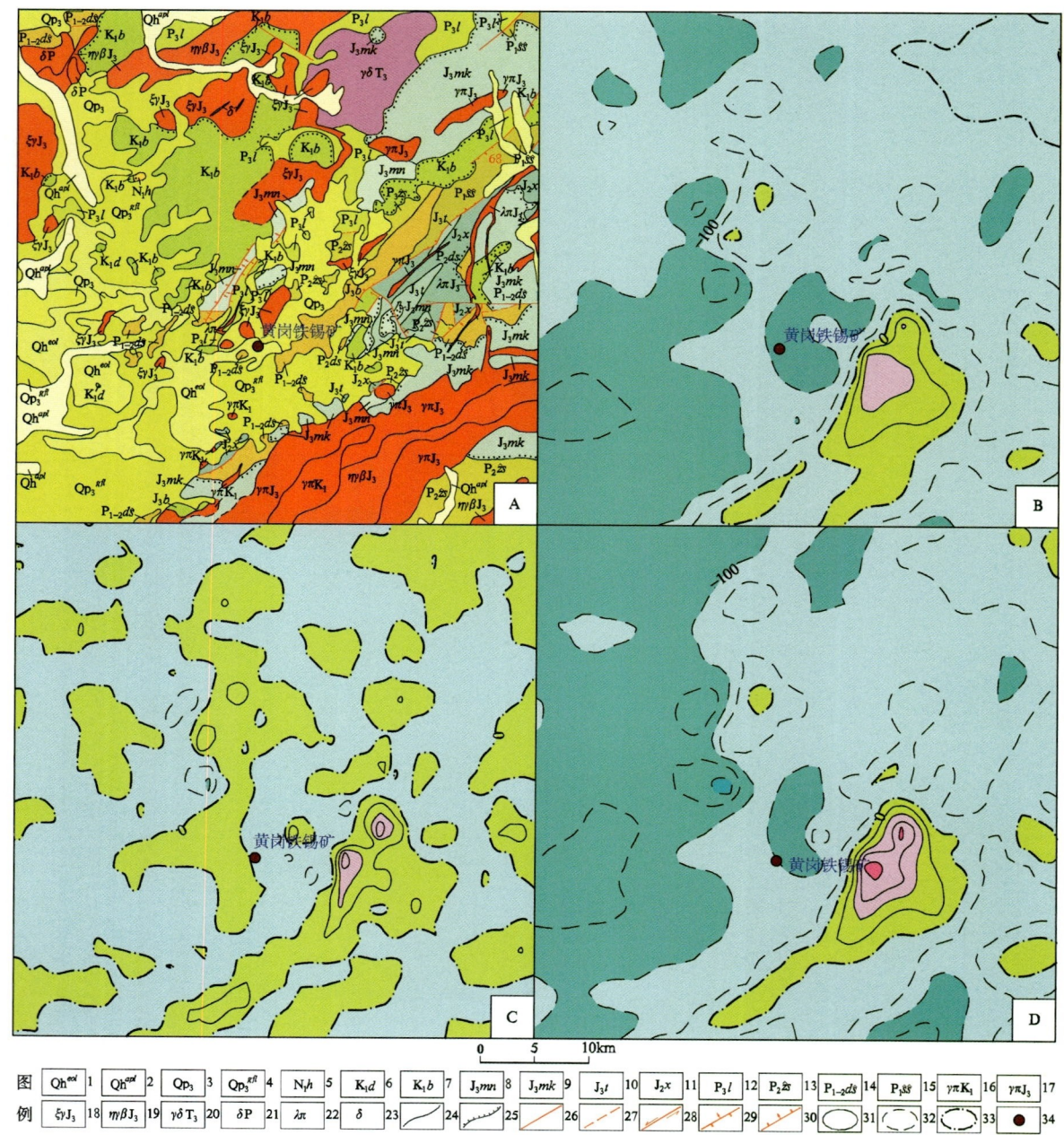

图5-6 黄岗铁锡矿床区域地质图及航磁剖析图

A. 地质矿产图；B. 航磁 ΔT 等值线平面图；C. 航磁 ΔT 化极垂向一阶导数等值线平面图；D. 航磁 ΔT 化极等值线平面图。1. 全新统风积；2. 全新统冲洪积；3. 上更新统冲洪积；4. 上更新统冰碛；5. 中新统汉诺坝组；6. 下白垩统大磨拐河组；7. 下白垩统白音高老组；8. 上侏罗统玛尼吐组；9. 上侏罗统满克头鄂博组；10. 上侏罗统土城子组；11. 中侏罗统新民组；12. 上二叠统林西组；13. 中二叠统哲斯组；14. 下中二叠统大石寨组；15. 下二叠统寿山沟组；16. 早白垩世花岗斑岩；17. 晚侏罗世花岗斑岩；18. 晚侏罗世正长花岗岩；19. 晚侏罗世黑云母二长花岗岩；20. 晚三叠世花岗闪长岩；21. 二叠纪闪长岩；22. 石英斑岩脉；23. 闪长岩脉；24. 地质界线；25. 角度不整合界线；26. 性质不明断层；27. 推测断层；28. 平移断层；29. 逆断层；30. 正断层；31. 航磁正等值线；32. 航磁负等值线；33. 航磁零等值线；34. 锡矿点位置

三、典型矿床地球化学特征

黄岗铁锡矿床矿区锡地球化学特征规模大、高强度,呈三级浓度分带,区域异常编号为 Sn-34。黄岗铁锡矿床处于高异常区,异常下限为 $6.4×10^{-6}$,区内最高极值点为 $150.00×10^{-6}$(图 5-7)。

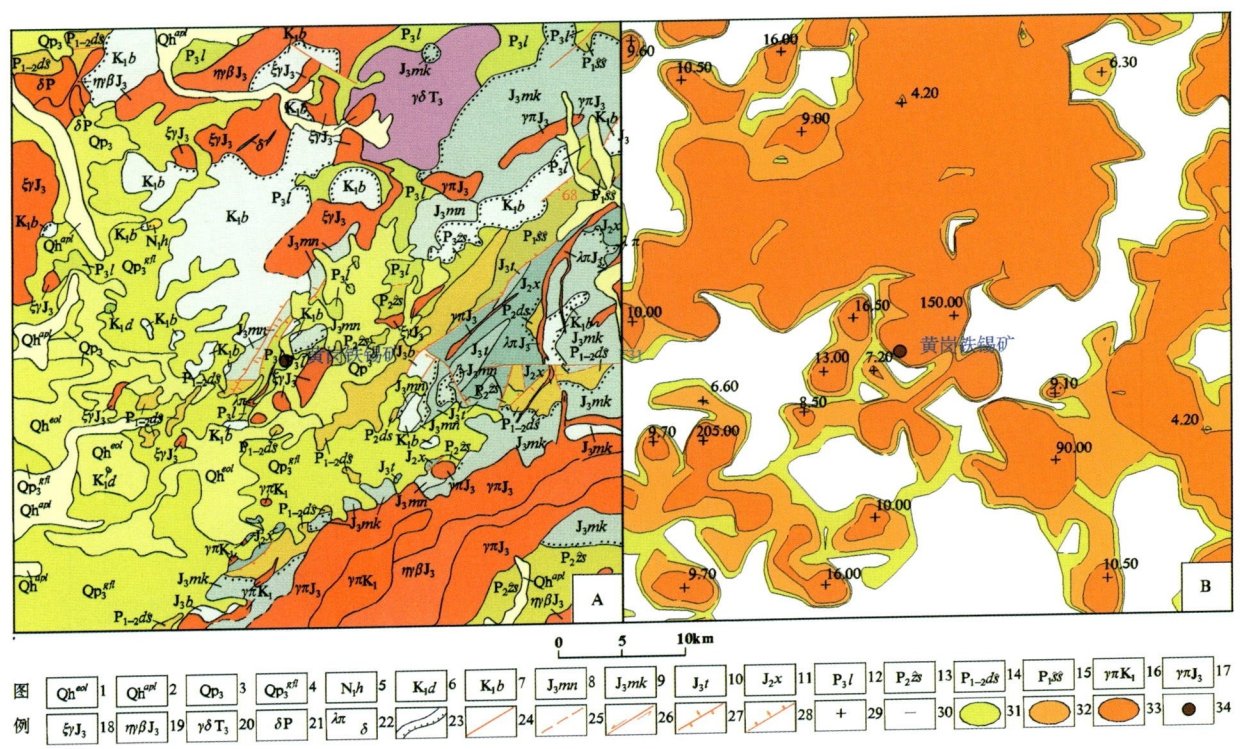

图 5-7 黄岗铁锡矿床区域地质图及锡地球化学异常图

A. 地质矿产图;B. 锡地球化学异常图。1. 全新统风积;2. 全新统冲洪积;3. 上更新统冲洪积;4. 上更新统冰碛;5. 中新统汉诺坝组;6. 下白垩统大磨拐河组;7. 下白垩统白音高老组;8. 上侏罗统玛尼吐组;9. 上侏罗统满克头鄂博组;10. 上侏罗统土城子组;11. 中侏罗统新民组;12. 上二叠统林西组;13. 中二叠统哲斯组;14. 下中二叠统大石寨组;15. 下二叠统寿山沟组;16. 早白垩世花岗斑岩;17. 晚侏罗世花岗斑岩;18. 晚侏罗世正长花岗岩;19. 晚侏罗世黑云母二长花岗岩;20. 晚三叠世花岗闪长岩;21. 二叠纪闪长岩;22. 石英斑岩脉/闪长岩脉;23. 地质界线/角度不整合界线;24. 性质不明断层;25. 推测断层;26. 平移断层;27. 逆断层;28. 正断层;29. 高极值点;30 相对低值点;31. 小于 $4.0×10^{-6}$ 异常区;32. $4.0×10^{-6}$~$4.7×10^{-6}$ 异常区;33. 大于 $6.4×10^{-6}$ 异常区;34. 典型矿床位置

四、遥感特征

矿区位于黄岗复式背斜北西翼,属单斜构造,与区域构造线基本一致,总体倾向北西。区内断裂构造发育(图 5-8)。北东向压扭性断裂为本区成岩、成矿提供了有利条件,所以是控矿、导矿、容矿的主要构造。北西向张性为主兼扭性断裂,由于围岩条件不利,所以控矿性能不如北东向断裂。近东西向正断层、北北东向平推断层,属成矿晚期断裂,但对矿体影响不大。

本区环形构造发育,矿床恰处于一隐伏岩体引起的环形构造边缘,富含碱质及挥发组分的钾长花岗岩及期后气水溶液交代了围岩中有益成分并在有利部位富集成矿。

五、矿床预测模型

根据典型矿床成矿要素和矿区地磁资料以及区域重力资料,典型矿床预测要素见表 5-2。

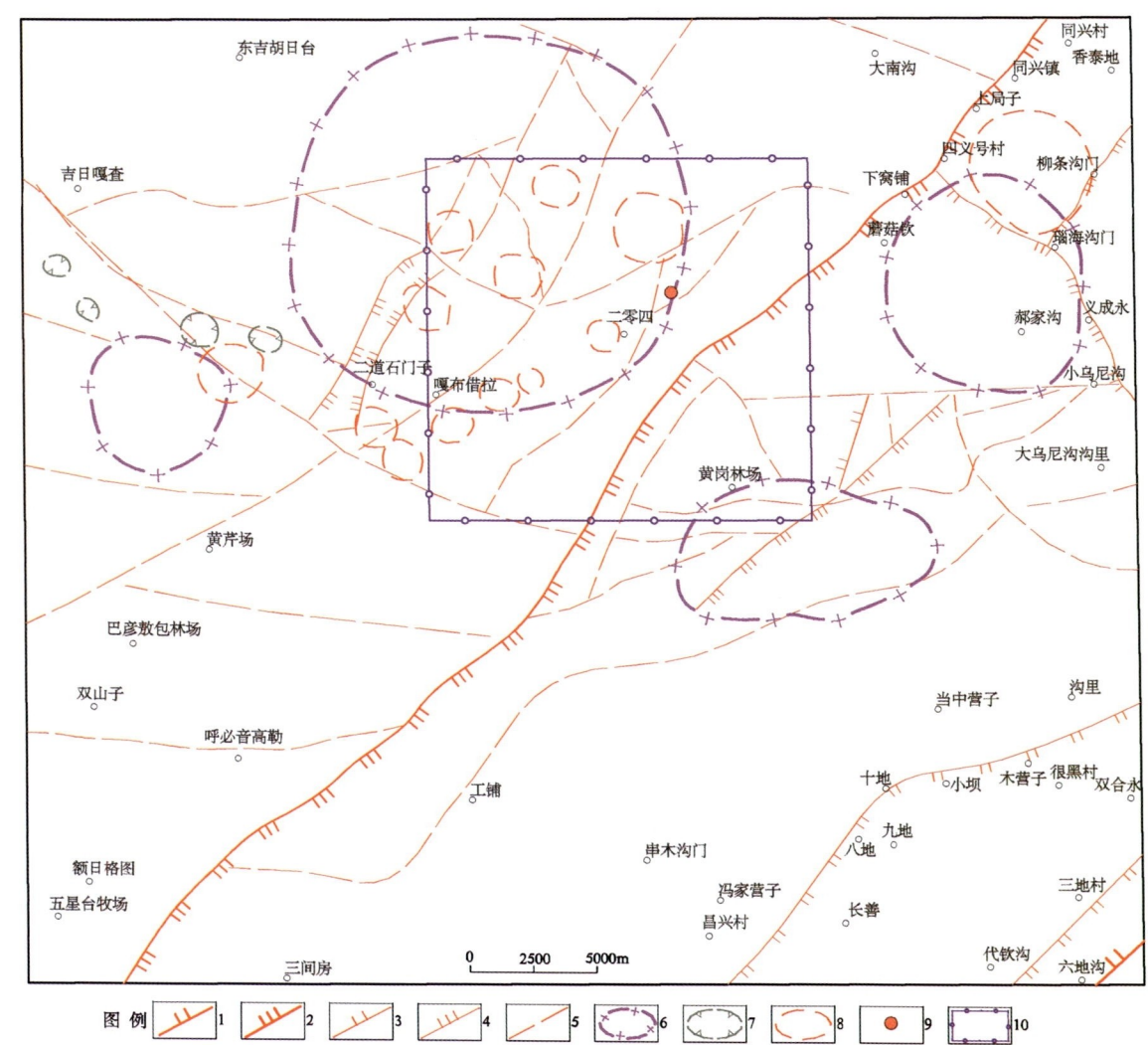

图 5-8 黄岗矿区矽卡岩型铁锡矿遥感解译图

1. 大型正断层；2. 中型逆断层；3. 小型正断层；4. 小型逆断层；5. 小型性质不明断层；6. 与隐性岩体有关的环形构造；7. 与火山机构或通道有关的环形构造；8. 成因不明的环形构造；9. 锡矿矿点；10. 典型矿床范围线

表 5-2 黄岗式矽卡岩型锡矿典型矿床预测要素表

预测要素		内容描述		类别
储量		锡金属量：715 605t	平均品位 Sn 0.74%	
特征描述		矽卡岩型铁锡矿床		
地质环境	构造背景	天山-兴蒙造山系（Ⅰ），索伦山-林西结合带（P_1末—T_2）（Ⅰ-7），林西残余盆地（P_2—T_2）（Ⅰ-7-2）		必要
	成矿环境	大兴安岭成矿省（Ⅱ-12），林西-孙吴铅、锌、铜、钼、金成矿带（Ⅲ-8），索伦镇-黄岗铁、锡、铜、铅、锌、银成矿亚带（Ⅴ-Y）（Ⅲ-8-①），黄岗-同兴铁、锡、铅、锌、银矿集区（Ⅴ-71）		次要
	成矿时代	早白垩世		必要

续表 5-2

预测要素		内容描述		类别
储量		锡金属量：715 605t	平均品位 Sn 0.74%	
特征描述		矽卡岩型铁锡矿床		
矿床特征	矿体形态	矿体以似层状产出，沿倾向形态较稳定，均属于稳定型		重要
	岩石类型	下中二叠统大石寨组上部安山岩和中二叠统哲斯组碳酸盐岩，燕山早期（黑云母）钾长花岗岩		重要
	岩石结构	沉积岩为碎屑结构和变晶结构，侵入岩为中细粒结构		次要
	矿物组合	矿石矿物为锡石、毒砂、黄铜矿、闪锌矿、斜方砷铁矿等。脉石矿物主要为石英、长石、萤石、电气石、黄玉等		重要
	结构构造	结构：半自形粒状结构、柱粒状结构、粒状磷片结构、他形粒状结构、不规则粒状结构。 构造：平行细脉状构造、网脉状构造、浸染状构造、团块状构造		次要
	蚀变特征	矽卡岩化、角岩化、云英岩化、萤石化及碳酸盐化		重要
	控矿条件	北东向的压性-扭性断裂		必要
地球物理特征	重力	布格重力异常图上，矿区处在低背景异常区，位于布格重力低异常边部的梯级带上，异常变化范围（$-147.81 \sim -142$）$\times 10^{-5}$ m/s^2。剩余重力异常图上，矿区处在北西向展布的剩余重力负异常的局部异常中心位置，剩余重力异常最小值为-5.56×10^{-5} m/s^2		次要
	磁法	磁异常轴向趋势呈北东向，磁场值总体处在正负磁场互现的负磁场背景上，磁场值变化范围在$-550 \sim 625$nT 之间		重要
地球化学特征		以 Fe_2O_3、Sn、W、Ag、Pb、Zn、Cu、As、Sb 为主的多元素和氧化物综合异常，沿矿脉呈北东向展布，Fe_2O_3、Sn 为主成矿元素和氧化物，异常规模大，强度高，具有明显的浓度分带和浓集中心		重要

第二节 预测工作区研究

内蒙古自治区黄岗式矽卡岩型铁锡矿黄岗预测工作区行政区划隶属于内蒙古自治区锡林郭勒盟、赤峰市及通辽市管辖。地理坐标为东经117°00′00″—120°00′00″，北纬43°00′00″—45°00′00″。

大地构造位置位于天山-兴蒙造山系（Ⅰ），主要跨大兴安岭弧盆系（Pt_3—T_2）（Ⅰ-1）锡林浩特岩浆弧（Pz_2）（Ⅰ-1-7）和索伦山-林西结合带（P_1末—T_2）（Ⅰ-7）达青牧场-扎赉特旗俯冲增生杂岩带（P_1末期）（Ⅰ-7-1）、林西残余盆地（P_2—T_2）（Ⅰ-7-2）以及包尔汉图-温都尔庙弧盆系（Ⅰ-8）温都尔庙俯冲增生杂岩带（Pt_2—P）（Ⅰ-8-2）、松辽地块（K）（Ⅰ-2）松辽断陷盆地（K）（Ⅰ-2-1）（图2-1）。

成矿区带属大兴安岭成矿省（Ⅱ-12）林西-孙吴铅、锌、铜、钼、金成矿带（Ⅲ-8），跨索伦镇-黄岗铁、锡、铜、铅、锌、银成矿亚带（V-Y）（Ⅲ-8-①）之黄岗-同兴铁、锡、铅、锌、银矿集区（Ⅴ-71）、拜仁达坝铅、锌、银矿集区（Ⅴ-68）及道伦达坝铁、铜、锡、铅、锌、银矿集区（Ⅴ-69），神山-大井子铜、铅、锌、银、铁、钼、锡、稀土、铌、钽、萤石成矿亚带（Ⅲ-8-②）之白音诺尔-乃林坝铅、锌、铜、铁矿集区（Ⅴ-87）、孟恩陶勒盖-布敦花银、铜、铅、锌矿集区（Ⅴ-81），以及小东沟-小营子钼、铅、锌、铜成矿亚带（Vm，Y）（Ⅲ-8-④）（图2-2）。

一、区域地质特征

(一)成矿地质背景

下、中二叠统(大石寨组和哲斯组)为海相碎屑岩夹灰岩和中基性火山角砾凝灰岩,上二叠统(林西组)为陆相-海陆交互相碎屑岩夹泥灰岩,是区内主要赋矿层位。其中大石寨组、哲斯组形成于火山喷发频繁的不稳定深海-半深海的浊流环境。在该套岩层中形成了众多以火山-沉积岩为容矿岩的层控型铁(锌)、铜、金矿床,如黄岗、大莫古吐、驼峰山、扁扁山、好来宝、奥尔盖、石长温都尔、布敦花、闹牛山等矿床(点)。林西组也是该区重要的赋矿层位,主要是由砾岩、砂岩、粉砂岩、板岩夹泥灰岩组成的粒序层建造(碎屑岩建造),其特点是富含火山物质、有机质和硫,属于海湾潟湖前滨的远火山沉积环境,该层位产出有大井子铜锡多金属大型矿床。

区内岩浆活动十分强烈。除大量的火山喷发外,侵入作用也十分强烈。晚三叠世有石英闪长岩、闪长岩,侏罗纪有花岗斑岩、花岗岩、黑云母二长花岗岩、正长花岗岩,早白垩世有花岗岩、中粒黑云母花岗岩。燕山期中粒黑云母花岗岩与成矿关系密切。

区内构造以东西向和北东向为主。东西向构造为基底断裂,形成于海西期,燕山期继续活动。北东向构造是区内主干构造,为相互平行的复背斜、复向斜及与其伴生的断裂。海西晚期开始活动,燕山期又进一步加强。黄岗-甘珠尔庙复背斜和林西-陶海营子复向斜横贯全区。此外,北西向断裂也较发育,局部地段发育南北向断裂。

(二)区域成矿模式

燕山期,沿黄岗-甘珠尔庙复背斜及林西-陶海营子复向斜发生的大面积岩浆侵入、火山喷发,为矿床的形成提供了丰富的物源,岩浆多旋回、多期次活动使矿质多次富集成矿。区域成矿模式见图5-9,成矿要素见表5-3。

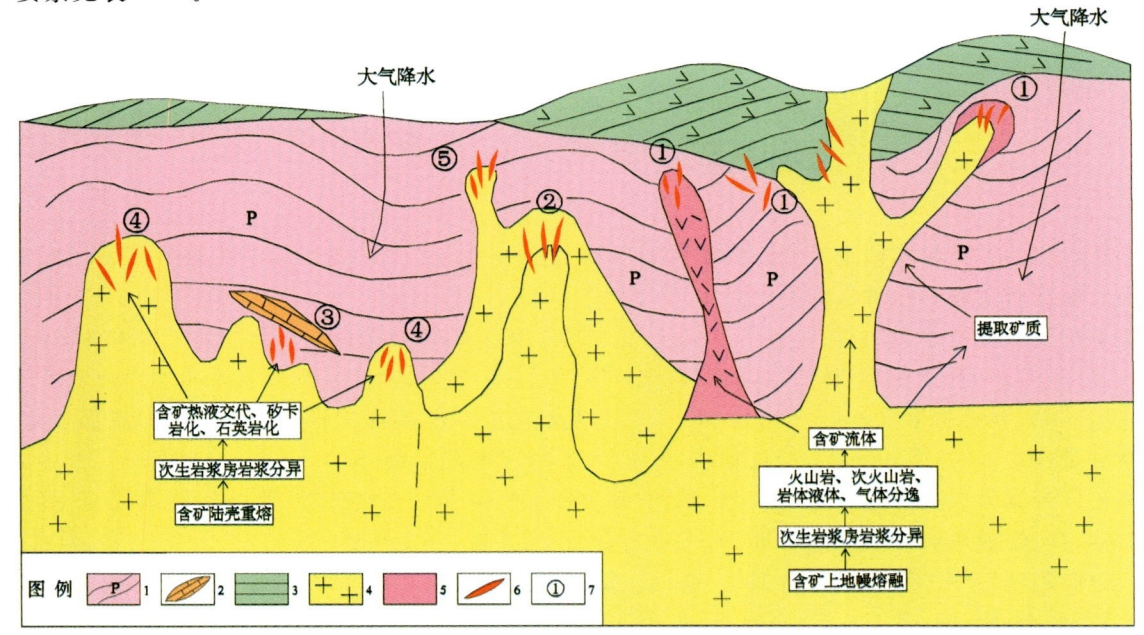

图5-9 黄岗地区区域锡矿成矿模式图

1.二叠纪碎屑岩夹中酸性火山岩;2.碳酸盐岩透镜体;3.侏罗纪火山岩;4.花岗岩;5.矽卡岩;6.矿体;7.模式编号:①大井子式,②孟恩陶勒盖式,③黄岗式,④宝盖沟式,⑤胡家店式

表5-3 黄岗式热液型锡矿预测工作区成矿要素表

成矿要素	内容描述			要素类别
储量	715 605t	平均品位	Sn 0.74%	
特征描述	热液型锡矿床			
构造背景	天山-兴蒙造山系(Ⅰ),主要跨大兴安岭弧盆系(Pt_3—T_2)(Ⅰ-1)锡林浩特岩浆弧(Pz_2)(Ⅰ-1-7)和索伦山-林西结合带(P_1末—T_2)(Ⅰ-7)达青牧场-扎赉特旗俯冲增生杂岩带(P_1末期)(Ⅰ-7-1)、林西残余盆地(P_2—T_2)(Ⅰ-7-2)以及包尔汉图-温都尔庙弧盆系(Ⅰ-8)温都尔庙俯冲增生杂岩带(Pt_2—P)(Ⅰ-8-2)、松辽地块(K)(Ⅰ-2)松辽断陷盆地(K)(Ⅰ-2-1)			必要
成矿环境	大兴安岭成矿省(Ⅱ-12)林西-孙吴铅、锌、铜、钼、金成矿带(Ⅲ-8),跨索伦镇-黄岗铁、锡、铜、铅、锌、银成矿亚带(V-Y)(Ⅲ-8-①)之黄岗-同兴铁、锡、铅、锌、银集区(V-71)、拜仁达坝铅、锌、银矿集区(V-68)及道伦达坝铁、铜、锡、铅、锌、银矿集区(V-69)、神山-大井子铜、铅、锌、银、铁、钼、锡、稀土、铌、钽、萤石成矿亚带(Ⅲ-8-②)之白音诺尔-乃林坝铅、锌、铜、铁矿集区(V-87)、孟恩陶勒盖-布敦花银、铜、铅、锌矿集区(V-81),以及小东沟-小营子钼、铅、锌、铜成矿亚带(Vm,Y)(Ⅲ-8-④)			必要
成矿时代	燕山期			必要
控矿构造	北东向的一组压性为主兼扭性断裂及其所形成的层间裂隙是控矿的有利部位;北西向张性为主兼扭性断裂控矿性能较差			重要
赋矿地层	中二叠统哲斯组,下中二叠统大石寨组三段			必要
控矿侵入岩	富含碱质及挥发组分的钾长花岗岩及期后气水溶液交代了围岩中有益成分并在有利部位富集成矿			必要
成矿类型及成矿时代	热液型,燕山晚期			必要
预测区矿点	区内10个矿床、矿点、矿化点			重要

二、区域地球物理特征

(一)重力特征

预测区位于克什克腾旗-阿鲁科尔沁旗重力高异常带上,布格重力异常值 Δg 范围为$(-148.63 \sim -31.61) \times 10^{-5} m/s^2$,由北西到南东逐渐降低,形成北东向梯级带。该梯级带属纵贯全国东部地区的大兴安岭-太行山-武陵山北北东向巨型重力梯度带的北段——大兴安岭梯级带的南端。这一巨型重力梯度带东、西两侧重力场下降幅度达$80 \times 10^{-5} m/s^2$,下降梯度约$1 \times 10^{-5} m \cdot s^{-2}/km$。由地震和大地电磁测深资料可知,大兴安岭-太行山-武陵山巨型宽条带重力梯度带是一条超地壳深大断裂带的反映,沿深大断裂带侵入了大量的中—新生代的中—酸性岩浆岩,喷发、喷溢了大量的中—新生代火山岩。

区域布格重力异常总体呈北东向展布,预测区北西、南西部形成明显的布格重力异常低值区,与重力推断的酸性岩浆岩带对应。物探推断的两条近东西向的深大断裂,索仑山-巴林右旗断裂F蒙-02016-④及温都尔庙-西拉木仑河断裂F蒙-02018-⑤从预测工作区南部穿过,该区域布格重力异常等值线呈近东西向密集分布或发生明显的同向扭曲。

预测工作区内,剩余重力异常正负相伴的剩余重力异常交替出现,形成各种形状的正异常与负异常相互伴生的复杂构造格局。异常总体走向呈北东向,但在预测区北侧部分剩余重力异常呈北西向,南部呈近东西向展布。区内宽缓不规则的剩余重力负异常多由酸性岩体引起,密集规则的多与盆地有关。剩余重力正异常大多因古生代基底隆起(主要是二叠系,其次是泥盆系、志留系)引起,南侧部分剩余重力正异常与元古宙、太古宙基底隆起有关。

(二)航磁特征

在1∶10万航磁ΔT等值线平面图上,磁场值总体处在正负磁场互现的负磁场背景上,磁场值变化范围在$-550\sim625$nT之间,其间分布着许多正磁异常。磁异常轴向为北东东向和北东向为主,部分磁异常轴向为北西向,磁异常形态各异,多呈不规则形状分布,少数为规则似圆状异常。预测工作区磁场南东部场值高于北西部,也比北西部杂乱。

预测工作区推断断裂走向与磁异常轴方向相同,多为北东东向和北东向,少数为北西向,以不同磁场区的分界线和磁异常梯度带为标志。预测区南东大部为较杂乱正负磁异常相间的磁场分布特征,参考地质出露情况,认为该区南东大部分由出露或隐伏的二叠纪、三叠纪、侏罗纪和白垩纪的酸性、中酸性、基性或超基性侵入岩体引起。预测区最北部异常较为平静,在北西角上有一椭圆形正异常区,此异常区梯度变化带推断为断裂构造,正异常区推断为酸性和中酸性侵入岩体。

根据磁异常特征,预测工作区磁法推断断裂构造11条,中酸性岩体41个,火山岩地层3个,基性岩1个,超基性岩1个,火山构造2个。

三、区域地球化学特征

区域上分布有Sn、Ag、Zn、As、Sb等元素组成的高背景区带,在高背景区带中有以Sn、W、Ag、Pb、Zn、Cu、As、Sb为主的多元素局部异常。预测区内共有156个Sn异常,93个Mo异常,155个W异常,196个Ag异常,154个Pb异常,135个Zn异常,150个Cu异常,102个As异常,88个Au异常,100个Sb异常。

从预测区南西到北东Sn均呈规模较大的异常,高强度,呈三级浓度分带,预测区南东部则为Sn异常的低值区,仅有部分小规模的Sn异常零星分布。大规模的W异常集中在预测区南西部黄岗—林西一带。Mo元素呈背景及低背景分布。Ag、Pb、Zn异常在全预测区均有分布,规模较大的异常主要分布在黄岗北东部,沿克什克腾旗—林西存在一条明显的Ag、Pb、Zn串珠状异常带,呈北东向展布,在西乌珠穆沁旗和宝日洪绍日周围有大量的Ag异常集中。区域上Cu的低背景带中有多条北东向串珠状Cu异常存在。As、Sb的高背景带上,As元素沿五十家子镇—宝日洪绍日存在一条北东向异常带,具有多个浓集中心和明显的浓度分带,黄岗北东部还存在大面积的As异常,呈北北西向或近南北向展布。Au呈低背景分布。

Z-1 Sn、W、Ag、Pb、Zn、As、Sb异常呈北东向条带状分布,Mo异常规模较小,仅在已知锡矿床处呈异常分布,Sn等主成矿元素异常带上分散有Au、Cu、Ag异常,整体呈北东向带状分布。Z-2 Sn异常呈三级浓度分带,具有明显的浓集中心,高强度的Sn异常上As、Sb、W、Ag、Pb、Zn呈面状分布,各元素套合均较好。Z-3 Sn、As、Ag、Pb、Zn异常均具有较大规模,套合程度较高,W、Mo异常规模较小,散布于Sn异常内,大面积的Sb异常位于该组合异常外围,为远程指示元素。

四、区域自然重砂特征

黄岗式矽卡岩型铁锡矿黄岗预测工作区,1∶20万区域地质调查自然重砂测量,共圈出9个锡石异常,其中Ⅰ级异常4个,Ⅱ级异常5个。锡石自然重砂异常特征见表5-4。

表 5-4 黄岗预测工作区锡石自然重砂异常一览表

编号	异常名称	级别	地质情况	异常特征	评价	推断矿种
1	敖包吐沟门锡石异常	Ⅱ	异常北部分布晚侏罗世二长花岗岩,下二叠统寿山沟组粉砂岩-泥岩建造;中部为上侏罗统满克头鄂博组流纹质凝灰岩、熔岩建造;南部为上二叠统林西组粉砂岩-泥岩建造,并有晚侏罗世花岗斑岩。伴生矿物有白钨矿、泡铋矿、黄铁矿等	重砂锡石最高含量 2954 粒,异常面积 79.19km²,异常形态呈南北向不规则状。异常主要因酸性火山岩与地层接触带形成硅化、角岩化,在接触带锡石富集	找锡石有利地带	锡石
2	白音皋锡石异常	Ⅰ	北部为下中二叠统大石寨组安山质凝含岩;中部为侏罗系新民组砾岩夹火山碎屑岩,岩体为晚侏罗世石英斑岩;中南部断裂发育	重砂锡石最高含量 2940 粒,异常形态为北西向长条状,面积 13.53km²。异常北部有小型锡石矿化点,矿点处于地层与火山岩接触带的角闪石岩中,有北东向断层及硅化特征。伴生矿物为白钨矿、方铅矿	找锡石有利地带	锡石白钨矿
3	萨里哈达锡石异常	Ⅱ	北侧有一条穿越异常区的河流,为第四纪冲洪积物、亚砂土、黄土。河流两侧为下白垩统白音高老组流纹质凝灰岩、熔岩建造,两侧出露晚侏罗世斑状黑云母正长花岗岩。东南部为上二叠统林西组粉砂岩-泥灰岩建造	重砂锡石最高含量 25 200 粒,异常面积 147.74km²,形态为不规则状。异常区东南部锡石重砂异常点密集、含量高,位置处于岩体与火山岩接触带,因此推断锡石异常来源于接触带	含量高、面积大,可进一步工作	锡石
4	巴音乌拉北锡石异常	Ⅱ	异常区北侧为第四系冲洪积物,西南部为下中二叠统大石寨组安山质凝灰岩,中部为下二叠统寿山沟组板岩-泥岩建造,东部为早白垩世二长花岗岩	重砂锡石最高含量 6650 粒,异常面积 30.71km²,形态为不规则状。异常分布在岩体与地层接触部位。区内石英脉发育,有萤石矿化。推断锡石异常与岩体热液活动有关	找矿线索	锡石
5	黄岗锡石异常	Ⅰ	异常区内出露上侏罗统玛尼吐组安山质凝灰岩,下白垩统白音高老组流纹质凝灰岩、流纹质角砾岩,上二叠统林西组砂岩-泥岩建造、中二叠统哲斯组灰岩-泥岩建造、下中二叠统大石寨组火山碎屑岩建造。岩体为晚侏罗世花岗斑岩、中粒黑云母正长花岗岩	重砂锡石最高含量 5140 粒,异常形态为不规则状,面积 220.14km²。异常区内有一处黄岗铁锡大型矿床,为岩体与地层接触交代矽卡岩型矿床。锡石富集达到最低工业品位	详细工作,扩大锡石范围	锡石
6	小东沟锡石异常	Ⅰ	异常区分布岩体较多,有晚侏罗世中粒黑云母正长花岗岩、晚三叠世角闪辉长闪长岩、闪长花岗岩。中部有上侏罗统满克头鄂博组流纹质凝灰岩,南部为上二叠统林西组砂岩-泥岩建造	重砂锡石最高含量为 12 180 粒,异常形态呈不规则状,面积 156.51km²。区内有小东沟锡矿点一处,锡石来源于岩体和地层接触带硅化岩的裂隙之中,在裂隙中有锡石、绢云母、石英脉充填。锡石在冲沟富集,可达工业品位	详细工作,扩大矿化范围	锡石

续表 5-4

编号	异常名称	级别	地质情况	异常特征	评价	推断矿种
7	马莲滩锡石异常	Ⅱ	异常区北部分布第四系冲洪积物、淤泥等；中部为中二叠统哲斯组一、二段灰岩，杂砂岩；南部为中侏罗世黑云母二长花岗岩。岩体与地层接触带普遍硅化	重砂锡石最高含量为3096粒，异常面积119.27km²，形态呈东西向不规则状。锡石来源于硅化带和破碎带之中，锡石含量较高，并有铅矿化	找矿线索	锡石铅矿
8	白音诺尔镇锡石异常	Ⅱ	异常区北部分布早白垩世粗粒黑云母二长花岗岩；中部为上侏罗统火山碎屑岩，中二叠统哲斯组下岩段长石石英砂岩，中部有一条北东向断层，东西向石英脉；南部为第四系亚砂土、黄土	重砂锡石最高含量1218粒，异常形态为东西向长条状。岩体与地层接触带锡石含量高，推测异常由接触带矿化所引起	找矿线索	锡石
9	小井沟锡石异常	Ⅰ	异常区北部分布二叠系哲斯组下段长石石英砂岩；南西部为早白垩世粗粒黑云母二长花岗岩和上二叠统林西组粉砂岩-泥岩建造	重砂锡石最高含量1080粒，异常形态呈北西向不规则状，面积19.64km²。异常南部有一处锡石矿化点，位于岩体与地层接触带外侧	可进一步工作	锡石

五、区域预测模型

根据预测工作区区域成矿要素和航磁、重力、遥感及自然重砂特征，建立了本预测区的区域预测要素（表5-5），编制了预测工作区预测模型图（图5-10）。

表5-5 内蒙古自治区克什克腾旗黄岗式矽卡岩型锡矿区域预测要素表

成矿要素		内容描述			要素类别
储量		715 605t	平均品位	Sn 0.74%	
特征描述		矽卡岩型锡矿床			
地质环境	构造背景	天山-兴蒙造山系（Ⅰ），主要跨大兴安岭弧盆系（Pt$_3$—T$_2$）（Ⅰ-1）锡林浩特岩浆弧（Pz$_2$）（Ⅰ-1-7）和索伦山-林西结合带（P$_1$末—T$_2$）（Ⅰ-7）达青牧场-扎赉特旗俯冲增生杂岩带（P$_1$末期）（Ⅰ-7-1）、林西残余盆地（P$_2$—T$_2$）（Ⅰ-7-2）以及包尔汉图-温都尔庙弧盆系（Ⅰ-8）温都尔庙俯冲增生杂岩带（Pt$_2$—P）（Ⅰ-8-2）、松辽地块（K）（Ⅰ-2）松辽断陷盆地（K）（Ⅰ-2-1）			必要
	成矿环境	大兴安岭成矿省（Ⅱ-12）林西-孙吴铅、锌、铜、钼、金成矿带（Ⅲ-8），跨索伦镇-黄岗铁、锡、铜、铅、锌、银成矿亚带（V-Y）（Ⅲ-8-①）之黄岗-同兴铁、锡、铅、锌、银矿集区（V-71）、拜仁达坝铅、锌、银矿集区（V-68）及道伦达坝铁、铜、锡、银矿集区（V-69），神山-大井子铜、铅、锌、银、铁、钼、锡、稀土、铌、钽、萤石成矿亚带（Ⅲ-8-②）之白音诺尔-乃林坝铅、锌、铜、铁矿集区（V-87）、孟恩陶勒盖-布敦花银、铜、铅、锌矿集区（V-81），以及小东沟-小营子钼、铅、锌、铜成矿亚带（Vm,Y）（Ⅲ-8-④）			必要
	成矿时代	燕山晚期			必要

续表 5-5

成矿要素		内容描述			要素类别
储量		715 605t	平均品位	Sn 0.74%	
特征描述		矽卡岩型锡矿床			
控矿地质条件	控矿构造	北东向压扭性断裂及其所形成的层间裂隙是控矿的有利部位;北西向张性为主兼扭性断裂控矿性能较差			重要
	赋矿地层	中二叠统哲斯组,下中二叠统大石寨组三段			必要
	控矿侵入岩	富含碱质及挥发组分的钾长花岗岩及期后气水溶液交代了围岩中有益成分并在有利部位富集成矿			必要
区域成矿类型及成矿时代		矽卡岩型,燕山晚期			重要
预测区矿点		成矿区带内10个矿床、矿点			重要
物探特征	重力	矿区位于布格重力低异常边部的梯级带上,异常变化范围(-147.81~-142)×10^{-5}m/s²。呈北西向展布的剩余重力负异常的局部异常中心位置,异常最小值为-5.56×10^{-5}m/s²			重要
	航磁	磁铁矿磁性最强,含铁矽卡岩磁性次之,凝灰岩、花岗岩、安山岩、闪长岩、闪长玢岩等为弱磁或微磁性。磁铁矿与围岩之间存在较大密度差异,磁铁矿与含铁矽卡岩之间密度差异较小。航磁为高异常			重要
地球化学特征		区域上分布有Sn、Ag、Zn、As、Sb等元素组成的高背景区带,在高背景区带中有以Sn、W、Ag、Pb、Zn、Cu、As、Sb为主的多元素局部异常呈北东向展布。从预测区南西到北东Sn均呈规模较大的异常,高强度,呈三级浓度分带,预测区南东部则为Sn异常的低值区,仅有部分小规模的Sn异常零星分布			必要
自然重砂特征		共圈出9个锡石异常,其中Ⅰ级4个,Ⅱ级5个			必要

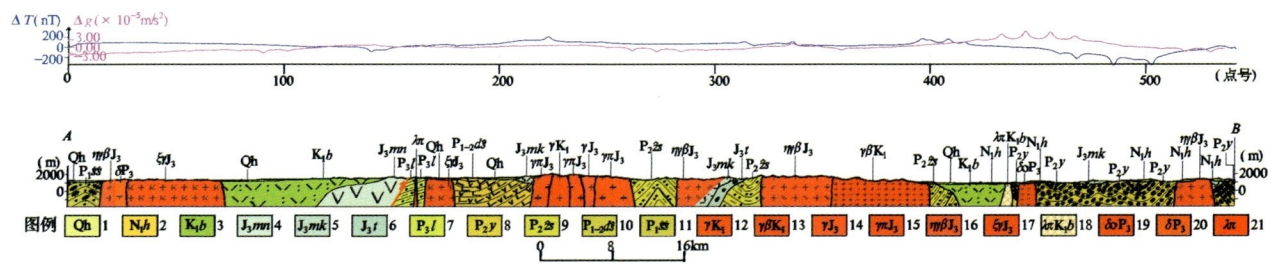

图 5-10 黄岗预测工作区预测模型图

1. 全新统;2. 中新统汉诺坝组;3. 下白垩统白音高老组;4. 上侏罗统玛尼吐组;5. 上侏罗统满克头鄂博组;6. 上侏罗统土城子组;7. 上二叠统林西组;8. 中二叠统于家北沟组;9. 中二叠统哲斯组;10. 下中二叠统大石寨组;11. 下二叠统寿山沟组;12. 早白垩世岗岩;13. 早白垩世中粒黑云母花岗岩;14. 晚侏罗世花岗岩;15. 晚侏罗世花岗斑岩;16. 晚侏罗世黑云母二长花岗岩;17. 晚侏罗世正长花岗岩;18. 白音高老旋回潜流纹斑岩;19. 晚二叠世中粒石英闪长岩;20. 晚二叠世闪长岩;21. 流纹(石英)斑岩脉

第三节 矿产预测

一、综合地质信息定位预测

(一)变量提取及优选

地层:下中二叠统大石寨组碎屑岩-火山岩建造、哲斯组碎屑岩-碳酸盐岩建造。
侵入岩:晚侏罗世花岗岩、钾长花岗岩,白垩纪花岗岩、钾长花岗岩。
构造:北东向构造。
遥感:遥感蚀变对矿化无明显反映,只利用了遥感断裂解译结果。
重力:剩余重力低值区。
航磁:航磁正异常、矿致航磁异常。
化探:Sn元素异常。

(二)最小预测区圈定及优选

本次预测区底图比例尺为1:25万,利用规则网格单元作为预测单元,网格单元大小为2.5km×2.5km。

用综合信息地质单元法进行预测区的圈定,即利用MRAS软件中的建模功能,通过成矿必要要素的叠加圈定预测区。

岩体做1km缓冲区,与地层相交形成a面文件。
矿点做1km缓冲区,形成矿点Reg面文件。
矿点Reg、a、矿致磁异常3个面文件求交,形成预测区。
由于证据权法中因素多不独立,所以采用特征分析方法进行预测区的优选。

(三)最小预测区圈定结果

根据典型矿床成矿要素及预测要素研究,本次选择不规则地质单元作为预测单元。

本次工作共圈定70个最小预测区,其中A级区8个,B级区19个,C级区43个(图5-11)。最小预测区面积在9.4~940.4km²之间。各最小预测区的地质特征、成矿特征和资源潜力评述见表5-6。

表5-6 黄岗预测工作区最小预测区综合信息表

序号	最小预测区编号	最小预测区名称	序号	最小预测区编号	最小预测区名称
1	A1509207001	查干格日格南	7	A1509207007	刘家营子
2	A1509207002	哈日淖尔西	8	A1509207008	黄岗
3	A1509207003	胜利村西	9	B1509207001	乌兰达坝东
4	A1509207004	乃林坝牧场	10	B1509207002	浩布高嘎查东
5	A1509207005	碧流台乡	11	B1509207003	修家湾南
6	A1509207006	红光牧场东	12	B1509207004	迷力营子

续表 5-6

序号	最小预测区编号	最小预测区名称	序号	最小预测区编号	最小预测区名称
13	B1509207005	乌兰坝西	42	C1509207015	乌拉根坂护林场北
14	B1509207006	兴隆村北	43	C1509207016	浩尔吐嘎查东
15	B1509207007	乌兰达坝东	44	C1509207017	巴彦宝力格西
16	B1509207008	浩布高嘎查	45	C1509207018	上洼村东
17	B1509207009	乌兰坝鹿场西	46	C1509207019	乌兰达坝东
18	B1509207010	乌兰坝	47	C1509207020	兴隆村南
19	B1509207011	老万营子	48	C1509207021	河东营子南
20	B1509207012	新房身村东	49	C1509207022	罗布格
21	B1509207013	权吉牧场南	50	C1509207023	倪家段村西
22	B1509207014	蒙古营子东	51	C1509207024	西拉西庙
23	B1509207015	鼻阳马场南	52	C1509207025	鼻阳马场北东
24	B1509207016	太平村	43	C1509207026	乌拉根坂护林场北
25	B1509207017	三楞山	54	C1509207027	西拉西庙北
26	B1509207018	刘营子	55	C1509207028	鼻阳马场
27	B1509207019	四号义马厂东	56	C1509207029	巴音查干牧场南
28	C1509207001	蒙古营子北	57	C1509207030	盖家店村南
29	C1509207002	乌兰达坝苏木北西	58	C1509207031	依里嘎吐东
30	C1509207003	浩尔吐嘎查东	59	C1509207032	水泉沟南
31	C1509207004	乌兰坝鹿场西	60	C1509207033	新城子镇南
32	C1509207005	西乌兰达坝苏木北西	61	C1509207034	莲花山村
33	C1509207006	五星台牧场南	62	C1509207035	巴音查干牧场南东
34	C1509207007	张家店村南	63	C1509207036	浩尔吐嘎查东
35	C1509207008	双井北	64	C1509207037	乌力牙斯台分场南
36	C1509207009	索贝山村	65	C1509207038	大金沟
37	C1509207010	上洼村北	66	C1509207039	幸福之路乡西
38	C1509207011	五星台牧场东	67	C1509207040	乌力牙斯台分场南
39	C1509207012	上洼村	68	C1509207041	乌拉根坂护林场北
40	C1509207013	巴彦查干牧场	69	C1509207042	二道井子村
41	C1509207014	巴林左旗鹿场北	70	C1509207043	双庙村南

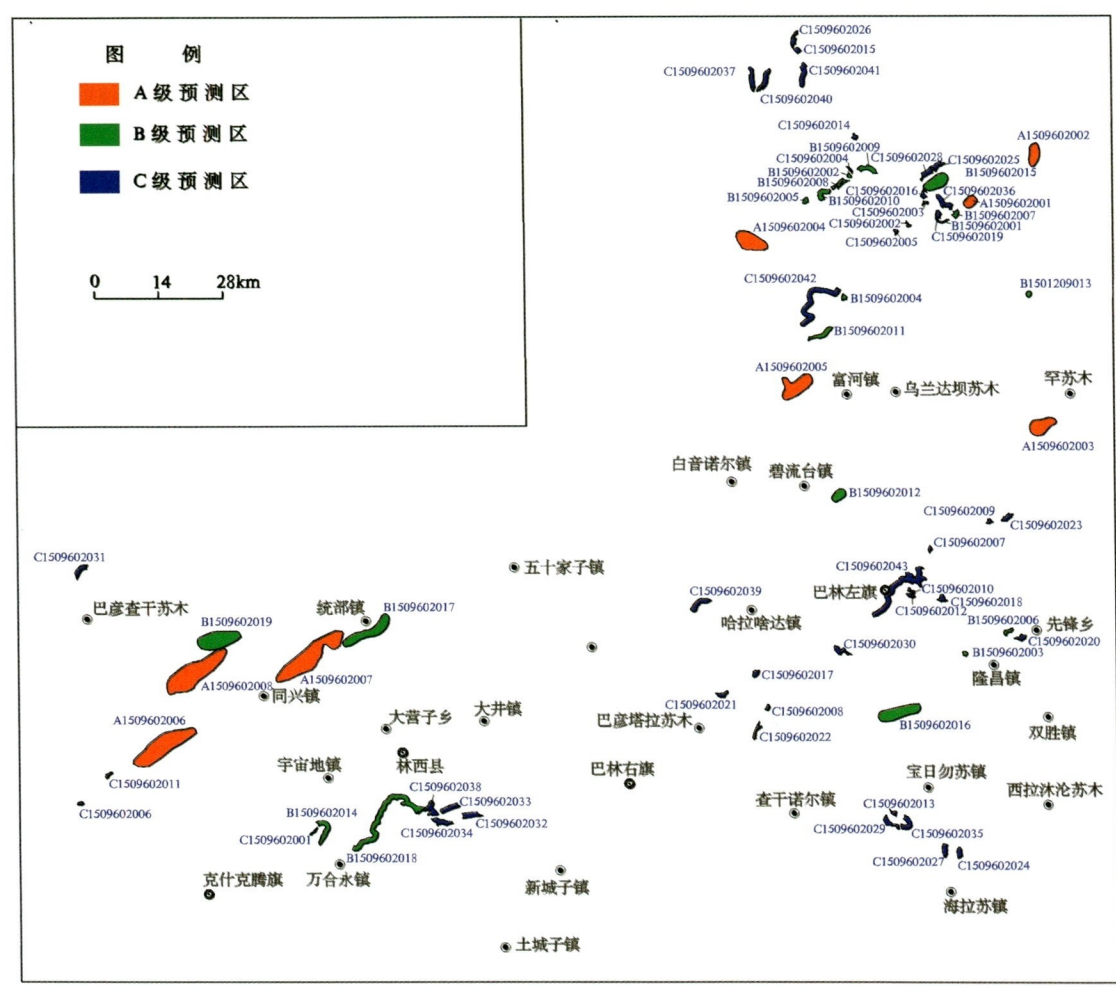

图 5-11 黄岗预测工作区最小预测区分布图

(四)最小预测区地质评价

本次预测共划分出 70 个最小预测区,其中 A 级区 8 个,B 级区 19 个,C 级区 43 个,预测总资源量:500m 以浅 1 172 704.86t,1000m 以浅 1 635 921t,2000m 以浅 1 635 921t。已查明资源量 715 605t。锡矿资源潜力较大(表 5-7)。

区内交通比较便利,居民点较多,水资源和人力资源丰富。锡矿的勘查和开采可以参照黄岗铁锡矿的模式。不利条件是区内部分地势较陡,森林植被覆盖比较严重,矿产的勘查和开发会破坏植被,对当地的生态环境有一定影响。

表 5-7 黄岗预测工作区最小预测区找矿潜力一览表

最小预测区编号	最小预测区名称	综合信息
A1501209001	查干格日格南	出露有早白垩世黑云母花岗岩小岩株、下中二叠统大石寨组火山岩夹碎屑岩建造和哲斯组碎屑岩-碳酸盐岩建造。位于剩余重力低值区。分布有丙类磁异常 1 处。找矿潜力较大

续表 5-7

最小预测区编号	最小预测区名称	综合信息
A1501209002	哈日淖尔西	出露有早白垩世黑云母花岗岩、下中二叠统大石寨组火山岩夹碎屑岩建造,接触带附近见硅化、矽卡岩化。位于剩余重力梯度带。分布有乙类磁异常 2 处。找矿潜力较大
A1501209003	胜利村西	出露有早白垩世黑云母花岗岩、中二叠统哲斯组碎屑岩-碳酸盐岩建造。接触带附近见硅化。位于剩余重力梯度带。分布有乙类磁异常 1 处。找矿潜力较大
A1501209004	乃林坝牧场	出露有早白垩世黑云母花岗岩、上二叠统林西组碎屑岩。位于剩余重力梯度带。分布有甲类磁异常 1 处。找矿潜力较大
A1501209005	碧流台乡	出露有早白垩世黑云母花岗岩和二叠系大石寨组、哲斯组和林西组。位于剩余重力梯度带。分布有乙类磁异常 1 处,丁类磁异常 1 处。找矿潜力较大
A1501209006	红光牧场东	出露有早白垩世花岗岩和晚侏罗世花岗斑岩及下中二叠统大石寨组火山岩夹碎屑岩建造。位于剩余重力梯度带。区内分布有丙类磁异常 1 处。找矿潜力较大
A1501209007	刘家营子	出露有晚侏罗世钾长花岗岩、下中二叠统大石寨组火山岩夹碎屑岩建造。接触带附近发育矽卡岩化、角岩化、绿泥石化等。位于剩余重力低值区。区内分布有 1 处乙类磁异常和 3 处丙类磁异常。找矿潜力较大
A1501209008	黄岗	出露有晚侏罗世钾长花岗岩、下中二叠统大石寨组火山岩夹碎屑岩建造和哲斯组碎屑岩-碳酸盐岩建造。在接触带上发育有矽卡岩化、角岩化。位于剩余重力梯度带。区内分布有甲类磁异常 7 处,丙类异常 1 处。区内已发现超大型黄岗铁锡矿产地 3 处,锡矿资源量达 715 605t。找矿潜力较大
B1501209001	乌兰达坝东	出露有早白垩世黑云母花岗岩、中二叠统哲斯组碎屑岩-碳酸盐岩建造。位于剩余重力低值区。有较好的找矿潜力
B1501209002	浩布高嘎查东	出露有早白垩世黑云母钾长花岗岩、下中二叠统大石寨组。位于剩余重力低值区。有较好的找矿潜力
B1501209003	修家湾南	出露有早白垩世黑云母花岗岩、中二叠统哲斯组碎屑岩-碳酸盐岩建造。位于剩余重力低值区。有较好的找矿潜力
B1501209004	迷力营子	出露有早白垩世黑云母钾长花岗岩、下中二叠统大石寨组。位于剩余重力梯度带。有较好的找矿潜力
B1501209005	乌兰坝西	出露有早白垩世黑云母钾长花岗岩、下中二叠统大石寨组。位于剩余重力低值区。有较好的找矿潜力
B1501209006	兴隆村北	出露有早白垩世黑云母花岗岩、下中二叠统大石寨组火山岩夹碎屑岩建造。位于剩余重力低值区。分布有丁类磁异常 1 处。有较好的找矿潜力
B1501209007	乌兰达坝东	出露有早白垩世黑云母花岗岩、中二叠统哲斯组碎屑岩-碳酸盐岩建造。位于剩余重力低值区。有较好的找矿潜力
B1501209008	浩布高嘎查	出露有早白垩世黑云母钾长花岗岩、下中二叠统大石寨组。位于剩余重力梯度带。有较好的找矿潜力
B1501209009	乌兰坝鹿场西	出露有早白垩世黑云母钾长花岗岩、下中二叠统大石寨组火山岩夹碎屑岩建造。位于剩余重力梯度带。有较好的找矿潜力

续表 5-7

最小预测区编号	最小预测区名称	综合信息
B1501209010	乌兰坝	出露有早白垩世黑云母钾长花岗岩、下中二叠统大石寨组。位于剩余重力低值区。分布有丁类磁异常1处。有较好的找矿潜力
B1501209011	老万营子	出露有早白垩世黑云母钾长花岗岩、下中二叠统大石寨组。位于剩余重力梯度带接。触带附近见硅化。有较好的找矿潜力
B1501209012	新房身村东	出露有早白垩世黑云母花岗岩、上二叠统林西组。位于剩余重力梯度带。分布有乙类磁异常1处。有较好的找矿潜力
B1501209013	权吉牧场南	出露有晚侏罗世花岗岩和下中二叠统大石寨组。附近见航磁丁类异常1处。位于剩余重力梯度带和航磁高值带。有较好的找矿潜力
B1501209014	蒙古营子东	出露有早白垩世黑云母花岗岩、中二叠统哲斯组碎屑岩-碳酸盐岩建造。接触带见角岩化。位于剩余重力梯度带和航磁正值区。有较好的找矿潜力
B1501209015	鼻阳马场南	出露有早白垩世黑云母花岗岩、下中二叠统大石寨组火山岩夹碎屑岩建造和哲斯组碎屑岩-碳酸盐岩建造。位于剩余重力梯度带。有较好的找矿潜力
B1501209016	太平村	出露晚侏罗世花岗岩。位于剩余重力梯度带。分布有丁类磁异常2处。已发现矿点1处。有较好的找矿潜力
B1501209017	三楞山	位于A1501209007区的北东延伸方向。出露有晚侏罗世钾长花岗岩、二叠系大石寨组和哲斯组。接触带发育矽卡岩化、角岩化、云英岩化。位于剩余重力梯度带。见航磁丙类异常2处。有较好的找矿潜力
B1501209018	刘营子	出露有白垩纪花岗岩、黑云母花岗岩和中二叠统哲斯组碎屑岩建造。接触带发育有角岩化、阳起石化等。位于剩余重力梯度带和低值带、航磁局部高值区。见航磁丁类异常2处。有较好的找矿潜力
B1501209019	四号义马厂东	出露有晚侏罗世钾长花岗岩、二叠系大石寨组和哲斯组。接触带发育矽卡岩化、绿帘石化。位于剩余重力过渡带。区内见航磁乙类异常1处。已发现铁矿点2处。有较好的找矿潜力
C1501209001	蒙古营子北	出露有早白垩世黑云母花岗岩、中二叠统哲斯组碎屑岩-碳酸盐岩建造。位于剩余重力梯度带和航磁负值区。找矿潜力一般
C1501209002	乌兰达坝苏木北西	出露有早白垩世黑云母花岗岩、下中二叠统大石寨组火山岩夹碎屑岩建造。位于剩余重力低值区。找矿潜力一般
C1501209003	浩尔吐嘎查东	出露有早白垩世黑云母花岗岩、下中二叠统大石寨组火山岩夹碎屑岩建造。位于剩余重力低值区。找矿潜力一般
C1501209004	乌兰坝鹿场西	出露有早白垩世黑云母钾长花岗岩、下中二叠统大石寨组。位于剩余重力低值区。找矿潜力一般
C1501209005	乌兰达坝苏木西	出露有早白垩世黑云母花岗岩、中二叠统哲斯组碎屑岩-碳酸盐岩建造。位于剩余重力低值区。找矿潜力一般
C1501209006	五星台牧场南	出露有早白垩世花岗岩、下中二叠统大石寨组火山岩夹碎屑岩建造。位于剩余重力梯度带。航磁正、负值过渡区。找矿潜力一般

续表 5-7

最小预测区编号	最小预测区名称	综合信息
C1501209007	张家店村南	出露有早白垩世黑云母花岗岩、中二叠统哲斯组碎屑岩-碳酸盐岩建造。位于剩余重力梯度带。找矿潜力一般
C1501209008	双井北	出露有早白垩世黑云母花岗岩、中二叠统哲斯组碎屑岩-碳酸盐岩建造。位于剩余重力低值区,航磁化极等值线低值区。找矿潜力一般
C1501209009	索贝山村	出露有早白垩世黑云母花岗岩、中二叠统哲斯组碎屑岩-碳酸盐岩建造。位于剩余重力低值区。找矿潜力一般
C1501209010	上洼村北	出露有早白垩世黑云母花岗岩、下中二叠统大石寨组火山岩夹碎屑岩建造。位于剩余重力梯度带。找矿潜力一般
C1501209011	五星台牧场东	出露有早白垩世花岗岩、晚侏罗世花岗斑岩、下中二叠统大石寨组火山岩夹碎屑岩建造。位于剩余重力梯度带和航磁正值区。找矿潜力一般
C1501209012	上洼村	出露有早白垩世黑云母花岗岩、下中二叠统大石寨组火山岩夹碎屑岩建造。位于剩余重力梯度带。找矿潜力一般
C1501209013	巴彦查干牧场	出露有晚侏罗世花岗岩和下中二叠统大石寨组。附近有航磁丁类异常1处。位于剩余重力梯度带和航磁高值区。找矿潜力一般
C1501209014	巴林左旗鹿场北	出露有早白垩世黑云母钾长花岗岩、下中二叠统大石寨组。接触带附近见绿泥石化、绿帘石化。位于剩余重力梯度带。找矿潜力一般
C1501209015	乌拉根坂护林场北	出露有早白垩世黑云母钾长花岗岩、中二叠统哲斯组碎屑岩-碳酸盐岩建造。位于剩余重力梯度带。找矿潜力一般
C1501209016	浩尔吐嘎查东	出露有早白垩世黑云母花岗岩、下中二叠统大石寨组火山岩夹碎屑岩建造。位于剩余重力低值区。找矿潜力一般
C1501209017	巴彦宝力格西	出露侏罗纪花岗岩和下中二叠统大石寨组。位于剩余重力高值区。找矿潜力一般
C1501209018	上洼村东	出露有早白垩世黑云母花岗岩、中二叠统哲斯组碎屑岩建造。位于剩余重力梯度带。找矿潜力一般
C1501209019	乌兰达坝东	出露有早白垩世黑云母花岗岩、下中二叠统大石寨组和哲斯组。位于剩余重力低值区。找矿潜力一般
C1501209020	兴隆村南	出露有早白垩世黑云母花岗岩、下中二叠统大石寨组火山岩夹碎屑岩建造。位于剩余重力梯度带。见丁类磁异常1处。找矿潜力一般
C1501209021	河东营子南	出露有早白垩世黑云母花岗岩、中二叠统哲斯组碎屑岩-碳酸盐岩建造。位于剩余重力低值区。找矿潜力一般
C1501209022	罗布格	出露有早白垩世黑云母花岗岩、中二叠统哲斯组碎屑岩-碳酸盐岩建造。位于剩余重力梯度带,航磁化极等值线高值区。找矿潜力一般
C1501209023	倪家段村西	出露有早白垩世黑云母花岗岩、中二叠统哲斯组碎屑岩-碳酸盐岩建造。位于剩余重力低值区。找矿潜力一般
C1501209024	西拉西庙	出露有早白垩世黑云母花岗岩、中二叠统哲斯组碎屑岩-碳酸盐岩建造。位于剩余重力梯度带和航磁高值区。找矿潜力一般
C1501209025	鼻阳马场北东	出露有早白垩世黑云母花岗岩、下中二叠统大石寨组火山岩夹碎屑岩建造。位于剩余重力梯度带。找矿潜力一般

续表 5-7

最小预测区编号	最小预测区名称	综合信息
C1501209026	乌拉根坂护林场北	出露有早白垩世黑云母钾长花岗岩、中二叠统哲斯组碎屑岩-碳酸盐岩建造。位于剩余重力梯度带。找矿潜力一般
C1501209027	西拉西庙北	出露有早白垩世黑云母花岗岩、中二叠统哲斯组碎屑岩-碳酸盐岩建造。位于剩余重力梯度带和航磁高值区。找矿潜力一般
C1501209028	鼻阳马场	出露有早白垩世黑云母花岗岩、下中二叠统大石寨组火山岩夹碎屑岩建造。位于剩余重力梯度带。找矿潜力一般
C1501209029	巴音查干牧场南	出露有晚侏罗世花岗岩和下中二叠统大石寨组。附近有航磁丁类异常1处。位于剩余重力梯度带和航磁高值区。找矿潜力一般
C1501209030	盖家店村南	出露有早白垩世黑云母花岗岩、中二叠统哲斯组碎屑岩-碳酸盐岩建造。位于剩余重力梯度带。找矿潜力一般
C1501209031	依里嘎吐东	出露侏罗纪钾长花岗岩、下中二叠统大石寨组火山岩。位于剩余重力低值区和航磁正值区(0~100nT)。找矿潜力一般
C1501209032	水泉沟南	出露有白垩纪花岗岩、黑云母花岗岩和中二叠统哲斯组碎屑岩建造。接触带发育有角岩化。位于剩余重力梯度带和航磁高值区。附近见航磁丙类异常1处。找矿潜力一般
C1501209033	新城子镇南	出露有白垩纪花岗岩、黑云母花岗岩和中二叠统哲斯组碎屑岩建造。接触带发育有角岩化。位于剩余重力梯度带和航磁高值区。区内见航磁丙类异常1处。找矿潜力一般
C1501209034	莲花山村	出露有白垩纪花岗岩、黑云母花岗岩和中二叠统哲斯组碎屑岩建造。接触带发育有角岩化。位于剩余重力梯度带和航磁高值区。附近见航磁丙类和丁类异常各1处。找矿潜力一般
C1501209035	巴音查干牧场南东	出露有晚侏罗世花岗岩和下中二叠统大石寨组。附近见航磁丁类异常1处。位于剩余重力梯度带和航磁高值区。找矿潜力一般
C1501209036	浩尔吐嘎查东	出露有早白垩世黑云母花岗岩、下中二叠统大石寨组火山岩夹碎屑岩建造。位于剩余重力低值区。接触带附近发育硅化。找矿潜力一般
C1501209037	乌力牙斯台分场南	出露有早白垩世黑云母钾长花岗岩、中二叠统哲斯组碎屑岩-碳酸盐岩建造。位于剩余重力梯度带。找矿潜力一般
C1501209038	大金沟	出露有白垩纪花岗岩、黑云母花岗岩和中二叠统哲斯组碎屑岩建造。接触带发育有角岩化。位于剩余重力低值区和航磁高值区。附近见航磁丙类异常1处。找矿潜力一般
C1501209039	幸福之路乡西	出露侏罗纪花岗岩和中二叠统哲斯组。位于剩余重力梯度带。找矿潜力一般
C1501209040	乌力牙斯台分场南	出露有早白垩世黑云母钾长花岗岩、中二叠统哲斯组碎屑岩-碳酸盐岩建造。位于剩余重力梯度带。找矿潜力一般
C1501209041	乌拉根坂场北	出露有早白垩世黑云母钾长花岗岩、中二叠统哲斯组碎屑岩-碳酸盐岩建造和大石寨组火山岩。位于剩余重力梯度带。找矿潜力一般
C1501209042	二道井子村	出露有早白垩世黑云母钾长花岗岩、下中二叠统大石寨组火山岩、哲斯组碎屑岩-碳酸盐岩建造。位于剩余重力梯度带、航磁正值区。找矿潜力一般
C1501209043	双庙村南	出露有早白垩世黑云母花岗岩、下中二叠统大石寨组火山岩夹碎屑岩建造。位于剩余重力梯度带。找矿潜力一般

二、综合信息地质体积法估算资源量

（一）典型矿床深部及外围资源量估算

黄岗铁锡典型矿床资源量来源于内蒙古自治区赤峰地质矿产勘查开发院1997年12月提交的《内蒙古自治区克什克腾旗黄岗铁锡矿Ⅲ区锡矿Ⅰ号脉详查地质报告》。矿床面积($S_{总}$)是根据1∶1万矿区综合地质图，在MapGIS软件下读取数据；矿体延深($L_{查}$)依据控制矿体最深的58勘探线剖面图确定。

典型矿床体积含矿率＝查明资源储量÷[面积($S_{总}$)×延深($L_{查}$)]＝715 605÷(4 191 677×440)＝0.000 39(t/m³)。

根据黄岗铁锡矿区铁矿与锡矿共生，固依然采用铁矿预测深度为260m($L_{预}$)。典型矿床深部预测资源量＝面积($S_{总}$)×延深($L_{预}$)×典型矿床体积含矿率＝425 036(t)。

根据矿区1∶1万磁测ΔZ等值线平面图100nT以上范围，1∶5万航磁等值线平面图ΔT＝100nT以上，结合矿区矽卡岩带分布特征，在黄岗主矿体外围圈定预测区，总面积($S_{预}$)在MapGIS软件下读取数据为372 525m²，根据矿区高磁反演最大控制深度为700m作为外围延深。典型矿床外围预测资源量＝面积($S_{预}$)×延深($L_{查}+L_{预}$)×典型矿床体积含矿率＝372 525×700×0.000 39＝101 699(t)。

黄岗典型矿床总资源总量＝查明资源储量＋深部及外围预测资源量＝715 605＋425 036＋101 699＝1 242 340(t)；典型矿床总面积＝查明部分矿床面积＋预测外围部分矿床面积＝4 191 677＋372 525＝4 564 202(m²)。总延深＝查明部分矿床延深($L_{查}$)＋深部推深($L_{预}$)＝700(m)。

黄岗铁锡典型矿床深部及外围资源量估算结果见表5-8。

表5-8 黄岗铁锡典型矿床深部和外围预测资源量估算一览表

典型矿床		深部及外围		
已查明资源量(t)	715 605	深部	面积(m²)	4 191 677
面积(m²)	4 191 677		深度(m)	260
深度(m)	440	外围	面积(m²)	372 525
品位(%)	0.74		深度(m)	700
体重(t/m³)	3.03	预测资源量(t)		526 735
体积含矿率(t/m³)	0.000 39	典型矿床资源总量(t)		1 242 340

（二）模型区的确定、资源量及估算参数

黄岗模型区系MRAS定位预测后，经手工优化圈定。

黄岗典型矿床位于黄岗模型区内，该区没有其他矿床、矿（化）点；模型区总资源量＝715 605t，模型区延深与典型矿床一致；模型区含矿地质体面积与模型区面积一致，经MapGIS软件下读取数据为84 864 340m²。

模型区总体积＝模型区面积×模型区延深＝84 864 340×700＝59 405 038 063(m³)。含矿系数＝资源总量÷(模型区总体积×含矿地质体面积参数)＝715 605÷59 405 038 063＝0.000 012(t/m³)（表5-9）。

表 5-9 黄岗式矽卡岩型锡矿模型区预测资源量及估算参数

编号	名称	经度	纬度	模型区资源量(t)	模型区面积(m²)	延深(m)	含矿地质体面积(m²)	含矿地质体面积参数	含矿地质体总体积(m³)	含矿系数(t/m³)
A1509207008	黄岗	1172231	433501	1 242 340	84 864 340	700	84 864 340	1	12 065 085 342	0.000 012

(三)最小预测区预测资源量

1. 估算方法的选择

黄岗式矽卡岩型铁锡矿预测工作区最小预测区资源量定量估算采用地质体积法进行估算(表5-10)。

表 5-10 黄岗式矽卡岩型锡矿预测工作区资源量估算方法表

预测工作区编号	预测工作区名称	资源量估算方法
1509207001	黄岗铁锡矿预测工作区	地质体积法

2. 估算参数的确定

1)最小预测区面积圈定方法及圈定结果

本次预测底图比例尺为1:25万,利用规则网格单元作为预测单元,网格单元大小为2.5km×2.5km。预测地质变量如下。

地层:下中二叠统大石寨组碎屑岩-火山岩建造、中二叠统哲斯组碎屑岩-碳酸盐岩建造。

侵入岩:晚侏罗纪花岗岩、钾长花岗岩,白垩纪花岗岩、钾长花岗岩。

构造:北东向构造。

遥感:遥感蚀变对矿化无明显反映,只利用了遥感断裂解译结果。

重力:剩余重力低值区。

航磁:航磁正异常、矿致航磁异常。

本次利用证据权重法,采用2.5km×2.5km规则网格单元,在MRAS下进行预测区的圈定与优选。然后在MapGIS下,根据优选结果圈定成为不规则形状。最终圈定70个最小预测区,其中A级区8个,B级区19个,C级区43个,最小预测区面积见表5-11。

表 5-11 黄岗铁锡矿预测工作区最小预测区面积及圈定方法依据

编号	名称	经度	纬度	面积(m²)	参数确定依据
A1509207001	查干格日格南	1193844	443652	5 953 644	依据MRAS所形成的色块区与预测工作区底图重叠区域,并结合含矿地质体、已知矿床、矿(化)点及磁异常范围
A1509207002	哈日淖尔西	1194942	444232	8 775 063	
A1509207003	胜利村西	1194938	440902	13 524 000	
A1509207004	乃林坝牧场	1190155	443229	21 217 750	
A1509207005	碧流台乡	1190910	441421	23 616 500	

续表 5-11

编号	名称	经度	纬度	面积(m²)	参数确定依据
A1509207006	红光牧场东	1172350	432945	51 401 125	
A1509207007	刘家营子	1174807	434109	58 966 859	
A1509207008	黄岗	1172912	433908	84 864 340	
B1509207001	乌兰达坝东	1193430	443431	586 874	
B1509207002	浩布高嘎查东	1191838	444025	724 269	
B1509207003	修家湾南	1193606	434106	838 650	
B1509207004	迷力营子	1191725	442521	1 116 475	
B1509207005	乌兰坝西	1191116	443719	1 214 088	
B1509207006	兴隆村北	1194308	434344	1 499 619	
B1509207007	乌兰达坝东	1193619	443523	1 604 531	
B1509207008	浩布高嘎查	1191649	443919	2 768 181	
B1509207009	乌兰坝鹿场西	1192132	444107	3 907 900	
B1509207010	乌兰坝	1191346	443760	24 021 021	
B1509207011	老万营子	1191360	442051	4 690 475	依据 MRAS 所形成的色块区与预测工作区底图重叠区域,并结合含矿地质体、已知矿床、矿(化)点及磁异常范围
B1509207012	新房身村东	1191555	440052	5 942 094	
B1509207013	权吉牧场南	1194806	442521	844 975	
B1509207014	蒙古营子东	1175045	431916	6 509 438	
B1509207015	鼻阻马场南	1193323	443926	12 215 063	
B1509207016	太平村	1192450	433359	20 204 063	
B1509207017	三楞山	1175910	434426	22 335 313	
B1509207018	刘营子	1175912	432036	26 637 750	
B1509207019	四号义马厂东	1173257	434300	29 852 813	
C1509207001	蒙古营子北	1174859	431928	595 232	
C1509207002	乌兰达坝苏木北西	1192817	443415	637 794	
C1509207003	浩尔吐嘎查东	1193116	443646	638 563	
C1509207004	乌兰坝鹿场西	1191853	444101	646 069	
C1509207005	西乌兰达坝苏木北西	1192618	443314	682 700	
C1509207006	五星台牧场南	1171047	432235	789 694	
C1509207007	张家店村南	1193043	435406	815 369	
C1509207008	双井北	1190328	433445	844 663	
C1509207009	索贝山村	1194040	435725	868 169	
C1509207010	上洼村北	1192720	434859	917 144	

续表 5-11

编号	名称	经度	纬度	面积(m²)	参数确定依据
C1509207011	五星台牧场东	1171509	432608	940 969	
C1509207012	上洼村	1192722	434822	1 002 181	
C1509207013	巴彦查干牧场	1192345	432136	1 015 313	
C1509207014	巴林左旗鹿场北	1191947	444508	1 108 588	
C1509207015	乌拉根坂护林场北	1191026	445550	1 246 075	
C1509207016	浩尔吐嘎查东	1193052	443801	1 536 125	
C1509207017	巴彦宝力格西	1190134	433856	1 554 681	
C1509207018	上洼村东	1193230	434803	1 847 444	
C1509207019	乌兰达坝东	1193317	443508	1 906 500	
C1509207020	兴隆村南	1194520	434260	1 915 438	
C1509207021	河东营子南	1185551	433628	1 950 681	
C1509207022	罗布格	1190126	433157	1 990 788	
C1509207023	倪家段村西	1194335	435752	2 182 950	
C1509207024	西拉西庙	1193422	431632	2 187 706	
C1509207025	鼻阳马场北东	1193319	444121	2 589 438	依据 MRAS 所形成的色块区与预测工作区底图重叠区域,并结合含矿地质体、已知矿床、矿(化)点及磁异常范围
C1509207026	乌拉根坂护林场北	1190948	445713	2 614 769	
C1509207027	西拉西庙北	1193201	431651	2 708 281	
C1509207028	鼻阳马场	1193124	444024	2 894 381	
C1509207029	巴音查干牧场南	1192240	432029	3 188 331	
C1509207030	盖家店村南	1191505	434145	3 290 831	
C1509207031	依里嘎吐东	1171001	435115	3 330 356	
C1509207032	水泉沟南	1181447	432132	3 637 444	
C1509207033	新城子镇南	1181106	432224	3 944 025	
C1509207034	莲花山村	1181003	432042	4 183 925	
C1509207035	巴音查干牧场南东	1192614	432023	4 358 150	
C1509207036	浩尔吐嘎查东	1193405	443653	4 497 994	
C1509207037	乌力牙斯台分场南	1190238	445221	4 591 219	
C1509207038	大金沟	1180745	432226	4 926 931	
C1509207039	幸福之路乡西	1185154	434727	5 047 631	
C1509207040	乌力牙斯台分场南	1190457	445212	5 118 250	
C1509207041	乌拉根坂护林场北	1191119	445250	5 367 575	
C1509207042	二道井子村	1191106	442414	17 456 188	
C1509207043	双庙村南	1192405	434854	22 801 480	

2)延深参数的确定及结果

延深参数是在研究最小预测区含矿地质体地质特征、岩体的形成深度、矿化蚀变、矿化类型以及含矿地质体产状、区域厚度、地表出露情况的基础上,并对比典型矿床,经专家评估确定。各最小预测区延深见表 5-12。

表 5-12 黄岗铁锡矿预测工作区最小预测区延深

编号	名称	深度(m)	编号	名称	深度(m)
A1509207001	查干格日格南	700	C1509207009	索贝山村	700
A1509207002	哈日淖尔西	700	C1509207010	上洼村北	700
A1509207003	胜利村西	700	C1509207011	五星台牧场东	700
A1509207004	乃林坝牧场	700	C1509207012	上洼村	700
A1509207005	碧流台乡	700	C1509207013	巴彦查干牧场	700
A1509207006	红光牧场东	700	C1509207014	巴林左旗鹿场北	700
A1509207007	刘家营子	700	C1509207015	乌拉根坂护林场北	700
A1509207008	黄岗	700	C1509207016	浩尔吐嘎查东	700
B1509207001	乌兰达坝东	700	C1509207017	巴彦宝力格西	700
B1509207002	浩布高嘎查东	700	C1509207018	上洼村东	700
B1509207003	修家湾南	700	C1509207019	乌兰达坝东	700
B1509207004	迷力营子	700	C1509207020	兴隆村南	700
B1509207005	乌兰坝西	700	C1509207021	河东营子南	700
B1509207006	兴隆村北	700	C1509207022	罗布格	700
B1509207007	乌兰达坝东	700	C1509207023	倪家段村西	700
B1509207008	浩布高嘎查	700	C1509207024	西拉西庙	700
B1509207009	乌兰坝鹿场西	700	C1509207025	鼻阻马场北东	700
B1509207010	乌兰坝	700	C1509207026	乌拉根坂护林场北	700
B1509207011	老万营子	700	C1509207027	西拉西庙北	700
B1509207012	新房身村东	700	C1509207028	鼻阻马场	700
B1509207013	权吉牧场南	700	C1509207029	巴音查干牧场南	700
B1509207014	蒙古营子东	700	C1509207030	盖家店村南	700
B1509207015	鼻阻马场南	700	C1509207031	依里嘎吐东	700
B1509207016	太平村	700	C1509207032	水泉沟南	700
B1509207017	三楞山	700	C1509207033	新城子镇南	700
B1509207018	刘营子	700	C1509207034	莲花山村	700
B1509207019	四号义马厂东	700	C1509207035	巴音查干牧场南东	700
C1509207001	蒙古营子北	700	C1509207036	浩尔吐嘎查东	700

续表 5-12

编号	名称	深度(m)	编号	名称	深度(m)
C1509207002	乌兰达坝苏木北西	700	C1509207037	乌力牙斯台分场南	700
C1509207003	浩尔吐嘎查东	700	C1509207038	大金沟	700
C1509207004	乌兰坝鹿场西	700	C1509207039	幸福之路乡西	700
C1509207005	乌兰达坝苏木北西	700	C1509207040	乌力牙斯台分场南	700
C1509207006	五星台牧场南	700	C1509207041	乌拉根坂护林场北	700
C1509207007	张家店村南	700	C1509207042	二道井子村	700
C1509207008	双井北	700	C1509207043	双庙村南	700

3）品位和体重的确定

矿体 Sn 平均品位为 0.74%，矿石平均体重 3.03t/m³。有矿床、矿点者采用其相应资料。预测工作区内无矿床、矿点的最小预测区，品位、体重均采用黄岗典型矿床资料（表 5-13）。

表 5-13 黄岗式矽卡岩型锡矿预测工作区最小预测区品位、体重采用表

最小预测区编号	最小预测区名称	经度	纬度	品位(%)	体重(t/m³)
A1509207008	黄岗	1172912	433908	0.5~1.5	3.03
	其他最小预测区			0.74	3.03

4）相似系数的确定

黄岗预测工作区最小预测区相似系数的确定，主要依据最小预测区内含矿地质体出露的大小、地质构造发育程度、磁异常强度、矿化蚀变发育程度及矿（化）点的多少等因素，由专家确定。各最小预测区相似系数见表 5-14。

表 5-14 黄岗预测工作区最小预测区相似系数表

编号	名称	相似系数	编号	名称	相似系数
A1509207001	查干格日格南	0.20	C1509207009	索贝山村	0.10
A1509207002	哈日淖尔西	0.20	C1509207010	上洼村北	0.10
A1509207003	胜利村西	0.20	C1509207011	五星台牧场东	0.10
A1509207004	乃林坝牧场	0.20	C1509207012	上洼村	0.10
A1509207005	碧流台乡	0.20	C1509207013	巴彦查干牧场	0.10
A1509207006	红光牧场东	0.20	C1509207014	巴林左旗鹿场北	0.10
A1509207007	刘家营子	0.20	C1509207015	乌拉根坂护林场北	0.10
A1509207008	黄岗	1.00	C1509207016	浩尔吐嘎查东	0.10
B1509207001	乌兰达坝东	0.15	C1509207017	巴彦宝力格西	0.10
B1509207002	浩布高嘎查东	0.15	C1509207018	上洼村东	0.10

续表 5-14

编号	名称	相似系数	编号	名称	相似系数
B1509207003	修家湾南	0.15	C1509207019	乌兰达坝东	0.10
B1509207004	迷力营子	0.15	C1509207020	兴隆村南	0.10
B1509207005	乌兰坝西	0.15	C1509207021	河东营子南	0.10
B1509207006	兴隆村北	0.15	C1509207022	罗布格	0.10
B1509207007	乌兰达坝东	0.15	C1509207023	倪家段村西	0.10
B1509207008	浩布高嘎查	0.15	C1509207024	西拉西庙	0.10
B1509207009	乌兰坝鹿场西	0.15	C1509207025	鼻阳马场北东	0.10
B1509207010	乌兰坝	0.15	C1509207026	乌拉根坂护林场北	0.10
B1509207011	老万营子	0.15	C1509207027	西拉西庙北	0.10
B1509207012	新房身村东	0.15	C1509207028	鼻阳马场	0.10
B1509207013	权吉牧场南	0.15	C1509207029	巴音查干牧场南	0.10
B1509207014	蒙古营子东	0.15	C1509207030	盖家店村南	0.10
B1509207015	鼻阳马场南	0.15	C1509207031	依里嘎吐东	0.10
B1509207016	太平村	0.15	C1509207032	水泉沟南	0.10
B1509207017	三楞山	0.15	C1509207033	新城子镇南	0.10
B1509207018	刘营子	0.15	C1509207034	莲花山村	0.10
B1509207019	四号义马厂东	0.15	C1509207035	巴音查干牧场南东	0.10
C1509207001	蒙古营子北	0.10	C1509207036	浩尔吐嘎查东	0.10
C1509207002	乌兰达坝苏木北西	0.10	C1509207037	乌力牙斯台分场南	0.10
C1509207003	浩尔吐嘎查东	0.10	C1509207038	大金沟	0.10
C1509207004	乌兰坝鹿场西	0.10	C1509207039	幸福之路乡西	0.10
C1509207005	西乌兰达坝苏木北西	0.10	C1509207040	乌力牙斯台分场南	0.10
C1509207006	五星台牧场南	0.10	C1509207041	乌拉根坂护林场北	0.10
C1509207007	张家店村南	0.10	C1509207042	二道井子村	0.10
C1509207008	双井北	0.10	C1509207043	双庙村南	0.10

3. 最小预测区预测资源量估算结果

用地质体积法,根据预测资源量估算公式:

$$Z_{预}=S_{预}\times H_{预}\times K_S\times K\times \alpha; \quad Z_{总}=Z_{预}+Z_{查明}$$

式中,$Z_{总}$为预测区总资源量;$Z_{预}$为预测区预测资源量;$Z_{查明}$为预测区内已查明的资源量;$S_{预}$为预测区面积;$H_{预}$为预测区延深(指预测区含矿地质体延深);K_S为含矿地质体面积参数;K为模型区矿床的含矿系数;α为相似系数。

本次预测资源总量为 1 635 921t,不包括已查明资源量 715 605t,详见表 5-15。

表 5-15　黄岗式矽卡岩型锡矿预测工作区最小预测区资源量估算成果表

编号	名称	$S_{预}$(m²)	$H_{预}$(m)	K_S	K(t/m³)	α	$Z_{总}$(t)	$Z_{查明}$(t)	$Z_{预}$(t)	资源量级别
A1509207001	查干格日格南	5 953 644	700	1	0.000 021	0.20	17 503.71	—	17 503.70	334-3
A1509207002	哈日淖尔西	8 775 063	700	1	0.000 021	0.20	25 798.69	—	25 798.69	334-2
A1509207003	胜利村西	13 524 000	700	1	0.000 021	0.20	39 760.56	—	39 760.56	334-2
A1509207004	乃林坝牧场	21 217 750	700	1	0.000 021	0.20	62 380.19	—	62 380.19	334-2
A1509207005	碧流台乡	23 616 500	700	1	0.000 021	0.20	69 432.51	—	69 432.51	334-3
A1509207006	红光牧场东	51 401 125	700	1	0.000 021	0.20	151 119.31	—	151 119.31	334-3
A1509207007	刘家营子	58 966 859	700	1	0.000 021	0.20	173 362.57		173 362.57	334-2
A1509207008	黄岗	84 864 340	700	1	0.000 021	1.00	1 242 340.00	715 605	526 735.00	334-1
B1509207001	乌兰达坝东	586 874	700	1	0.000 021	0.15	1 294.06	—	1 294.05	334-3
B1509207002	浩布高嘎查东	724 269	700	1	0.000 021	0.15	1 597.01	—	1 597.01	334-3
B1509207003	修家湾南	838 650	700	1	0.000 021	0.15	1 849.22	—	1 849.22	334-3
B1509207004	迷力营子	1 116 475	700	1	0.000 021	0.15	2 461.83	—	2 461.83	334-3
B1509207005	乌兰坝西	1 214 088	700	1	0.000 021	0.15	2 677.06	—	2 677.06	334-3
B1509207006	兴隆村北	1 499 619	700	1	0.000 021	0.15	3 306.66	—	3 306.66	334-3
B1509207007	乌兰达坝东	1 604 531	700	1	0.000 021	0.15	3 537.99	—	3 537.99	334-3
B1509207008	浩布高嘎查	2 768 181	700	1	0.000 021	0.15	6 103.84	—	6 103.84	334-3
B1509207009	乌兰坝鹿场西	3 907 900	700	1	0.000 021	0.15	8 616.92	—	8 616.92	334-3
B1509207010	乌兰坝	24 021 021	700	1	0.000 021	0.15	52 966.35	—	52 966.35	334-3
B1509207011	老万营子	4 690 475	700	1	0.000 021	0.15	10 342.50	—	10 342.50	334-3
B1509207012	新房身村东	5 942 094	700	1	0.000 021	0.15	13 102.32	—	13 102.32	334-2
B1509207013	权吉牧场南	844 975	700	1	0.000 021	0.15	1 863.17	—	1 863.17	334-3
B1509207014	蒙古营子东	6 509 438	700	1	0.000 021	0.15	14 353.31	—	14 353.31	334-3
B1509207015	鼻阻马场南	12 215 063	700	1	0.000 021	0.15	26 934.21	—	26 934.21	334-3
B1509207016	太平村	20 204 063	700	1	0.000 021	0.15	44 549.96	—	44 549.96	334-2
B1509207017	三楞山	22 335 313	700	1	0.000 021	0.15	49 249.37	—	49 249.37	334-2
B1509207018	刘营子	26 637 750	700	1	0.000 021	0.15	58 736.24	—	58 736.24	334-2
B1509207019	四号义马厂东	29 852 813	700	1	0.000 021	0.15	65 825.45	—	65 825.45	334-2
C1509207001	蒙古营子北	595 232	700	1	0.000 021	0.10	874.99	—	874.99	334-3
C1509207002	乌兰达坝苏木北西	637 794	700	1	0.000 021	0.10	937.56	—	937.56	334-3
C1509207003	浩尔吐嘎查东	638 563	700	1	0.000 021	0.10	938.69	—	938.69	334-3
C1509207004	乌兰坝鹿场西	646 069	700	1	0.000 021	0.10	949.72	—	949.72	334-3
C1509207005	西乌兰达坝苏木北西	682 700	700	1	0.000 021	0.10	1 003.57	—	1 003.57	334-3
C1509207006	五星台牧场南	789 694	700	1	0.000 021	0.10	1 160.85	—	1 160.85	334-3
C1509207007	张家店村南	815 369	700	1	0.000 021	0.10	1 198.59	—	1 198.59	334-3
C1509207008	双井北	844 663	700	1	0.000 021	0.10	1 241.65	—	1 241.65	334-3
C1509207009	索贝山村	868 169	700	1	0.000 021	0.10	1 276.21	—	1 276.21	334-3

续表 5-15

编号	名称	$S_{预}(m^2)$	$H_{预}$(m)	K_S	$K(t/m^3)$	α	$Z_{总}(t)$	$Z_{查明}(t)$	$Z_{预}(t)$	资源量级别
C1509207010	上洼村北	917 144	700	1	0.000 021	0.10	1 348.20	—	1 348.20	334-3
C1509207011	五星台牧场东	940 969	700	1	0.000 021	0.10	1 383.22	—	1 383.22	334-3
C1509207012	上洼村	1 002 181	700	1	0.000 021	0.10	1 473.21	—	1 473.21	334-3
C1509207013	巴彦查干牧场	1 015 313	700	1	0.000 021	0.10	1 492.51	—	1 492.51	334-3
C1509207014	巴林左旗鹿场北	1 108 588	700	1	0.000 021	0.10	1 629.62	—	1 629.62	334-3
C1509207015	乌拉根坂护林场北	1 246 075	700	1	0.000 021	0.10	1 831.73	—	1 831.73	334-3
C1509207016	浩尔吐嘎查东	1 536 125	700	1	0.000 021	0.10	2 258.10	—	2 258.10	334-3
C1509207017	巴彦宝力格西	1 554 681	700	1	0.000 021	0.10	2 285.38	—	2 285.38	334-3
C1509207018	上洼村东	1 847 444	700	1	0.000 021	0.10	2 715.74	—	2 715.74	334-3
C1509207019	乌兰达坝东	1 906 500	700	1	0.000 021	0.10	2 802.56	—	2 802.56	334-3
C1509207020	兴隆村南	1 915 438	700	1	0.000 021	0.10	2 815.69	—	2 815.69	334-3
C1509207021	河东营子南	1 950 681	700	1	0.000 021	0.10	2 867.50	—	2 867.50	334-3
C1509207022	罗布格	1 990 788	700	1	0.000 021	0.10	2 926.46	—	2 926.46	334-3
C1509207023	倪家段村西	2 182 950	700	1	0.000 021	0.10	3 208.94	—	3 208.94	334-3
C1509207024	西拉西庙	2 187 706	700	1	0.000 021	0.10	3 215.93	—	3 215.93	334-3
C1509207025	鼻阳马场北东	2 589 438	700	1	0.000 021	0.10	3 806.47	—	3 806.47	334-3
C1509207026	乌拉根坂护林场北	2 614 769	700	1	0.000 021	0.10	3 843.71	—	3 843.71	334-3
C1509207027	西拉西庙北	2 708 281	700	1	0.000 021	0.10	3 981.17	—	3 981.17	334-3
C1509207028	鼻阳马场	2 894 381	700	1	0.000 021	0.10	4 254.74	—	4 254.74	334-3
C1509207029	巴音查干牧场南	3 188 331	700	1	0.000 021	0.10	4 686.85	—	4 686.85	334-3
C1509207030	盖家店村南	3 290 831	700	1	0.000 021	0.10	4 837.52	—	4 837.52	334-3
C1509207031	依里嘎吐东	3 330 356	700	1	0.000 021	0.10	4 895.62	—	4 895.62	334-3
C1509207032	水泉沟南	3 637 444	700	1	0.000 021	0.10	5 347.04	—	5 347.04	334-3
C1509207033	新城子镇南	3 944 025	700	1	0.000 021	0.10	5 797.72	—	57 97.72	334-3
C1509207034	莲花山村	4 183 925	700	1	0.000 021	0.10	6 150.37	—	6 150.37	334-3
C1509207035	巴音查干牧场南东	4 358 150	700	1	0.000 021	0.10	6 406.48	—	6 406.48	334-3
C1509207036	浩尔吐嘎查东	4 497 994	700	1	0.000 021	0.10	6 612.05	—	6 612.05	334-3
C1509207037	乌力牙斯台分场南	4 591 219	700	1	0.000 021	0.10	6 749.09	—	6 749.09	334-3
C1509207038	大金沟	4 926 931	700	1	0.000 021	0.10	7 242.59	—	7 242.59	334-3
C1509207039	幸福之路乡西	5 047 631	700	1	0.000 021	0.10	7 420.02	—	7 420.02	334-3
C1509207040	乌力牙斯台分场南	5 118 250	700	1	0.000 021	0.10	7 523.83	—	7 523.83	334-3
C1509207041	乌拉根坂护林场北	5 367 575	700	1	0.000 021	0.10	7 890.34	—	7 890.34	334-3
C1509207042	二道井子村	17 456 188	700	1	0.000 021	0.10	25 660.60	—	25 660.60	334-3
C1509207043	双庙村南	22 801 480	700	1	0.000 021	0.10	33 518.18	—	33 518.18	334-3

4. 最小预测区资源量可信度估计

根据《预测资源量估算技术要求》(2010年补充)可信度划分标准,针对每个最小预测区评价其可信度,黄岗铁锡矿最小预测区可信度统计结果见表5-16。

表5-16 黄岗预测工作区最小预测区预测资源量可信度统计表

编号	名称	面积 可信度	面积 依据	延深 可信度	延深 依据	含矿系数 可信度	含矿系数 依据	资源量综合 可信度	资源量综合 依据
A1509207001	查干格日格南	0.50	依据MRAS所形成的色块区与预测工作区底图重叠区域,并结合含矿地质体、已知矿床、矿(化)点及磁异常范围	0.25	专家	0.25	模型区	0.50	地质、物探
A1509207002	哈日淖尔西	0.75		0.25	专家	0.25	模型区	0.50	地质、物探
A1509207003	胜利村西	0.75		0.25	专家	0.25	模型区	0.50	地质、物探
A1509207004	乃林坝牧场	0.75		0.25	专家	0.25	模型区	0.50	地质、物探
A1509207005	碧流台乡	0.50		0.25	专家	0.25	模型区	0.50	地质、物探
A1509207006	红光牧场东	0.50		0.25	专家	0.25	模型区	0.50	地质、物探
A1509207007	刘家营子	0.75		0.25	专家	0.25	模型区	0.50	地质、物探
A1509207008	黄岗	0.75		0.75	磁法反演	0.90	模型区	0.80	地质、物探
B1509207001	乌兰达坝东	0.25		0.25	专家	0.25	模型区	0.20	地质、物探
B1509207002	浩布高嘎查东	0.25		0.25	专家	0.25	模型区	0.20	地质、物探
B1509207003	修家湾南	0.25		0.25	专家	0.25	模型区	0.20	地质、物探
B1509207004	迷力营子	0.25		0.25	专家	0.25	模型区	0.20	地质、物探
B1509207005	乌兰坝西	0.25		0.25	专家	0.25	模型区	0.20	地质、物探
B1509207006	兴隆村北	0.25		0.25	专家	0.25	模型区	0.20	地质、物探
B1509207007	乌兰达坝东	0.25		0.25	专家	0.25	模型区	0.20	地质、物探
B1509207008	浩布高嘎查	0.25		0.25	专家	0.25	模型区	0.20	地质、物探
B1509207009	乌兰坝鹿场西	0.25		0.25	专家	0.25	模型区	0.20	地质、物探
B1509207010	乌兰坝	0.25		0.25	专家	0.25	模型区	0.20	地质、物探
B1509207011	老万营子	0.25		0.25	专家	0.25	模型区	0.20	地质、物探
B1509207012	新房身村东	0.50		0.25	专家	0.25	模型区	0.20	地质、物探
B1509207013	权吉牧场南	0.25		0.25	专家	0.25	模型区	0.20	地质、物探
B1509207014	蒙古营子东	0.25		0.25	专家	0.25	模型区	0.20	地质、物探
B1509207015	鼻阳马场南	0.25		0.25	专家	0.25	模型区	0.20	地质、物探
B1509207016	太平村	0.50		0.25	专家	0.25	模型区	0.20	地质、物探
B1509207017	三楞山	0.25		0.25	专家	0.25	模型区	0.20	地质、物探
B1509207018	刘营子	0.25		0.25	专家	0.25	模型区	0.20	地质、物探
B1509207019	四号义马厂东	0.50		0.25	专家	0.25	模型区	0.20	地质、物探
C1509207001	蒙古营子北	0.25		0.25	专家	0.25	模型区	0.20	地质、物探
C1509207002	乌兰达坝苏木北西	0.25		0.25	专家	0.25	模型区	0.20	地质、物探
C1509207003	浩尔吐嘎查东	0.25		0.25	专家	0.25	模型区	0.20	地质、物探

续表 5-16

编号	名称	面积		延深		含矿系数		资源量综合	
		可信度	依据	可信度	依据	可信度	依据	可信度	依据
C1509207004	乌兰坝鹿场西	0.25	依据MRAS所形成的色块区与预测工作区底图重叠区域,并结合含矿地质体、已知矿床、矿(化)点及磁异常范围	0.25	专家	0.25	模型区	0.20	地质、物探
C1509207005	西乌兰达坝苏木北西	0.25		0.25	专家	0.25	模型区	0.20	地质、物探
C1509207006	五星台牧场南	0.25		0.25	专家	0.25	模型区	0.20	地质、物探
C1509207007	张家店村南	0.25		0.25	专家	0.25	模型区	0.20	地质、物探
C1509207008	双井北	0.25		0.25	专家	0.25	模型区	0.20	地质、物探
C1509207009	索贝山村	0.25		0.25	专家	0.25	模型区	0.20	地质、物探
C1509207010	上洼村北	0.25		0.25	专家	0.25	模型区	0.20	地质、物探
C1509207011	五星台牧场东	0.25		0.25	专家	0.25	模型区	0.20	地质、物探
C1509207012	上洼村	0.25		0.25	专家	0.25	模型区	0.20	地质、物探
C1509207013	巴彦查干牧场	0.25		0.25	专家	0.25	模型区	0.20	地质、物探
C1509207014	巴林左旗鹿场北	0.25		0.25	专家	0.25	模型区	0.20	地质、物探
C1509207015	乌拉根坂护林场北	0.25		0.25	专家	0.25	模型区	0.20	地质、物探
C1509207016	浩尔吐嘎查东	0.25		0.25	专家	0.25	模型区	0.20	地质、物探
C1509207017	巴彦宝力格西	0.25		0.25	专家	0.25	模型区	0.20	地质、物探
C1509207018	上洼村东	0.25		0.25	专家	0.25	模型区	0.20	地质、物探
C1509207019	乌兰达坝东	0.25		0.25	专家	0.25	模型区	0.20	地质、物探
C1509207020	兴隆村南	0.25		0.25	专家	0.25	模型区	0.20	地质、物探
C1509207021	河东营子南	0.25		0.25	专家	0.25	模型区	0.20	地质、物探
C1509207022	罗布格	0.25		0.25	专家	0.25	模型区	0.20	地质、物探
C1509207023	倪家段村西	0.25		0.25	专家	0.25	模型区	0.20	地质、物探
C1509207024	西拉西庙	0.25		0.25	专家	0.25	模型区	0.20	地质、物探
C1509207025	鼻阳马场北东	0.25		0.25	专家	0.25	模型区	0.20	地质、物探
C1509207026	乌拉根坂护林场北	0.25		0.25	专家	0.25	模型区	0.20	地质、物探
C1509207027	西拉西庙北	0.25		0.25	专家	0.25	模型区	0.20	地质、物探
C1509207028	鼻阳马场	0.25		0.25	专家	0.25	模型区	0.20	地质、物探
C1509207029	巴音查干牧场南	0.25		0.25	专家	0.25	模型区	0.20	地质、物探
C1509207030	盖家店村南	0.25		0.25	专家	0.25	模型区	0.20	地质、物探
C1509207031	依里嘎吐东	0.25		0.25	专家	0.25	模型区	0.20	地质、物探
C1509207032	水泉沟南	0.25		0.25	专家	0.25	模型区	0.20	地质、物探
C1509207033	新城子镇南	0.25		0.25	专家	0.25	模型区	0.20	地质、物探
C1509207034	莲花山村	0.25		0.25	专家	0.25	模型区	0.2	地质、物探
C1509207035	巴音查干牧场南东	0.25		0.25	专家	0.25	模型区	0.20	地质、物探
C1509207036	浩尔吐嘎查东	0.25		0.25	专家	0.25	模型区	0.20	地质、物探
C1509207037	乌力牙斯台分场南	0.25		0.25	专家	0.25	模型区	0.20	地质、物探

续表 5-16

编号	名称	面积		延深		含矿系数		资源量综合	
		可信度	依据	可信度	依据	可信度	依据	可信度	依据
C1509207038	大金沟	0.25	依据 MRAS 所形成的色块区与预测工作区底图重叠区域,并结合含矿地质体、已知矿床、矿(化)点及磁异常范围	0.25	专家	0.25	模型区	0.20	地质、物探
C1509207039	幸福之路乡西	0.25		0.25	专家	0.25	模型区	0.20	地质、物探
C1509207040	乌力牙斯台分场南	0.25		0.25	专家	0.25	模型区	0.20	地质、物探
C1509207041	乌拉根坂护林场北	0.25		0.25	专家	0.25	模型区	0.20	地质、物探
C1509207042	二道井子村	0.25		0.25	专家	0.25	模型区	0.20	地质、物探
C1509207043	双庙村南	0.25		0.25	专家	0.25	模型区	0.20	地质、物探

(四)预测工作区资源总量成果汇总

1. 按方法汇总

黄岗式矽卡岩型锡矿预测工作区地质体积法预测资源量见表5-17。预测总资源量1 635 921.00t。

表 5-17 黄岗式矽卡岩型锡矿预测工作区预测资源量方法统计表 单位:t

预测工作区编号	预测工作区名称	方法
		地质体积法
1509207001	黄岗锡矿预测工作区	1 635 921.00

2. 按精度汇总

黄岗式矽卡岩型锡矿预测工作区地质体积法预测资源量,依据资源量级别划分标准,可划分为334-1、334-2和334-3三个资源量精度级别,各级别资源量见表5-18。

表 5-18 黄岗式矽卡岩型锡矿预测工作区预测资源量精度统计表 单位:t

预测工作区编号	预测工作区名称	精度		
		334-1	334-2	334-3
1509207001	黄岗锡矿预测工作区	526 735.00	424 779.72	684 406.28

3. 按延深汇总

黄岗式矽卡岩型锡矿预测工作区中,根据各最小预测区内含矿地质体(地层、侵入岩及构造)特征,预测深度在700~1000m之间,其资源量按预测深度统计结果见表5-19。

表 5-19 黄岗式矽卡岩型锡矿预测工作区预测资源量深度统计表 单位:t

预测工作区编号	预测工作区名称	500m以浅			1000m以浅			2000m以浅		
		334-1	334-2	334-3	334-1	334-2	334-3	334-1	334-2	334-3
1509207001	黄岗锡矿预测工作区	175 470.60	303 414.09	488 861.63	526 735.00	424 779.72	684 406.28	526 735.00	424 779.72	684 406.28
		总计:967 746.32			总计:1 635 921.00			总计:1 635 921.00		

4. 按矿产预测类型汇总

黄岗式矽卡岩型锡矿预测工作区中,其矿产预测方法类型为复合内生型,预测类型为矽卡岩型,其资源量统计结果见表5-20。

表5-20 黄岗式矽卡岩型锡矿预测工作区预测资源量矿产类型精度统计表　　　　　　单位:t

预测工作区编号	预测工作区名称	矽卡岩型		
		334-1	334-2	334-3
1509207001	黄岗锡矿预测工作区	526 735.00	424 779.72	684 406.28

5. 按可利用性类别汇总

可利用性类别的划分,主要依据深度可利用性(500m、1000m、2000m)、当前开采经济条件可利用性、矿石可选性、外部交通水电环境可利用性,按权重进行取数估算。预测工作区资源量可利用性统计结果见表5-21。

表5-21 黄岗式矽卡岩型锡矿预测工作区预测资源量可利用性统计表　　　　　　单位:t

预测工作区编号	预测工作区名称	可利用			暂不可利用		
		334-1	334-2	334-3	334-1	334-2	334-3
1509207001	黄岗锡矿预测工作区	526 735.00	424 779.72	—	—	—	684 406.28
		总计:951 514.72			总计:684 406.28		

6. 按可信度统计分析汇总

黄岗式矽卡岩型锡矿预测工作区预测资源量可信度统计结果见表5-22。

表5-22 黄岗式铁锡矿预测工作区预测资源量可信度统计表　　　　　　单位:t

预测工作区编号	预测工作区名称	$X \geqslant 0.75$			$X \geqslant 0.5$			$X \geqslant 0.25$		
		334-1	334-2	334-3	334-1	334-2	334-3	334-1	334-2	334-3
1509207001	黄岗锡矿预测工作区	526 735.00	—	—	526 735.00	301 302.00	238 055.53	526 735.00	424 779.72	684 406.28

7. 按级别分类统计汇总

依据最小预测区地质矿产、物探及遥感异常等综合特征,并结合资源量估算和预测区优选结果,将最小预测区划分为A级、B级和C级3个等级,其预测资源量见表5-23。

表5-23 黄岗铁锡矿预测工作区预测资源量级别分类统计表　　　　　　单位:t

预测工作区编号	预测工作区名称	级别		
		A级	B级	C级
1509207001	黄岗锡矿预测工作区	1 066 092.53	369 367.46	200 461.01
		1 635 921.00		

第六章 朝不楞式侵入岩体型锡矿预测成果

朝不楞式侵入岩体型锡矿预测工作区横跨内蒙古自治区锡林郭勒盟、赤峰市、通辽市。地理坐标为东经117°00′—120°00′，北纬45°00′—47°00′。地处大兴安岭山地森林向蒙古高原过渡地带。属中温带半干旱大陆性季风气候，年平均气温1.6℃，年降水量300mm，无霜期116天。以畜牧业经济为主。境内干线公路有省道S101、S204及S303。

第一节 典型矿床特征

朝不楞矽卡岩型锡铁多金属矿床隶属内蒙古自治区锡林郭勒盟东乌珠穆沁旗满都呼宝力格镇。地理坐标为东经118°30′00″—118°44′20″，北纬46°27′30″—46°36′30″。

一、典型矿床及成矿模式

朝不楞式矽卡岩型锡铁多金属矿床大地构造位置属西伯利亚板块南东缘晚古生代陆缘增生带，是在早古生代西伯利亚板块南东缘陆缘增生带基础上发展起来的。

（一）典型矿床特征

1. 矿区地质

矿区主要发育中上泥盆统塔尔巴格特组，周边所见地层除新生界外，还零星出露下白垩统白音高老组酸性火山岩。矿区内发育一条北东向长期多次活动的区域性断裂，该断裂控制了侵入岩的侵位及其展布方向。在塔尔巴格特组与中—酸性侵入岩接触带中形成了本矿区侵入岩体型的铁锡多金属矿床。断裂构造长期多次活动为矿液的上升运移创造了良好的通道（图6-1）。

中上泥盆统塔尔巴格特组为与成矿有关的主要地层，为一套浅海相泥砂质岩石夹灰岩及火山碎屑岩，除受不同程度的区域变质作用外，更主要是还受到了不同程度的热接触变质和接触交代变质作用的影响。塔尔巴格特组分下段和上段，下段主要由大理岩、砂质板岩、变质粉砂岩、变质砂岩、变质长英砂岩和变质砂砾岩等组成，与花岗岩体发生接触交代变质作用形成侵入岩体型铁锡多金属矿床的直接围岩；上段仅出露于矿区北东端，主要为变质长英砂岩夹变质粉砂岩及灰黑色板岩等。北东部出露有下白垩统白音高老组石英斑岩、流纹斑岩，上侏罗统满克头鄂博组流纹岩、中酸性凝灰熔岩、流纹质凝灰角砾岩及晶屑岩屑凝灰岩。南西部出露有下侏罗统红旗组砂砾岩。第四系全新统出露有冲积物、洪冲积物等松散堆积。

矿区内岩浆岩较发育，岩浆岩和喷出岩均有出露，侵入岩主要为燕山早期的黑云母花岗岩、石英闪长岩、闪长岩及其派生脉岩等；喷出岩有中泥盆世的海相火山碎屑岩和晚侏罗世的陆相火山岩。

细粒—中粒—粗粒似斑状黑云母花岗岩（朝不楞花岗岩体）为成矿母岩，出露面积90km²，岩体顶部凹凸不平，中上泥盆统塔尔巴格特组为侵蚀残留顶盖，接触交代（矽卡岩）型铁、锡多金属矿床产于其中。

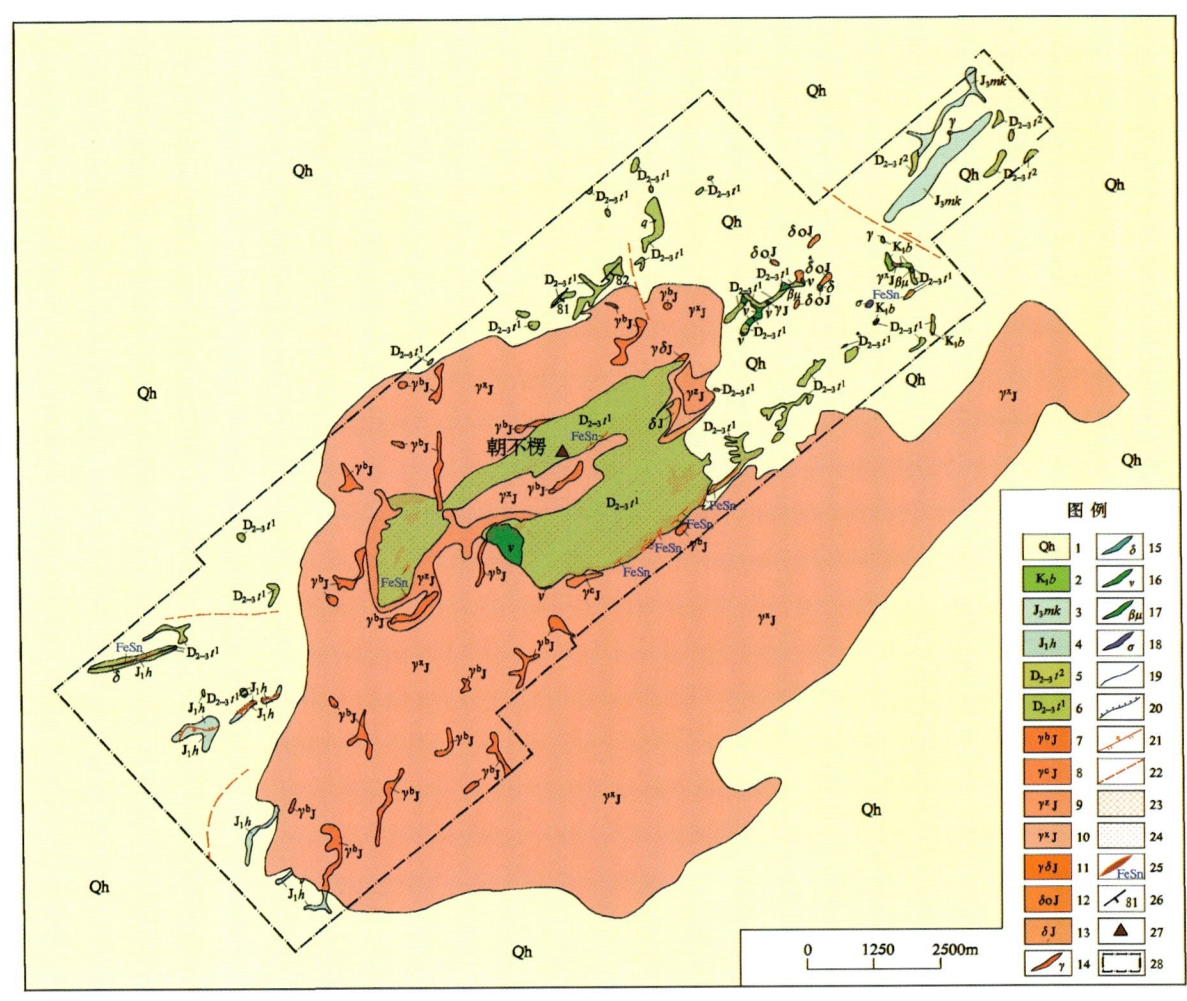

图 6-1 朝不楞铁锡多金属矿床矿区地质图

1. 全新统；2. 下白垩统白音高老组；3. 上侏罗统满克头鄂博组；4. 下侏罗统红旗组；5. 中上泥盆统塔尔巴格特组上段；6. 中上泥盆统塔尔巴格特组下段；7. 侏罗纪似斑状花岗岩；8. 侏罗纪粗粒花岗岩；9. 侏罗纪中粒花岗岩；10. 侏罗纪细粒花岗岩（矿区外未分）；11. 侏罗纪花岗闪长岩；12. 侏罗纪石英闪长岩；13. 侏罗纪闪长岩；14. 花岗岩脉；15. 闪长岩脉；16. 辉长岩脉；17. 辉绿岩脉；18. 蛇纹透闪石橄榄岩脉；19. 地质界线；20. 角度不整合界线；21. 正断层；22. 推测断层；23. 矽卡岩化；24. 角岩化；25. 铁锡矿体；26. 岩层产状；27. 矿床位置；28. 矿区范围

花岗闪长岩、石英闪长岩、闪长岩多零星分布在矿区北东部。

由于覆盖严重，矿区构造只能根据零星出露进行推断。褶皱构造走向与北东向区域构造线方向基本一致，可能存在 3 个倒转背斜和 2 个倒转向斜。长期多次活动的北东向断裂构造为本区主要的成矿控矿构造，北西向断裂构造为成矿后构造，对矿体的破坏较大。

2. 矿床特征

矿区分为南、北、西 3 个矽卡岩矿化带。南、北矿带的矿体均产于中上泥盆统塔尔巴格特组层理或层间裂隙及花岗岩与大理岩接触面矽卡岩中，西矿带矿体产于变质粉砂岩与大理岩接触层面，另一些小矿体沿构造裂隙充填。总体产状：走向 NE 50°左右，倾向南东，倾角陡立。

矿体呈扁豆体、条带状及豆荚状成群、成带平行断续分布，在平面上呈雁行状排列，剖面上呈重叠扁豆状和不规则筒状。矿体规模一般长数十米至 100m，个别达 300~400m，厚数十厘米至 17m。西矿带矿体长达千余米，但厚度仅 2~4m。矿体产状走向 50°~73°，倾向南东，倾角 70°~80°（图 6-2）。

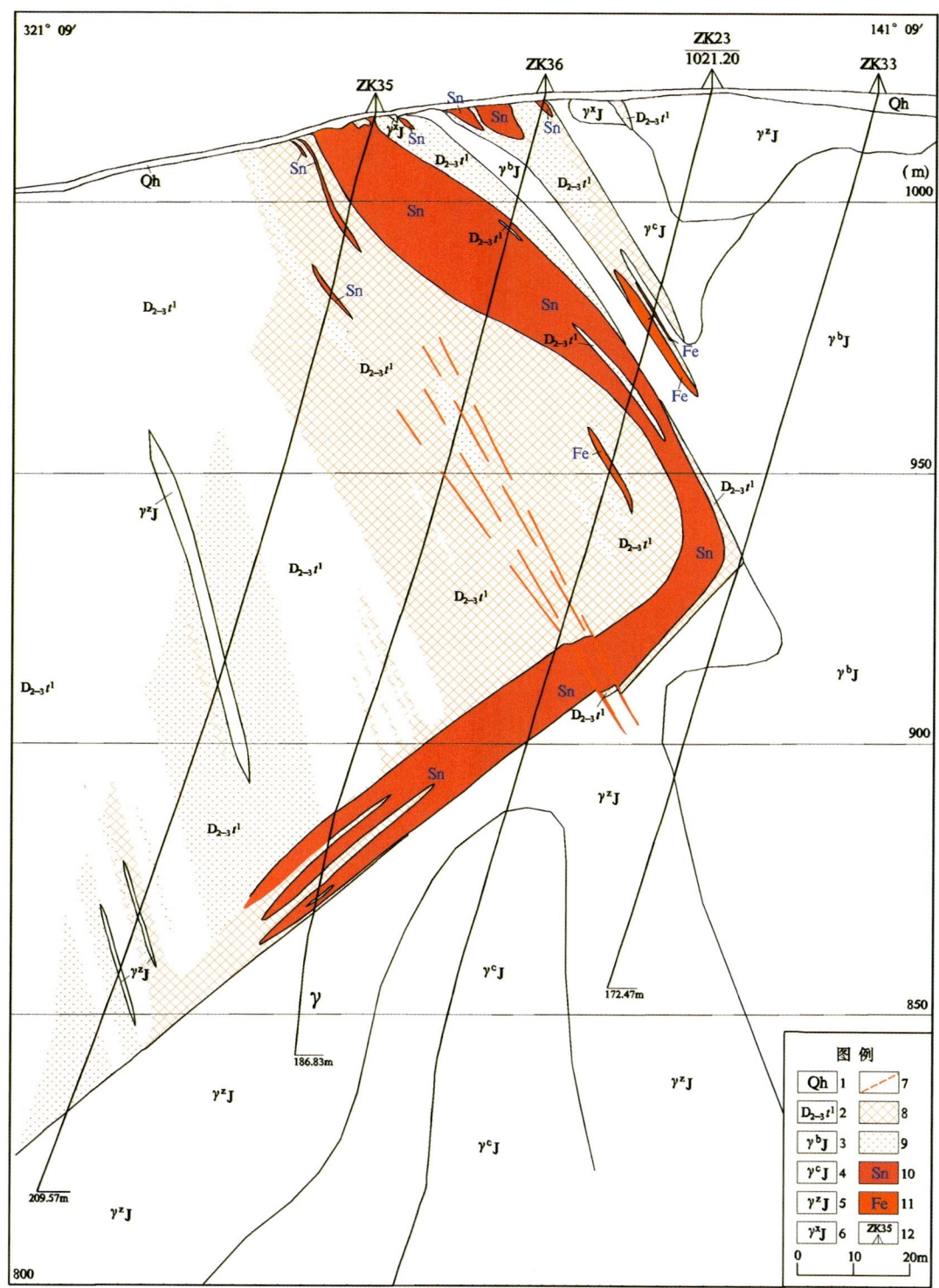

图 6-2 朝不楞铁锡多金属矿床 Ⅷ—Ⅷ′勘探线剖面图

1. 全新统砂砾石；2. 中上泥盆统塔尔巴格特组下段；3. 侏罗纪似斑状花岗岩；4. 侏罗纪粗粒花岗岩；5. 侏罗纪中粒花岗岩；6. 侏罗纪细粒花岗岩；7. 推测断层；8. 矽卡岩化；9. 角岩化；10. 锡矿体；11. 铁矿体；12. 钻孔位置及编号

3. 矿石特征

矿石类型分工业类型和自然类型,工业类型为铁矿石、铁锡矿石、铁锌矿石、铁锌铋矿石、铁铜矿石;自然类型分磁铁贫矿和富矿两种。

矿物组合:金属矿物以磁铁矿为主,锡石次之,闪锌矿少量,次要矿物有赤铁矿、镜铁矿、褐铁矿、磁黄铁矿、黄铁矿、白铁矿、黄铜矿等;脉石矿物以钙铁榴石为主,透辉石次之,次要矿物还有黑云母、角闪石、石英等。

元素含量:锡(TSn)最高为0.128%,最低0.031%,平均0.0985%;锌(Zn)最高为30.87%,最低0.502%,平均3.533%;硫(S)最高为26.05%,最低8.355%,平均16.585%;伴生的还有金、银等多金属矿。

4. 矿石结构构造

矿石结构:主要有他形晶结构、半自形晶结构、自形晶结构、反应边结构、压碎结构、固溶体分解结构等。

矿石构造:浸染状构造、条带状构造、斑杂状构造、斑点状构造、块状构造、角砾状构造等。

5. 围岩蚀变

围岩蚀变主要有矽卡岩化、角岩化。

6. 矿床成因及成矿时代

成矿类型:接触交代侵入岩体型、层控侵入岩体型。

成矿时代:燕山晚期。辉钼矿 Re-Os 年龄(140.7±1.8)Ma,黑云母花岗岩 SHRIMP 锆石 U-Pb 年龄(136.9±1.5)Ma。

(二)矿床成矿模式

朝不楞矽卡岩型铁锡多金属矿床为接触交代侵入岩体型。成矿作用分为泥盆纪预富集和燕山期定型2个过程。中晚泥盆世浅海相碎屑岩中,Fe、Sn 丰度较高,为燕山期热液成矿作用准备了足够的铁和锡。燕山期陆壳强烈活化,在基底隆起区含铁锡花岗岩浆沿区域大断裂上升并侵入于中上泥盆统。岩浆期后高温热流体与围岩交代形成矽卡岩,并改造或汲取塔尔巴格特组中铁及锡金属,形成铁锡多金属的富集(图6-3)。

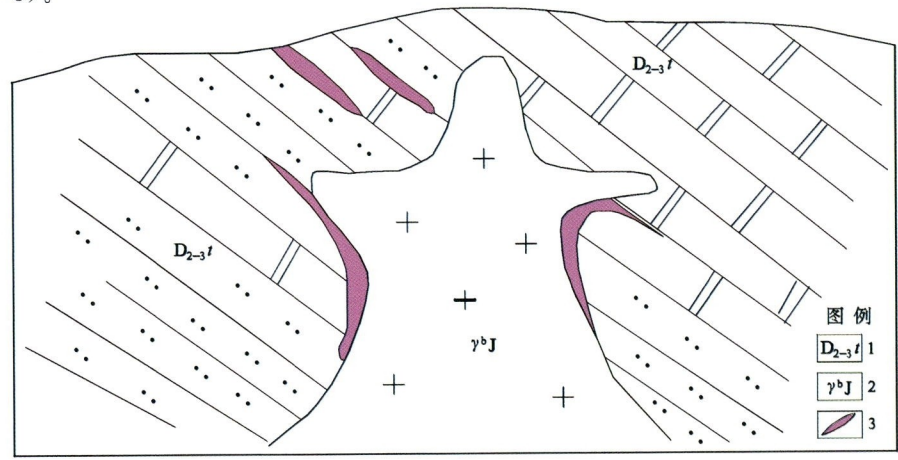

图6-3 朝不楞铁锡多金属矿床成矿模式图

1. 中上泥盆统塔尔巴格特组;2. 侏罗纪似斑状花岗岩;3. 锡矿体

以朝不楞矽卡岩型铁锡多金属典型矿床成矿要素为基础,总结出朝不楞矽卡岩型铁锡多金属典型矿床预测要素表(表6-1)。

表6-1 朝不楞铁锡多金属典型矿床成矿要素表

预测要素		内容描述			类别
储量		6137t	平均品位	TSn 0.985%	
特征描述		侵入岩体型铁锡多金属矿床(接触交代侵入岩体型、层控侵入岩体型)			
地质环境	构造背景	天山-兴蒙造山系(Ⅰ),大兴安岭弧盆系($Pt_3—T_2$)(Ⅰ-1),东乌珠穆沁旗-多宝山岛弧($O、D、C_2$)(Ⅰ-1-5)			必要
	成矿环境	滨太平洋成矿域(叠加在古亚洲成矿域之上)(Ⅰ-4),大兴安岭成矿省(Ⅱ-12),东乌珠穆沁旗-嫩江(中强挤压区)铜、钼、铅、锌、金、钨、锡、铬成矿带(Ⅲ-6),二连-东乌珠穆沁旗钨、钼、铁、锌、铅、金、银、铬成矿亚带(V、Y)(Ⅲ-6-③),朝不楞-阿尔哈达铁、锡、铅、锌、银矿集区(V-37)			必要
	成矿时代	燕山晚期			重要
地质标志	矿体形态	矿体呈扁豆体、条带状及豆荚状成群、成带平行断续分布,在平面上呈雁行状排列,剖面上呈重叠扁豆状和不规则筒状			重要
	岩石类型	沉积岩主要为大理岩、砂质板岩、变质粉砂岩、变质砂岩、变质长英砂岩和变质砂砾岩等。侵入岩主要为似斑状花岗岩			重要
	岩石结构	沉积岩为变晶结构、细砂结构、粉砂结构、砂砾结构,侵入岩为细—粗粒花岗结构、似斑状结构			次要
	矿物组合	金属矿物以磁铁矿为主,锡石次之,闪锌矿少量,次要矿物有赤铁矿、镜铁矿、褐铁矿、磁黄铁矿、黄铁矿、白铁矿、黄铜矿等;脉石矿物以钙铁榴石为主,透辉石次之,次要矿物还有黑云母、角闪石、石英等			重要
	结构构造	矿石结构:主要有他形晶结构、半自形晶结构、自形晶结构、反应边结构、压碎结构、固溶体分解结构等。矿石构造:浸染状构造、条带状构造、斑杂状构造、斑点状构造、块状构造、角砾状构造等			次要
	蚀变特征	矽卡岩化、角岩化			重要
	控矿条件	北东向断裂构造,花岗岩侵入塔尔巴格特组形成的外接触带			必要

二、典型矿床地球物理特征

(一)重力

朝不楞铁锡矿位于布格重力异常边部梯级带剩余重力正负异常交界处负异常一侧。正异常对应的是泥盆系,负异常对应的是酸性侵入岩(图6-4)。

Δg 为$(-115.06\sim-86.18)\times10^{-5} m/s^2$,在剩余重力异常图上,处在G蒙-171号正重力异常和L蒙-173号负重力异常之交接部,剩余重力异常为$-4.26\times10^{-5} m/s^2$。参考地质资料,锡铁矿床处负异常由燕山期花岗岩引起,正异常区推断由古生代地层引起。朝不楞铁锡矿床处于燕山期花岗岩与古生代地层的接触带上。

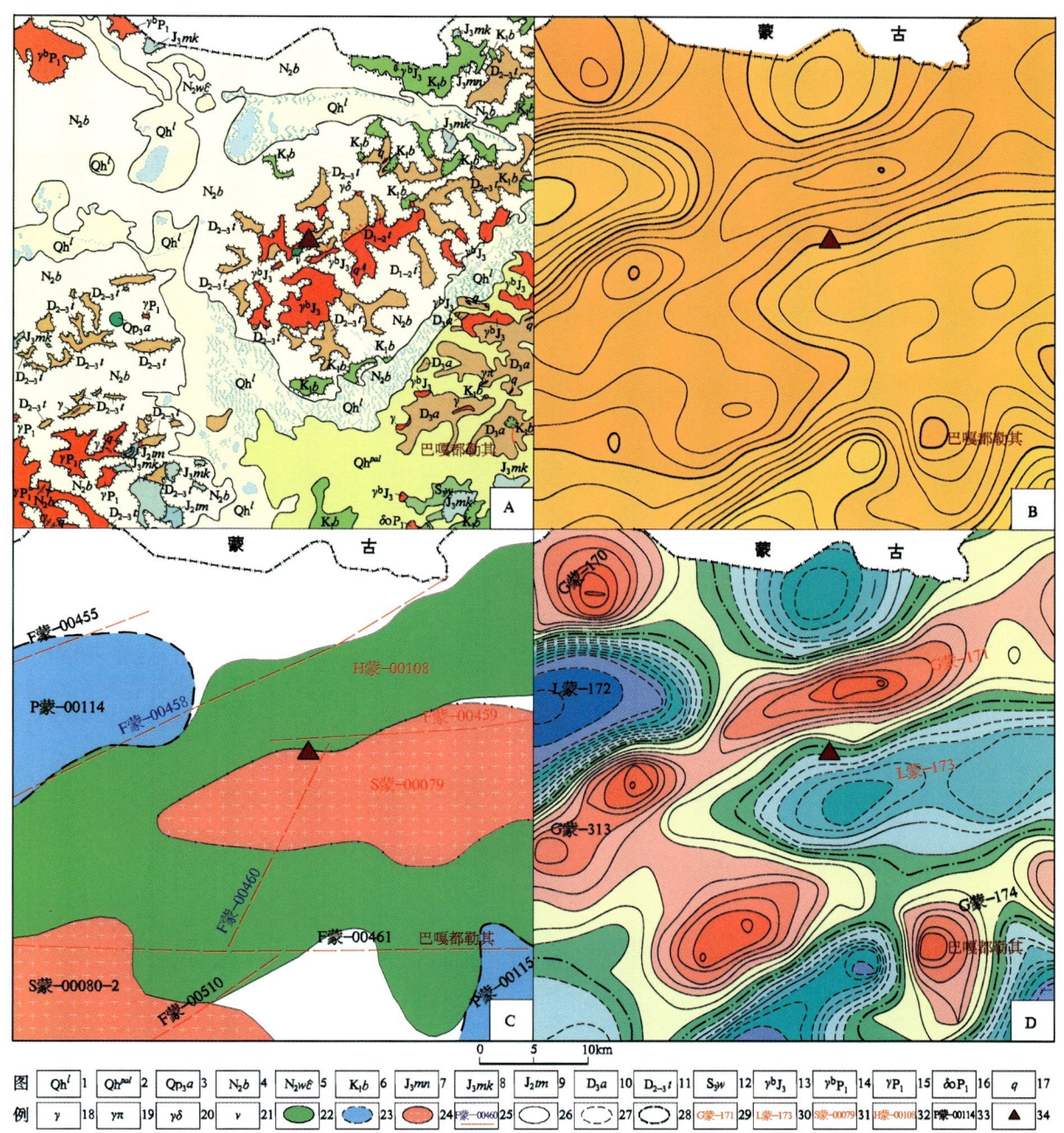

图 6-4 朝不楞铁锡多金属典型矿床区域地质矿产图及重力剖析图

A. 地质矿产图；B. 布格重力异常图；C. 重力推断地质构造图；D. 剩余重力异常图。1. 全新统湖积；2. 全新统冲洪积；3. 上更新统阿巴嘎组；4. 上新统宝格达乌拉组；5. 上更新统五岔沟组；6. 下白垩统白音高老组；7. 上侏罗统玛尼吐组；8. 上侏罗统满克头鄂博组；9. 中侏罗统塔木兰沟组；10. 上泥盆统安格尔音乌拉组；11. 中上泥盆统塔尔巴格特组；12. 上志留统卧都河组；13. 晚侏罗世似斑状花岗岩；14. 早二叠世似斑状花岗岩；15. 早二叠世花岗岩；16. 早二叠世石英闪长岩；17. 石英脉；18. 花岗岩脉；19. 花岗斑岩脉；20. 花岗闪长岩脉；21. 辉长岩脉；22. 推断元古宙地层；23. 推断盆地；24. 酸性—中酸性岩体；25. 重力推断断裂构造及编号；26. 重力正等值线；27. 重力负等值线；28. 重力零等值线；29. 正剩余异常编号；30. 负剩余异常编号；31. 酸性—中酸性岩体编号；32. 地层编号；33. 盆地编号；34. 锡矿点

（二）航磁特征

磁异常轴向趋势呈北东东向，磁场值总体处在正负磁场互现的负磁场背景上，磁场值变化范围在 -150～500nT 之间。朝不楞铁锡矿床处于正高磁场区（图 6-5）。

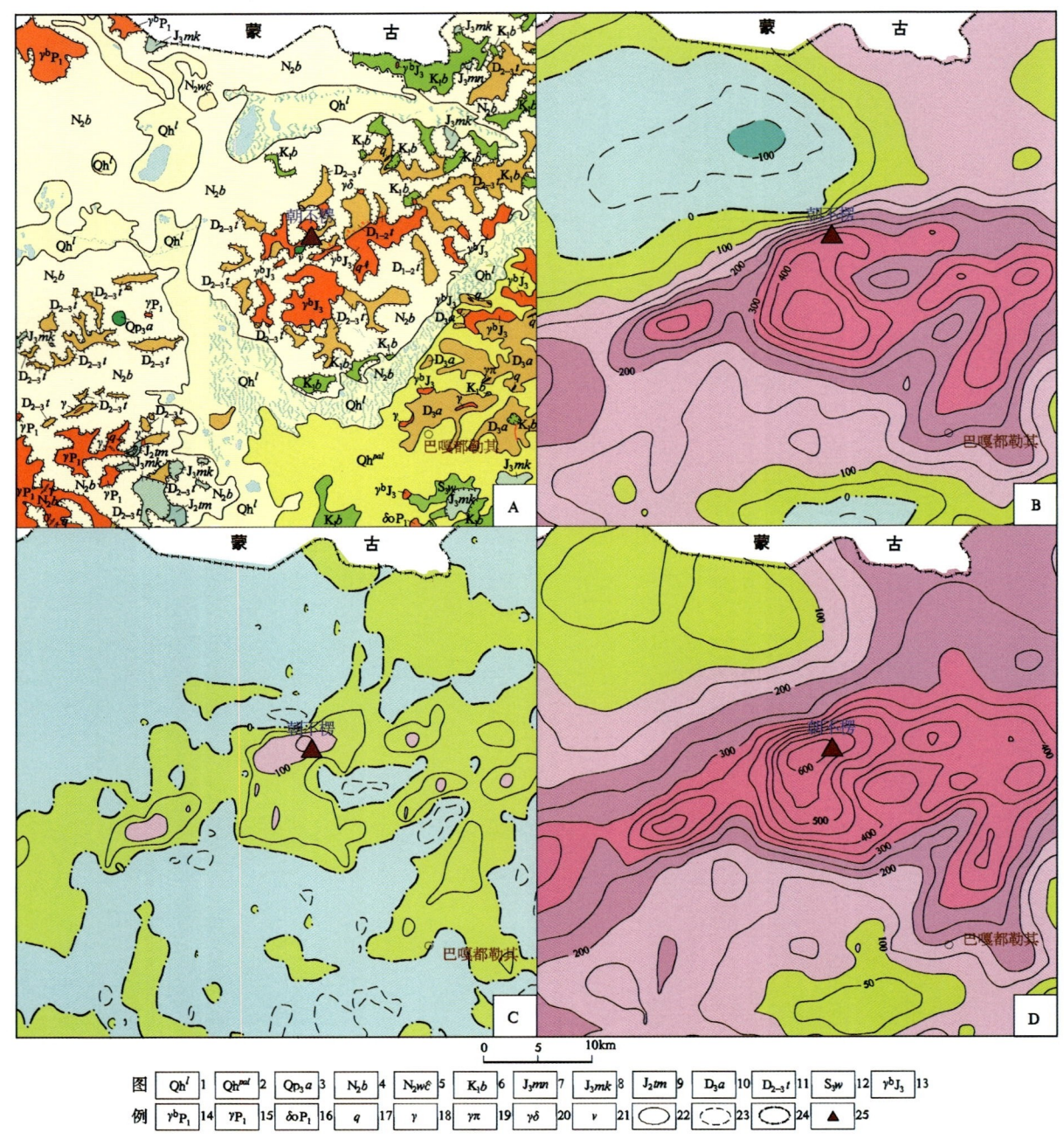

图 6-5 朝不楞铁锡多金属典型矿床区域地质矿产图及航磁剖析图

A. 地质矿产图；B. 航磁 ΔT 等值线平面图；C. 航磁 ΔT 化极垂向一阶导数等值线平面图；D. 航磁 ΔT 化极等值线平面图。1. 全新统湖积；2. 全新统冲洪积；3. 上更新统阿巴嘎组；4 上新统宝格达乌拉组；5. 上更新统五岔沟组；6. 下白垩统白音高老组；7. 上侏罗统玛尼吐组；8. 上侏罗统满克头鄂博组；9. 中侏罗统塔木兰沟组；10. 上泥盆统安格尔音乌拉组；11. 中上泥盆统塔尔巴格特组；12. 上志留统卧都河组；13. 晚侏罗世似斑状花岗岩；14. 早二叠世似斑状花岗岩；15. 早二叠世花岗岩；16. 早二叠世石英闪长岩；17. 石英脉；18. 花岗岩脉；19. 花岗斑岩脉；20. 花岗闪长岩脉；21. 辉长岩脉；22. 正等值线；23. 负等值线；24. 零等值线；25. 锡矿点

三、典型矿床地球化学特征

朝不楞铁锡矿床矿区锡地球化学特征呈三级浓度分带，区域异常编号为 Sn-13。朝不楞铁锡矿床处于高异常区，异常下限为 4.40×10^{-6}，区内最高极值点为 7.00×10^{-6}（图 6-6）。

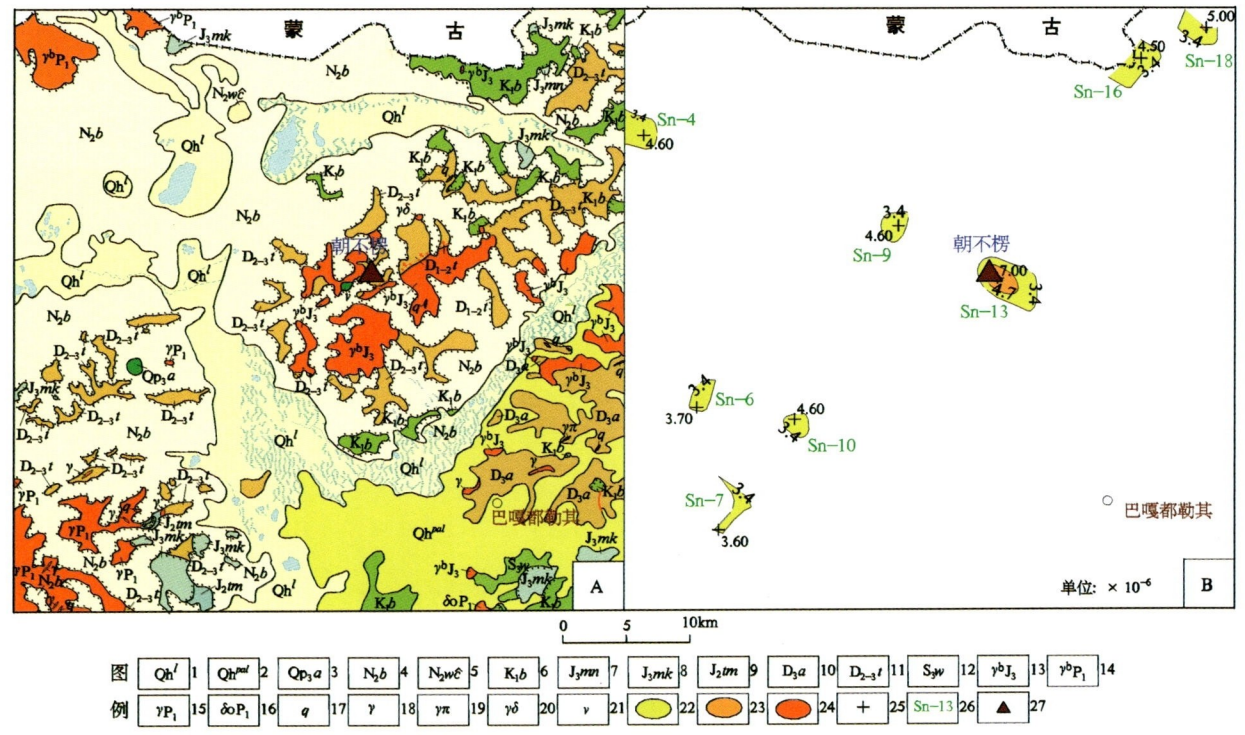

图6-6 朝不楞铁锡多金属矿床区域地质矿产图及锡化探异常图

A. 区域地质图;B. 锡化探异常图。1. 全新统湖积;2. 全新统冲洪积;3. 上更新统阿巴嘎组;4 上新统宝格达乌拉组;5. 上更新统五岔沟组;6. 下白垩统白音高老组;7. 上侏罗统玛尼吐组;8. 上侏罗统满克头鄂博组;9. 中侏罗统塔木兰沟组;10. 上泥盆统安格尔音乌拉组;11. 中上泥盆统塔尔巴格特组;12. 上志留统卧都河组;13. 晚侏罗世似斑状花岗岩;14. 早二叠世似斑状花岗岩;15. 早二叠世花岗岩;16. 早二叠世石英闪长岩;17. 石英脉;18. 花岗岩脉;19. 花岗斑岩脉;20. 花岗闪长岩脉;21. 辉长岩脉;22. 小于 3.4×10^{-6} 异常区;23. $3.4\times10^{-6}\sim4.7\times10^{-6}$ 异常区;24. 大于 6.4×10^{-6} 异常区;25. Sn 高值点;26. 异常编号;27. 锡矿点

四、矿床预测模型

根据典型矿床成矿要素、航磁资料以及区域重力资料,归纳典型矿床预测要素见表6-2。

表6-2 朝不楞侵入岩体型铁锡多金属矿预测要素表

预测要素		内容描述			类别
储量		6137t	平均品位	TSn 0.985%	
特征描述		侵入岩体型铁锡多金属矿床(接触交代侵入岩体型、层控侵入岩体型)			
地质环境	构造背景	天山-兴蒙造山系(Ⅰ),大兴安岭弧盆系(Pt₃—T₂)(Ⅰ-1),东乌珠穆沁旗-多宝山岛弧(O、D、C₂)(Ⅰ-1-5)			必要
	成矿环境	滨太平洋成矿域(叠加在古亚洲成矿域之上)(Ⅰ-4),大兴安岭成矿省(Ⅱ-12),东乌珠穆沁旗-嫩江(中强挤压区)铜、钼、铅、锌、金、钨、锡、铬成矿带(Ⅲ-6),二连-东乌珠穆沁旗钨、钼、铁、锌、铅、金、银、铬成矿亚带(Ⅴ、Y)(Ⅲ-6-③),朝不楞-阿尔哈达铁、锡、铅、锌、银矿集区(Ⅴ-37)			必要
	成矿时代	燕山晚期			必要

续表 6-2

预测要素		内容描述			类别
储量		6137t	平均品位	TSn 0.985%	
特征描述		侵入岩体型铁锡多金属矿床（接触交代侵入岩体型、层控侵入岩体型）			
地质标志	矿体形态	矿体呈扁豆体、条带状及豆荚状成群成带平行断续分布，在平面上呈雁行状排列，剖面上呈重叠扁豆状和不规则筒状			重要
	岩石类型	沉积岩主要为大理岩、砂质板岩、变质粉砂岩、变质砂岩、变质长英砂岩和变质砂砾岩等。侵入岩主要为似斑状花岗岩			重要
	岩石结构	沉积岩为变晶结构、细砂结构、粉砂结构、砂砾结构，侵入岩为细—粗粒花岗结构，似斑状结构			次要
	矿物组合	金属矿物以磁铁矿为主，锡石次之，闪锌矿少量，次要矿物有赤铁矿、镜铁矿、褐铁矿、磁黄铁矿、黄铁矿、白铁矿、黄铜矿等；脉石矿物以钙铁榴石为主，透辉石次之，次要矿物还有黑云母、角闪石、石英等			重要
	结构构造	矿石结构：主要有他形晶结构、半自形晶结构、自形晶结构、反应边结构、压碎结构、固溶体分解结构等。矿石构造：浸染状构造、条带状构造、斑杂状构造、斑点状构造、块状构造、角砾状构造等			次要
	蚀变特征	矽卡岩化、角岩化			必要
	控矿条件	中上泥盆统塔尔巴格特组，侵入岩为燕山晚期花岗岩，控矿构造主要为北东向断裂构造和花岗岩与塔尔巴格特组形成的外接触带			必要
地球物理特征	重力异常	布格重力异常图上，矿区处在相对重力低异常边部的梯级带上，异常呈北东走向，异常范围为$(-102\sim-98)\times10^{-5}\mathrm{m/s^2}$。剩余重力异常图上，矿区位于剩余重力正负异常的交接带上，异常范围为$(-2.00\sim1.00)\times10^{-5}\mathrm{m/s^2}$			次要
	磁法异常	据1：25万、1：5万航磁显示，矿区处在场值300nT以上圈闭的椭圆形正磁异常上，磁异常走向为北东向。异常强度较大，推测主要由铁矿物质引起，矿异常形态规则，异常强度一般较大，连续性好，走向明显，曲线也光滑			重要
地球化学特征		矿区存在以 Sn、Ag、Pb、Zn 为主，伴有 Cu、Cd、As、Sb、Mo 等元素组成的综合异常，Ag、Pb、Zn 为主成矿元素，Cu、Sn、Cd 为主要的伴生元素			重要

第二节 预测工作区研究

朝不楞式侵入岩体型锡矿预测工作区横跨内蒙古自治区锡林郭勒盟、赤峰市、通辽市。地理坐标为东经117°00′—120°00′，北纬45°00′—47°00′。

大地构造位置为天山-兴蒙造山系（Ⅰ），大兴安岭弧盆系（Pt$_3$—T$_2$）（Ⅰ-1），东乌珠穆沁旗-多宝山岛弧（O、D、C$_2$）（Ⅰ-1-5）（图2-1）。

成矿区带属滨太平洋成矿域（叠加在古亚洲成矿域之上）（Ⅰ-4），大兴安岭成矿省（Ⅱ-12），东乌珠穆沁旗-嫩江（中强挤压区）铜、钼、铅、锌、金、钨、锡、铬成矿带（Ⅲ-6），二连-东乌珠穆沁旗钨、钼、铁、锌、铅、金、银、铬成矿亚带（V、Y）（Ⅲ-6-③），朝不楞-阿尔哈达铁、锡、铅、锌、银矿集区（Ⅴ-37）（图2-2）。

一、区域地质特征

(一)成矿地质背景

朝不楞式侵入岩体型锡矿预测工作区位于海拉尔-呼玛弧后盆地之南和二连-贺根山结合带以北,岛弧的东部零星出露元古宙变质岩系——兴华渡口岩群低角闪岩相和低绿片岩相变质岩,寒武系为浅海陆棚碎屑岩和碳酸盐岩建造,奥陶系为岛弧型火山岩建造和周缘盆地类复理石建造。志留系和泥盆系分布较广,各处建造和古生物面貌一致,为浅海相类复理石建造,局部时段沉积火山碎屑岩,向上过渡为陆相沉积。区域上大面积被新生界覆盖,古生代地层发育中上泥盆统塔尔巴格特组,周边所见地层除少量奥陶系、志留系外,还出露上侏罗统满克头鄂博组、玛尼吐组及下白垩统白音高老组火山岩等。

本区岩浆侵入活动发生在海西晚期和燕山期。以侏罗纪最为发育,主要岩石类型有似斑状黑云母花岗岩、粗—中粒花岗岩及细粒花岗岩,规模最大,又是成矿母岩,出露面积 $90km^2$,外接触带内赋存有接触交代(矽卡岩)型铁锡多金属矿床。二叠纪主要为二长花岗岩和花岗岩。

预测工作区属西伯利亚板块南东缘晚古生代陆缘增生带,褶皱构造比较发育,主要褶皱期有加里东中、晚期,海西早、晚期及燕山早期,其中以海西早期的构造最发育。断裂构造也较发育,大致可分为北东向、北北东向和北西向3组,其中以北东向最发育,多发生在加里东期和海西期,而北北东向和北西向多发生在燕山期。

长期多次活动的北东向区域性断裂,控制了燕山期中—酸性侵入岩的侵位及其展布方向。含矿岩系为中上泥盆统塔尔巴格特组。燕山期中—酸性侵入岩外接触带中的矽卡岩带是铁多金属矿床形成的有利构造部位。

(二)区域成矿模式

中上泥盆统塔尔巴格特组在早古生代含铁建造的基底上接受沉积,早古生代是其直接物源区,在提供物源的同时也提供了大量的成矿物质,为该地区成矿初始富集奠定了基础,是成矿的必要条件。

侏罗纪花岗岩是该矿床形成的重要条件,岩体一方面对成矿提供成矿流体和成矿物质,另一方面提供热动力而加速水岩反应,以淬取、活化围岩中成矿物质而提高成矿流体中成矿元素的浓度,有利成矿物质的沉淀、富集而形成有经济价值的工业矿体,在其外接触带形成矽卡岩型矿床。

在矿床的形成过程中,成矿流体的运移和成矿物质的沉淀、定位及其形成的保存条件,与构造关系密切,区域上北东向断裂是花岗岩体岩浆上涌侵位的通道。构造是成矿控制因素中的主要因素之一。成矿模式见图6-7,成矿要素见表6-3。

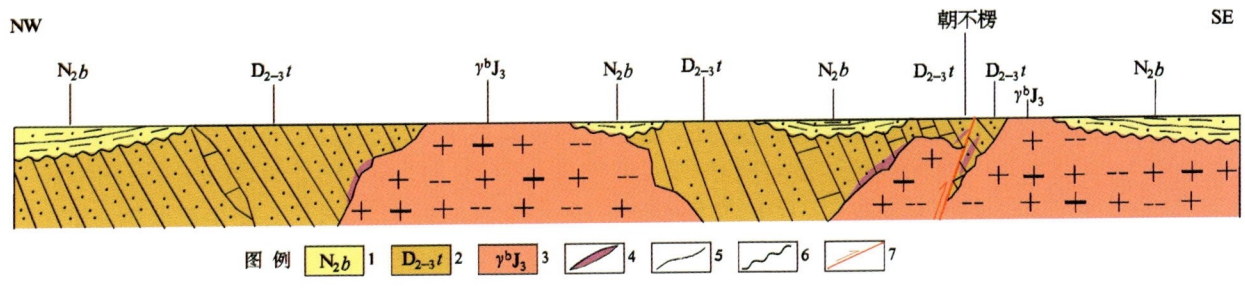

图 6-7 朝不楞式侵入岩体型铁锡矿预测工作区区域成矿模式图

1.宝格达乌拉组;2.塔尔巴格特组;3.似斑状黑云母花岗岩;4.锡矿体;5.地质界线;6.角度不整合界线;7.逆断层

表 6-3 朝不楞式侵入岩体型锡铁多金属矿区域成矿要素表

成矿要素		内容描述			要素类别
储量（锡金属量）		6137t	平均品位	TSn 0.985%	
特征描述		侵入岩体型铁多金属矿床			
地质环境	构造背景	天山-兴蒙造山系（Ⅰ），大兴安岭弧盆系（Pt₃—T₂）（Ⅰ-1），东乌珠穆沁旗-多宝山岛弧（O、D、C₂）（Ⅰ-1-5）			必要
	成矿环境	滨太平洋成矿域（叠加在古亚洲成矿域之上）（Ⅰ-4），大兴安岭成矿省（Ⅱ-12），东乌珠穆沁旗-嫩江（中强挤压区）铜、钼、铅、锌、金、钨、锡、铬成矿带（Ⅲ-6），二连-东乌珠穆沁旗钨、钼、铁、锌、铅、金、银、铬成矿亚带（V、Y）（Ⅲ-6-③），朝不楞-阿尔哈达铁、锡、铅、锌、银矿集区（V-37）			必要
	成矿时代	燕山晚期			必要
控矿地质条件	控矿构造	北东向长期活动的断裂构造及其边部的次级羽状断裂			必要
	赋矿地层	中上泥盆统塔尔巴格特组			必要
	控矿侵入岩	燕山期（侏罗纪）花岗岩			必要
区域成矿类型及成矿时代		侏罗纪花岗岩类与塔尔巴格特组接触交代的外接触带（矽卡岩）型，燕山晚期			必要
预测区矿点		2个矿点			必要

二、区域地球物理特征

（一）重力特征

预测区位于纵贯全国东部地区的大兴安岭-太行山-武陵山北北东向巨型重力梯度带的北西侧，区域性北东向深大断裂 F蒙-02006-③从预测工作区南侧穿过。布格重力异常受区域构造线控制呈北东向展布，预测区处在东乌珠穆沁旗重力高异常带上，布格重力异常值 Δg 为 $(-120\sim-62)\times10^{-5}$ m/s²。

朝不楞锡矿所在区域为重力相对高异常区的南侧边部梯级带上，其附近布格重力值 Δg 为 -89.17×10^{-5} m/s²，处在泥盆系与花岗岩体接触带上。

预测工作区剩余重力异常正负相间分布，总体展布方向呈北东向和近东西向。北部剩余重力正异常多与泥盆系、奥陶系有关，南东部的剩余重力正异常区则主要出露二叠系。区内规模较小、形状不规则的剩余重力负异常多由酸性侵入岩引起，主要位于预测区北西侧。规模较大、异常形态较规则的剩余重力负异常多与中生代盆地有关。

在该预测工作区推断断裂构造18条，地层单元6个，中—酸性岩体5个，中—新生代盆地5个。

（二）航磁特征

在 1:10 万航磁 ΔT 等值线平面图上，预测工作区磁异常幅值范围为 $-250\sim625$ nT，磁场值总体处在正负磁场互现的负磁场背景上，其间分布着许多正磁异常。预测区磁异常形态杂乱，正负相间，形状不规则，多为片状、团状及带状。纵观预测工作区磁异常轴向及 ΔT 等值线延伸方向，以北东向为主。

朝不楞式接触交代型铁（锡）多金属矿位于预测区北部，磁异常背景为低缓正异常区，200nT等值线附近。

预测区内推断断裂走向与磁异常轴向相同，主要为北东向，以不同磁场区的分界线和磁异常梯度带为标志。结合预测区地质出露情况分析，预测区大部分磁异常推断由侵入岩体引起，预测区东部的杂乱磁异常推断由火山岩地层引起，北西部磁异常推断由酸性侵入岩体引起，中南部磁异常推断主要由中酸性侵入岩体引起，南东部的片状高值异常推断由超基性岩引起。

根据磁异常特征，朝不楞式接触交代型铁（锡）多金属矿锡矿预测工作区磁法推断断裂构造8条，中酸性岩体20个，火山岩地层3个，中基性岩2个，超基性岩3个，火山构造11个。与成矿有关的断裂1条，侵入岩体1个，位于预测区北部。

三、区域地球化学特征

区域上Sn、W、Mo、Ag、Pb、Zn、Au、As、Sb等呈背景及低背景分布，仅在局部地区形成规模较小的Sn、W、Ag、Pb、Zn、Au等多元素异常。预测区内共有51个Sn异常，29个Mo异常，49个W异常，39个Ag异常，33个Pb异常，32个Zn异常，25个Cu异常，43个As异常，56个Au异常，50个Sb异常。

预测区内Sn、W呈背景分布，Mo、Cu呈低背景分布，在南部局部地区存在规模较小的Sn、W、Mo局部异常。Ag、Zn呈背景和低背景分布，仅在乌拉日图润芒哈以东、霍林郭勒市以南20km范围内形成的高背景带中存在规模比较小的局部异常，呈南北向或近东西向展布。Pb元素在预测区中西部为低背景或低异常分布，仅在伊和格勒北和乌拉日图润芒哈南东约20km公里处存在小范围的点源异常。As、Sb异常主要集中在乌拉日图润芒哈南约20km处，以及霍林郭勒市南约30km处，具有明显的浓度分带，多个浓集中心形成1条近东西向和1条近北西向的异常带。Au高背景区位于预测区南西部，低背景及低值区位于北东部。

Z-1处Sn异常为三级浓度分带，呈北西向展布，与W、Ag、Pb、Zn、Sb套合均较好，套合程度高呈同心环状。Z-2位于霍林郭勒市南约25km处，Sn异常强度高，具有明显的浓度分带和浓集中心，与Ag、Pb、Zn、Cu、As、Sb套合均较好，空间上沿北北西向展布。

四、遥感影像及解译特征

预测工作区内共解译出中小型构造100余条，南部地区构造主要集中在胡尔勒-巴彦花苏木断裂带以南的地区，走向以北东向、北北东向、北东东向和北西西向为主；中部地区构造主要集中在塔日根敖包嘎查构造以南的区域，构造走向以北西向、北北东向为主；北部地区也有部分构造，且走向规律不明显，影像中有较明显弧线状纹理。

预测工作区内的环形构造比较发育，共解译出18个，其成因为新生代花岗岩类引起的环形构造、古生代花岗岩类引起的环形构造、与隐伏岩体有关的环形构造、褶皱引起的环形构造、火山机构或通道以及成因不明的环形构造。多分布在预测工作区南部，北部地区塔日根敖包嘎查构造附近有两个环形构造，东部地区也有零星分布。

预测区的羟基异常及铁染异常主要分布在北东部地区，其他地区分布较少或零星分布。

预测工作区共圈定4个最小预测区。

最小预测区-1：与多个环形构造、成片状的带要素套合，满都胡宝拉格苏木构造性质不明断层由此穿过，有少量铁染异常图斑，有已知矿点落在此处。

最小预测区-2：与1个环形构造、成片状的带要素套合，满都胡宝拉格苏木构造性质不明断层由此穿过，有少量铁染异常图斑。

最小预测区-3：与1个环形构造、成条状的带要素套合，额仁高毕苏木构造性质不明断层由此穿过，有少量铁染异常图斑。

最小预测区-4：与1个环形构造、多条带要素套合，多条性质不明断层由此穿过。

五、区域预测模型

根据预测工作区区域成矿要素和航磁、重力及地球化学特征等，编制了本预测区的区域预测要素表（表6-4）和预测工作区预测模型图（图6-8）。

表6-4 朝不楞式侵入岩体型锡铁多金属矿预测工作区预测要素表

成矿要素		内容描述		要素类别
储量（锡金属量）		6137t	平均品位　TSn 0.985%	
特征描述		侵入岩体型锡铁矿床		
地质环境	构造背景	天山-兴蒙造山系（Ⅰ），大兴安岭弧盆系（Pt_3—T_2）（Ⅰ-1），东乌珠穆沁旗-多宝山岛弧（O、D、C_2）（Ⅰ-1-5）		必要
	成矿环境	滨太平洋成矿域（叠加在古亚洲成矿域之上）（Ⅰ-4），大兴安岭成矿省（Ⅱ-12），东乌珠穆沁旗-嫩江（中强挤压区）铜、钼、铅、锌、金、钨、锡、铬成矿带（Ⅲ-6），二连-东乌珠穆沁旗钨、钼、铁、锌、铅、金、银、铬成矿亚带（Ⅴ、Ｙ）（Ⅲ-6-③），朝不楞-阿尔哈达铁、锡、铅、锌、银矿集区（Ⅴ-37）		必要
控矿地质条件	控矿构造	北东向长期活动的断裂构造及其边部的次级羽状断裂		必要
	赋矿地层	中上泥盆统塔尔巴格特组		必要
	控矿侵入岩	燕山期（侏罗纪）花岗岩		必要
区域成矿类型及成矿时代		侏罗纪花岗岩类与塔尔巴格特组接触交代的外接触带（矽卡岩）型，燕山晚期		必要
预测区矿点		2个矿点		必要
物探特征	重力	布格重力异常图上，矿区处在相对重力低异常边部的梯级带上，异常呈北东走向，异常范围（-102～-98）$\times 10^{-5}$ m/s²。剩余重力异常图上，矿区位于剩余重力正负异常的交接带上，异常范围为（-2.00～1.00）$\times 10^{-5}$ m/s²		重要
	航磁	带状磁异常，呈北东东向或近东西向，磁场显示为平缓正磁背景场中的正磁异常带		重要
地球化学特征		区域上分布有Sn、W、Mo、Ag、Pb、Zn、Cu、As、Sb等元素组成的高背景区带，在高背景区带中有以Sn、W、Ag、Pb、Zn、Cu、As、Sb为主的多元素局部异常。预测区内Sn元素在预测区北部和南部呈背景和低背景分布，仅在局部地区存在强度较高的异常，具有明显的浓度分带和浓集中心，大致呈北东向展布		重要

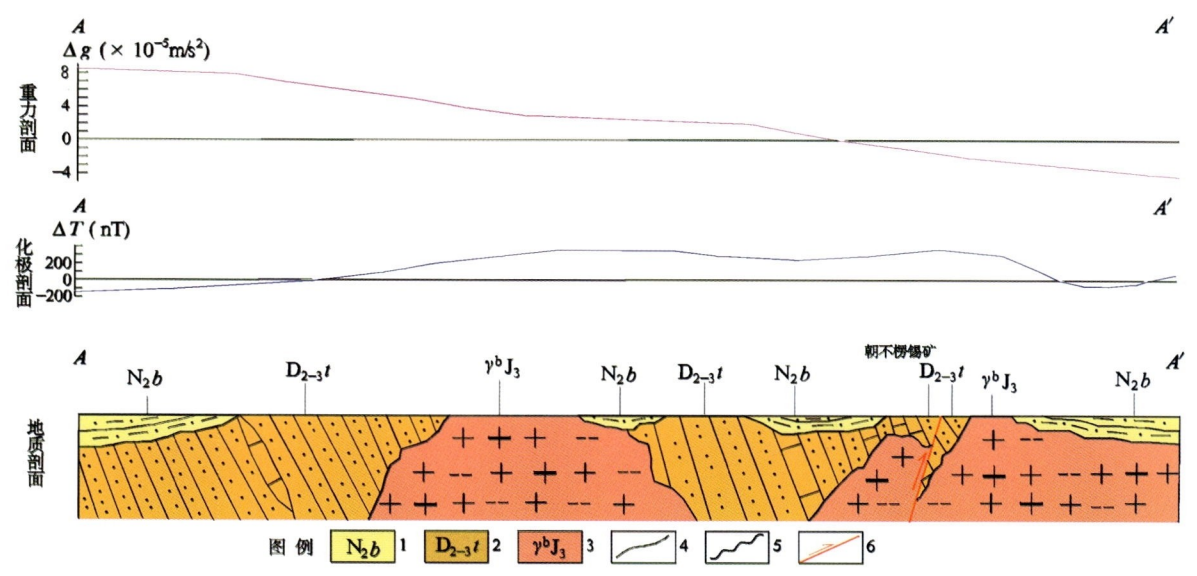

图 6-8 朝不楞式侵入岩体型铁锡矿预测工作区预测模型图

1. 宝格达乌拉组；2. 塔尔巴格特组；3. 似斑状黑云母花岗岩；4. 地质界线；5. 角度不整合界线；6. 逆断层

第三节 矿产预测

一、综合地质信息定位预测

(一)变量提取及优选

地层：地表出露或推断有中上泥盆统塔尔巴格特组。

侵入岩：燕山晚期似斑状花岗岩。

构造：与成矿有关的断裂，并做500m缓冲区。

遥感：提取一级铁染异常区。

重力：重力值较高。

航磁：航磁推断断层，并做500m缓冲区。

已知矿点：已知矿点、矿化点，并做500m缓冲区。

(二)最小预测区圈定及优选

用综合信息网格单元法进行预测区的圈定，利用MRAS软件中的建模功能，通过成矿必要要素的叠加圈定预测区。

预测区内只有一个已知矿床，因此采用MRAS矿产资源GIS评价系统中预测模型工程，利用网格单元法进行定位预测。采用空间评价中预测变量选择方法进行预测，采用相似系数法的结果，再结合综合信息法叠加各预测要素圈定最小预测区，并进行优选。

(三)最小预测区圈定结果

根据典型矿床成矿要素及预测要素研究,本次选择不规则地质单元法作为预测单元。

共圈定24个最小预测区,其中A级最小预测区5个,B级最小预测区9个,C级最小预测区10个(表6-5)。

表6-5 朝不楞式侵入岩体型铁锡矿预测工作区最小预测区综合信息表

序号	最小预测区编号	最小预测区名称	序号	最小预测区编号	最小预测区名称
1	A1509201001	朝不楞	13	B1509201008	哈丹陶勒盖东
2	A1509201002	朝不楞南	14	B1509201009	查干诺尔北
3	A1509201003	哈丹陶勒盖东	15	C1509201001	陶申陶勒盖东(北)
4	A1509201004	哈丹陶勒盖东	16	C1509201002	陶申陶勒盖东(中)
5	A1509201005	努仁查干敖包	17	C1509201003	陶申陶勒盖东(南)
6	B1509201001	朝不楞	18	C1509201004	敖根恩陶勒盖
7	B1509201002	朝不楞南	19	C1509201005	敖根恩陶勒盖东
8	B1509201003	乌义图音查干	20	C1509201006	花那格特
9	B1509201004	梅勒音高吉格日	21	C1509201007	伊和阿给特
10	B1509201005	巴勒格尔	22	C1509201008	苏布日牙温多日
11	B1509201006	巴勒格尔南	23	C1509201009	沃尔格斯特东
12	B1509201007	沃尔格斯特南	24	C1509201010	哈丹陶勒盖东

(四)最小预测区地质评价

预测工作区内共划分24个最小预测区,依据地质、物探、化探、遥感等综合信息,经综合评价,各最小预测区综合信息及找矿潜力评价见表6-6。

A级预测区:地表有中上泥盆统塔尔巴格特组、多宝山组、与成矿有直接关系的燕山期花岗岩及其形成的矽卡岩带,有已知中型矿床及矿点分布,遥感局部有一级铁染异常,航磁化极异常值在600nT以内;剩余重力异常等值线起始值在$(-2\sim10)\times10^{-5}\mathrm{m/s^2}$之间。找矿潜力大。

B级预测区:地表有中上泥盆统塔尔巴格特组、与成矿有直接关系的燕山期花岗岩以及侵入形成的矽卡岩带、角岩化带;个别有矿(化)点。航磁化极异常多低缓,剩余重力异常值高低不一。有一定的找矿潜力。

C级预测区:地表出露或推测有中上泥盆统塔尔巴格特组、燕山期中—酸性侵入岩,部分有低缓航磁化极异常,局部有高航磁化极异常,最高航磁化极异常值600nT;多数区段重力低。找矿潜力差。

表 6-6 朝不楞锡矿预测工作区最小预测区找矿潜力评价一览表

最小预测区编号	最小预测区名称	综合信息	评价
A1509201001	朝不楞	主要发育中上泥盆统塔尔巴格特组、燕山期似斑状黑云母花岗岩及北东向长期多次活动的区域性断裂。航磁化极异常3处,最高值400nT;重力低;有磁异常2处,北东向分布	成矿条件有利,找矿潜力大
A1509201002	朝不楞南	主要发育中上泥盆统塔尔巴格特组、燕山期似斑状黑云母花岗岩,周边零星出露下白垩统白音高老组酸性火山岩。发育一条北东向多期次活动的区域性断裂。区内有中型铁锡多金属矿床1处,分为南、北两个矽卡岩矿化带。有磁异常3处,航磁化极异常3处,最高值400nT;矿区北部重力高,南部重力低	找矿潜力大
A1509201003	哈丹陶勒盖东	出露中奥陶统多宝山组海相碎屑岩及岛弧火山岩、燕山期花岗岩,发育北东向长期多次活动的区域性断裂及北西向断裂构造。航磁化极异常2处,呈北东向串珠状分布,最高值500nT;北东部重力低,南西部重力高;南部具北东向磁异常	找矿潜力大
A1509201004	哈丹陶勒盖东	中奥陶统多宝山组零星分布于断续出露的燕山期花岗岩外围,发育北东向长期多次活动的区域性断裂及北西向断裂构造,多宝山组海相碎屑岩与中一酸性侵入岩接触带中有形成侵入岩体型铁锰多金属矿床的可能。航磁化极异常最高值100nT;重力低;中部具北东向低缓磁异常带	找矿潜力大
A1509201005	努仁查干敖包	西部主要出露中奥陶统多宝山组及少量中上泥盆统塔尔巴格特组,东部出露燕山期的黑云母花岗岩、石英闪长岩、闪长岩等。区内有铁锰矿床1处。区内发育北东向、北西向长期多次活动的区域性断裂。东端航磁化极异常最高值500nT,其余地段值低;总体重力低,最低值为$8\times10^{-2}m/s^2$;东西向低缓磁异常3处	找矿潜力大
B1509201001	朝不楞	塔尔巴格特组分布于北东向长期多次活动的区域性断裂的南测,有石英闪长岩、闪长岩等侵位。西段航磁化极异常最高值500nT,其余地段值低;全区总体重力低,仅有北部局部边缘重力高	有一定的找矿潜力
B1509201002	朝不楞南	出露有塔尔巴格特组及燕山期的黑云母花岗岩、石英闪长岩、闪长岩等。区内北东向、北西向长期多次活动的区域性断裂发育。南东部具有航磁化极异常,最高值500nT;全区重力低;磁异常分布区与航磁化极异常套合性好	有一定的找矿潜力
B1509201003	乌义图音查干	发育塔尔巴格特组,北东向及北西向多期次活动的区域性断裂发育。北东端有航磁化极异常2处,最高值500nT;北西端重力较高,其余地段重力低;磁异常分布于北东部,与航磁化极异常套合性差	有找矿前景
B1509201004	梅勒音高吉格日	发育塔尔巴格特组,北东向及北西向多期次活动的区域性断裂发育。南西端具航磁化极异常,最高值500nT;中部重力高,呈北北东向展布,与航磁化极异常高值区套合性差	找矿前景一般

续表 6-6

最小预测区编号	最小预测区名称	综合信息	评价
B1509201005	沙巴尔台高勒北	地表被新生界覆盖。两端有航磁化极异常2处,最高值500nT;由东到西重力由低到高变化;磁异常2处,与2处航磁化极异常套合性好	有找矿前景
B1509201006	雅日盖图	发育燕山期黑云母花岗岩,推测发育北东向长期多次活动的区域性断裂构造。航磁化极异常2处,北东向分布,最高值500nT;重力低	找矿前景一般
B1509201007	巴彦乌拉	零星分布燕山期的黑云母花岗岩类,其余地段被新生界掩盖,推测北东向隐伏断裂发育,并控制花岗岩类侵位。航磁化极异常2处,最高值达600nT;重力低;磁异常2处,与航磁化极异常套合好	有找矿前景
B1509201008	宝音南	零星分布燕山期黑云母花岗岩,其余地段被新生界掩盖,推测北东向隐伏断裂发育,并控制花岗岩类侵位。小面积航磁化极异常3处,最高值达500nT;重力低	有找矿前景
B1509201009	巴勒格尔	西段零星分布多宝山组,东段零星分布燕山期花岗岩。北东向、北西向长期多次活动的区域性断裂发育。具低缓的航磁化极异常;重力低	找矿前景差
C1509201001	陶申陶勒盖东(北)	分布塔尔巴格特组,发育北东向、北西向长期多次活动的区域性断裂。全区具低缓的航磁化极异常;重力低	找矿意义差
C1509201002	陶申陶勒盖东(中)	分布中上泥盆统塔尔巴格特组,发育北东向、北西向长期多次活动的区域性断裂。全区具低缓的航磁化极异常,重力低	找矿意义差
C1509201003	陶申陶勒盖东(南)	主要分布塔尔巴格特组,并有少量燕山期中—酸性侵入岩分布,发育北东向、北西向长期多次活动的区域性断裂。全区具低缓的航磁化极异常;重力低	找矿意义差
C1509201004	沙巴尔台高勒北	塔尔巴格特组零星出露。具低缓的航磁化极异常;重力低	找矿意义差
C1509201005	敖根恩陶勒盖	塔尔巴格特组不规则分布。具低缓的航磁化极异常;重力低	找矿意义差
C1509201006	敖根恩陶勒盖东	塔尔巴格特组不规则零星分布。具低缓的航磁化极异常;北东端具较高的重力异常	有找矿意义
C1509201007	花那格特	塔尔巴格特组零星出露。重力异常值低;南西端有航磁化极异常1处	找矿线索
C1509201008	伊和阿给特	大面积分布塔尔巴格特组。具低缓的航磁化极异常;重力异常值低	找矿线索
C1509201009	苏布日牙温多日	大面积分布塔尔巴格特组。北东向断裂构造发育。重力异常值低;中部具较高的航磁化极异常	找矿线索
C1509201010	都勒格敖包	地表无基岩露头。中部具航磁化极异常,最高值达500nT;重力低	有找矿意义

二、综合信息地质体积法估算资源量

（一）典型矿床深部及外围资源量估算

查明资源量、体重及 Sn 品位等资料，均来源于 2005 年 11 月内蒙古自治区内蒙古物华天宝矿物资源有限公司编写的《内蒙古自治区东乌珠穆沁旗朝不楞矿区一矿带铁锌多金属矿补充详查报告》。矿床面积（$S_{查}$）是根据 1:2.5 万矿区综合地质图（图 6-1），在 MapGIS 软件下读取数据；依据控制矿体最深的Ⅷ—Ⅷ′勘探线剖面图，矿体延深（$L_{查}$）为 340m。

典型矿床体积含矿率＝查明资源储量÷[面积（$S_{总}$）×延深（$L_{查}$）]＝6137÷(1 244 828×340)＝0.000 014 5（t/m³）。

典型矿床外围预测资源量＝面积（$S_{预}$）×延深（$L_{查}$＋$L_{预}$）×典型矿床体积含矿率＝2 489 000×1000×0.000 014 5＝36 090.5（t）。

典型矿床深部预测资源量＝查明资源面积×（总延深－查明矿体延深）×体积含矿率＝1 244 828×(1000－340)×0.000 014 5＝11 913（t）。

朝不楞铁锡典型矿床深部及外围资源量估算结果见表 6-7。

表 6-7 朝不楞铁锡典型矿床、深部和外围预测资源量估算一览表

典型矿床		深部及外围		
已查明资源量（t）	6137	深部	面积（m²）	1 244 828
面积（m²）	1 244 828		深度（m）	660
深度（m）	340	外围	面积（m²）	2 489 000
品位（%）	0.098 5		深度（m）	1000
体重（t/m³）	4.06	预测资源量（t）		48 003.5
体积含矿率（t/m³）	0.000 014 5	典型矿床资源总量（t）		54 140.5

（二）模型区的确定、资源量及估算参数

朝不楞铁锡矿典型矿床位于朝不楞模型区内，已探明锡资源量 6137t；模型区总资源量＝查明资源储量＋深部预测资源量＋外围预测资源量＝6137＋11 913＋36 090.5＝54 140.5（t）。模型区延深与典型矿床一致；模型区含矿地质体面积与模型区面积一致，经 MapGIS 软件下读取数据为 52 034 787.88m²。模型区总体积＝模型区面积×模型区延深＝52 034 787.88×1000＝52 034 787 880（m³）。含矿系数＝资源总量÷（模型区总体积×含矿地质体面积参数）＝54 140.5÷(52 034 787 880×1)＝0.000 001 07（t/m³）（表 6-8）。

表 6-8 朝不楞锡矿模型区预测资源量及估算参数表

编号	名称	经度	纬度	模型区资源量（t）	模型区面积（m²）	延深（m）	含矿地质体面积（m²）	含矿地质体面积参数	含矿地质体总体积（m³）	含矿系数（t/m³）
A1509201001	朝不楞	1183001	462731	54 140.5	52 034 787.88	1000	50 417 901 250	1	52 034 787.88	0.000 001 07

(三)最小预测区预测资源量

1. 估算方法的选择

朝不楞式侵入岩体型铁多金属矿朝不楞预测工作区最小预测区资源量定量估算采用地质体积法与磁法体积法进行估算(表6-9)。

表6-9 朝不楞铁锡多金属矿朝不楞预测工作区锡资源量估算方法表

预测工作区编号	预测工作区名称	资源量估算方法1	资源量估算方法2
1509201001	朝不楞预测工作区	地质体积法	磁法体积法

2. 估算参数的确定

1)最小预测区面积圈定方法及圈定结果

朝不楞预测工作区预测底图精度为1:10万,并根据成矿有利度[含矿层位、矿(化)点、找矿线索及磁法异常]、地理交通及开发条件和其他相关条件,将工作区内最小预测区级别分为A、B、C 3个等级,其中A级最小预测区5个,B级最小预测区9个,C级最小预测区10个。最小预测区面积在29.84~95.28km²之间(表6-10)。

最小预测区面积圈定依据:根据MRAS所形成的色块区与预测工作区底图重叠区域,并结合含矿地质体、已知矿床、矿(化)点及磁异常范围进行圈定。

表6-10 朝不楞预测工作区最小预测区面积圈定大小及方法依据

最小预测区编号	最小预测区名称	经度	纬度	面积(m²)	参数确定依据
A1509201001	朝不楞	1181833	460200	50.42	
A1509201002	朝不楞南	1183920	460648	66.60	
A1509201003	哈丹陶勒盖东	1183424	460844	29.84	
A1509201004	哈丹陶勒盖东	1183658	462935	32.33	
A1509201005	努仁查干敖包	1184311	462858	57.68	
B1509201001	朝不楞	1184548	463523	88.15	依据MRAS所形成的色块区与预测工作区底图重叠区域前,并结合含矿地质体、已知矿床、矿(化)点及磁异常范围
B1509201002	朝不楞南	1190646	463441	91.49	
B1509201003	乌义图音查干	1184953	463111	68.05	
B1509201004	梅勒音高吉格日	1185514	463720	56.32	
B1509201005	巴勒格尔	1182027	462324	48.79	
B1509201006	巴勒格尔南	1182614	462133	51.55	
B1509201007	沃尔格斯特南	1182307	461537	84.77	
B1509201008	哈丹陶勒盖东	1181021	462102	41.86	
B1509201009	查干诺尔北	1181153	461404	34.86	
C1509201001	陶申陶勒盖东(北)	1171923	460608	78.54	

续表 6-10

最小预测区编号	最小预测区名称	经度	纬度	面积(m^2)	参数确定依据
C1509201002	陶申陶勒盖东（中）	1173450	460633	54.19	依据 MRAS 所形成的色块区与预测工作区底图重叠区域前，并结合含矿地质体、已知矿床、矿（化）点及磁异常范围
C1509201003	陶申陶勒盖东（南）	1182816	460049	71.45	
C1509201004	敖根恩陶勒盖	1180756	460132	31.40	
C1509201005	敖根恩陶勒盖东	1174508	455342	77.15	
C1509201006	花那格特	1172925	454348	46.94	
C1509201007	伊和阿给特	1173910	455703	94.26	
C1509201008	苏布日牙温多日	1175537	455450	95.28	
C1509201009	沃尔格斯特东	1192547	460216	47.30	
C1509201010	哈丹陶勒盖东	1192945	455614	76.85	

2）延深参数的确定及结果

延深参数是在研究最小预测区含矿地质体地质特征、岩体的形成深度、矿化蚀变、矿化类型的基础上，对比典型矿床特征综合确定的，部分由成矿带模型类比或专家估计给出。目前所掌握资料，朝不楞铁锡多金属矿钻孔控制最大垂深为340m，钻孔最大孔深为581m，未穿透含矿地质体，最新成果显示于1000m附近仍见工业矿体，其向下仍有分布的可能，同时根据含矿地质体的地表出露面积大小来确定其延深，详见表6-11。

表 6-11 朝不楞铁锡多金属矿预测工作区最小预测区延深表

最小预测区编号	最小预测区名称	延深(m)	最小预测区编号	最小预测区名称	延深(m)
A1509201001	朝不楞	1000	B1509201008	哈丹陶勒盖东	400
A1509201002	朝不楞南	500	B1509201009	查干诺尔北	300
A1509201003	哈丹陶勒盖东	300	C1509201001	陶申陶勒盖东（北）	500
A1509201004	哈丹陶勒盖东	300	C1509201002	陶申陶勒盖东（中）	500
A1509201005	努仁查干敖包	500	C1509201003	陶申陶勒盖东（南）	500
B1509201001	朝不楞	500	C1509201004	敖根恩陶勒盖	300
B1509201002	朝不楞南	500	C1509201005	敖根恩陶勒盖东	500
B1509201003	乌义图音查干	500	C1509201006	花那格特	400
B1509201004	梅勒音高吉格日	500	C1509201007	伊和阿给特	500
B1509201005	巴勒格尔	400	C1509201008	苏布日牙温多日	500
B1509201006	巴勒格尔南	500	C1509201009	沃尔格斯特东	400
B1509201007	沃尔格斯特南	500	C1509201010	哈丹陶勒盖东	500

3）品位和体重的确定

典型矿床 TSn 平均品位为 0.0985%，体重 4.06t/m^3。预测工作区内无矿床、矿点的最小预测区品位、体重均采用黄岗典型矿床资料(表6-12)。

表6-12 朝不楞预测工作区最小预测区品位、体重采用表

最小预测区编号	最小预测区名称	经度	纬度	品位(%)	体重(t/m³)
A1509207008	朝不楞	1181833	460200	0.0985	4.06
	其他最小预测区			0.0985	4.06

4)相似系数的确定

朝不楞铁锡多金属矿预测工作区最小预测区相似系数的确定,主要依据最小预测区内含矿地质体出露的大小、地质构造发育程度不同、磁异常强度、矿化蚀变发育程度及矿(化)点的多少等因素,由专家确定。各最小预测区相似系数见表6-13。

表6-13 朝不楞铁锡多金属矿预测工作区最小预测区相似系数表

最小预测区编号	最小预测区名称	相似系数	最小预测区编号	最小预测区名称	相似系数
A1509201001	朝不楞	1.0	B1509201008	哈丹陶勒盖东	0.2
A1509201002	朝不楞南	0.5	B1509201009	查干诺尔北	0.2
A1509201003	哈丹陶勒盖东	0.5	C1509201001	陶申陶勒盖东(北)	0.1
A1509201004	哈丹陶勒盖东	0.5	C1509201002	陶申陶勒盖东(中)	0.1
A1509201005	努仁查干敖包	0.5	C1509201003	陶申陶勒盖东(南)	0.1
B1509201001	朝不楞	0.2	C1509201004	敖根恩陶勒盖	0.1
B1509201002	朝不楞南	0.2	C1509201005	敖根恩陶勒盖东	0.1
B1509201003	乌义图音查干	0.2	C1509201006	花那格特	0.1
B1509201004	梅勒音高吉格日	0.2	C1509201007	伊和阿给特	0.1
B1509201005	巴勒格尔	0.2	C1509201008	苏布日牙温多日	0.1
B1509201006	巴勒格尔南	0.2	C1509201009	沃尔格斯特东	0.1
B1509201007	沃尔格斯特南	0.2	C1509201010	哈丹陶勒盖东	0.1

3. 最小预测区预测资源量估算结果

用地质体积法,根据预测资源量估算公式:

$$Z_{预} = S_{预} \times H_{预} \times K_S \times K \times \alpha; \quad Z_{总} = Z_{预} + Z_{查明}$$

式中,$Z_{总}$为预测区总资源量;$Z_{预}$为预测区预测资源量;$Z_{查明}$为预测区内已查明的资源量;$S_{预}$为预测区面积;$H_{预}$为预测区延深(指预测区含矿地质体延深);K_S为含矿地质体面积参数;K为模型区矿床的含矿系数;α为相似系数。

本次预测资源总量为84 471.2t,不包括已查明资源量6137t,详见表6-14。

表6-14 朝不楞铁锡多金属矿预测工作区最小预测区估算成果表

最小预测区编号	最小预测区名称	$S_{预}(m^2)$	$H_{预}(m)$	K_S	$K(t/m^3)$	α	$Z_{总}(t)$	$Z_{查明}(t)$	$Z_{预}(t)$	资源量级别
A1509201001	朝不楞	50.42	1000	1.0	0.000 001 07	1.0	54 140.5	6137	48 003.5	334-1
A1509201002	朝不楞南	66.60	500	0.5	0.000 001 07	0.5	8 907.5	0	8 907.5	334-2
A1509201003	哈丹陶勒盖东	29.84	300	0.5	0.000 001 07	0.5	2 394.4	0	2 394.4	334-2
A1509201004	哈丹陶勒盖东	32.33	300	0.5	0.000 001 07	0.5	2 594.5	0	2 594.5	334-2
A1509201005	努仁查干敖包	57.68	500	0.5	0.000 001 07	0.5	7 714.4	0	7 714.4	334-1
B1509201001	朝不楞	88.15	500	0.2	0.000 001 07	0.2	1 886.4	0	1 886.4	334-3
B1509201002	朝不楞南	91.49	500	0.2	0.000 001 07	0.2	1 957.8	0	1 957.8	334-3
B1509201003	乌义图音查干	68.05	500	0.2	0.000 001 07	0.2	1 456.2	0	1 456.2	334-3
B1509201004	梅勒音高吉格日	56.32	500	0.2	0.000 001 07	0.2	1 205.2	0	1 205.2	334-3
B1509201005	巴勒格尔	48.79	400	0.2	0.000 001 07	0.2	835.2	0	835.2	334-3
B1509201006	巴勒格尔南	51.55	500	0.2	0.000 001 07	0.2	1 103.1	0	1 103.1	334-3
B1509201007	沃尔格斯特南	84.77	500	0.2	0.000 001 07	0.2	1 814.1	0	1 814.1	334-3
B1509201008	哈丹陶勒盖东	41.86	400	0.2	0.000 001 07	0.2	716.7	0	716.7	334-3
B1509201009	查干诺尔北	34.86	300	0.2	0.000 001 07	0.2	447.6	0	447.6	334-3
C1509201001	陶申陶勒盖东(北)	78.54	500	0.1	0.000 001 07	0.1	420.2	0	420.2	334-3
C1509201002	陶申陶勒盖东(中)	54.19	500	0.1	0.000 001 07	0.1	289.9	0	289.9	334-3
C1509201003	陶申陶勒盖东(南)	71.45	500	0.1	0.000 001 07	0.1	382.3	0	382.3	334-3
C1509201004	敖根恩陶勒盖	31.40	300	0.1	0.000 001 07	0.1	100.8	0	100.8	334-3
C1509201005	敖根恩陶勒盖东	77.15	500	0.1	0.000 001 07	0.1	412.8	0	412.8	334-3
C1509201006	花那格特	46.94	400	0.1	0.000 001 07	0.1	200.9	0	200.9	334-3
C1509201007	伊和阿给特	94.26	500	0.1	0.000 001 07	0.1	504.3	0	504.3	334-3
C1509201008	苏布日牙温多日	95.28	500	0.1	0.000 001 07	0.1	509.8	0	509.8	334-3
C1509201009	沃尔格斯特东	47.30	400	0.1	0.000 001 07	0.1	202.5	0	202.5	334-3
C1509201010	哈丹陶勒盖东	76.85	500	0.1	0.000 001 07	0.1	411.1	0	411.1	334-3
总计							90 608.2	6137	84 471.2	

4. 最小预测区资源量可信度估计

根据《预测资源量估算技术要求》(2010年补充)可信度划分标准,针对每个最小预测区评价其可信度,朝不楞铁锡矿最小预测区可信度统计结果见表6-15。

表6-15 朝不楞铁锡多金属矿预测工作区最小预测区预测资源量可信度统计表

最小预测区		面积		延深		含矿系数		资源量综合	
编号	名称	可信度	依据	可信度	依据	可信度	依据	可信度	依据
A1509201001	朝不楞	0.75	据MRAS所形成的色块区与预测工作区底图重叠区域,并结合含矿地质体、已知矿床、矿(化)点及磁异常范围	0.90	钻孔	0.85	模型区	≥0.75	地质、物探
A1509201002	朝不楞南	0.75		0.90	专家	0.85	模型区	≥0.75	地质、物探
A1509201003	哈丹陶勒盖东	0.75		0.50	专家	0.85	模型区	<0.50	地质、物探
A1509201004	哈丹陶勒盖东	0.75		0.50	专家	0.85	模型区	<0.50	地质、物探
A1509201005	努仁查干敖包	0.75		0.90	专家	0.85	模型区	≥0.75	地质、物探
B1509201001	朝不楞	0.75		0.75	专家	0.85	模型区	0.50~0.75	地质、物探
B1509201002	朝不楞南	0.75		0.75	专家	0.85	模型区	0.50~0.75	地质、物探
B1509201003	乌义图音查干	0.50		0.50	专家	0.85	模型区	<0.50	地质、物探
B1509201004	梅勒音高吉格日	0.50		0.50	专家	0.85	模型区	<0.50	地质、物探
B1509201005	巴勒格尔	0.50		0.50	专家	0.85	模型区	<0.50	地质、物探
B1509201006	巴勒格尔南	0.75		0.50	专家	0.85	模型区	<0.50	地质、物探
B1509201007	沃尔格斯特南	0.25		0.50	专家	0.85	模型区	<0.50	地质、物探
B1509201008	哈丹陶勒盖东	0.25		0.25	专家	0.85	模型区	<0.50	地质、物探
B1509201009	查干诺尔北	0.75		0.75	专家	0.85	模型区	<0.50	地质、物探
C1509201001	陶申陶勒盖东(北)	0.75		0.75	专家	0.85	模型区	<0.50	地质、物探
C1509201002	陶申陶勒盖东(中)	0.75		0.75	专家	0.85	模型区	<0.50	地质、物探
C1509201003	陶申陶勒盖东(南)	0.50		0.50	专家	0.85	模型区	<0.50	地质、物探
C1509201004	敖根恩陶勒盖	0.25		0.25	专家	0.85	模型区	<0.50	地质、物探
C1509201005	敖根恩陶勒盖东	0.25		0.25	专家	0.85	模型区	<0.50	地质、物探
C1509201006	花那格特	0.50		0.75	专家	0.85	模型区	<0.50	地质、物探
C1509201007	伊和阿给特	0.50		0.25	专家	0.85	模型区	<0.50	地质、物探
C1509201008	苏布日牙温多日	0.50		0.50	专家	0.85	模型区	<0.50	地质、物探
C1509201009	沃尔格斯特东	0.50		0.50	专家	0.85	模型区	<0.50	地质、物探
C1509201010	哈丹陶勒盖东	0.50		0.25	专家	0.85	模型区	<0.50	地质、物探

(四)预测工作区资源总量成果汇总

1. 按方法汇总

朝不楞式侵入岩体型锡矿预测工作区地质体积法预测资源量见表6-16。预测总资源量为84 471.2t。

表6-16 朝不楞式侵入岩体型锡矿预测工作区预测资源量方法统计表 单位:t

预测工作区编号	预测工作区名称	方法
		地质体积法
1509201001	朝不楞式侵入岩体型铁多金属矿预测工作区	84 471.2

2. 按精度汇总

朝不楞式侵入岩体型锡矿预测工作区地质体积法预测资源量,依据资源量级别划分标准,可划分为334-1、334-2和334-3三个资源量精度级别,各级别资源量见表6-17。

表6-17 朝不楞式侵入岩体型锡矿预测工作区预测资源量精度统计表　　　　　　　　单位:t

预测工作区编号	预测工作区名称	精度		
		334-1	334-2	334-3
1509201001	朝不楞式侵入岩体型铁多金属矿预测工作区	55 717.9	13 896.4	14 856.9

3. 按延深汇总

朝不楞式侵入岩体型铁多金属矿预测工作区中,根据各最小预测区内含矿地质体(地层、侵入岩及构造)特征,预测深度在340~2000m之间,其资源量按预测深度统计结果见表6-18。

表6-18 朝不楞式侵入岩体型锡矿预测工作区预测资源量深度统计表　　　　　　　　单位:t

预测工作区编号	预测工作区名称	500m以浅			1000m以浅			2000m以浅		
		334-1	334-2	334-3	334-1	334-2	334-3	334-1	334-2	334-3
1509201001	朝不楞式侵入岩体型铁多金属矿预测工作区	31 716.15	13 896.4	14 856.9	55 717.9	13 896.4	14 856.9	55 717.9	13 896.4	14 856.9
		总计:60 469.45			总计:84 471.2			总计:84 471.2		

4. 按矿产预测类型汇总

朝不楞式侵入岩体型铁多金属矿预测工作区中,预测类型为侵入岩体型,其资源量统计结果见表6-19。

表6-19 朝不楞式侵入岩体型锡矿预测工作区预测资源量矿产类型精度统计表　　　　单位:t

预测工作区编号	预测工作区名称	矽卡岩型		
		334-1	334-2	334-3
1509201001	朝不楞式侵入岩体型铁多金属矿预测工作区	55 717.9	13 896.4	14 856.9

5. 按可利用性类别汇总

可利用性类别的划分,主要依据深度可利用性(500m、1000m、2000m)、当前开采经济条件可利用性、矿石可选性、外部交通水电环境可利用性,按权重进行取数估算。预测工作区资源量可利用性统计结果见表6-20。

表6-20 朝不楞式侵入岩体型锡矿预测工作区预测资源量可利用性统计表　　　　　　单位:t

预测工作区编号	预测工作区名称	可利用			暂不可利用		
		334-1	334-2	334-3	334-1	334-2	334-3
1509201001	朝不楞式侵入岩体型铁多金属矿预测工作区	55 717.9	13 896.4	14 856.9	—	—	—
		总计:84 471.2			—		

6. 按可信度统计分析汇总

朝不楞式侵入岩体型锡矿预测工作区预测资源量可信度统计结果见表6-21。

表6-21　朝不楞式侵入岩体型锡矿预测工作区预测资源量可信度统计表　　　单位：t

预测工作区编号	预测工作区名称	$X \geqslant 0.75$			$X \geqslant 0.5$			$X \geqslant 0.25$		
		334-1	334-2	334-3	334-1	334-2	334-3	334-1	334-2	334-3
1509201001	朝不楞侵入岩体型铁多金属矿预测工作区	55 717.9	8 907.5	—	55 717.9	12 751.7	3 844.2	55 717.9	13 896.4	14 856.9

7. 按级别分类统计汇总

依据最小预测区地质矿产、物探及遥感异常等综合特征，并结合资源量估算和预测区优选结果，将最小预测区划分为A级、B级和C级3个等级，其预测资源量见表6-22。

表6-22　朝不楞式侵入岩体型锡矿预测工作区预测资源量级别分类统计表　　　单位：t

预测工作区编号	预测工作区名称	级别		
		A级	B级	C级
1509201001	朝不楞式侵入岩体型铁多金属矿预测工作区	69 614.3	11 422.3	3 434.6
		84 471.2		

第七章　孟恩陶勒盖式侵入岩体型锡矿预测成果

孟恩陶勒盖式热液型银铅锌锡矿预测区工作区横跨内蒙古自治区兴安盟和通辽市,地理坐标为东经为 120°00′—122°00′,北纬 44°00′—46°10′。地处大兴安岭山地森林南东部,松嫩平原西端,属平原地貌,地势由北西向南东倾斜。属中温带半干旱大陆性季风气候,年平均气温 5℃,年降水量约 400mm,无霜期 136 天。以农业畜牧业经济为主。境内交通发达。

第一节　典型矿床特征

孟恩陶勒盖式热液型铅锌锡中型矿床位于内蒙古自治区通辽市科尔沁右翼中旗代钦塔拉苏木。地理坐标为东经 121°20′54″—121°23′10″,北纬 45°12′16″—45°12′20″。

一、典型矿床及成矿模式

孟恩陶勒盖矿区位于大兴安岭隆起带与松辽沉降带镶接部位中段,是一个具有边缘弧性质的岩浆弧。

（一）典型矿床特征

1. 矿区地质

矿区内无地层出露,矿区外围见有下二叠统滨海相陆源碎屑夹碳酸盐岩沉积及中酸性火山碎屑沉积。孟恩陶勒盖杂岩体东西长 30km,南北宽 18km,面积 400 余平方千米,北东侧侵入下二叠统中,南侧被中生界火山岩覆盖(图 7-1)。

岩体主要是黑云斜长花岗岩和二云斜长花岗岩,微量元素中 Be、B、Nb、Zn、Pb、Ga、Sn、Ag 等均高于克拉克值。岩体中常出现中基性脉岩,有辉绿岩和闪长玢岩先后穿切矿体,是燕山期区域性脉岩的一部分,与黑云斜长花岗岩不同源。

与岩体自变质作用和控岩构造有关的区域性蚀变主要是钾长石化、绢云母化,其次为黑云母褪色化、绿泥石化、绿帘石化、黄铁矿化、高岭土化。

容矿构造主要为近东西向断裂,其次为北东向断裂。成矿后构造主要有两组:一组为近东西向的顺矿层断裂;一组是北西向、北北西向的截矿断裂。

2. 矿床特征

孟恩陶勒盖式热液型铅锌锡中型矿床已查明具工业意义的大小矿体共 44 条,其中主要矿体 9 条,延长 400~2000m,已控制延深 250~500m,为矿区主要探采对象。较大的分支矿体 9 条,延长数百米。此外,主矿体上下盘的零星小矿体 26 条,已基本控制其产出规律(图 7-2)。

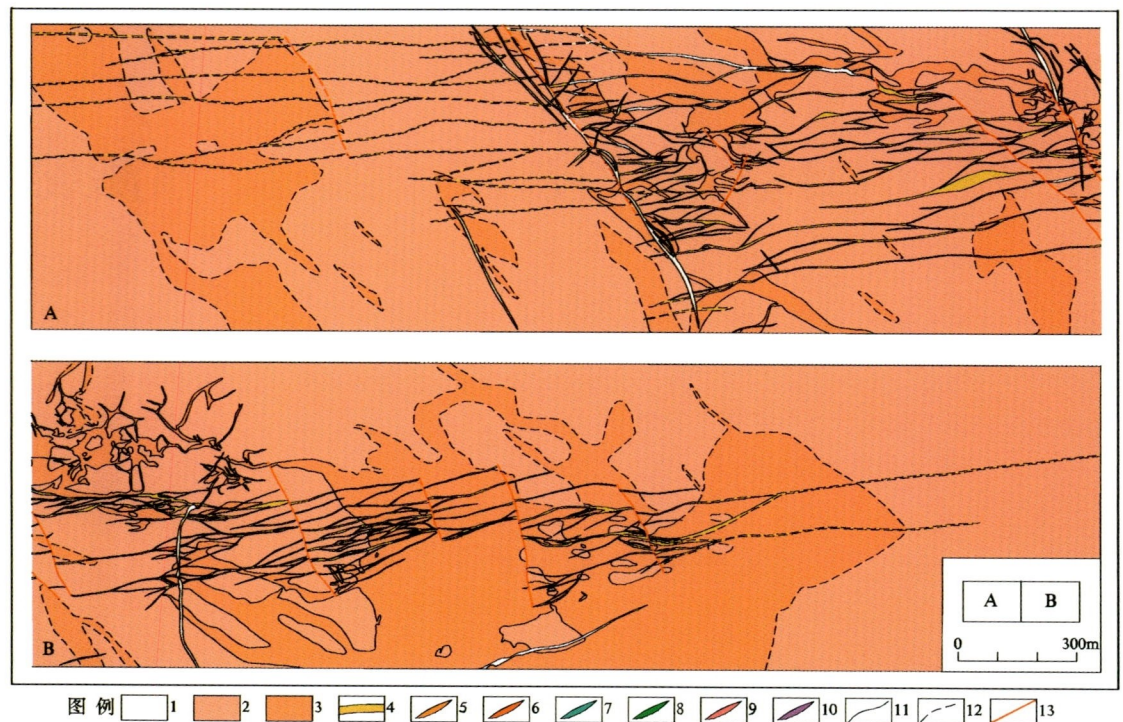

图 7-1 孟恩陶勒盖式热液型银铅锌锡多金属矿矿区地质简图

1. 第四系砂-黏土层；2. 黑云母斜长花岗岩；3. 二云斜长花岗岩；4. 矿化蚀变带；5. 表外矿体；6. 工业矿体；7. 闪长玢岩脉；
8. 辉绿玢岩脉；9. 伟晶岩脉；10. 石英脉；11. 实测地质界线；12. 推测地质界线；13. 实测压扭性断层

按容矿构造的产状和空间展布，全区矿体由西向东可分为下、中、上3个矿脉群，矿石类型由锌矿石递变为银铅矿石，矿化强度以中东段最高。下矿脉群以8号矿体为主干，走向上以复合脉型为主，膨缩变化显著，矿化连续性较差。中矿脉群以1号矿体为主干，走向80°～90°，倾向南，倾角65°～75°，顺矿构造发育，网脉状、角砾状构造，串珠状夹石发育，该矿脉群矿体较密集，总宽100m左右，西端矿体最大间距80m。上矿脉群以11号矿体为主干，走向75°～85°，倾向南东，倾角70°～85°，矿石构造复杂，以角砾状、胶状环带构造为特征，发育浸染状方铅矿化及硅化闪锌矿，富矿段常见，可连续长达50m以上，该矿脉群矿体间紧密关联，向东聚合，总宽100m左右，西端矿体最大间距70m。

3. 矿石特征

主要工业矿物是闪锌矿、方铅矿、深红银矿、黑硫银锡矿、自然银等。共生矿物有黄铜矿、黝锡矿、锡石、黄铁矿、磁黄铁矿和毒砂。

4. 矿石结构构造

矿石结构主要为结晶结构、包含结构、填隙结构、胶状结构、交代溶蚀结构、固溶体分解结构、碎裂结构等。

矿石构造主要有浸染状构造、网脉状构造、梳状构造、条带状构造、块状构造、角砾状构造、斑杂状构造、球粒状—半球粒状构造、环带状构造、晶洞状构造。

5. 围岩蚀变

与成矿有关的围岩蚀变为绢云母化、锰菱铁矿化、硅化、黄铁矿化，其次是绿泥石化和黑云母褪色化。

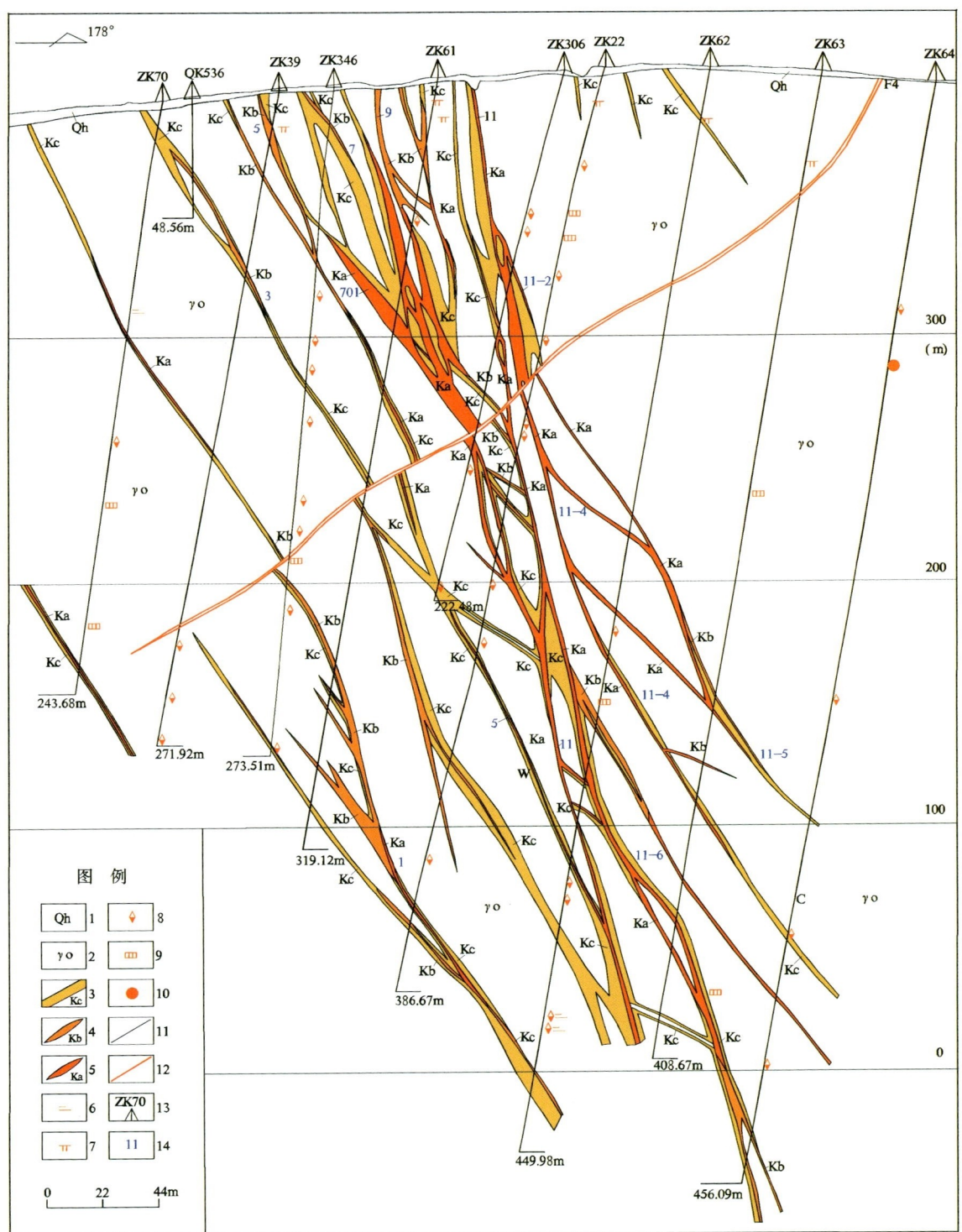

图 7-2 孟恩陶勒盖预测工作区典型矿床第 15 勘探线剖面图

1.全新统；2.斜长花岗岩；3.矿化蚀变带；4.表外矿体；5.工业矿体；6.绢云母化；7.铁锰染；8.铅锌矿化；9.黄铁矿化；10.黄铜矿化；11.地质界线；12.断层；13.钻孔位置及编号；14.矿体编号

6. 矿床成因及成矿时代

成矿类型:裂隙充填脉状银铅锌多金属中温热液型矿床。

成矿时代:侏罗纪。

(二)矿床成矿模式

根据典型矿床的研究,结合大地构造背景、主要控矿因素、成矿作用特征等,矿床成因类型为中低温热液型,二叠纪的斜长花岗岩是主要的赋矿围岩,同时也是 Sn 元素的来源之一,燕山期岩浆岩的侵入不仅提供了热源,同时也提供了 Sn 元素。区域成矿模式见图 7-3,成矿要素见表 7-1。

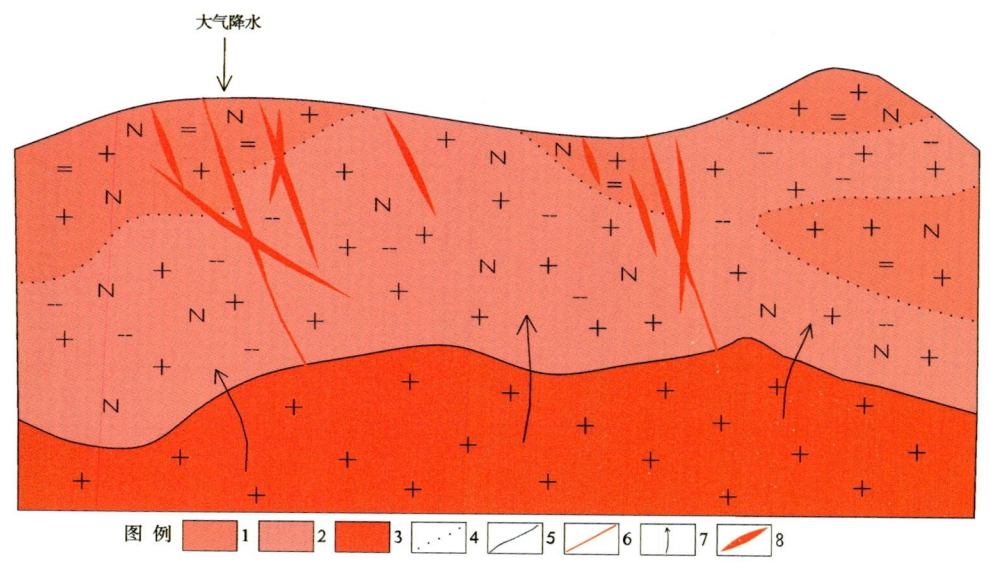

图 7-3 孟恩陶勒盖式热液型锡多金属矿成矿模式图

1. 黑云母斜长花岗岩;2. 二云斜长花岗岩;3. 花岗岩;4. 渐变过渡界线;5. 侵入界线;6. 断层;7. 矿液迁移方向;8. 矿体

表 7-1 孟恩陶勒盖式中低温热液型多金属矿典型矿床成矿要素表

成矿要素		内容描述			成矿要素类别
储量		铅 168 877t,锌 388 398t,银 1516t,锡 3404t	平均品位	Pb 0.1%,Zn 0.99%,Ag $9.2×10^{-5}$,Sn 0.022%	
特征描述		中低温热液型锡矿床			
地质环境	构造背景	天山-兴蒙造山系(Ⅰ),大兴安岭弧盆系($Pt_3—T_2$)(Ⅰ-1),锡林浩特岩浆弧(Pz_2)(Ⅰ-1-7)			重要
	成矿环境	大兴安岭成矿省(Ⅱ-12),林西-孙吴铅、锌、铜、钼、金成矿带(Ⅲ-8),神山-大井子铜、铅、锌、银、铁、钼、锡、稀土、铌、钽、萤石成矿亚带(Ⅲ-8-②),孟恩陶勒盖-布敦花银、铜、铅、锌矿集区(Ⅴ-81)			重要
	成矿时代	侏罗纪			重要

续表 7-1

成矿要素		内容描述				成矿要素类别
储量		铅 168 877t,锌 388 398t,银 1516t,锡 3404t		平均品位	Pb 0.1%,Zn 0.99%,Ag 9.2×10^{-5},Sn 0.022%	
特征描述		中低温热液型锡矿床				
矿床特征	矿体形态	脉状、网脉状				重要
	岩石类型	主要为斜长花岗岩				必要
	岩石结构	花岗结构				次要
	矿物组合	闪锌矿、方铅矿、深红银矿、黑硫银锡矿、自然银等				重要
	结构构造	结晶结构、包含结构、填隙结构、胶状结构、交代溶蚀结构、固溶体分解结构、碎裂结构等;浸染状构造、网脉状构造、梳状构造、条带状构造、块状构造、角砾状构造、斑杂状构造、球粒状—半球粒状构造、环带状构造、晶洞状构造				次要
	蚀变特征	绢云母化、锰菱铁矿化、硅化、黄铁矿化,其次是绿泥石化和黑云母褪色化				重要
	控矿条件	主要为近东西向断裂,其次为北东向断裂				重要

二、典型矿床地球物理特征

(一) 重力

孟恩陶勒盖式热液型锡银铅锌银矿位于反映中—酸性岩体(出露或隐伏)的重力低异常上,表明矿床与中—酸性岩体(出露或隐伏)关系密切。在孟恩陶勒盖锡银矿的南西侧,L蒙-211剩余重力负异常区,出露有二叠纪花岗岩,并伴有锡的内带异常,这一区域应是寻找锡矿的有利地区(图7-4)。

(二) 航磁特征

孟恩陶勒盖式岩浆热液型锡多金属矿位于预测区东部,磁异常背景为低缓负磁异常区-100nT等值线附近(图7-5)。

三、典型矿床地球化学特征

预测区内 Sn 元素在预测区北部和南部呈背景和低背景分布。孟恩陶勒盖锡多金属矿床区域 Sn 化探异常不明显,只在其北西部有小面积分布,异常编号为乙-9丙(图7-6)。

矿区存在以 Ag、Pb、Zn 为主,伴有 Cu、Cd、As、Sb、Mo 等元素组成的综合异常,Ag、Pb、Zn 为主成矿元素,Cu、Sn、Cd 为主要的伴生元素。孟恩陶勒盖多金属矿位于一条北西西向的断裂带上,Ag、Pb、Zn、Mn 浓集中心明显,异常强度高;Cu、Cd 在孟恩陶勒盖地区呈高背景分布,存在明显的浓集中心;Au、As、Sb、W、Mo 在孟恩陶勒盖附近存在局部异常(矿区所在位置 Sn 元素化探数据缺失,在此未对其进行描述)。

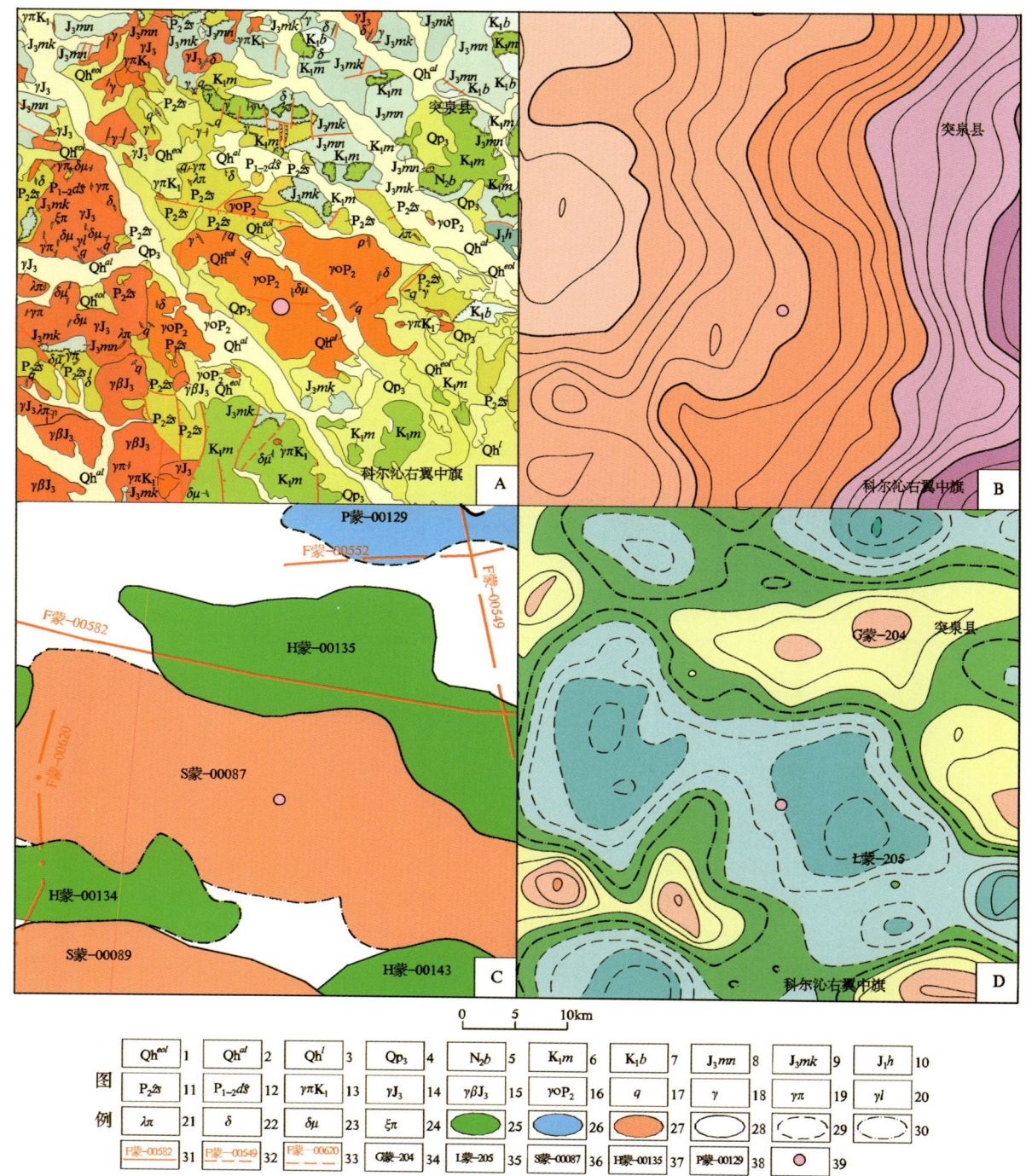

图 7-4 孟恩陶勒盖式热液型锡多金属矿区域地质矿产及重力剖析图

A. 地质矿产图；B. 布格重力异常图；C. 重力推断地质构造图；D. 剩余重力异常图。1. 全新统风积；2. 全新统冲积；3. 全新统湖积；4. 上更新统；5. 上新统宝格达乌拉组；6. 下白垩统梅勒图组；7. 下白垩统白音高老组；8. 上侏罗统玛尼吐组；9. 上侏罗统满克头鄂博组；10. 下侏罗统红旗组；11. 中二叠统哲斯组；12. 下中二叠统大石寨组；13. 早白垩世花岗斑岩；14. 晚侏罗世花岗岩；15. 晚侏罗世黑云母花岗岩；16. 中二叠世斜长花岗岩；17 石英脉；18. 花岗岩脉；19. 花岗斑岩脉；20. 花岗细晶岩脉；21. 石英斑岩脉；22. 闪长岩脉；23. 闪长玢岩脉；24. 正长斑岩脉；25. 推断古生代地层；26. 推断盆地；27. 推断酸性—中酸性岩体；28. 重力正等值线；29. 重力负等值线；30. 重力零等值线；31. 出露重力推断断裂；32. 隐伏重力推断断裂；33. 半隐伏重力推断断裂；34. 正剩余异常编号；35. 负剩余异常编号；36. 酸性—中酸性岩体编号；37. 地层编号；38. 盆地编号；39. 银铅锌矿

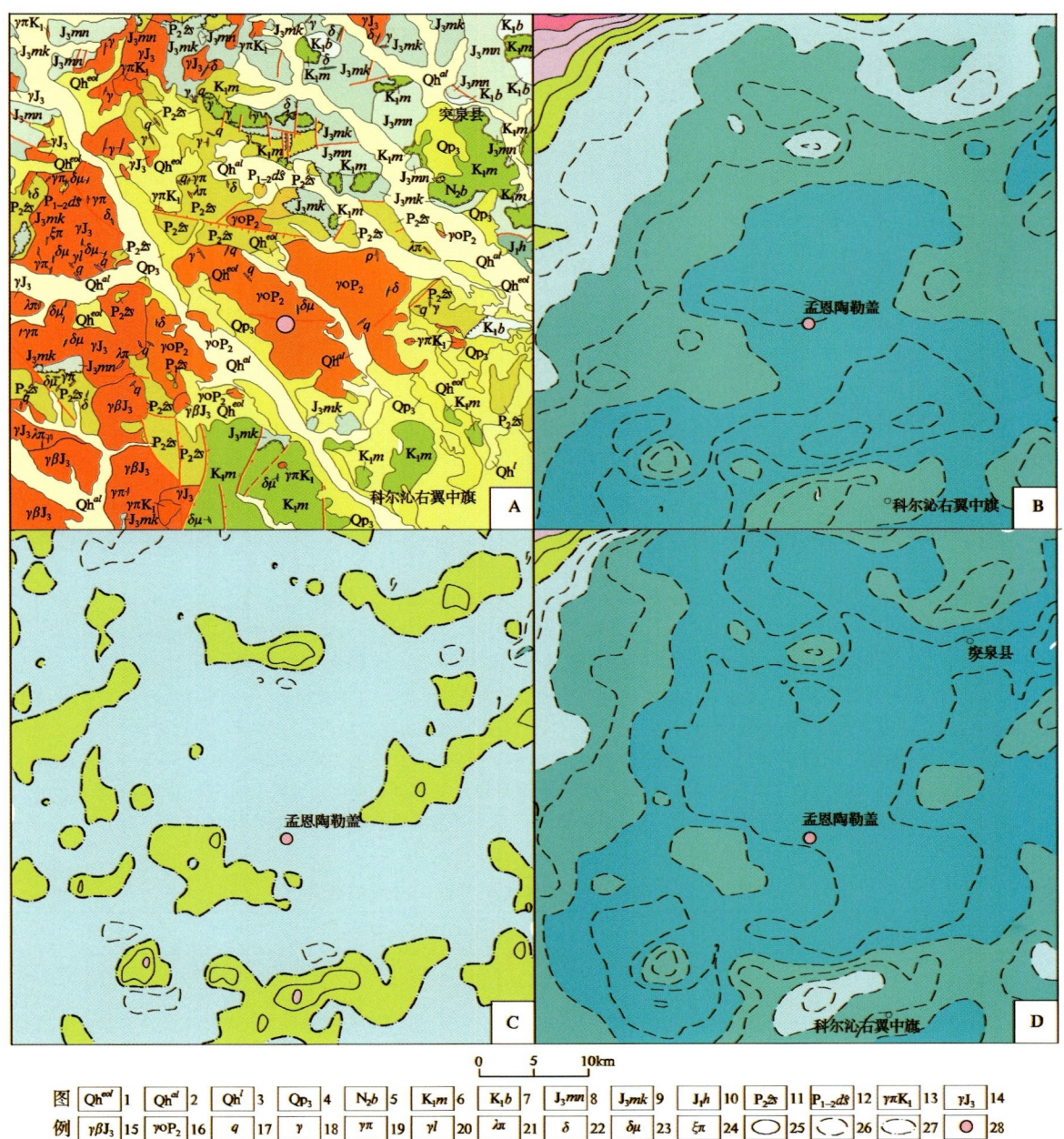

图 7-5 孟恩陶勒盖式热液型锡多金属矿区域地质矿产及磁测剖析图

A. 地质矿产图；B. 航磁 ΔT 等值线平面图；C. 航磁 ΔT 化极垂向一阶导数等值线平面图；D 航磁 ΔT 化极等值线平面图。
1. 全新统风积；2. 全新统冲积；3. 全新统湖积；4. 上更新统；5. 上新统宝格达乌拉组；6. 下白垩统梅勒图组；7. 下白垩统白音高老组；8. 上侏罗统玛尼吐组；9. 上侏罗统满克头鄂博组；10. 下侏罗统红旗组；11. 中二叠统哲斯组；12. 下中二叠统大石寨组；13. 早白垩世花岗斑岩；14. 晚侏罗世花岗岩；15. 晚侏罗世黑云母花岗岩；16. 中二叠世斜长花岗岩；17 石英脉；18. 花岗岩脉；19. 花岗斑岩脉；20. 花岗细晶岩脉；21. 石英斑岩脉；22. 闪长岩脉；23. 闪长玢岩脉；24. 正长斑岩脉；25. 正等值线；26. 负等值线；27. 零等值线；28. 锡矿点

四、矿床预测模型

根据典型矿床成矿要素和航磁资料、区域重力及化探等资料，总结出典型矿床预测要素图见图 7-7，典型矿床预测要素见表 7-2。

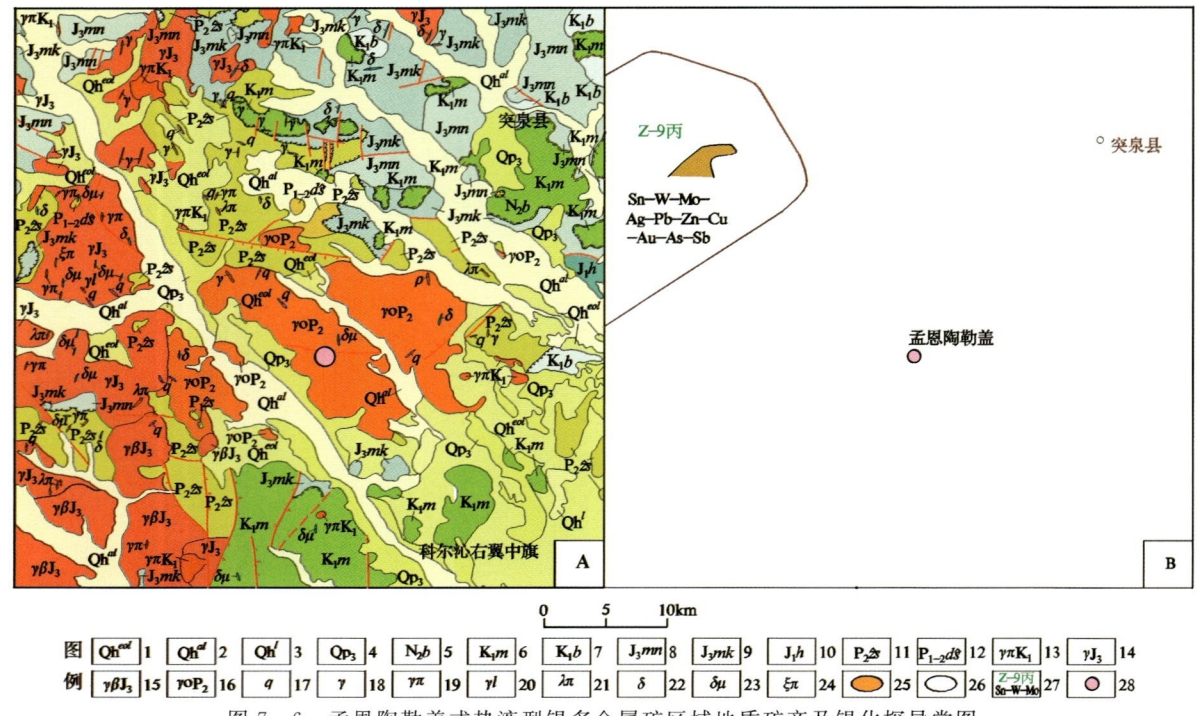

图7-6 孟恩陶勒盖式热液型锡多金属矿区域地质矿产及锡化探异常图

A. 区域地质图；B. 综合异常图。1. 全新统风积；2. 全新统冲积；3. 全新统湖积；4. 上更新统；5. 上新统宝格达乌拉组；6. 下白垩统梅勒图组；7. 下白垩统白音高老组；8. 上侏罗统玛尼吐组；9. 上侏罗统满克头鄂博组；10. 下侏罗统红旗组；11. 中二叠统哲斯组；12. 下中二叠统大石寨组；13. 早白垩世花岗斑岩；14. 晚侏罗世花岗岩；15. 晚侏罗世黑云母花岗岩；16. 中二叠世斜长花岗岩；17 石英脉；18. 花岗岩脉；19. 花岗斑岩脉；20. 花岗细晶岩脉；21. 石英斑岩脉；22. 闪长岩脉；23. 闪长玢岩脉；24. 正长斑岩脉；25 Sn 元素异常；26. 综合异常范围；27 综合异常编号及异常元素组合；28 锡矿点

表7-2 孟恩陶勒盖锡多金属矿典型矿床预测要素表

成矿要素		内容描述		成矿要素类别
储量		铅 168 877t，锌 388 398t，银 1516t，锡 3404t	平均品位 Pb 0.1%，Zn 0.99%，Ag 9.2×10^{-5}，Sn 0.022%	
特征描述		中低温热液型锡矿床		
地质环境	构造背景	天山-兴蒙造山系（Ⅰ），大兴安岭弧盆系（Pt_3—T_2）（Ⅰ-1），锡林浩特岩浆弧（Pz_2）（Ⅰ-1-7）		重要
	成矿环境	大兴安岭成矿省（Ⅱ-12），林西-孙吴铅、锌、铜、钼、金成矿带（Ⅲ-8），神山-大井子铜、铅、锌、银、铁、钼、锡、稀土、铌、钽、萤石成矿亚带（Ⅲ-8-②），孟恩陶勒盖-布敦花银、铜、铅、锌矿集区（Ⅴ-81）		重要
	成矿时代	侏罗纪		重要
矿床特征	矿体形态	脉状、网脉状		重要
	岩石类型	主要为斜长花岗岩		必要
	岩石结构	花岗结构		次
	矿物组合	闪锌矿、方铅矿、深红银矿、黑硫银锡矿、自然银等		重要
	结构构造	结晶结构、包含结构、填隙结构、胶状结构、交代溶蚀结构、固溶体分解结构、碎裂结构等；浸染状构造、网脉状构造、梳状构造、条带状构造、块状构造、角砾状构造、斑杂状构造、球粒状—半球粒状构造、环带状构造、晶洞状构造		次
	蚀变特征	绢云母化、锰菱铁矿化、硅化、黄铁矿化，其次是绿泥石化和黑云母褪色化		重要
	控矿条件	主要为近东西向断裂，其次为北东向断裂		重要

续表 7-2

成矿要素		内容描述			成矿要素类别
储量		铅 168 877t,锌 388 398t,银 1516t,锡 3404t	平均品位	Pb 0.1%,Zn 0.99%,Ag 9.2×10^{-5},Sn 0.022%	
特征描述		中低温热液型锡矿床			
地球物理特征	重力异常	矿床位于近南北走向的布格重力高异常的梯级带上,场值东高西低,异常变化范围为$(-42\sim-40)\times10^{-5}\mathrm{m/s^2}$。剩余重力异常位于负异常上,走向呈北西向,$\Delta g_{\min}=-5.90\times10^{-5}\mathrm{m/s^2}$			次要
	磁法异常	1:5 万航磁平面等值线,磁场总体表现为低缓的负磁场,中央出现条带状负磁异常带,走向南北向,极值达-150nT			重要
地球化学特征		矿区存在以 Ag、Pb、Zn 为主,伴有 Cu、Cd、As、Sb、Mo 等元素组成的综合异常,Ag、Pb、Zn、Mo 为主成矿元素,浓集中心明显,异常强度高			重要

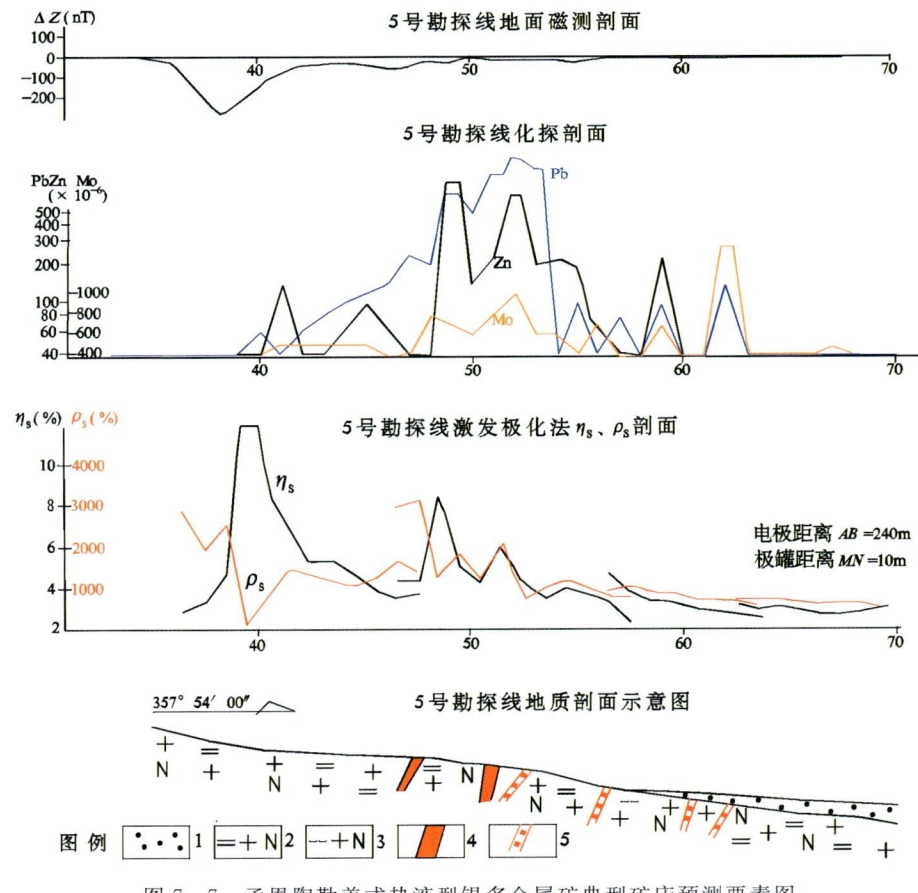

图 7-7 孟恩陶勒盖式热液型锡多金属矿典型矿床预测要素图

1. 风成砂;2. 白云母花岗岩;3. 黑云母花岗岩;4. 锡矿体;5. 铁锰矿化

第二节 预测工作区研究

孟恩陶勒盖式热液型银铅锌锡矿预测区工作区横跨内蒙古自治区兴安盟和通辽市。地理坐标为东经120°00′—122°00′,北纬44°00′—46°10′。

大地构造位置位于天山-兴蒙造山系（Ⅰ）,大兴安岭弧盆系（$Pt_3—T_2$）（Ⅰ-1）,锡林浩特岩浆弧（Pz_2）（Ⅰ-1-7）(图2-1)。

成矿区带属大兴安岭成矿省（Ⅱ-12）,林西-孙吴铅、锌、铜、钼、金成矿带（Ⅲ-8）,神山-大井子铜、铅、锌、银、铁、钼、锡、稀土、铌、钽、萤石成矿亚带（Ⅲ-8-②）,孟恩陶勒盖-布敦花银、铜、铅、锌矿集区（Ⅴ-81）(图2-2)。

一、区域地质特征

（一）成矿地质背景

预测工作区大面积出露的主要为下白垩统白音高老组酸性火山碎屑岩；上侏罗统玛尼吐组、满克头鄂博组中酸性火山岩和火山碎屑岩,中侏罗统万宝组复成分砾岩建造和新民组火山碎屑岩建造,下侏罗统红旗组砂板岩建造；上二叠统林西组砂页岩、板岩建造,中二叠统哲斯组杂砂岩-泥岩建造,下中二叠统大石寨组火山岩建造,下二叠统寿山沟组砂板岩建造；上石炭统本巴图组灰岩夹砂板岩建造。

预测区位于大兴安岭构造岩浆带南东缘,锡林浩特岩浆岩亚带内,火山-侵入岩发育,侵入岩以二叠纪和侏罗纪—白垩纪酸性岩为主,中性岩零星分布。区内矿产资源丰富,与二叠纪酸性侵入岩有关的矿产有铜、铅、锌、银、金、锡等。

中二叠世侵入岩：岩石组合以斜长花岗岩和正长花岗岩为主,闪长岩较少。斜长花岗岩主要分布于孟恩陶勒盖,呈近等轴状岩基侵入哲斯组,被晚侏罗世花岗岩侵入。斜长花岗岩黑云母K-Ar同位素年龄为281.1Ma,白云母斜长花岗岩白云母K-Ar同位素年龄为251.3Ma。孟恩陶勒盖铅锌银锡矿与该斜长花岗岩密切相关。正长花岗岩见于铁列格屯东,呈近东西向展布的岩株,侵入下中二叠统大石寨组,被上侏罗统满克头鄂博组火山岩覆盖,岩石为粗粒结构,含钾长石巨晶,与锡成矿作用有关。中二叠世侵入岩为中钾钙碱—高钾钙碱系列,中深成相,中等剥蚀,大地构造环境为岩浆弧（陆缘弧）相。

区域性深断裂构造及与之有生成联系的次级断裂或裂隙构造带往往就是成矿物质沉淀定位的空间,这些深断裂构造带具有活动时间长的特点,其一侧或两旁常形成不同时代的矿床,尤其近东西向断裂和北东向断裂是孟恩陶勒盖式热液型铅锌锡矿床的主要控矿构造。

（二）区域成矿模式

中二叠世斜长花岗岩、闪长岩及黑云母花岗岩是重要的含矿母岩,一方面提供了容矿空间,另一方面也提供了部分矿源。侏罗纪酸性岩体侵位提供了热源和矿源,尤其是岩浆晚期更为重要。

矿床及矿点周边锰菱铁矿化、硅化、绢云母化、高岭土化、绿泥石化等蚀变发育。成矿要素表见表7-3,成矿模式图见图7-3。

近东西向断裂和北东向断裂是孟恩陶勒盖式热液型铅锌矿床的主要控矿构造,既提供了矿液通道,也提供了容矿空间。

表7-3 孟恩陶勒盖式侵入岩体型多金属矿区域成矿要素表

区域成矿要素		内容描述	要素类别
地质环境	大地构造位置	天山-兴蒙造山系(Ⅰ),大兴安岭弧盆系(Pt_3—T_2)(Ⅰ-1),锡林浩特岩浆弧(Pz_2)(Ⅰ-1-7)	重要
	成矿区(带)	大兴安岭成矿省(Ⅱ-12),林西-孙吴铅、锌、铜、钼、金成矿带(Ⅲ-8),神山-大井子铜、铅、锌、银、铁、钼、锡、稀土、铌、钽、萤石成矿亚带(Ⅲ-8-②),孟恩陶勒盖-布敦花银、铜、铅、锌矿集区(Ⅴ-81)	重要
	成矿类型及成矿时代	成矿类型为热液型,成矿时代为侏罗纪	重要
控矿地质条件	赋矿地质体及控矿侵入岩	主要为侏罗纪酸性侵入岩,其次为中二叠世黑云母花岗岩、闪长岩	必要
	主要控矿构造	主要为东西向断裂,其次是北东向断裂	重要
区内相同类型矿产		已知锡多金属小型矿床1处	重要

二、区域地球物理特征

(一)重力特征

孟恩陶勒盖式热液型锡多金属矿预测工作区位于纵贯全国东部地区的大兴安岭-太行山-武陵山北北东向巨型重力梯度带上。该巨型重力梯度带东、西两侧重力场下降幅度达 $80×10^{-5} m/s^2$,下降梯度约 $1×10^{-5} m·s^{-2}/km$。由地震和大地电磁测深资料可知大兴安岭-太行山-武陵山巨型宽条带状重力梯度带是一条超地壳深大断裂带的反映。该深大断裂带是环太平洋构造运动的结果。沿深大断裂带发育大量的中—新生代中酸性岩浆岩和喷发、喷溢相中—新生代火山岩。

预测区处于巨型重力梯度带上,区域重力场总体反映南东部重力高、北西部重力低的特点,重力场最低值$-90.60×10^{-5} m/s^2$,最高值$7.89×10^{-5} m/s^2$。从剩余重力异常图上看,在巨型重力梯度带上叠加着许多局部重力低异常,这些异常主要是中—酸性岩体、次火山岩和火山岩盆地所引起。

预测工作区内断裂构造以北东向和北西向为主;地层单元呈带状沿近东西向分布;中—新生代盆地呈带状;岩浆岩带呈面状沿北东向延伸,中—酸性岩体呈带状和椭圆状分布,预测工作区推断解释断裂构造59条,中—酸性岩体11个,中—基性岩体1个,中—新生代盆地24个,地层单元22个。

孟恩陶勒盖式热液型锡铅锌银矿位于反映中—酸性岩体(出露或隐伏)的重力低异常上,表明该预测工作区的矿床与中—酸性岩体(出露或隐伏)关系密切。在孟恩陶勒盖锡银矿的南西侧,L蒙-211剩余重力负异常区,出露有二叠纪花岗岩,并伴有锡异常,这一区域应是寻找锡矿的有利地区。

根据重力场特征和推断的地质体分布,在该区截取了3条重力剖面进行2.5D反演计算,其中2条重力剖面选择在已知矿床的位置,考虑到该区还有可能形成类似已知矿床的重力场环境,又在该重力场选择了另外一条剖面,通过反演计算,岩体最大延深达 24km。

(二)航磁特征

孟恩陶勒盖式岩浆热液型锡矿预测工作区在 1:10 万航磁 ΔT 等值线平面图上,磁异常幅值范围为 $-625\sim1875$nT,背景值为 $-100\sim100$nT,其间分布着许多磁异常,磁异常形态杂乱,多为不规则带状、片状或团状,预测区北西部、西部及中部磁异常较多且异常值较大,纵观预测工作区磁异常轴向及 ΔT 等值线延伸方向,以北东向为主。孟恩陶勒盖式岩浆热液型多金属矿位于预测区东部,磁异常背景为低缓负磁异常区,-100nT 等值线附近。

预测工作区磁法推断断裂构造与磁异常轴相同,多为北东向,磁场标志多为不同磁场区分界线。预测北部除北西角磁异常推断为火山岩地层外,其他磁异常推断解释为侵入岩体;预测区南部磁异常较规则,解释推断为火山岩地层和侵入岩体。

预测工作区磁法共推断断裂 16 条、中酸性岩体 27 个、火山岩地层 8 个。与成矿有关的断裂 1 条,东西向,位于预测区北西部。

三、区域地球化学特征

区域上分布有 Sn、W、Mo、Ag、Pb、Zn、Cu、As、Sb 等元素组成的高背景区带,在高背景区带中有以 Sn、W、Ag、Pb、Zn、Cu、As、Sb 为主的多元素局部异常。预测区内共有 50 个 Sn 异常,77 个 Mo 异常,76 个 W 异常,112 个 Ag 异常,96 个 Pb 异常,67 个 Zn 异常,49 个 Cu 异常,76 个 As 异常,76 个 Au 异常,83 个 Sb 异常。

预测工作区内 Sn 元素在预测区北部和南部呈背景和低背景分布,仅在中部长春岭、嘎亥吐镇和老道沟周围存在强度较高的异常,具有明显的浓度分带和浓集中心,大致呈北东向展布。Mo 元素在预测区内呈背景及高背景分布,在西巴彦珠日和嘎查、杨木沟、和勒木吐多尔博勒京浩特东等局部地区形成几个高强度、规模较小的 Mo 异常。从西巴彦珠日和嘎查以东到姜家街存在一条明显的 Ag 异常带,规模大,强度高,呈东西向展布,具有多个浓集中心;阿木古冷嘎查至草高吐嘎查存在一条北西向的串珠状 Ag 异常,各异常具有明显的浓度分带。在预测区中部 Pb、Zn 元素呈高背景分布,有多处浓集中心,浓集中心明显,强度高;Pb 异常的浓集中心主要位于巴彦杜尔基苏木到代钦塔拉苏木之间,巴雅尔图胡硕镇、嘎亥图镇和布敦花地区;Ag、Pb、Zn 异常的浓集中心套合较好。北东部 As、Sb 呈高背景分布,有明显的浓度分带和浓集中心,浓集中心从突泉县—杜尔基镇—九龙乡后新立屯呈北东向带状分布;As 元素在预测区南部也呈高背景分布,有明显的浓度分带和浓集中心。Au 元素在预测区多呈低背景分布。W 元素在整个预测区呈高背景分布,在高背景带中存在 W 元素的局部异常,从阿木古冷嘎查至草高吐嘎查的一条北西向的 W 异常带在空间位置上与 Ag 异常重合。

Sn 为高温成矿元素,各异常与高温元素 W、Mo 均有一定程度的套合。Z-1 组合异常位于巴雅尔吐胡硕镇以北,Sn 异常与 Ag、Pb、Zn、Cu 套合较好,空间上均呈北东向展布,该区 Au、As、Sb 也有一定程度的富集,作为低温元素与 Sn 异常的重合性不高,分布于 Sn、Ag、Pb、Zn、Cu 组合异常外围。Z-2 和 Z-3 上 Sn 异常规模较大,均为三级浓度分带,具有多个浓集中心,与 Ag、Pb、Zn、Cu、As 均有一定程度的套合。Z-4 上 Sn 元素具有明显的浓集中心和浓度分带,W、Mo、Ag、Cu、Pb、Au、As、Sb 与 Sn 的套合程度均较高。

四、遥感影像及解译特征

预测工作区内解译出二连-贺根山巨型断裂带、锡林浩特北缘大型构造断裂带、嫩江-青龙河断裂带、扎鲁特旗断裂带和大兴安岭-太行山断裂带。

预测区内共解译出中小型构造600多条，以北北东向和北北西向为主，影像中有较明显弧线及直线状纹理，断层两侧有曲线状影纹。

环形构造比较发育，共解译出环形构造80余个，其成因为中生代花岗岩引起的环形构造、古生代花岗岩引起的环形构造、与隐伏岩体有关的环形构造、断裂构造圈闭的环形构造和成因不明的环形构造。其中有一条巨型环形构造和37条大型环状构造，环形构造大多分布在图幅的北部和中部区域，巴仁哲里木-高力板断裂带以北集中分布大量环形构造，中部联合屯镇以南断裂构造附近也集中分布大量环形构造。环内发育有白音高老组、二叠纪花岗岩、玛尼吐组、满克头鄂博组、侏罗纪花岗斑岩及二叠纪花岗岩等岩类。影像中环形构造特征较明显，环状纹理清晰，与附近环形构造形成复合构造。

预测区的羟基异常较为分散，主要在北西部地区和北部地区以及东部地区，其他地区分布较少或零星分布。

大兴安岭-太行山断裂带北部附近有部分羟基异常，东杜尔基镇的北东部与九龙乡的西部之间有部分羟基异常。九龙乡以南太平乡构造附近也有羟基异常分布。巴仁哲里木-高力板断裂带北西分布较多羟基异常。

预测区中部的联合屯镇以南断裂周边集中分布部分羟基异常，其他地区羟基异常呈无序无规则分布。

铁染异常较为分散，主要在北西部地区和北部地区以及东部地区，其他地区分布较少或零星分布。宝石镇以东断层北东侧有大片铁染异常，东杜尔基镇的北东部与九龙乡的西部之间有部分铁染异常。额木廷高勒苏木附近也有大片铁染异常分布。南部的扎鲁特旗、罕山镇与巨日合镇断裂中间集中分布大片铁染异常，其他地区铁染异常呈无序无规则分布。

本预测工作区共圈定6个最小预测区。

最小预测区-1：发育2条正断层，有大量的铁染异常及零星的羟基异常。

最小预测区-2：有与隐伏岩体有关的环形构造。

最小预测区-3：有多条性质不明断层，羟基铁染异常零星分布。

杜尔基苏木最小预测区：杜尔基苏木南东约70km处解译出2个最小预测区，中生代花岗岩类引起的环形构造、古生代花岗岩类引起的环形构造与多条正断层和性质不明断层交错，有片状铁染异常，有已知锡矿点。

新佳木苏木最小预测区：位于新佳木苏木北西约70km处，与中生代花岗岩类引起的环形构造套合，有零星铁染异常。

五、区域预测模型

根据预测工作区区域成矿要素和化探、航磁、重力及遥感等综合信息，建立了本预测区的区域预测要素（表7-4），预测模型图是以预测要素为基础，结合物探、遥感及化探等信息叠加而成（图7-8）。

表 7-4 孟恩陶勒盖式侵入岩体型多金属矿区域预测要素表

区域成矿要素		内容描述	要素类别
地质环境	大地构造位置	天山-兴蒙造山系（Ⅰ），大兴安岭弧盆系（Pt_3—T_2）（Ⅰ-1），锡林浩特岩浆弧（Pz_2）（Ⅰ-1-7）	重要
	成矿区（带）	大兴安岭成矿省（Ⅱ-12），林西-孙吴铅、锌、铜、钼、金成矿带（Ⅲ-8），神山-大井子铜、铅、锌、银、铁、钼、锡、稀土、铌、钽、萤石成矿亚带（Ⅲ-8-②），孟恩陶勒盖-布敦花银、铜、铅、锌矿集区（Ⅴ-81）	重要
	区域成矿类型及成矿时代	区域成矿类型为热液型，成矿时代为侏罗纪	重要
控矿地质条件	赋矿地质体及控矿侵入岩	主要为中二叠世斜长花岗岩，其次为中二叠世黑云母花岗岩、闪长岩	必要
	主要控矿构造	主要为东西向断裂，其次是北东向断裂	重要
区内相同类型矿产		已知锡多金属小型矿床1处	重要
地球物理特征	重力异常	矿床位于近南北走向的布格重力高异常梯级带上，场值东高西低，异常变化范围（$-42 \sim -40$）$\times 10^{-5} m/s^2$。剩余重力异常等值线平面图上，孟恩陶勒盖铅锌银矿位于剩余重力负异常上，走向呈北西向，$\Delta g_{min}=-5.90\times 10^{-5} m/s^2$	重要
	航磁异常	据1:50万航磁化极等值线平面图显示，磁场总体表现为低缓的负磁场，没有异常出现	重要
地球化学特征		区域上分布有 Sn、W、Mo、Ag、Pb、Zn、Cu、As、Sb 等元素组成的高背景区带，在高背景区带中有以 Sn、W、Ag、Pb、Zn、Cu、As、Sb 为主的多元素局部异常。Sn 元素在预测区北部和南部呈背景和低背景分布，仅在中部长春岭、嘎亥吐镇和老道沟周围存在强度较高的异常，具有明显的浓度分带和浓集中心，大致呈北东向展布	重要
遥感特征		解译出线型断裂多条和6个最小预测区	重要

第七章　孟恩陶勒盖式侵入岩体型锡矿预测成果

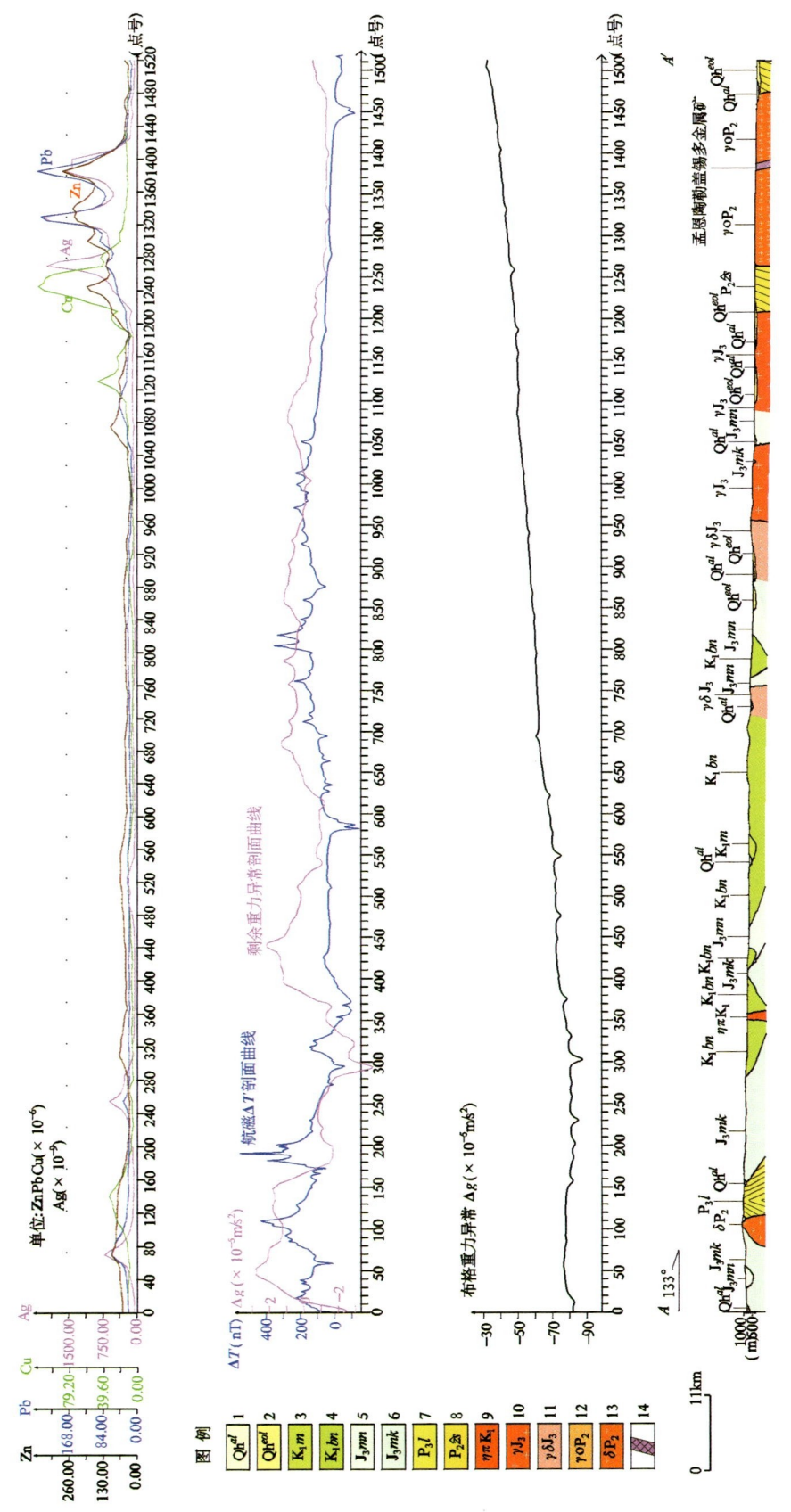

图7-8　孟恩陶勒盖式岩浆热液型锡矿预测工作区预测模型图

1. 全新统洪积；2. 全新统风积；3. 下白垩统梅勒图组；4. 下白垩统白女羊盘组；5. 上侏罗统玛尼吐组；6. 上侏罗统满克头鄂博组；7. 上二叠统林西组；8. 中二叠统哲斯组；9. 早白垩世二长斑岩；10. 晚侏罗世花岗岩；11. 晚侏罗世花岗闪长岩；12. 晚二叠世斜长花岗岩；13. 晚二叠世闪长岩；14. 孟恩陶勒盖锡多金属矿产位置

第三节 矿产预测

一、综合地质信息定位预测

（一）变量提取及优选

根据典型矿床成矿要素及预测要素研究，结合所收集的资料，选取以下变量。
(1) 侵入岩：主要为中二叠世斜长花岗岩，其次为中二叠世黑云母花岗岩、闪长岩。
(2) 断裂：东西向断裂、北东向断裂的缓冲区（包括重力和遥感解译断裂）。
(3) 蚀变带。
(4) 航磁：航磁异常采用化极 ΔT 等值线。
(5) 重力：重力剩余异常等值线。
(6) 化探：化探综合异常区。
(7) 遥感：遥感最小预测区。
已知锡多金属小型矿床 1 处。

（二）最小预测区圈定及优选

根据典型矿床成矿要素及预测要素研究，本次选择网格单元作为预测单元。结合网格单元和含矿地质体采用手工方法圈定最小预测区，圈定原则是成矿有利网格单元与含矿地质体的交集。

在 MRAS 软件中，对揭示的地质体、断裂缓冲区、蚀变带、化探综合异常、遥感最小预测区等的区文件求区的存在标志，对航磁化极等值线、剩余重力求起始值的加权平均值，并进行以上原始变量的构置，对网格单元进行赋值，形成原始数据专题。

根据已知矿床所在地区的航磁化极异常值、剩余重力值对原始数据专题中的航磁化极等值线、剩余重力起始值的加权平均值进行二值化处理［航磁起始值范围取$-100\sim1570\mathrm{nT}$，剩余重力起始值范围取$(-1\sim5)\times10^{-5}\mathrm{m/s^2}$］。

进行定位预测变量选取时将以上变量全部选取，经软件判断和人工分析进行最小预测区圈定。

预测区内有 4 个已知铅锌矿床（点），锡为孟恩陶勒盖多金属矿的共生矿种，采用铅锌矿有预测模型工程进行定位预测及分级。

（三）最小预测区圈定结果

叠加所有预测要素，根据各要素边界圈定最小预测区，共圈定最小预测区 31 个（表 7-5）。

表 7-5 孟恩陶勒盖式侵入岩体型多金属矿预测工作区最小预测一览表

序号	最小预测区编号	最小预测区名称	序号	最小预测区编号	最小预测区名称
1	A1509202001	敖很达巴嘎查西	5	A1509202005	白音哈嘎南东
2	A1509202002	巴彦乌拉嘎查北东	6	A1509202006	孟恩陶勒盖银铅矿
3	A1509202003	1258 高地南西	7	A1509202007	靠山嘎查
4	A1509202004	布拉格呼都格北	8	A1509202008	石场

表 7-5

序号	最小预测区编号	最小预测区名称	序号	最小预测区编号	最小预测区名称
9	A1509202009	果尔本巴拉南	21	B1509202010	乌日根塔拉嘎查东
10	A1509202010	机械连南西	22	B1509202011	乌日根塔拉嘎查东
11	A1509202011	乌日根塔拉嘎查东	23	C1509202001	道仓毛都南
12	B1509202001	1283 高地	24	C1509202002	冈干营子地铺
13	B1509202002	额布根乌拉嘎查北	25	C1509202003	查干楚鲁
14	B1509202003	老头山护林站	26	C1509202004	332 高地
15	B1509202004	巴彦乌拉嘎查北东	27	C1509202005	海拉苏
16	B1509202005	巴彦乌拉嘎查北东	28	C1509202006	双龙岗
17	B1509202006	巴仁杜尔基苏木东	29	C1509202007	931 高地北
18	B1509202007	靠山嘎查南	30	C1509202008	南萨拉嘎查
19	B1509202008	新鲜光	31	C1509202009	哈达艾里嘎查南西
20	B1509202009	查干淖尔嘎查			

(四)最小预测区地质评价

依据预测区内地质综合信息等对每个最小预测区进行综合地质评价,按优劣分为 A、B、C 三级。

A 级:地质体+航磁+重力+化探+矿点(断层区、蚀变)。

B 级:地质体+航磁+重力+化探。

C 级:地质体+化探。

圈定结果表明,最小预测区总体与区域成矿地质背景和高磁异常、剩余重力、化探异常等吻合程度较好。各预测区根据地质特征、成矿特征和资源潜力等综合评述见表 7-6。

表 7-6 孟恩陶勒盖式侵入岩体型锡矿预测工作区最小预测区综合信息表

最小预测区编号	最小预测区名称	综合信息	评价
A1509202001	敖很达巴嘎查西	出露中二叠世闪长岩。围岩蚀变为绢云母化、锰菱铁矿化、硅化、黄铁矿化,其次是绿泥石化和黑云母褪色化。航磁化极等值线起始值在 $-100\sim 1570nT$ 之间;重力剩余异常起始值在 $(-1\sim 5)\times 10^{-5} m/s^2$ 之间;预测区在铅锌化探综合异常区内。预测深度 600m 时锡资源储量(334-2)为 54.57t	找矿潜力极大
A1509202002	巴彦乌拉嘎查北东	出露中二叠世闪长岩。有矿点 1 处,航磁化极等值线起始值在 $-100\sim 1570nT$ 之间;重力剩余异常起始值在 $(-1\sim 5)\times 10^{-5} m/s^2$ 之间;预测区在铅锌综合化探异常区内。预测深度 600m 时锡资源储量(334-2)为 20.66t	找矿潜力极大
A1509202003	1258 高地南西	出露中二叠世闪长岩。围岩蚀变为绢云母化、锰菱铁矿化、硅化、黄铁矿化,其次是绿泥石化和黑云母褪色化。航磁化极等值线起始值在 $-100\sim 1570nT$ 之间;重力剩余异常起始值在 $(-1\sim 5)\times 10^{-5} m/s^2$ 之间;预测区在铅锌综合化探异常区内。预测深度 600m 时锡资源储量(334-2)为 6.38t	找矿潜力极大

续表 7-6

最小预测区编号	最小预测区名称	综合信息	评价
A1509202004	布拉格呼都格北	出露中二叠世闪长岩。与成矿有关的围岩蚀变为绢云母化、锰菱铁矿化、硅化、黄铁矿化,其次是绿泥石化和黑云母褪色化。航磁化极等值线起始值在 $-100\sim1570$ nT 之间;重力剩余异常起始值在 $(-1\sim5)\times10^{-5}$ m/s² 之间;预测区在铅锌综合化探异常区内。预测深度 600m 时锡资源储量(334-2)为 89.51t	找矿潜力极大
A1509202005	白音哈嘎南东	出露中二叠世闪长岩。与成矿有关的围岩蚀变为绢云母化、锰菱铁矿化、硅化、黄铁矿化,其次是绿泥石化和黑云母褪色化。航磁化极等值线起始值在 $-100\sim1570$ nT 之间;重力剩余异常起始值在 $(-1\sim5)\times10^{-5}$ m/s² 之间;预测区在铅锌综合化探异常区内。预测深度 600m 时锡资源储量(334-2)为 181.82t	找矿潜力极大
A1509202006	孟恩陶勒盖银铅矿	出露中二叠世闪长岩。围岩蚀变为绢云母化、锰菱铁矿化、硅化、黄铁矿化,其次是绿泥石化和黑云母褪色化。中型矿产地 1 处,航磁化极等值线起始值在 $-100\sim1570$ nT 之间;重力剩余异常起始值在 $(-1\sim5)\times10^{-5}$ m/s² 之间;预测区在铅锌综合化探异常区内。预测深度 600m 时锡资源储量(334-1)为 1 675.37t	找矿潜力极大
A1509202007	靠山嘎查	出露中二叠世闪长岩。围岩蚀变为绢云母化、锰菱铁矿化、硅化、黄铁矿化,其次是绿泥石化和黑云母褪色化。航磁化极等值线起始值在 $-100\sim1570$ nT 之间;重力剩余异常起始值在 $(-1\sim5)\times10^{-5}$ m/s² 之间;预测区在铅锌综合化探异常区内。预测深度 600m 时锡资源储量(334-2)为 415.91t	找矿潜力极大
A1509202008	石场	出露中二叠世闪长岩。围岩蚀变为绢云母化、锰菱铁矿化、硅化、黄铁矿化,其次是绿泥石化和黑云母褪色化。航磁化极等值线起始值在 $-100\sim1570$ nT 之间;重力剩余异常起始值在 $(-1\sim5)\times10^{-5}$ m/s² 之间;预测区在铅锌综合化探异常区内。预测深度 600m 时锡资源储量(334-2)为 80.07t	找矿潜力极大
A1509202009	果尔本巴拉南	出露中二叠世闪长岩。围岩蚀变为绢云母化、锰菱铁矿化、硅化、黄铁矿化,其次是绿泥石化和黑云母褪色化。该区内有矿点 1 处,航磁化极等值线起始值在 $-100\sim1570$ nT 之间;重力剩余异常起始值在 $(-1\sim5)\times10^{-5}$ m/s² 之间;预测区在铅锌综合化探异常区内。预测深度 600m 时锡资源储量(334-2)为 25.76t	找矿潜力极大
A1509202010	机械连南西	出露中二叠世闪长岩。围岩蚀变为绢云母化、锰菱铁矿化、硅化、黄铁矿化,其次是绿泥石化和黑云母褪色化。航磁化极等值线起始值在 $-100\sim1570$ nT 之间;重力剩余异常起始值在 $(-1\sim5)\times10^{-5}$ m/s² 之间;预测区在铅锌综合化探异常区内。预测深度 600m 时锡资源储量(334-2)为 85.68t	找矿潜力极大
A1509202011	乌日根塔拉嘎查东	出露中二叠世闪长岩。围岩蚀变为绢云母化、锰菱铁矿化、硅化、黄铁矿化,其次是绿泥石化和黑云母褪色化。矿点 1 处,航磁化极等值线起始值在 $-100\sim1570$ nT 之间;重力剩余异常起始值在 $(-1\sim5)\times10^{-5}$ m/s² 之间;预测区在铅锌综合化探异常区内。预测深度 600m 时锡资源储量(334-3)为 7.65t	找矿潜力极大
B1509202001	1283 高地	出露中二叠世闪长岩。航磁化极等值线起始值在 $-100\sim1570$ nT 之间;重力剩余异常起始值在 $(-1\sim5)\times10^{-5}$ m/s² 之间;预测区在铅锌综合化探异常区内。预测深度 600m 时锡资源储量(334-2)为 22.80t	找矿潜力较大
B1509202002	额布根乌拉嘎查北	出露中二叠世闪长岩。航磁化极等值线起始值在 $-100\sim1570$ nT 之间;重力剩余异常起始值在 $(-1\sim5)\times10^{-5}$ m/s² 之间;预测区在铅锌综合化探异常区内。预测深度 600m 时锡资源储量(334-2)为 9.18t	找矿潜力较大
B1509202003	老头山护林站	出露中二叠世闪长岩。航磁化极等值线起始值在 $-100\sim1570$ nT 之间;重力剩余异常起始值在 $(-1\sim5)\times10^{-5}$ m/s² 之间;预测区在铅锌综合化探异常区内。预测深度 600m 时锡资源储量(334-2)为 39.78t	找矿潜力较大

续表 7-6

最小预测区编号	最小预测区名称	综合信息	评价
B1509202004	巴彦乌拉嘎查北东	出露中二叠世闪长岩。航磁化极等值线起始值在$-100\sim1570$nT 之间；重力剩余异常起始值在$(-1\sim5)\times10^{-5}$m/s^2 之间；预测区在铅锌综合化探异常区内。预测深度 600m 时锡资源储量(334-2)为 67.01t	找矿潜力较大
B1509202005	巴彦乌拉嘎查北东	出露中二叠世闪长岩。航磁化极等值线起始值在$-100\sim1570$nT 之间；重力剩余异常起始值在$(-1\sim5)\times10^{-5}$m/s^2 之间；预测区在铅锌综合化探异常区内。预测深度 600m 时锡资源储量(334-2)为 9.49t	找矿潜力较大
B1509202006	巴仁杜尔基苏木东	出露中二叠世闪长岩。航磁化极等值线起始值在$-100\sim1570$nT 之间；重力剩余异常起始值在$(-1\sim5)\times10^{-5}$m/s^2 之间；预测区在铅锌综合化探异常区内。预测深度 600m 时锡资源储量(334-2)为 108.94t	找矿潜力较大
B1509202007	靠山嘎查南	出露中二叠世闪长岩。航磁化极等值线起始值在$-100\sim1570$nT 之间；重力剩余异常起始值在$(-1\sim5)\times10^{-5}$m/s^2 之间；预测区在铅锌综合化探异常区内。预测深度 600m 时锡资源储量(334-2)为 233.17t	找矿潜力较大
B1509202008	新鲜光	出露中二叠世闪长岩。航磁化极等值线起始值在$-100\sim1570$nT 之间；重力剩余异常起始值在$(-1\sim5)\times10^{-5}$m/s^2 之间；预测区在铅锌综合化探异常区内。预测深度 600m 时锡资源储量(334-2)为 399.48t	找矿潜力较大
B1509202009	查干淖尔嘎查	出露中二叠世闪长岩。航磁化极等值线起始值在$-100\sim1570$nT 之间；重力剩余异常起始值在$(-1\sim5)\times10^{-5}$m/s^2 之间；预测区在铅锌综合化探异常区内。预测深度 600m 时锡资源储量(334-2)为 368.42t	找矿潜力较大
B1509202010	乌日根塔拉嘎查东	出露中二叠世闪长岩。航磁化极等值线起始值在$-100\sim1570$nT 之间；重力剩余异常起始值在$(-1\sim5)\times10^{-5}$m/s^2 之间；预测区在铅锌综合化探异常区内。预测深度 600m 时锡资源储量(334-3)为 1.22t	找矿潜力较大
B1509202011	乌日根塔拉嘎查东	出露中二叠世闪长岩。航磁化极等值线起始值在$-100\sim1570$nT 之间；重力剩余异常起始值在$(-1\sim5)\times10^{-5}$m/s^2 之间；预测区在铅锌综合化探异常区内。预测深度 600m 时锡资源储量(334-3)为 32.74t	找矿潜力较大
C1509202001	道仓毛都南	出露中二叠世闪长岩。预测区在铅锌综合化探异常区内。预测深度 600m 时锡资源储量(334-2)为 26.32t	有一定找矿潜力
C1509202002	冈干营子地铺	出露中二叠世闪长岩。预测区在铅锌综合化探异常区内。预测深度 600m 时锡资源储量(334-2)为 283.15t	有一定找矿潜力
C1509202003	查干楚鲁	出露中二叠世闪长岩。预测区在铅锌综合化探异常区内。预测深度 600m 时锡资源储量(334-2)为 254.29t	有一定找矿潜力
C1509202004	332 高地	出露中二叠世闪长岩。预测区在铅锌综合化探异常区内。预测深度 600m 时锡资源储量(334-2)为 27.23t	有一定找矿潜力
C1509202005	海拉苏	出露中二叠世闪长岩。预测区在铅锌综合化探异常区内。预测深度 600m 时锡资源储量(334-2)为 114.14t	有一定找矿潜力
C1509202006	双龙岗	出露中二叠世闪长岩。预测区在铅锌综合化探异常区内。预测深度 600m 时锡资源储量(334-2)为 414.73t	有一定找矿潜力
C1509202007	931 高地北	出露中二叠世闪长岩。预测区在铅锌综合化探异常区内。预测深度 600m 时锡资源储量(334-2)为 56.61t	有一定找矿潜力
C1509202008	南萨拉嘎查	出露中二叠世闪长岩。预测区在铅锌综合化探异常区内。预测深度 600m 时锡资源储量(334-3)为 22.54t	有一定找矿潜力
C1509202009	哈达艾里嘎查南西	出露中二叠世闪长岩。预测区在铅锌综合化探异常区内。预测深度 600m 时锡资源储量(334-2)为 119.85t	有一定找矿潜力

二、综合信息地质体积法估算资源量

(一)典型矿床深部及外围资源量估算

查明资源量、体重、Sn平均品位、延深及依据,资料来源于1978年《吉林省科尔沁右翼中旗孟恩陶勒盖矿区银铅锌矿地质勘探总结报告》(吉林省地质局第十地质队),锡金属量3404t,矿石量1770×10^{4}t(探明储量1620.4×10^{4}t,表外储量149.6×10^{4}t)。体重平均值2.77t/m^3,Sn品位平均值0.022%,从15号勘探线剖面图中获取延深为474m。矿床面积为该矿床各矿体、矿脉区边界范围的面积,孟恩陶勒盖银铅锌矿区地形地质图(1:2000)在MapGIS软件下读取数据,依据比例尺计算出实际面积1739216m^2。

延深根据孟恩陶勒盖银铅锌矿勘探线剖面及D级勘查工程间距360m×160m来确定。已知矿床控制垂深474m,经专家分析,该矿床预测总延深为600m,则已查明矿体的下延部分为126m。

典型矿床体积含矿率($K_{典}$)=查明资源储量÷[面积($S_{典}$)×延深($H_{典}$)]=3404÷(1739216×474)=0.000004(t/m^3)。

典型矿床深部预测资源量=查明资源面积×(总延深-查明矿体延深)×体积含矿率=1739216×(600-474)×0.000004=876.56(t)。

典型矿床外围预测资源量=面积($S_{预}$)×延深($L_{查}+L_{预}$)×典型矿床体积含矿率=332836×(474+126)×0.000004=798.81(t)。

典型矿床预测总资源量为锡1675.37t。

孟恩陶勒盖式侵入岩体型锡矿典型矿床、深部及外围资源量估算结果见表7-7。

表7-7 孟恩陶勒盖锡矿典型矿床、深部和外围预测资源量估算一览表

典型矿床		深部及外围		
已查明资源量(t)	3404	深部	面积(m^2)	1739216
面积(m^2)	1739216		深度(m)	126
深度(m)	474	外围	面积(m^2)	332836
品位(%)	0.022		深度(m)	600
体重(t/m^3)	2.77	预测资源量(t)		1675.37
体积含矿率(t/m^3)	0.000004	典型矿床资源总量(t)		5079.37

(二)模型区的确定、资源量及估算参数

孟恩陶勒盖模型区系MRAS定位预测后,经手工优化圈定。孟恩陶勒盖典型矿床位于孟恩陶勒盖模型区内。

模型区预测资源量为典型矿床总资源量,即锡为5079.37t。

模型区面积,为最小预测区加以人工修正后的面积,在MapGIS软件下读取、换算后求得,为49930000m^2。总延深为600m。含矿地质体面积(指模型区内含矿建造的面积)在MapGIS软件下读取、换算求得,与模型区面积一致。

含矿地质体面积参数=含矿地质体面积÷模型区面积=49930000÷49930000=1。

Sn含矿地质体含矿系数(K)=资源总量($Z_{模}$)÷含矿地质体总体积=5079.37÷(49930000×

600)＝0.000 000 17(t/m³)。

模型区含矿地质体总体积＝模型区含矿地质体面积×模型区总延深＝49 930 000×600＝29 958 000 000.00(m³)(表7-8)。

表7-8 孟恩陶勒盖锡矿模型区预测资源量及其估算参数

编号	名称	经度	纬度	模型区总资源量(t)	模型区面积(m²)	延深(m)	含矿地质体面积(m²)	含矿地质体面积参数	含矿地质体总体积(m³)	含矿系数(t/m³)
A1509202006	孟恩陶勒盖	1212202	451358	5 079.37	49 930 000	600	49 930 000	1	29 958 000 000	0.000 000 17

(三)最小预测区预测资源量

1. 估算方法的选择

预测底图比例尺为1∶10万,预测方法为网格单元法(表7-9)。

表7-9 孟恩陶勒盖锡矿预测工作区锡资源量估算方法表

预测工作区编号	预测工作区名称	资源量估算方法
1509201001	孟恩陶勒盖预测工作区	网格单元法

2. 估算参数的确定

1)最小预测区面积圈定方法及圈定结果

利用MRAS软件中的建模功能,根据特征分析法和证据权重法的结果,根据地质、物探、化探成矿要素进行预测区的圈定与优选。共圈定最小预测区31个,其中A级区11个,面积87.89km²；B级区11个,面积84.46km²；C级区9个,面积129.27km²。最小预测区的面积,在MapGIS软件下读取面积,然后换算成实际面积(表7-10)。

表7-10 孟恩陶勒盖预测工作区最小预测区面积圈定大小及方法依据

最小预测区编号	最小预测区名称	经度	纬度	面积(km²)	参数确定依据
A1509202001	敖很达巴嘎查西	1200304.72	455454.81	2.14	据MRAS所形成的色块区与含矿地质体、推断断层缓冲区、重力、航磁、化探等综合确定
A1509202002	巴彦乌拉嘎查北东	1201711.56	451324.98	0.81	
A1509202003	1258高地南西	1200016.51	445738.54	0.25	
A1509202004	布拉格呼都格北	1211834.34	451736.81	3.51	
A1509202005	白音哈嘎南东	1211459.08	451523.71	7.13	
A1509202006	孟恩陶勒盖银铅矿	1212201.80	451358.19	49.93	
A1509202007	靠山嘎查	1211405.98	451129.43	16.31	

表 7-10

最小预测区编号	最小预测区名称	经度	纬度	面积(km²)	参数确定依据
A1509202008	石场	1211333.37	450926.53	3.14	
A1509202009	果尔本巴拉南	1211820.48	450844.36	1.01	
A1509202010	机械连南西	1210431.99	445918.18	3.36	
A1509202011	乌日根塔拉嘎查东	1204826.51	444633.32	0.30	
B1509202001	1283 高地	1201252.59	455916.02	1.49	
B1509202002	额布根乌拉嘎查北	1200822.11	455738.70	0.60	
B1509202003	老头山护林站	1200703.26	455647.62	2.60	
B1509202004	巴彦乌拉嘎查北东	1201748.56	451302.42	4.38	
B1509202005	巴彦乌拉嘎查北东	1201712.73	451239.86	0.62	
B1509202006	巴仁杜尔基苏木东	1211403.69	451439.71	7.12	
B1509202007	靠山嘎查南	1211303.37	451044.14	15.24	据 MRAS 所形成的色块区与含矿地质体、推断断层缓冲区、重力、航磁、化探等综合确定
B1509202008	新鲜光	1211818.42	451051.26	26.11	
B1509202009	查干淖尔嘎查	1214216.78	450624.53	24.08	
B1509202010	乌日根塔拉嘎查东	1204746.55	444622.65	0.08	
B1509202011	乌日根塔拉嘎查东	1204747.89	444631.83	2.14	
C1509202001	道仓毛都南	1211946.10	451752.29	2.58	
C1509202002	冈干营子地铺	1212045.25	451509.74	27.76	
C1509202003	查干楚鲁	1211730.74	451250.46	24.93	
C1509202004	332 高地	1211614.49	451226.24	2.67	
C1509202005	海拉苏	1212434.37	451332.24	11.19	
C1509202006	双龙岗	1212207.40	451019.16	40.66	
C1509202007	931 高地北	1203642.71	450208.22	5.55	
C1509202008	南萨拉嘎查	1203551.57	445937.60	2.21	
C1509202009	哈达艾里嘎查南西	1200429.29	445440.20	11.75	

2) 延深参数的确定及结果

延深参数的确定是在分析最小预测区含矿地质体地质特征、岩体的形成深度、矿化蚀变、矿化类型的基础上进行的,结合典型矿床深部资料,目前钻探工程已控制到 456m,含矿岩系沿倾向向下还有延深。经专家综合分析,确定含矿地质体的延深($H_{预}$)为 600m(表 7-11)。

表7-11 孟恩陶勒盖锡多金属矿预测工作区最小预测区延深表

最小预测区编号	最小预测区名称	延深(m)	最小预测区编号	最小预测区名称	延深(m)
A1509202001	敖很达巴嘎查西	600	B1509202006	巴仁杜尔基苏木东	600
A1509202002	巴彦乌拉嘎查北东	600	B1509202007	靠山嘎查南	600
A1509202003	1258高地南西	600	B1509202008	新鲜光	600
A1509202004	布拉格呼都格北	600	B1509202009	查干淖尔嘎查	600
A1509202005	白音哈嘎南东	600	B1509202010	乌日根塔拉嘎查东	600
A1509202006	孟恩陶勒盖银铅矿	600	B1509202011	乌日根塔拉嘎查东	600
A1509202007	靠山嘎查	600	C1509202001	道仓毛都南	600
A1509202008	石场	600	C1509202002	冈干营子地铺	600
A1509202009	果尔本巴拉南	600	C1509202003	查干楚鲁	600
A1509202010	机械连南西	600	C1509202004	332高地	600
A1509202011	乌日根塔拉嘎查东	600	C1509202005	海拉苏	600
B1509202001	1283高地	600	C1509202006	双龙岗	600
B1509202002	额布根乌拉嘎查北	600	C1509202007	931高地北	600
B1509202003	老头山护林站	600	C1509202008	南萨拉嘎查	600
B1509202004	巴彦乌拉嘎查北东	600	C1509202009	哈达艾里嘎查南西	600
B1509202005	巴彦乌拉嘎查北东	600			

3)品位和体重的确定

据《吉林省科尔沁右翼中旗孟恩陶勒盖矿区银铅锌矿地质勘探总结报告》,Sn品位平均值为0.022%,体重平均值2.77t/m³(表7-12)。

表7-12 孟恩陶勒盖锡多金属矿预测工作区最小预测区品位、体重采用表

最小预测区编号	最小预测区名称	经度	纬度	品位(%)	体重(t/m³)
A1509207008	孟恩陶勒盖	1212201.80	451358.19	0.022	2.77
	其他最小预测区			0.022	2.77

4)相似系数的确定

相似系数(a),经专家结合地质、物探等资料综合分析确定(表7-13)。

表7-13 孟恩陶勒盖锡多金属矿预测工作区最小预测区相似系数表

最小预测区编号	最小预测区名称	相似系数	最小预测区编号	最小预测区名称	相似系数
A1509202001	敖很达巴嘎查西	0.25	B1509202006	巴仁杜尔基苏木东	0.15
A1509202002	巴彦乌拉嘎查北东	0.25	B1509202007	靠山嘎查南	0.15

续表 7-13

最小预测区编号	最小预测区名称	相似系数	最小预测区编号	最小预测区名称	相似系数
A1509202003	1258 高地南西	0.25	B1509202008	新鲜光	0.15
A1509202004	布拉格呼都格北	0.25	B1509202009	查干淖尔嘎查	0.15
A1509202005	白音哈嘎南东	0.25	B1509202010	乌日根塔拉嘎查东	0.15
A1509202006	孟恩陶勒盖银铅矿	1.00	B1509202011	乌日根塔拉嘎查东	0.15
A1509202007	靠山嘎查	0.25	C1509202001	道仓毛都南	0.10
A1509202008	石场	0.25	C1509202002	冈干营子地铺	0.10
A1509202009	果尔本巴拉南	0.25	C1509202003	查干楚鲁	0.10
A1509202010	机械连南西	0.25	C1509202004	332 高地	0.10
A1509202011	乌日根塔拉嘎查东	0.25	C1509202005	海拉苏	0.10
B1509202001	1283 高地	0.15	C1509202006	双龙岗	0.10
B1509202002	额布根乌拉嘎查北	0.15	C1509202007	931 高地北	0.10
B1509202003	老头山护林站	0.15	C1509202008	南萨拉嘎查	0.10
B1509202004	巴彦乌拉嘎查北东	0.15	C1509202009	哈达艾里嘎查南西	0.10
B1509202005	巴彦乌拉嘎查北东	0.15			

3. 最小预测区预测资源量估算结果

用地质体积法,根据预测资源量估算公式:

$$Z_{预} = S_{预} \times H_{预} \times K_S \times K \times \alpha; \quad Z_{总} = Z_{预} + Z_{查明}$$

式中,$Z_{总}$ 为预测区总资源量;$Z_{预}$ 为预测区预测资源量;$Z_{查明}$ 为预测区内已查明的资源量;$S_{预}$ 为预测区面积;$H_{预}$ 为预测区延深(指预测区含矿地质体延深);K_S 为含矿地质体面积参数;K 为模型区矿床的含矿系数;α 为相似系数。

本次预测资源总量锡 5 254.47t,不包括已探明的锡金属量 3404t,各最小预测区预测资源量见表 7-14。

表 7-14 孟恩陶勒盖锡多金属矿预测工作区最小预测区估算成果表

最小预测区编号	最小预测区名称	$S_{预}$(km²)	$H_{预}$(m)	K_S	K (t/m³)	α	$Z_{预}$(t)	资源量级别
A1509202001	敖很达巴嘎查西	2.14	600	1	0.000 000 17	0.25	54.57	334-2
A1509202002	巴彦乌拉嘎查北东	0.81	600	1	0.000 000 17	0.25	20.66	334-2
A1509202003	1258 高地南西	0.25	600	1	0.000 000 17	0.25	6.38	334-2
A1509202004	布拉格呼都格北	3.51	600	1	0.000 000 17	0.25	89.51	334-2
A1509202005	白音哈嘎南东	7.13	600	1	0.000 000 17	0.25	181.82	334-2

续表 7-14

最小预测区编号	最小预测区名称	$S_{预}(km^2)$	$H_{预}$(m)	K_S	K (t/m³)	α	$Z_{预}$(t)	资源量级别
A1509202006	孟恩陶勒盖银铅矿	49.93	600	1	0.000 000 17	1.00	1 675.37	334-1
A1509202007	靠山嘎查	16.31	600	1	0.000 000 17	0.25	415.91	334-2
A1509202008	石场	3.14	600	1	0.000 000 17	0.25	80.07	334-2
A1509202009	果尔本巴拉南	1.01	600	1	0.000 000 17	0.25	25.76	334-2
A1509202010	机械连南西	3.36	600	1	0.000 000 17	0.25	85.68	334-2
A1509202011	乌日根塔拉嘎查东	0.30	600	1	0.000 000 17	0.25	7.65	334-3
B1509202001	1283 高地	1.49	600	1	0.000 000 17	0.15	22.80	334-2
B1509202002	额布根乌拉嘎查北	0.60	600	1	0.000 000 17	0.15	9.18	334-2
B1509202003	老头山护林站	2.60	600	1	0.000 000 17	0.15	39.78	334-2
B1509202004	巴彦乌拉嘎查北东	4.38	600	1	0.000 000 17	0.15	67.01	334-2
B1509202005	巴彦乌拉嘎查北东	0.62	600	1	0.000 000 17	0.15	9.49	334-2
B1509202006	巴仁杜尔基苏木东	7.12	600	1	0.000 000 17	0.15	108.94	334-2
B1509202007	靠山嘎查南	15.24	600	1	0.000 000 17	0.15	233.17	334-2
B1509202008	新鲜光	26.11	600	1	0.000 000 17	0.15	399.48	334-2
B1509202009	查干淖尔嘎查	24.08	600	1	0.000 000 17	0.15	368.42	334-2
B1509202010	乌日根塔拉嘎查东	0.08	600	1	0.000 000 17	0.15	1.22	334-3
B1509202011	乌日根塔拉嘎查东	2.14	600	1	0.000 000 17	0.15	32.74	334-3
C1509202001	道仓毛都南	2.58	600	1	0.000 000 17	0.10	26.32	334-2
C1509202002	冈干营子地铺	27.76	600	1	0.000 000 17	0.10	283.15	334-2
C1509202003	查干楚鲁	24.93	600	1	0.000 000 17	0.10	254.29	334-2
C1509202004	332 高地	2.67	600	1	0.000 000 17	0.10	27.23	334-2
C1509202005	海拉苏	11.19	600	1	0.000 000 17	0.10	114.14	334-2
C1509202006	双龙岗	40.66	600	1	0.000 000 17	0.10	414.73	334-2
C1509202007	931 高地北	5.55	600	1	0.000 000 17	0.10	56.61	334-2
C1509202008	南萨拉嘎查	2.21	600	1	0.000 000 17	0.10	22.54	334-3
C1509202009	哈达艾里嘎查南西	11.75	600	1	0.000 000 17	0.10	119.85	334-2

4. 最小预测区资源量可信度估计

根据《预测资源量估算技术要求》(2010 年补充)可信度划分标准,针对每个最小预测区评价其可信度,孟恩陶勒盖预测工作区最小预测区可信度统计结果见表 7-15。

表 7-15 孟恩陶勒盖预测工作区最小预测区预测资源量可信度一览表

最小预测区编号	最小预测区名称	面积		延深		含矿系数		资源量综合	
		可信度	依据	可信度	依据	可信度	依据	可信度	依据
A1509202001	敖很达巴嘎查西	0.61	含矿建造、蚀变(断层),磁、重力、化探异常叠合	0.62	专家	0.41	勘探程度一般	0.49	地质、物化探异常估计
A1509202002	巴彦乌拉嘎查北东	0.78	含矿建造、已知矿床、磁、重力、化探异常叠合	0.73	专家	0.75	勘探程度较高	0.70	地表发现矿体
A1509202003	1258高地南西	0.62	含矿建造、蚀变(断层),磁、重力、化探异常叠合	0.63	专家	0.42	勘探程度一般	0.48	地质、物化探异常估计
A1509202004	布拉格呼都格北	0.63	含矿建造、蚀变(断层),磁、重力、化探异常叠合	0.60	专家	0.40	勘探程度一般	0.48	地质、物化探异常估计
A1509202005	白音哈嘎南东	0.63	含矿建造、蚀变(断层),磁、重力、化探异常叠合	0.60	专家	0.42	勘探程度一般	0.47	地质、物化探异常估计
A1509202006	孟恩陶勒盖银铅矿	0.85	含矿建造、已知矿床、磁、重力、化探异常叠合	0.74	钻孔	0.76	勘探程度较高	0.76	地表发现矿体
A1509202007	靠山嘎查	0.63	含矿建造、蚀变(断层),磁、重力、化探异常叠合	0.59	专家	0.41	勘探程度一般	0.43	地质、物化探异常估计
A1509202008	石场	0.62	含矿建造、蚀变(断层),磁、重力、化探异常叠合	0.62	专家	0.42	勘探程度一般	0.42	地质、物化探异常估计
A1509202009	果尔本巴拉南	0.80	含矿建造、已知矿床、磁、重力、化探异常叠合	0.71	专家	0.75	勘探程度较高	0.71	地表发现矿体
A1509202010	机械连南西	0.60	含矿建造、蚀变(断层),磁、重力、化探异常叠合	0.60	专家	0.45	勘探程度一般	0.43	地质、物化探异常估计
A1509202011	乌日根塔拉嘎查东	0.79	含矿建造、已知矿床、磁、重力、化探异常叠合	0.65	专家	0.75	勘探程度较高	0.72	地表发现矿体
B1509202001	1283高地	0.49	含矿建造、磁、重力、化探异常叠合	0.57	专家	0.36	勘探程度一般	0.40	地质、物化探异常估计
B1509202002	额布根乌拉嘎查北	0.48	含矿建造、磁、重力、化探异常叠合	0.55	专家	0.35	勘探程度一般	0.40	地质、物化探异常估计
B1509202003	老头山护林站	0.48	含矿建造、磁、重力、化探异常叠合	0.56	专家	0.30	勘探程度一般	0.39	地质、物化探异常估计
B1509202004	巴彦乌拉嘎查北东	0.47	含矿建造、磁、重力、化探异常叠合	0.51	专家	0.32	勘探程度一般	0.40	地质、物化探异常估计

续表 7-15

最小预测区编号	最小预测区名称	面积		延深		含矿系数		资源量综合	
		可信度	依据	可信度	依据	可信度	依据	可信度	依据
B1509202005	巴彦乌拉嘎查北东	0.47	含矿建造、磁、重力、化探异常叠合	0.54	专家	0.31	勘探程度一般	0.39	地质、物化探异常估计
B1509202006	巴仁杜尔基苏木东	0.46	含矿建造、磁、重力、化探异常叠合	0.53	专家	0.30	勘探程度一般	0.38	地质、物化探异常估计
B1509202007	靠山嘎查南	0.46	含矿建造、磁、重力、化探异常叠合	0.53	专家	0.29	勘探程度一般	0.37	地质、物化探异常估计
B1509202008	新鲜光	0.48	含矿建造、磁、重力、化探异常叠合	0.52	专家	0.30	勘探程度一般	0.38	地质、物化探异常估计
B1509202009	查干淖尔嘎查	0.49	含矿建造、磁、重力、化探异常叠合	0.51	专家	0.27	勘探程度一般	0.35	地质、物化探异常估计
B1509202010	乌日根塔拉嘎查东	0.46	含矿建造、磁、重力、化探异常叠合	0.50	专家	0.25	勘探程度一般	0.37	地质、物化探异常估计
B1509202011	乌日根塔拉嘎查东	0.48	含矿建造、磁、重力、化探异常叠合	0.50	专家	0.25	勘探程度一般	0.36	地质、物化探异常估计
C1509202001	道仑毛都南	0.27	含矿建造、化探异常叠合	0.35	专家	0.26	勘探程度一般	0.30	地质、物化探异常估计
C1509202002	冈干营子地铺	0.26	含矿建造、化探异常叠合	0.36	专家	0.28	勘探程度一般	0.31	地质、物化探异常估计
C1509202003	查干楚鲁	0.28	含矿建造、化探异常叠合	0.34	专家	0.27	勘探程度一般	0.31	地质、物化探异常估计
C1509202004	332 高地	0.25	含矿建造、化探异常叠合	0.33	专家	0.26	勘探程度一般	0.32	地质、物化探异常估计
C1509202005	海拉苏	0.27	含矿建造、化探异常叠合	0.35	专家	0.26	勘探程度一般	0.29	地质、物化探异常估计
C1509202006	双龙岗	0.26	含矿建造、化探异常叠合	0.31	专家	0.25	勘探程度一般	0.30	地质、物化探异常估计
C1509202007	931 高地北	0.26	含矿建造、化探异常叠合	0.30	专家	0.26	勘探程度一般	0.31	地质、物化探异常估计
C1509202008	南萨拉嘎查	0.25	含矿建造、化探异常叠合	0.32	专家	0.25	勘探程度一般	0.29	地质、物化探异常估计
C1509202009	哈达艾里嘎查南西	0.25	含矿建造、化探异常叠合	0.30	专家	0.25	勘探程度一般	0.28	地质、物化探异常估计

(四)预测工作区资源总量成果汇总

1. 按精度汇总

孟恩陶勒盖锡矿预测工作区地质体积法预测资源量,依据资源量级别划分标准,可划分为 334-1、334-2 和 334-3 三个资源量精度级别,各级别资源量见表 7-16。

表 7-16　孟恩陶勒盖式侵入岩体型锡矿预测工作区预测资源量精度统计表　　　　　　　　　　单位：t

预测工作区编号	预测工作区名称	精度		
		334-1	334-2	334-3
1509202001	孟恩陶勒盖锡铁多金属矿预测工作区	1 675.37	3 514.95	64.15

2. 按延深汇总

以孟恩陶勒盖式侵入岩体型锡矿孟恩陶勒盖预测工作区为单位，按照 500m 以浅、1000m 以浅、2000m 以浅统计预测资源量，其资源量按预测深度统计结果见表 7-17。

表 7-17　孟恩陶勒盖预测工作区预测资源量深度统计表　　　　　　　　　　单位：t

预测工作区编号	预测工作区名称	500m 以浅			1000m 以浅			2000m 以浅		
		334-1	334-2	334-3	334-1	334-2	334-3	334-1	334-2	334-3
1509202001	孟恩陶勒盖预测工作区	1 396.14	2 929.14	53.48	1 675.37	3 514.95	64.15	1 675.37	3 514.95	64.15

3. 按矿产预测类型汇总

孟恩陶勒盖热液型多金属矿预测工作区矿产预测方法类型为侵入岩体型，成因类型为热液型，其资源量统计结果见表 7-18。

表 7-18　孟恩陶勒盖预测工作区预测资源量预测类型精度统计表　　　　　　　　　　单位：t

预测工作区编号	预测工作区名称	侵入岩体型		
		334-1	334-2	334-3
1509202001	孟恩陶勒盖预测工作区	1 675.37	3 514.95	64.15

4. 按可利用性类别汇总

深度可利用性，根据目前的开采状况及地质专家分析，深度可利用至 1000m 以浅；当前开采经济条件可利用性，经已开采矿床的论证是可行的；矿石可选性，该预测类型的矿石为需选磁铁矿，粒度不是很细，属于易选矿石；外部交通水电环境可利用性，外部环境尚好。综合以上条件，孟恩陶勒盖预测工作区的预测资源量目前可利用（表 7-19）。

表 7-19　孟恩陶勒盖预测工作区预测资源量可利用性统计表　　　　　　　　　　单位：t

预测工作区编号	预测工作区名称	可利用			暂不可利用		
		334-1	334-2	334-3	334-1	334-2	334-3
1509202001	孟恩陶勒盖预测工作区	1 675.37	3 514.95	64.15	—	—	—

5. 按可信度统计分析汇总

孟恩陶勒盖预测工作区预测资源量可信度统计结果见表7-20,锡预测资源量可信性估计概率大于等于0.75的为1 675.37t,大于等于0.5的为1 729.44t,大于等于0.25的为5 254.47t。

表7-20 孟恩陶勒盖预测工作区预测资源量可信度统计表　　　　　　　　　　单位:t

预测工作区编号	预测工作区名称	$X \geq 0.75$			$X \geq 0.5$			$X \geq 0.25$		
		334-1	334-2	334-3	334-1	334-2	334-3	334-1	334-2	334-3
1509202001	孟恩陶勒盖预测工作区	1 675.37	—	—	1 675.37	46.42	7.65	1 675.37	1 850.21	1 728.89

6. 按级别分类统计汇总

依据最小预测区地质矿产、物探及遥感异常等综合特征,并结合资源量估算和预测区优选结果,将最小预测区划分为A级、B级和C级3个等级,其预测资源量见表7-21。

表7-21 孟恩陶勒盖预测工作区预测资源量级别分类统计表　　　　　　　　　　单位:t

预测工作区编号	预测工作区名称	级别		
		A级	B级	C级
1509202001	孟恩陶勒盖多金属矿预测工作区	2 643.38	1 292.23	1 318.86
		5 254.47		

第八章　大井子式侵入岩体型锡矿预测成果

大井子式侵入岩体型锡矿预测区横跨内蒙古自治区锡林郭勒盟、赤峰市、通辽市。地理坐标为东经117°00′—120°00′，北纬43°00′—45°00′。地处大兴安岭与阴山、浑善达克沙地和科尔沁沙地的交会地带。属中温带半干旱大陆性季风气候，年平均气温0~5℃，年降水量250~500mm，无霜期60~160天。北部草原区以畜牧业为主，南部为农业区。交通条件较好。

第一节　典型矿床特征

大井子铜锡多金属矿典型矿床位于内蒙古自治区赤峰市林西县官地镇，地理坐标为东经118°13′40″—118°17′26″，北纬43°40′45″—43°43′25″。位于内蒙古自治区中部锡林浩特岩浆弧，黄岗-甘珠尔庙复式背斜的北西翼，西拉木伦断裂北约60km。

一、典型矿床及成矿模式

（一）典型矿床特征

1. 矿区地质

出露地层主要为上二叠统林西组，为一套以粉砂岩为主夹砂岩，局部有泥灰岩的类复理石建造，水平层理发育，粉砂质泥岩含少量植物化石碎片。根据岩性组合和沉积旋回进一步划分为第一段下岩性带（暗色砂岩、板岩）、第一段上岩性带（暗色碎屑岩）、第二段下岩性带（杂色含泥灰岩、砂岩、板岩）及第二段上岩性带（杂色碎屑岩）（图8-1）。

全新统覆盖于上二叠统林西组之上，最厚可达数十米；主要为腐殖土、风成砂、冲坡积亚黏土、冲积砂砾石、钙质胶结的砂砾岩及残坡积碎石。

无较大的侵入岩出露，但酸性、中性、基性岩脉较发育，主要有霏细岩脉、英安斑岩脉、安山玢岩脉、辉绿玢岩脉和煌斑岩脉。脉岩经K-Ar法年龄测定相当于燕山早期。

脉岩均有不同程度的矿化，其中与成矿关系密切的有安山玢岩、玄武玢岩、霏细岩。

矿区褶皱构造简单，土愣子沟向斜为一开阔的圆弧状向斜，向斜的两翼次级褶皱发育，向斜轴向NE15°，枢纽向北北东倾，倾角45°左右。

北西向断裂十分发育，多被中酸性脉岩及矿脉充填，其控岩、控矿作用十分明显，是区内的主要容矿构造。单条断裂的规模一般较小，延长十几米至数十米，主要向北东倾，倾角中等一较陡。北东向和近南北向断裂也较发育，时有脉岩、矿脉充填其中。断裂规模大小不一，小者延长十几米，大者延长数千米。

矿区内主要断层均形成于脉岩侵位和成矿之前，成矿后断裂活动微弱，对矿体的破坏作用不大。

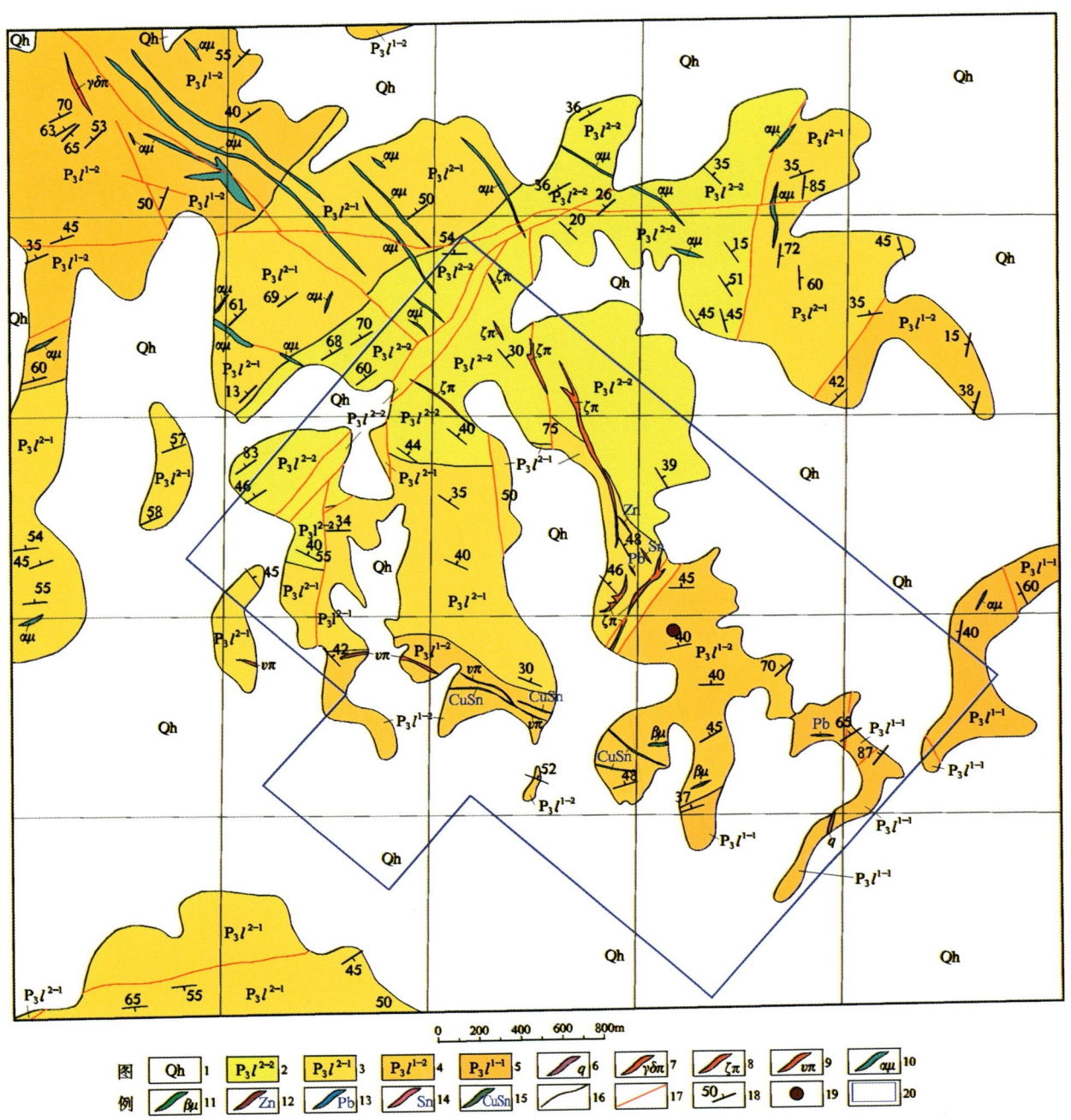

图 8-1 大井子铜锡多金属矿矿区地质图

1. 全新统；2. 林西组二段上岩性带；3. 林西组二段下岩性带；4. 林西组一段上岩性带；5. 林西组一段下岩性带；6. 石英脉；7. 花岗闪长斑岩脉；8. 英安斑岩脉；9. 霏细岩脉；10. 安山玢岩脉；11. 辉绿玢岩脉；12. 锌矿体；13. 铅矿体；14. 锡矿体；15. 铜锡矿体；16. 地质界线；17. 断层；18. 地层产状；19. 大井子矿点位置；20. 矿区范围

地层的热液蚀变极其微弱，但是次火山岩脉蚀变很普遍，主要有碳酸盐化、硅化、绢云母化、绿泥石化。矿化规模不大，产状也不稳定。

2. 矿床特征

矿体数量众多，成群成带产出。全矿床可大致划分成北、中、南 3 个大的矿带，每个大矿带内又可划分出若干个次级矿带（群）（图8-2）。

矿化对地层和岩石无选择性，矿床内林西组各段、带和各种岩石中均有矿化。

矿化主要呈充填脉状产出，仅局部呈浸染状和细脉-浸染状，矿体则由矿脉组成。据组成矿体的矿脉形态和组合关系，将矿体划分为单脉型、复脉型和细脉-浸染型3种基本类型。复脉型矿体又有平行脉型、网脉型、不规则脉型等构式。不同类型、不同构式在同一矿体中沿走向和倾向均可互变。

矿体产状在宏观上规律性明显，即矿带和绝大部分矿体走向北西，倾向北东，西部矿体倾角中等偏缓，东部中等偏陡。仅少数矿体为走向北北西或北东向。据老区采矿坑道资料，矿体局部产状变化较大，常见沿走向和倾向出现急剧转折，致使矿体沿走向呈折线状，沿倾向呈阶梯状。

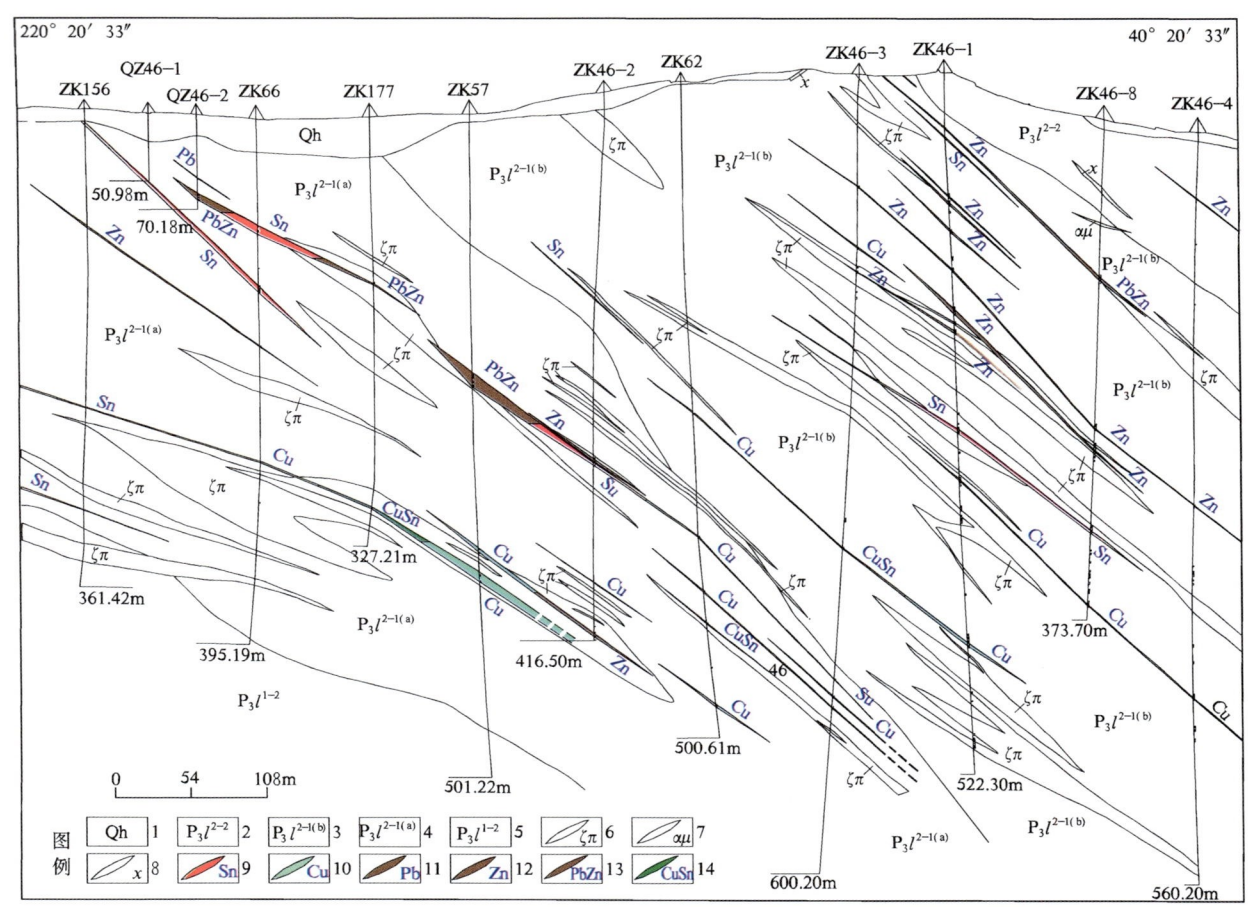

图8-2 大井子铜锡多金属矿第46勘探线剖面图

1.全新统；2.林西组二段上岩性带；3.林西组二段下岩性带上部；4.林西组二段下岩性带下部；5.林西组一段上岩性带；6.英安斑岩脉；7.安山玢岩脉；8.霏细岩脉；9.锡矿体；10.铜矿体；11.铅矿体；12.锌矿体；13.铅锌矿体；14.铜锡矿体

3. 矿脉分带

主要成矿元素为Cu、Sn、Pb、Zn、Ag，宏观上元素分带现象明显。平面上，矿床中部以铜锡矿化为主，向外逐渐过渡为以铅锌矿化为主；剖面上，浅部铅锌矿化相对发育，向深部铜锡矿化逐渐增强。这种垂直分带现象在铜锡与铅锌的过渡区内表现尤为明显。但局部范围内则常常出现元素的相互叠加——既可表现为在小范围内铜锡和铅锌矿化同时存在但各自独立产出，也可表现为同一矿体（脉）中铜锡、铅锌矿化相伴产出，或同一矿体（脉）沿走向、倾向出现成矿元素叠加互变现象。

4. 矿石特征

矿石氧化程度与矿体围岩裂隙发育程度有关，当围岩裂隙发育时，矿石氧化就较强烈，氧化深度也较大，且同一样品中氧化率一般 Pb>Zn>Cu。根据物相分析结果，结合钻孔矿芯和坑道矿体观察，综合考虑各种因素，将本区矿体氧化带（氧化率大于 30%）底界定为 45m，混合带（氧化率为 10%～80%）底界为 65m。由于该区干旱少雨，矿石氧化程度主要与围岩裂隙发育程度有关。硫化物氧化、分解后，由于淋滤作用微弱，元素迁移不强烈，且多沿围岩裂隙迁移而被分散，次生富集现象很不发育，故氧化带下部一般无次生富集带存在。

锡-铜矿石为本区最主要的矿石类型，不仅分布范围广泛，而且其矿石量占总矿石量的近 90%；铅-锌矿石仅占总矿石量的 10% 左右。银矿石仅见于地表局部地段，无独立工业矿体和矿块存在。

黄铁矿-锡石矿石：矿石矿物以黄铁矿、锡石为主，普遍含少量银矿物和多少不等的方铅矿、铁闪锌矿。共、伴生矿物有黄铁矿、毒砂、磁黄铁矿。脉石矿物以石英为主，碳酸盐矿物次之，少量绿泥石、绢云母等。

黄铜矿矿石：矿石矿物以黄铜矿为主，含少量锡石和多少不等的铁闪锌矿、方铅矿，常有少量银矿物。主要共、伴生矿物为黄铁矿、毒砂，有时有磁黄铁矿。脉石矿物主要为石英，次为碳酸盐矿物、绿泥石、绢云母。

锡石矿石：矿石矿物主要为锡石，常含少量黄铜矿，有时有较多铁闪锌矿、方铅矿。共生矿物主要为毒砂、黄铁矿、磁黄铁矿。脉石矿物主要为石英、绿泥石、绢云母，有时有碳酸盐矿物。

方铅矿-铁闪锌矿矿石：主要矿石矿物为铁闪锌矿、方铅矿、银矿物，有时含少量黄铜矿、锡石。其他共、伴生矿物有黄铁矿、毒砂，有时有少量磁黄铁矿。脉石矿物以碳酸盐矿物为主，少量石英、绿泥石、绢云母。

铁闪锌矿矿石：矿石矿物主要为铁闪锌矿，仅有少量方铅矿、黄铜矿、银矿物，有时有少量锡石。共生金属矿物主要为黄铁矿，有时有少量毒砂、磁黄铁矿。脉石矿物以碳酸盐矿物为主，石英、绿泥石、绢云母次之。

方铅矿矿石较少，主要矿石矿物为方铅矿，其次为少量银矿物、铁闪锌矿、黄铜矿等。共生金属矿物主要为黄铁矿。脉石矿物以碳酸盐矿物为主，石英为次，少量绿泥石、绢云母。

除上述矿石类型以外，区内还有黄铁矿（或磁黄铁矿）矿石，常赋存于主矿体的上、下盘附近，有时则将主矿体取而代之。矿石中黄铁矿（或磁黄铁矿）占绝对优势，黄铜矿、锡石、铁闪锌矿、方铅矿、银矿物等有用矿物含量都很少，此时则 Cu、Sn、Pb、An、Ag 品位大幅度降低，乃至造成工业矿体中断。某些矿体中的表外矿或"天窗"即属此种情况。

5. 矿石结构构造

矿石结构较简单，有晶粒状结构、固溶体分离结构、填隙（间）结构、包含—嵌晶结构、胶状结构、不等粒压碎结构、交代残余结构、骸晶结构。

矿石构造以脉状、网脉状、块状和准块状构造最常见，其次为条带状构造、浸染状—斑点状构造；角砾状构造较少见；空洞构造仅见于部分锡矿石（以黄铁矿为主）中；蜂窝状构造不发育，仅见于近地表的局部部位。除蜂窝状构造外的各种构造在同一矿体中频繁互变，且无一定规律。

6. 围岩蚀变

区内地层岩石的热液蚀变十分微弱，除了在矿区西北部边缘个别钻孔中见有具一定规模的褪色化和碳酸盐化、阳起石化外，在其余广泛区域内，不仅粉砂岩、杂砂岩等较为惰性的岩石，就连化学性质较活泼的泥灰岩也无明显热液蚀变现象；但区内的各种次火山岩则常常遭受了不同程度的硅化、碳酸盐化、绿泥石化、绢云母化等蚀变作用。此外，区内的热液矿物脉体十分发育，这些热液矿物主要是石英、碳酸盐矿物(主要为菱铁矿,其次为铁白云石、白云石、锰方解石、方解石),其次为绿泥石、绢云母,少量萤石、黑电气石。它们单独或以数种相组合,呈充填脉状穿插于各种岩石或矿脉中,其形态、规模、产状与矿脉相似,但分布范围远较矿化范围广。而且石英与铜锡矿化关系密切,碳酸盐矿物与铅锌矿化关系密切,因而组成脉体的矿物种类在宏观上具有与成矿元素相应的分布趋势,即矿床中部铜锡矿化区热液脉体以石英为主,伴有绿泥石、绢云母,而碳酸盐矿物则相对较少,局部有黑电气石;铅锌矿化区及外围的热液脉体则以碳酸盐矿物为主(伴有绿泥石、绢云母),石英相对较少,并常见萤石。

7. 矿床成因及成矿时代

根据成矿地质条件、矿体的形态和产状、矿石的结构构造等特征,矿床的成因类型及矿产预测类型为次火山热液裂隙充填型。成矿时代为燕山早期。

(二)矿床成矿模式

燕山早期,源于上地幔或下地壳的岩浆演化到晚期阶段后,更加富含成矿物质。这些残余岩浆在浅源岩浆房中进一步分异,在构造-岩浆动力的驱动下,携带着大量成矿物质继续上侵并定位于近地表的断裂中,形成脉状次火山岩体。随着成岩物质的逐渐析出而最后演化为富含成矿物质的热水溶液,并沿断裂运移。由于物理、化学条件的改变,金属矿物逐渐析出,并聚集于岩石的破裂构造中,形成了以硫化物为主的矿脉,少量则在次火山(脉)岩中呈浸染状分布。大井子锡多金属矿床的成矿模式如图8-3,成矿要素表见表8-1。

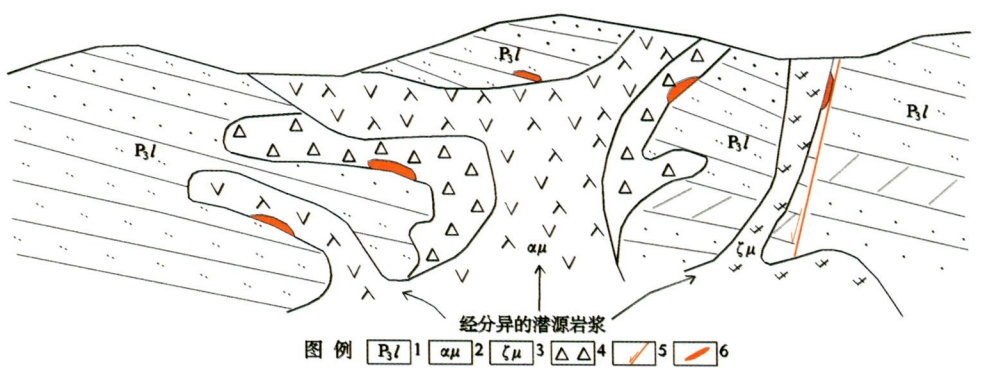

图8-3 大井子式侵入岩体型锡矿典型矿床成矿模式图
1. 林西组;2. 闪长玢岩;3. 英安玢岩;4. 隐爆角砾岩;5. 正断层;6. 矿体

表8-1 大井子式侵入岩体型锡矿典型矿床成矿要素表

典型矿床预测要素		内容描述			要素类别
储量		锡 1788t	平均品位	0.12%或0.38g/t	
特征描述		次火山热液裂隙充填型锡矿床			
地质环境	构造背景	天山-兴蒙造山系(Ⅰ),索伦山-林西结合带(P_1末—T_2)(Ⅰ-7),林西残余盆地(P_2—T_2)(Ⅰ-7-2)			必要
	成矿环境	大兴安岭成矿省(Ⅱ-12),林西-孙吴铅、锌、铜、钼、金成矿带(Ⅲ-8),神山-大井子铜、铅、锌、银、铁、钼、锡、稀土、铌、钽、萤石成矿亚带(Ⅲ-8-②),大井子铜、铅、锌、银、锡矿集区(Ⅴ-92)			必要
	成矿时代	燕山早期			必要

续表 8-1

典型矿床预测要素		内容描述			要素类别
	储量	锡 1788t	平均品位	0.12%或0.38g/t	
	特征描述	次火山热液裂隙充填型锡矿床			
矿床特征	矿体形态	主要为薄脉状，少量呈扁豆状、透镜状			
	岩石类型	与成矿关系密切的有安山玢岩、玄武玢岩、霏细岩			重要
	岩石结构	具斑状结构、碎斑结构、霏细结构，基质具玻晶交织结构、填间结构、隐晶质结构			重要
	矿物组合	主要矿石矿物有锡石、黄铜矿、方铅矿、闪锌矿、黄铁矿、磁黄铁矿、白铁矿、毒砂等。脉石矿物有石英、绢云母、绿泥石、方解石、白云石等。表生矿物有褐铁矿、软锰矿、硬锰矿、铜蓝等			重要
	矿石结构构造	矿石构造有块状构造、网脉状—脉状构造、浸染斑点状构造、带状构造、角砾状构造、空洞构造、蜂窝状构造。矿石结构有晶粒状结构、固溶体分离结构、填隙结构、包含—嵌晶结构、胶状结构、不等粒压碎结构、交代残余结构、骸晶结构等			次要
	蚀变特征	本区地层岩石的热液蚀变极其微弱，即或矿脉两侧或矿脉内的角砾、残留体一般蚀变现象也不明显，远离矿脉的岩石发生蚀变现象更为罕见。但是各次火山岩脉蚀变很普遍，主要有碳酸盐化、硅化、绢云母化、绿泥石化。矿化规模不大，产状也不稳定			重要
	控矿条件	地层对成矿有间接控制作用。断裂是本区主要的控制因素，规模较大的北东向断裂在宏观上控制了矿化产出部位。尤其北西向和北西西向断裂为本区主要的容矿构造，直接控制了矿体的赋存部位及其规模、形态、产状。燕山早期的次火山岩脉广泛发育，次火山活动对成矿起着重要的、直接的控制作用			必要

二、典型矿床地球物理特征

（一）重力

大井子式侵入岩体型锡矿位于古生代基底隆起区（主要是二叠系隆起区），处在布格重力异常相对高值区、剩余重力正负异常交界处正异常一侧（图8-4）。燕山早期岩浆活动与成矿关系密切。

（二）航磁特征

大井子式侵入岩体型锡矿位于航磁正异常区之异常梯度带附近（图8-5）。

三、典型矿床地球化学特征

矿区内形成热液类元素的高背景带，高背景带上存在以Sn、As、Sb、Cu、Zn、Ag、Pb、W、Mo为主的多元素综合异常，Sn为主成矿元素。Sn、Cu、Pb、Zn、Ag异常规模大，呈面状分布，强度高，形成明显的浓集中心和浓度分带，空间套合程度高。矿区内各元素异常受北东向或北西向断裂构造控制，As、Sb、W、Mo异常的浓集中心均呈北东向展布（图8-6）。

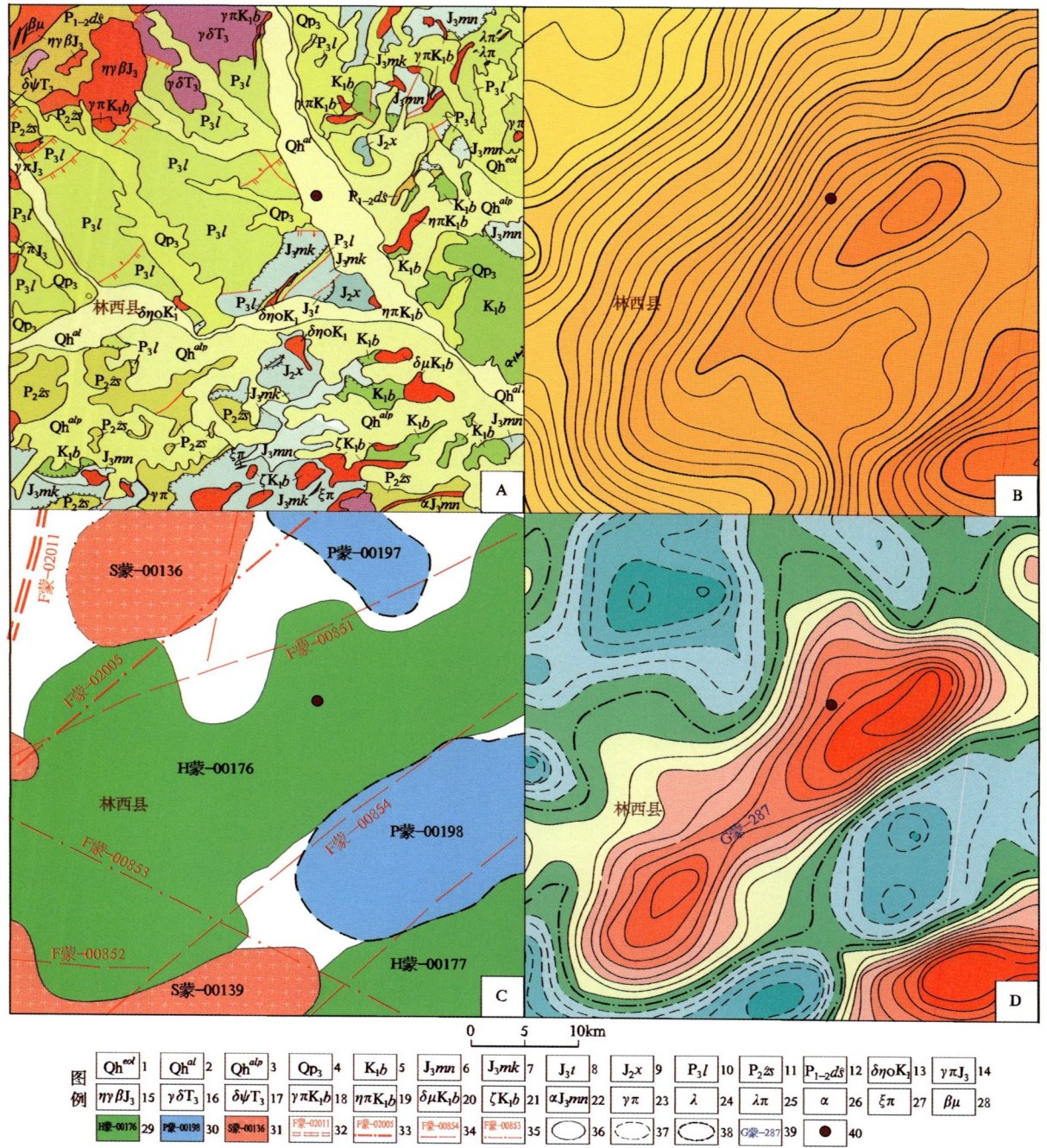

图 8-4 大井子锡矿区域地质矿产及重力剖析图

A. 地质矿产图；B. 布格重力异常图；C. 重力推断地质构造图；D. 剩余重力异常图。1. 全新统风积；2. 全新统冲积；3. 全新统洪冲积；4. 下更新统；5. 下白垩统白音高老组；6. 上侏罗统玛尼吐组；7. 上侏罗统满克头鄂博组；8. 上侏罗统土城子组；9. 中侏罗统新民组；10. 上二叠统林西组；11. 中二叠统哲斯组；12. 下中二叠统大石寨组；13. 早白垩世石英二长闪长岩；14. 晚侏罗世花岗斑岩；15. 晚侏罗世黑云母二长花岗岩；16. 晚三叠世花岗闪长岩；17. 晚三叠世辉长闪长岩；18. 白音高老期花岗斑岩；19. 白音高老期二长斑岩；20. 白音高老期闪长玢岩；21. 白音高老期英安岩；22. 玛尼吐期安山岩；23. 花岗斑岩脉；24. 流纹岩脉；25. 流纹斑岩脉；26. 安山岩脉；27. 正长斑岩脉；28. 辉绿岩脉；29. 推断古生代地层及编号；30. 推断盆地及编号；31. 推断酸—中酸性岩体及编号；32. 重力推断半隐伏一级断裂构造及编号；33. 重力推断半隐伏二级断裂及编号；34. 重力推断隐伏断裂及编号；35. 重力推断半隐伏断层及编号；36. 重力正等值线；37. 重力负等值线；38. 重力零等值线；39. 剩余异常编号；40. 锡矿点

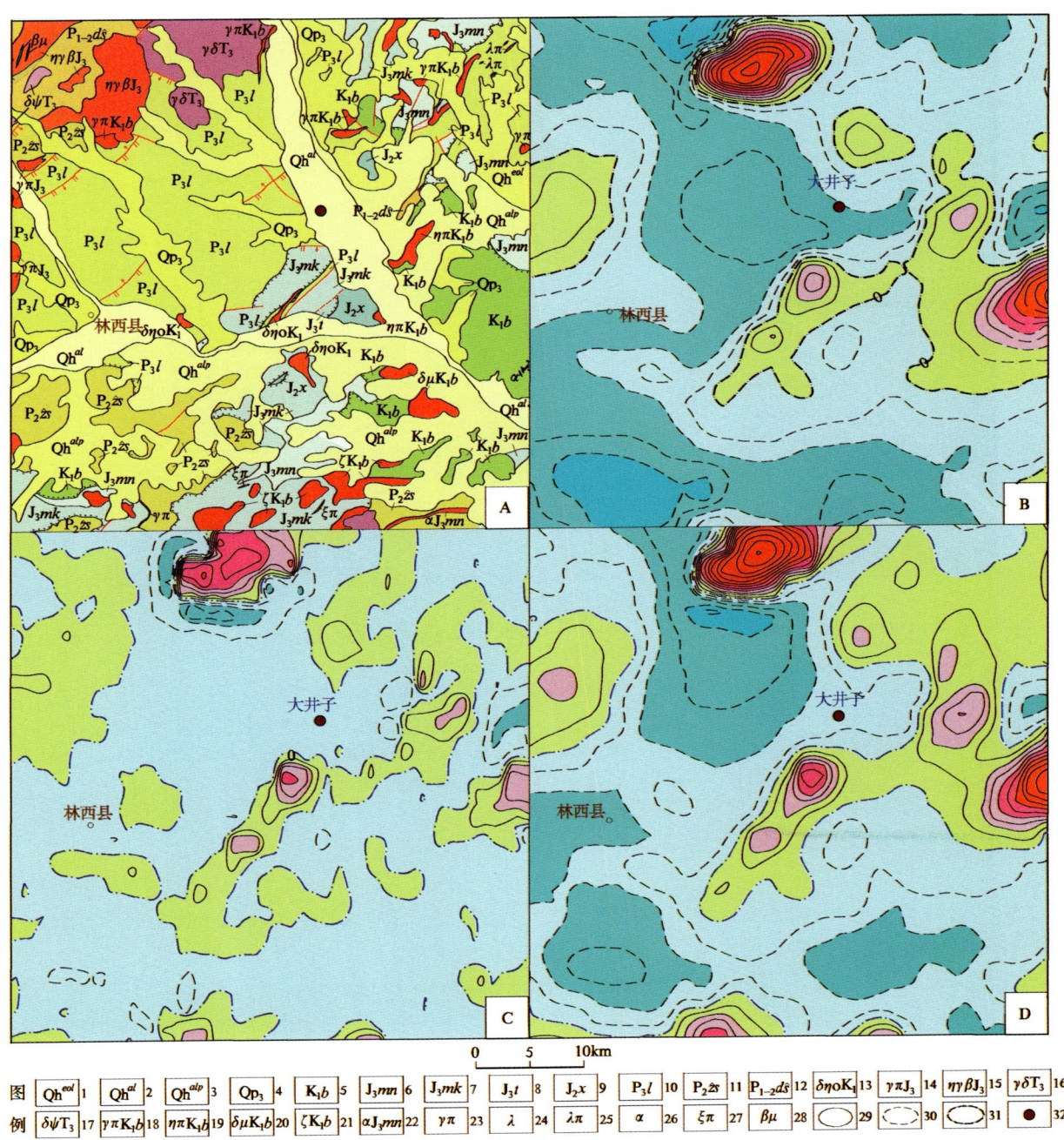

图 8-5 大井子锡矿区域地质矿产及磁测剖析图

A. 地质矿产图；B. 航磁 ΔT 等值线平面图；C. 航磁 ΔT 化极垂向一阶导数等值线平面图；D. 航磁 ΔT 化极等值线平面图。1. 全新统风积；2. 全新统冲积；3. 全新统洪冲积；4. 下更新统；5. 下白垩统白音高老组；6. 上侏罗统玛尼吐组；7. 上侏罗统满克头鄂博组；8. 上侏罗统土城子组；9. 中侏罗统新民组；10. 上二叠统林西组；11. 中二叠统哲斯组；12. 下中二叠统大石寨组；13. 早白垩世石英二长闪长岩；14. 晚侏罗世花岗斑岩；15. 晚侏罗世黑云母二长花岗岩；16. 晚三叠世花岗闪长岩；17. 晚三叠世辉长闪长岩；18. 白音高老期花岗斑岩；19. 白音高老期二长斑岩；20. 白音高老期闪长玢岩；21. 白音高老期英安岩；22. 玛尼吐期安山岩；23. 花岗斑岩脉；24. 流纹岩脉；25. 流纹斑岩脉；26. 安山岩脉；27. 正长斑岩脉；28. 辉绿岩脉；29. 正等值线；30. 负等值线；31. 零等值线；32. 锡矿点

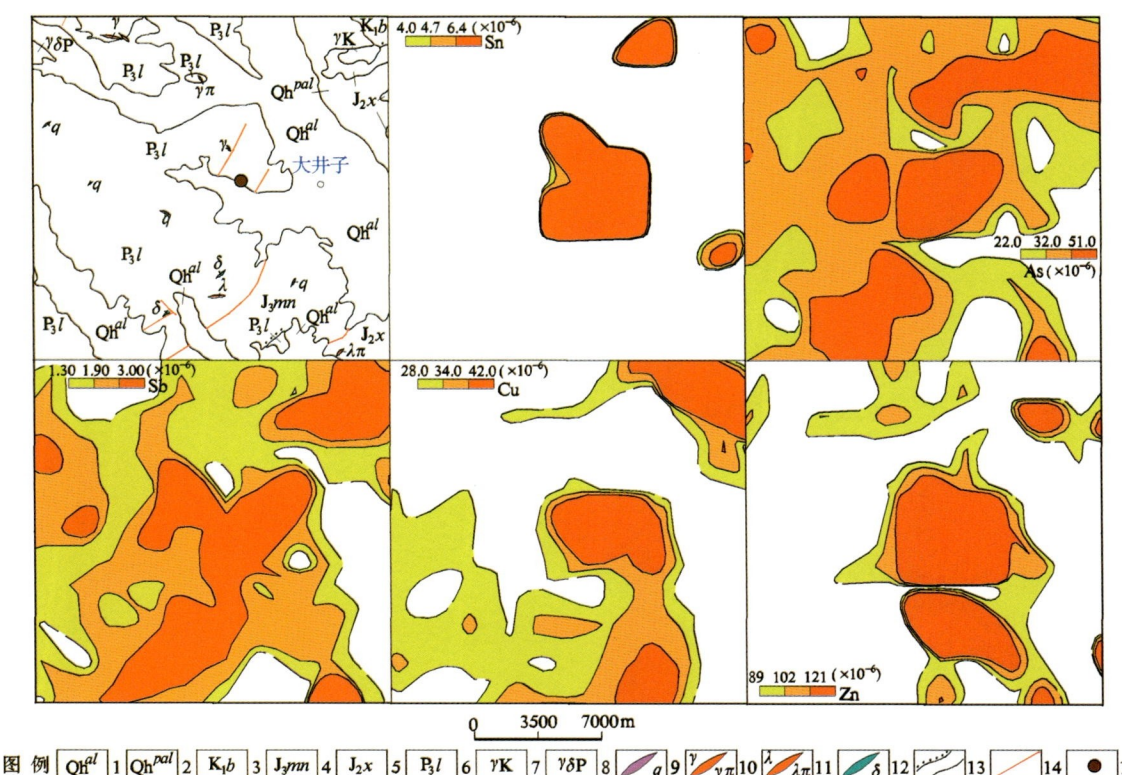

图 8-6 大井子锡多金属矿区域地质矿产及锡化探异常图

1. 全新统冲积;2. 全新统洪冲积;3. 下白垩统白音高老组;4. 上侏罗统玛尼吐组;5. 中侏罗统新民组;6. 上二叠统林西组;7. 白垩纪花岗岩;8. 二叠纪花岗闪长岩;9. 石英脉;10. 花岗岩脉、花岗斑岩脉;11. 流纹岩脉、流纹斑岩脉;12. 闪长岩脉;13. 角度不整合界线、地质界线;14. 断层;15. 锡矿位置

四、遥感特征

矿区内断裂构造发育,是本区主要的控制因素,主要发育北东向、北西向、近南北向、北西西向和北东东向断裂,规模较大的北东向断裂在宏观上控制了矿化产出部位。

北西向和北西西向断裂为本区主要的容矿构造,直接控制了矿体的赋存部位及其规模、形态、产状。近南北向和北东东向断裂为本区次要的容矿构造。此外层间破碎带也是区内较为重要的容矿构造之一。

北西向断裂十分发育,多被中酸性脉岩及矿脉充填,其控岩、控矿作用十分明显,是区内的主要容矿构造。发育于脉岩之中或脉岩与围岩接触带造成脉岩破碎的北西向断裂亦时有所见。单条断裂的规模一般较小,延长十几米至数十米,主要向北东倾,倾角中等—较陡。北北向断裂很少单独存在,多作为北西向断裂的一部分。北东向和近南北向断裂也较发育,时有脉岩、矿脉充填其中,亦有破坏脉岩的现象。断裂规模大小不一,小者延长十几米,大者延长数千米可形成断距较大的断层。

环形构造在本区十分发育,大型环形构造多由隐伏岩体引起,而小型环形构造多数由次火山岩体引起。次火山岩广泛发育,成矿和成岩物质是由同一岩浆所提供,岩浆物质的上侵、定位不仅为随之而来的矿液活动开辟了通道,而且强化了原有的一些岩石破裂,从而为成矿提供了有利的空间。本区的次火山活动对成矿起着重要的、直接的控制作用。

五、矿床预测模型

根据典型矿床的研究,结合大地构造背景、主要控矿因素、成矿作用特征等,其矿床成因类型为次火山热液型,燕山期岩浆岩的侵入不仅提供了热源,同时也提供了 Sn 元素,尤其是次火山岩——安山玢岩、玄武玢岩、霏细岩等直接控制了锡矿的分布。预测要素见表 8-2,预测模型如图 8-7 所示。

表 8-2　大井子式次火山热液裂隙充填型锡矿典型矿床预测要素表

典型矿床预测要素			内容描述			要素类别
储量			锡 1788t	平均品位	0.12%或 0.38g/t	
特征描述			次火山热液裂隙充填型锡矿床			
地质环境	构造背景		天山-兴蒙造山系(Ⅰ),索伦山-林西结合带(P_1末—T_2)(Ⅰ-7),林西残余盆地(P_2—T_2)(Ⅰ-7-2)			必要
	成矿环境		大兴安岭成矿省(Ⅱ-12),林西-孙吴铅、锌、铜、钼、金成矿带(Ⅲ-8),神山-大井子铜、铅、锌、银、铁、钼、锡、稀土、铌、钽、萤石成矿亚带(Ⅲ-8-②),大井子铜、铅、锌、银、锡矿集区(Ⅴ-92)			必要
	成矿时代		燕山早期			必要
矿床特征	矿体形态		主要为薄脉状,少量呈扁豆状、透镜状			
	岩石类型		与成矿关系密切的有安山玢岩、玄武玢岩、霏细岩			重要
	岩石结构		具斑状结构、碎斑结构、霏细结构,基质具玻晶交织结构、填间结构、隐晶质结构			重要
	矿物组合		主要矿石矿物有锡石、黄铜矿、方铅矿、闪锌矿、黄铁矿、磁黄铁矿、白铁矿、毒砂等。脉石矿物有石英、绢云母、绿泥石、方解石、白云石等。表生矿物有褐铁矿、软锰矿、硬锰矿、铜蓝等			重要
	矿石结构构造		矿石构造有块状构造、网脉状—脉状构造、浸染斑点状构造、带状构造、角砾状构造、空洞构造、蜂窝状构造。矿石结构有晶粒状结构、固溶体分离结构、填隙结构、包含—嵌晶结构、胶状结构、不等粒压碎结构、交代残余结构、骸晶结构等			次要
	蚀变特征		本区地层岩石的热液蚀变极其微弱,即或矿脉两侧或矿脉内的角砾、残留体一般蚀变现象也不明显,远离矿脉的岩石发生蚀变现象更为罕见。但是各次火山岩脉蚀变很普遍,主要有碳酸盐化、硅化、绢云母化、绿泥石化。矿化规模不大,产状也不稳定			重要
	控矿条件		地层对成矿有间接控制作用。断裂是本区主要的控制因素,规模较大的北东向断裂在宏观上控制了矿化产出部位。尤其北西向和北西西向断裂为本区主要的容矿构造,直接控制了矿体的赋存部位及其规模、形态、产状。燕山早期的次火山岩脉广泛发育,次火山活动对成矿起着重要的、直接的控制作用			必要
物化探特征	地球物理特征	重力	矿区处于高背景异常区,位于布格重力高异常边部的梯级带上,异常呈北东走向,重力异常最高值为 -75.65×10^{-5} m/s^2;剩余重力异常图上,矿区位于剩余重力正异常带上,异常最高值为 10.16×10^{-5} m/s^2			重要
		航磁	航磁正异常区,异常梯度带附近			重要
	地球化学特征		矿区内形成热液类元素的高背景带,高背景带上存在以 Sn、As、Sb、Cu、Zn、Ag、Pb、W、Mo 为主的多元素综合异常,Sn 为主成矿元素。Sn、Cu、Pb、Zn、Ag 异常规模大,呈面状分布,强度高,形成明显的浓集中心和浓度分带,空间套合程度高。矿区内异常受北东向或北西向断裂构造控制,As、Sb、W、Mo 异常的浓集中心均呈北东向展布			必要

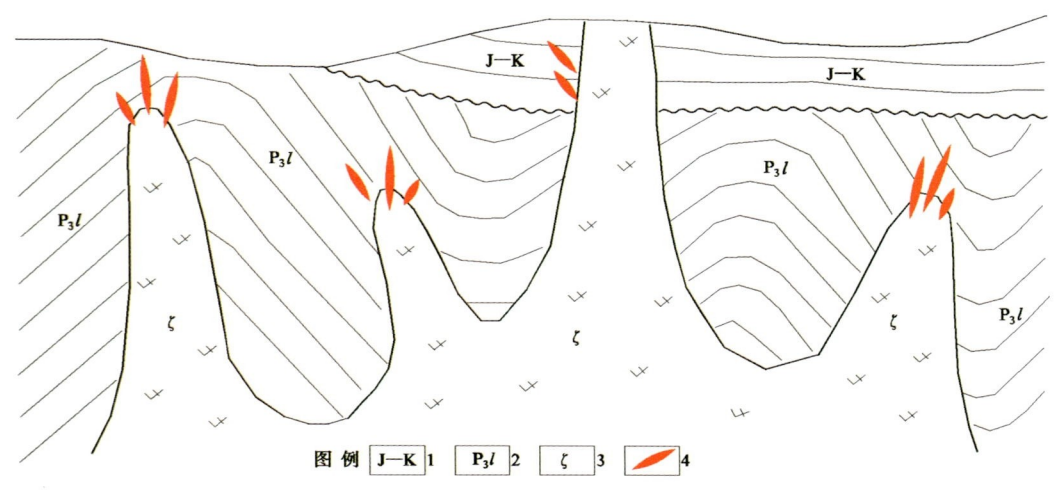

图 8-7 大井子锡多金属矿典型矿床预测模型图
1. 侏罗系—白垩系火山碎屑岩、熔岩；2. 上二叠统林西组；3. 燕山期次火山岩（英安斑岩、安山玢岩）；4. 锡矿体

第二节 预测工作区研究

内蒙古自治区大井子式侵入岩体型铁锡矿大井子预测工作区行政区划隶属于内蒙古自治区锡林郭勒盟、赤峰市及通辽市管辖。地理坐标为东经117°00′00″—120°00′00″,北纬43°00′00″—45°00′00″。

大地构造位置位于天山-兴蒙造山系（Ⅰ）,主要跨大兴安岭弧盆系（$Pt_3—T_2$）（Ⅰ-1）锡林浩特岩浆弧（Pz_2）（Ⅰ-1-7）和索伦山-林西结合带（P_1末—T_2）（Ⅰ-7）达青牧场-扎赉特旗俯冲增生杂岩带（P_1末期）（Ⅰ-7-1）、林西残余盆地（$P_2—T_2$）（Ⅰ-7-2）以及包尔汉图-温都尔庙弧盆系（Ⅰ-8）温都尔庙俯冲增生杂岩带（$Pt_2—P$）（Ⅰ-8-2）、松辽地块（K）（Ⅰ-2）松辽断陷盆地（K）（Ⅰ-2-1）（图2-1）。

成矿区带属大兴安岭成矿省（Ⅱ-12）林西-孙吴铅、锌、铜、钼、金成矿带（Ⅲ-8），跨索伦镇-黄岗铁、锡、铜、铅、锌、银成矿亚带（V-Y）（Ⅲ-8-①）之黄岗-同兴铁、锡、铅、锌、银矿集区（V-71）、拜仁达坝铅、锌、银矿集区（V-68）及道伦达坝铁、铜、锡、铅、锌、银矿集区（V-69），神山-大井子铜、铅、锌、银、铁、钼、锡、稀土、铌、钽、萤石成矿亚带（Ⅲ-8-②）之白音诺尔-乃林坝铅、锌、铜、铁矿集区（V-87）、孟恩陶勒盖-布敦花银、铜、铅、锌矿集区（V-81），以及小东沟-小营子钼、铅、锌、铜成矿亚带（Vm，Y）（Ⅲ-8-④）（图2-2）。

一、区域地质特征

（一）成矿地质背景

大井子式次火山热液型矿床对地层无选择性。

侵入岩很发育。海西晚期主要为石英闪长岩和花岗闪长岩，均出露于隆起区北部，呈岩株或小岩基产出。燕山期侵入岩分布广泛，早期第一次侵入主要为石英闪长岩，呈岩株或岩墙状产出，在隆起区和凹陷区内均有出露；第二次侵入活动最强烈，遍布隆起区内，主要为二长花岗岩—钾长花岗岩，其次为花岗斑岩、流纹斑岩，此次侵入活动与本区多金属矿产的形成关系密切。燕山晚期侵入岩有花岗岩、花岗斑岩，规模不等，主要出露于隆起区南部和凹陷区内，目前尚未发现与其有关的矿产。

隆起区内发育有较多不同规模的北东向背斜、向斜构造,凹陷区内仅局部地区见有开阔的褶皱构造。区内断裂构造十分发育,除作为隆起区边界的深断裂、大断裂和区域性断裂外,还发育一系列北西向、北东向和东西向断裂,致使隆起区及其内部构造都具有较明显的块段构造特征。

（二）区域成矿模式

燕山期,沿黄岗-甘珠尔庙复背斜及林西-陶海营子复向斜发生的大面积岩浆侵入、火山喷发,为矿床的形成提供了丰富的物源,岩浆多旋回、多期次活动使矿质多次富集成矿。成矿要素见表8-3。成矿模式见图5-9（第五章）。

表8-3　大井子式侵入岩体型锡矿大井子预测工作区成矿要素表

区域成矿（预测）要素		内容描述	要素类别
地质环境	大地构造位置	天山-兴蒙造山系（Ⅰ）,主要跨大兴安岭弧盆系（Pt_3—T_2）（Ⅰ-1）锡林浩特岩浆弧（Pz_2）（Ⅰ-1-7）和索伦山-林西结合带（P_1末—T_2）（Ⅰ-7）达青牧场-扎赉特旗俯冲增生杂岩带（P_1末期）（Ⅰ-7-1）、林西残余盆地（P_2—T_2）（Ⅰ-7-2）,以及包尔汉图-温都尔庙弧盆系（Ⅰ-8）温都尔庙俯冲增生杂岩带（Pt_2—P）（Ⅰ-8-2）、松辽地块（K）（Ⅰ-2）松辽断陷盆地（K）（Ⅰ-2-1）	必要
	成矿区（带）	大兴安岭成矿省（Ⅱ-12）林西-孙吴铅、锌、铜、钼、金成矿带（Ⅲ-8）,跨索伦镇-黄岗铁、锡、铜、铅、锌、银成矿亚带（V-Y）（Ⅲ-8-①）之黄岗-同兴铁、锡、铅、锌、银矿集区（V-71）、拜仁达坝铅、锌、银矿集区（V-68）及道伦达坝铁、铜、锡、铅、锌、银矿集区（V-69）,神山-大井子铜、铅、锌、银、铁、钼、锡、稀土、铌、钽、萤石成矿亚带（Ⅲ-8-②）之白音诺尔-乃林坝铅、锌、铜、铁矿集区（V-87）、孟恩陶勒盖-布敦花银、铜、铅、锌矿集区（V-81）,以及小东沟-小营子钼、铅、锌、铜成矿亚带（Vm,Y）（Ⅲ-8-④）	必要
	区域成矿类型及成矿时代	次火山热液裂隙充填型矿床,成矿时代为燕山早期	重要
控矿地质条件	赋矿地质体	矿体对地层无选择性,本区地层对成矿有间接控制作用	必要
	控矿侵入岩	次火山活动对成矿起着重要的、直接的控制作用	重要
	主要控矿构造	断裂是主要的控制因素,规模较大的北东向断裂在宏观上控制了矿化产出部位。尤其北西向和北西西向断裂为本区主要的容矿构造,直接控制了矿体的赋存部位及其规模、形态、产状	重要
区内相同类型矿产		中型锡矿床3处,矿点7处	必要

二、区域地球物理特征

（一）重力特征

预测工作区与黄岗式侵入岩体型铁锡矿黄岗预测工作区预测工作范围相同。预测区位于克什克腾旗-阿鲁科尔沁旗重力高异常带上,布格重力异常值 Δg 为 $(-148.63 \sim -31.61) \times 10^{-5}$ m/s²,由北西到南东逐渐降低,形成北东向梯级带。该梯级带属纵贯全国东部地区的大兴安岭-太行山-武陵山北北东向巨型重力梯度带的北段——大兴安岭梯级带的南端。这一巨型重力梯度带东、西两侧重力场下降幅度达 80×10^{-5} m/s^2，下降梯度约 1×10^{-5} m·s^{-2}/km。由地震和大地电磁测深资料可知，大兴安岭-太行山-武陵山巨型宽条带重力梯度带是一条超地壳深大断裂带的反映。该深大断裂带是环太平洋构造运动的结果，沿深大断裂带侵入了大量的中—新生代的中—酸性岩浆岩，并喷发、喷溢了大量的中—新生代火山岩。

区域布格重力异常总体呈北东向展布，预测区北西部、南西部形成明显的布格重力异常低值区，与该区域重力推断的酸性岩浆岩带对应。物探推断的两条近东西向的深大断裂——索仑山-巴林右旗断裂 F 蒙-02016-④及温都尔庙-西拉木仑河断裂 F 蒙-02018-⑤从预测工作区南部穿过，该区域布格重力异常等值线呈近东西向密集分布或发生明显的同向扭曲。

预测工作区内，剩余重力异常图正负相伴的剩余重力异常交替出现，形成各种形状的正异常与负异常相互伴生的复杂构造格局。剩余重力异常总体走向呈北东向，但在预测区北侧部分剩余重力异常呈北西向，南部呈近东西向展布。区内宽缓不规则的剩余重力负异常多由酸性岩体引起，密集规则的剩余重力负异常多与盆地有关。剩余重力正异常大多都因古生代基底隆起（主要是二叠系，其次是泥盆系、志留系）引起，南侧部分剩余重力正异常与元古宙、太古宙基底隆起有关。

（二）航磁特征

由 1∶10 万航磁 ΔT 等值线平面图可知：磁场值总体处在正负磁场互现的负磁场背景上，磁场值变化范围在 $-550\sim625$ nT 之间，其间分布着许多正磁异常。磁异常轴向以北东东向和北东向为主，部分磁异常轴向为北西向，磁异常形态各异，多呈不规则形状分布，少数为规则似圆状异常。预测工作区磁场南东部场值高于北西部，也比北西部杂乱。

预测区推断断裂走向与磁异常轴方向相同，多为北东东向和北东向，少数为北西向，以不同磁场区的分界线和和磁异常梯度带为标志。预测区南东部大部分具较杂乱正负磁异常相间的磁场分布特征，参考地质出露情况，认为该区南东部大部分由出露或隐伏的二叠纪、三叠纪、侏罗纪和白垩纪的酸性、中酸性、基性或超基性侵入岩体引起。预测区最北部异常较为平静，在其北西角上有一椭圆形正异常区，此异常区梯度变化带推断为断裂构造，正异常区推断为酸性和中酸性侵入岩体。

根据磁异常特征，大井子式火山岩型锡矿预测工作区磁法推断断裂构造 11 条，中酸性岩体 41 个，火山岩地层 3 个，基性岩 1 个，超基性岩 1 个，火山构造 2 个。与成矿有关的断裂 4 条，侵入岩体 2 个。

三、区域地球化学特征

区域上分布有 Sn、Ag、Zn、As、Sb 等元素组成的高背景区带，在高背景区带中有以 Sn、W、Ag、Pb、Zn、Cu、As、Sb 为主的多元素局部异常。预测区内共有 156 个 Sn 异常，93 个 Mo 异常，155 个 W 异常，196 个 Ag 异常，154 个 Pb 异常，135 个 Zn 异常，150 个 Cu 异常，102 个 As 异常，88 个 Au 异常，100 个 Sb 异常。

从预测区南西到北东 Sn 元素均呈规模较大的异常，强度高，呈三级浓度分带，预测区南东部则为 Sn 异常的低值区，仅有部分小规模的 Sn 异常零星分布。大规模的 W 异常集中在预测区南西部黄岗—林西一带。Mo 元素呈背景及低背景分布。Ag、Pb、Zn 异常在全预测区均有分布，规模较大的异常主要分布在黄岗北东部，沿克什克腾旗—林西存在一条明显的 Ag、Pb、Zn 串珠状异常带，呈北东向展布，在西乌珠穆沁旗和宝日洪绍日周围大量的 Ag 异常集中分布。区域上 Cu 元素的低背景带中有多条北东向串珠状 Cu 异常存在。As、Sb 元素的高背景带上，As 元素沿五十家子镇—宝日洪绍日存在一条北东向异常带，具有多个浓集中心和明显的浓度分带，黄岗北东部还存在大面积的 As 异常，呈北北西向或近南北向展布。Au 元素呈低背景分布。

Z-1 上 Sn、W、Ag、Pb、Zn、As、Sb 异常呈北东向条带状分布，Mo 异常规模较小，仅在已知锡矿床处呈异常分布，Sn 等主成矿元素异常带上分散有 Au、Cu、Ag 异常，整体上均呈北东向带状分布。Z-2 上 Sn 异常呈三级浓度分带，具有明显的浓集中心，高强度的 Sn 异常上 As、Sb、W、Ag、Pb、Zn 呈面状分布，各元素套合均较好。Z-3 异常上 Sn、As、Ag、Pb、Zn 异常均具有较大规模，套合程度较高，W、Mo 异常规模较小，散布于 Sn 异常上，大面积的 Sb 异常位于该组合异常外围，为远程指示元素。

四、遥感影像及解译特征

预测工作区内解译出巨型断裂带即扎鲁特旗断裂带，该断裂带在预测区南部，横跨预测区，显示为明显的北东东向延伸特点，线性影像明显，有东西向展布的河流、盆地和沙漠。

解译出大型构造有大兴安岭-太行山断裂带位于预测区中部偏北自西向东贯穿整个预测区，北北东向延伸，断裂带较宽，且多表现为张性特征，带内有糜棱岩带及韧性剪切带，表现为先张后压的多期活动特点；扎鲁特旗断裂带位于预测区南东部，北西西向延伸，推断为压扭性构造；锡林浩特北缘断裂带位于预测区北部，北东向延伸。

小型断裂比较发育，共解译出中小型构造 600 多条，线性影像明显。影像中有较明显直线和弧段状纹理，线型纹理清晰。

环形构造比较发育，共解译出环形构造 100 多个，其成因为花岗岩类引起的环形构造、与隐伏岩体有关的环形构造、褶皱引起的环形构造、火山机构引起的环形构造及成因不明的环形构造。环形构造主要分布在预测区东部、中部、北西部。

羟基异常主要分布在北西部地区和北部地区以及中部地带，在南东、南西地区和中部偏南地区分布较少或零星分布。北部汗乌拉苏木以东、乌兰达坝苏木以西的地区存在大片带状羟基异常。中部查干沐沦苏木以东、巴彦胡硕镇以西有大片异常，巴彦胡硕镇以东的巴彦胡硕镇构造与巴彦塔拉苏木断裂交接处有部分羟基异常，巴彦塔拉苏木以东地区分布较多密集羟基异常。北西部同兴镇构造周边集中分布大量羟基异常，巴彦查干苏木构造周围羟基异常分布较为集中。

铁染异常主要分布在西部地区和北部地区以及中部地带，在南东、南西地区和中部偏南地区分布较少或零星分布。巴彦锡勒断裂带南东附近地区存在大片铁染异常，沿断裂带散状分布，延至巴彦温都尔苏木北西构造附近。中部碧流台镇南东及查干哈达苏木以北区域分布有大片异常，先锋乡地区分布较多密集铁染异常。北西部板石房子乡以西集中分布大量铁染异常，同兴镇构造周围铁染异常分布较为集中。新林-白音特拉断裂带以南地区也分布大片铁染异常。北东部温都尔庙-西拉木伦断裂带以北区域分布有大片铁染异常。

预测工作区共圈定 6 个最小预测区。

最小预测区-1：存在一条性质不明断层，有大量的铁染异常图斑。

最小预测区-2：多条断层和一个与隐伏岩体有关的环形构造交会处。

浩尔吐乡最小预测区：位于浩尔吐乡以东 40km。与隐伏岩体有关的环形构造套合，有少量的铁染异常，有 2 个已知矿点。

同兴镇南西最小预测区：位于同兴镇南西 75km。不明性质断层和隐伏岩体有关的环形构造交错，有 4 个已知矿点。

同兴镇北东最小预测区：位于同兴镇北东 50km。一条逆断层穿过此区域，有 1 个已知矿点。

大井镇最小预测区：多条断层和一个与隐伏岩体有关的环形构造交会处，有零星的羟基异常，有 2 个已知矿点。

五、区域自然重砂特征

1∶20 万区域地质自然重砂测量，共圈出 9 个锡石异常，其中 Ⅰ 级异常 4 个，Ⅱ 级异常 5 个。锡石自然重砂异常特征见表5-3(第五章)。

六、区域预测模型

以区域成矿要素为基础,综合研究重力、航磁、遥感、化探等综合致矿信息,总结区域预测要素表(表8-4)。以地质剖面图为基础,叠加区域航磁及重力剖面,简要表示预测要素内容及其相互关系以及时空展布特征,形成预测工作区预测模型图(图8-9)。

表8-4 大井子式侵入岩体型锡矿大井子预测工作区预测要素表

区域成矿(预测)要素		内容描述	要素类别
地质环境	大地构造位置	天山-兴蒙造山系(Ⅰ),主要跨大兴安岭弧盆系($Pt_3—T_2$)(Ⅰ-1)锡林浩特岩浆弧(Pz_2)(Ⅰ-1-7)和索伦山-林西结合带(P_1末—T_2)(Ⅰ-7)达青牧场-扎赉特旗俯冲增生杂岩带(P_1末期)(Ⅰ-7-1)、林西残余盆地($P_2—T_2$)(Ⅰ-7-2)以及包尔汉图-温都尔庙弧盆系(Ⅰ-8)温都尔庙俯冲增生杂岩带($Pt_2—P$)(Ⅰ-8-2)、松辽地块(K)(Ⅰ-2)松辽断陷盆地(K)(Ⅰ-2-1)	必要
	成矿区(带)	大兴安岭成矿省(Ⅱ-12)林西-孙吴铅、锌、铜、钼、金成矿带(Ⅲ-8),跨索伦镇-黄岗铁、锡、铜、铅、锌、银成矿亚带(V-Y)(Ⅲ-8-①)之黄岗-同兴铁、锡、铅、锌、银矿集区(V-71),拜仁达坝铅、锌、银矿集区(V-68)及道伦达坝铁、铜、锡、铅、锌、银矿集区(V-69),神山-大井子铜、铅、锌、银、铁、钼、锡、稀土、铌、钽、萤石成矿亚带(Ⅲ-8-②)之白音诺尔-乃林坝铅、锌、铜、铁矿集区(V-87)、孟恩陶勒盖-布敦花银、铜、铅、锌矿集区(V-81),以及小东沟-小营子钼、铅、锌、铜成矿亚带(Vm,Y)(Ⅲ-8-④)	必要
	区域成矿类型及成矿时代	次火山热液裂隙充填型矿床,成矿时代为燕山早期	重要
控矿地质条件	赋矿地质体	矿体对地层无选择性,本区地层对成矿有间接控制作用	重要
	控矿侵入岩	次火山活动对成矿起着重要的、直接的控制作用	重要
	主要控矿构造	断裂是本区主要的控制因素,规模较大的北东向断裂在宏观上控制了矿化产出部位。尤其北西向和北西西向断裂为本区主要的容矿构造,直接控制了矿体的赋存部位及其规模、形态、产状	重要
区内相同类型矿产		中型锡矿床3处,矿点7处	必要
物化探特征	地球物理特征 重力	布格重力为高背景异常区,矿区位于布格重力高异常边部的梯级带上,异常呈北东走向,异常最高值为$-75.65×10^{-5}m/s^2$;剩余重力异常图上,矿区位于剩余重力正异常带上,异常最高值为$10.16×10^{-5}m/s^2$	重要
	航磁	航磁ΔT化极异常起始值大于$-100nT$	重要
	地球化学特征	区域上分布有Sn、Ag、Zn、As、Sb等元素组成的高背景区带,在高背景区带中有以Sn、W、Ag、Pb、Zn、Cu、As、Sb为主的多元素局部异常呈北东向展布。从预测区南西到北东Sn元素均呈规模较大的异常,强度高,呈三级浓度分带,预测区南东部则为Sn元素的低值区,仅有部分小规模的Sn异常零星分布	必要
遥感特征		局部有一级铁染和羟基异常	次要

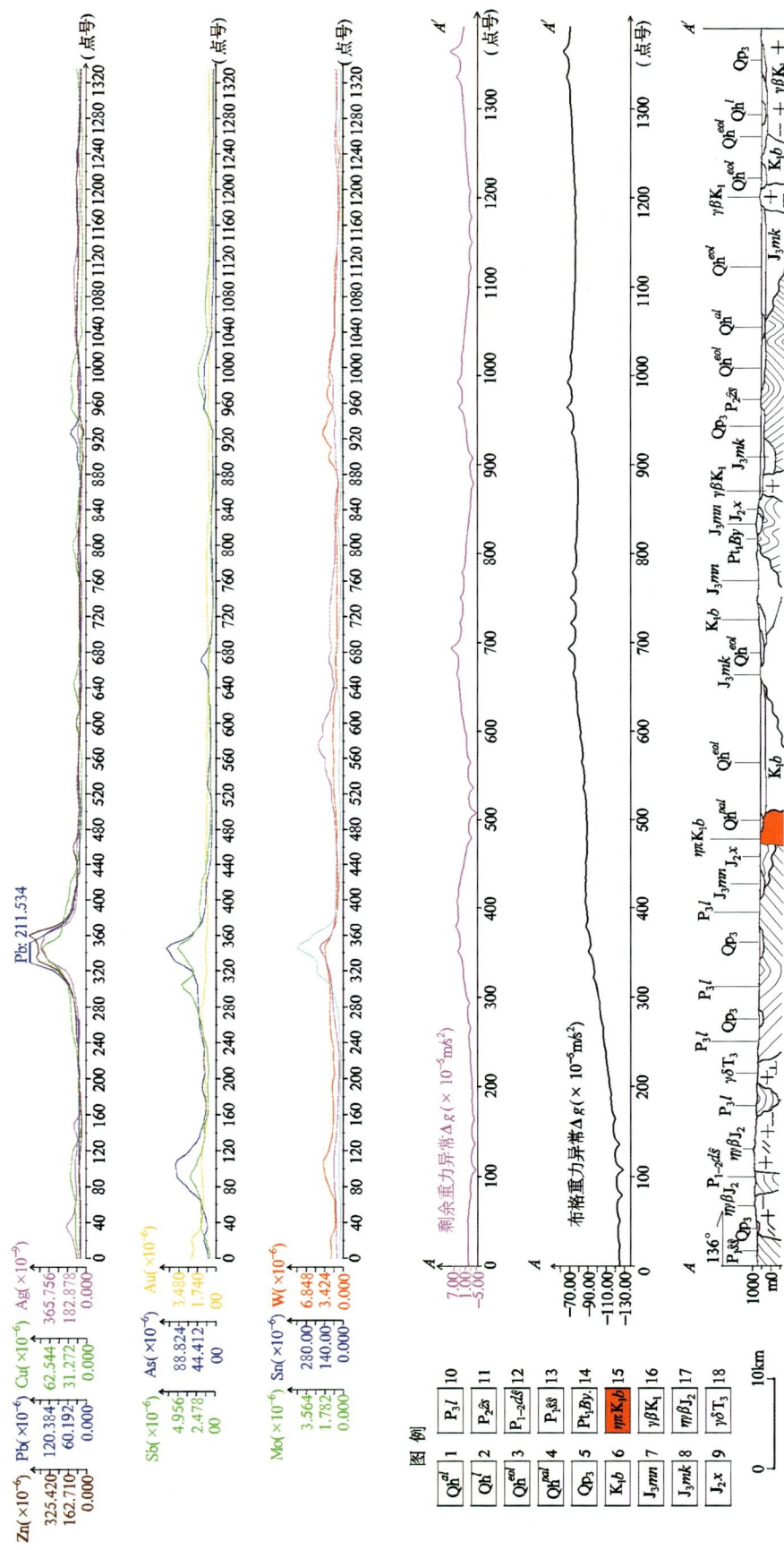

图8-8 大井子式侵入岩热液型锡矿预测工作区预测模型图

第三节 矿产预测

一、综合地质信息定位预测

(一)变量提取及优选

根据典型矿床成矿要素及预测要素研究,选取以下变量。

侵入岩:早白垩世二长斑岩及晚侏罗世花岗斑岩。

脉岩:分布在林西组中的安山玢岩脉、花岗斑岩脉、流纹(石英)斑岩脉。

断层:提取北北西—北西向断层及遥感推断断裂,并根据断层的规模做 500m 的缓冲区。

重力:剩余重力起始值大于 $-4\times10^{-5}\,\mathrm{m/s^2}$。

航磁:航磁化极值大于 $-100\mathrm{nT}$ 的范围。

化探:Sn 元素化探异常起始值大于 4.7×10^{-9} 的范围。

遥感:提取遥感的环要素用于推测隐伏岩体存在。

(二)最小预测区圈定及优选

预测区内有多个已知矿床,因此采用 MRAS 矿产资源 GIS 评价系统中的预测模型工程,利用网格单元法进行定位预测。采用空间评价中证据权重法、特征分析法等方法进行预测,比照各类方法的结果,确定采用特征分析法进行评价,再结合综合信息法叠加各预测要素圈定最小预测区,并进行优选。叠加所有成矿要素及预测要素,根据形成的预测单元图及不同级别的各要素边界,圈定最小预测区(图8-9)。

根据资源量估算结果和预测区优选结果,进行最小预测区级别划分,根据典型矿床及预测工作区研究,确定划分原则如下。

A 级:有已知矿床,或已知矿点+有出露的林西组,化探起始值大于 6.4×10^{-9},Sn 元素化探异常浓集区。

B 级:有已知矿点,化探起始值大于 4.7×10^{-9},Sn 元素化探异常浓集区。

C 级:有出露控矿地质体(花岗斑岩或次火山岩脉)+断裂缓冲区+化探起始值大于 4×10^{-9}+Sn 元素化探异常浓集区。

根据种子单元赋颜色,选择大井子矿床所在单元为种子单元。

(三)最小预测区圈定结果

叠加所有预测要素,根据各要素边界圈定最小预测区,共圈定最小预测区 13 个(表 8-5)。

表 8-5 大井子式侵入岩体型锡矿最小预测区一览表

序号	最小预测区编号	最小预测区名称	序号	最小预测区编号	最小预测区名称
1	A1509203001	大井子(北)	4	B1509203001	小东沟
2	A1509203002	大井子	5	B1509203002	苏木沟
3	A1509203003	常胜屯	6	B1509203003	白音皋

续表 8-5

序号	最小预测区编号	最小预测区名称	序号	最小预测区编号	最小预测区名称
7	B1509203004	小井子	11	C1509203004	当中营子北
8	C1509203001	达尔罕乌拉嘎查	12	C1509203005	当中营子
9	C1509203002	熊沟	13	C1509203006	官地嘎查
10	C1509203003	郝沟门			

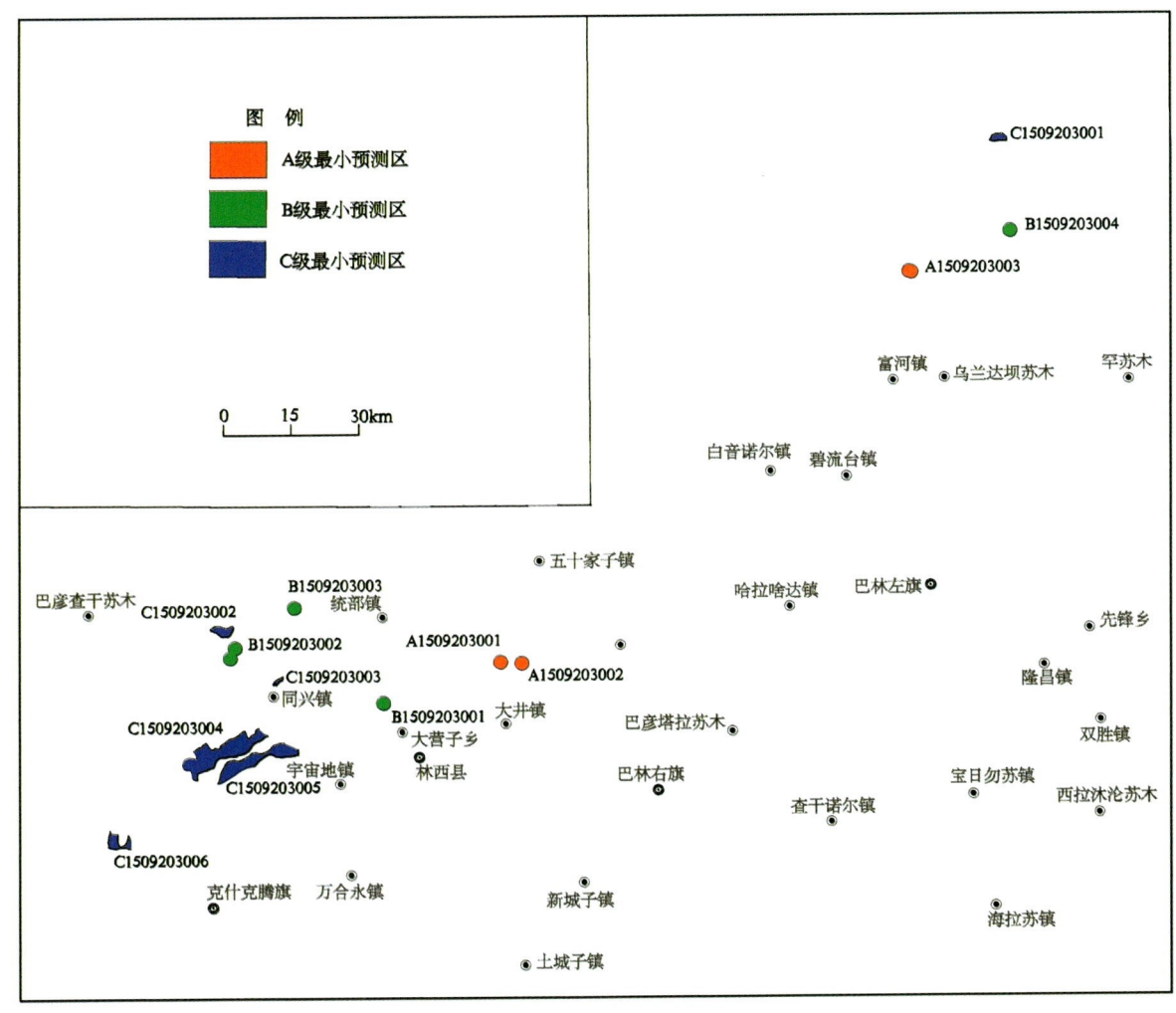

图 8-9　大井子式侵入岩体型锡矿最小预测区优选分布图

(四) 最小预测区地质评价

预测工作区属内蒙古自治区锡林郭勒盟、赤峰市及通辽市管辖，位于大兴安岭南西段南东缘，属低山丘陵区。区内最高海拔 903.15m，最低海拔 720m 左右。该区属温带半干旱大陆性季风气候，冬季干燥寒冷，夏季炎热湿润，11 月至翌年 4 月为冰冻期；夏季多雨，雨量集中在 6—8 月份。年平均降水量为 339mm。区内由东北电网供电，电力尚充足。民用水及工业用水取自查干沐沦河及地下水。地下水 F、

As 偏高,水质甚差。由于本区经济不是很发达,因此供应较差,但劳动力充裕。交通尚属方便。各最小预测区成矿条件及找矿潜力见表 8-6。

表 8-6 大井子式侵入岩体型锡矿最小预测区成矿条件及找矿潜力一览表

最小预测区编号	最小预测区名称	最小预测区成矿条件	评价
A1509203001	大井子(北)	模型区,区内有大井子中型矿床,出露的地质体为林西组,Sn 元素化探异常起始值大于 6.4×10^{-9}。位于化探异常浓集中心。区内有一条与成矿有关的北西向断层	找矿潜力巨大
A1509203002	大井子	区内有大井子中型矿床,Sn 元素化探异常起始值大于 4.7×10^{-9}。区内有一条与成矿有关的北西向断层,东部有 5 个遥感环要素,指示隐伏岩体的存在。剩余重力起始值大于 $7\times10^{-5}\,\mathrm{m/s^2}$	找矿潜力很大
A1509203003	常胜屯	区内有已发现常胜屯、东山湾 2 处矿点,出露的地质体为林西组及早白垩世花岗斑岩,Sn 元素化探异常起始值大于 6.4×10^{-9},剩余重力起始值大于 $4\times10^{-5}\,\mathrm{m/s^2}$	找矿潜力很大
B1509203001	小东沟	区内有小东沟矿点,出露的地质体为中粒黑云母正长花岗岩,Sn 元素化探异常起始值大于 6.4×10^{-9},为化探异常浓集中心	找矿潜力较大
B1509203002	苏木沟	区内有已探明矿点 2 处,出露的地质体为哲斯组上段及白音高老组,Sn 元素化探异常起始值大于 6.4×10^{-9},为化探异常浓集中心	找矿潜力较大
B1509203003	白音皋	区内有白音皋矿点,出露的地质体为满克头鄂博组。Sn 元素化探异常起始值大于 6.4×10^{-9},为化探异常浓集中心	找矿潜力较好
B1509203004	小井子	区内有小井子矿点,Sn 元素化探异常起始值大于 4.0×10^{-9}。位于化探异常浓集中心边缘	找矿潜力较好
C1509203001	达尔罕乌拉嘎查	区内有一条与成矿有关的北西向断裂,出露的地质体为早白垩世花岗斑岩,Sn 元素化探异常起始值大于 6.4×10^{-9},为化探异常浓集中心	有一定找矿潜力
C1509203002	熊沟	区内有一条与成矿有关的北西向断裂,出露的地质体为晚侏罗世花岗斑岩,Sn 元素化探异常起始值大于 6.4×10^{-9},为化探异常浓集中心	有一定找矿潜力
C1509203003	郝沟门	区内有一条与成矿有关的北西向断裂,出露的地质体为晚侏罗世花岗斑岩,Sn 元素化探异常起始值大于 6.4×10^{-9},为化探异常浓集中心	有一定找矿潜力
C1509203004	当中营子北	出露的地质体为白垩纪、晚侏罗世花岗斑岩,南北向、北东向、北西向断裂与成矿有关。Sn 元素化探异常起始值大于 4.0×10^{-9}。包含 2 个化探异常浓集中心	有一定找矿潜力
C1509203005	当中营子	出露的地质体为晚侏罗世花岗斑岩,Sn 元素化探异常起始值大于 4.0×10^{-9},为化探异常浓集中心	有一定找矿潜力
C1509203006	官地嘎查	区内有一条与成矿有关的北西向断裂,出露的地质体为晚侏罗世花岗斑岩,Sn 元素化探异常起始值大于 6.4×10^{-9},为化探异常浓集中心	有一定找矿潜力

二、综合信息地质体积法估算资源量

(一)典型矿床深部及外围资源量估算

查明资源量、体重及锡矿品位依据,均来源于华北有色地质勘查局综合普查大队1990年12月编写的《内蒙古自治区林西县官地乡大井子矿区铜锡多金属矿(北)详查地质报告》。查明锡金属量17 884t,体重平均值2.97t/m³,Sn品位平均值0.12%或0.38g/t,从46号勘探线剖面图中获取延深为462m;向下含矿岩系依然存在,结合典型矿床成因类型及矿体特征确定下延深度($H_{深}$)为30m。

矿床面积的确定是根据1:1万大井子(北)矿区地形地质图在MapGIS软件下读取数据,依据比例尺计算出实际面积881 384.67m²。

典型矿床体积含矿率($K_{典}$)=查明资源储量÷[面积($S_{典}$)×延深($H_{典}$)]=17 884÷(881 384.67×462)=0.000 043 92(t/m³)。

典型矿床深部预测资源量=查明资源面积×(总延深−查明矿体延深)×体积含矿率=881 384.67×(492−462)×0.000 043 92=1 161.30(t)。

典型矿床外围预测资源量=面积($S_{预}$)×延深($L_{查}$+$L_{预}$)×典型矿床体积含矿率=15 971.21×(462+30)×0.000 043 92=345.11(t)。

典型矿床预测总资源量为锡19 390.41t。

大井子(北)锡矿典型矿床、深部及外围资源量估算结果见表8−7。

表8−7 大井子(北)锡矿典型矿床、深部和外围预测资源量估算一览表

典型矿床		深部及外围		
已查明资源量(t)	17 884	深部	面积(m²)	881 384.67
面积(m²)	881 384.67		深度(m)	30
深度(m)	462	外围	面积(m²)	15 971.21
品位(%)	0.12%或0.38g/t		深度(m)	492
体重(t/m³)	2.97	预测资源量(t)		1 506.41
体积含矿率(t/m³)	0.000 043 92	典型矿床资源总量(t)		19 390.41

(二)模型区的确定、资源量及估算参数

根据圈定的最小预测区范围,选择大井子北典型矿床所在的最小预测区为模型区。大井子(北)典型矿床查明资源量17 884t(金属量,下同),按本次预测技术要求计算模型区资源总量为19 390.41t。模型区内无其他已知矿点存在,则模型区总资源量=典型矿床总资源量。模型区面积是依托MRAS软件采用有模型工程特征分析法优选后圈定,延深根据典型矿床最大预测深度确定。

含矿地质体面积参数=含矿地质体面积÷模型区面积=7 047 547.77÷7 047 547.77=1。

模型区含矿地质体总体积=模型区含矿地质体面积×模型区总延深=7 047 547.77×492=3 467 393 503(m³)。

含矿地质体含矿系数(K)=资源总量($Z_{模}$)÷含矿地质体总体积=19 390.41÷3 467 393 503=0.000 005 592(t/m³)(表8−8)。

表 8-8　大井子(北)锡矿模型区预测资源量及其估算参数

编号	名称	经度	纬度	模型区总资源量(t)	模型区面积(m²)	延深(m)	含矿地质体面积(m²)	含矿地质体面积参数	含矿地质体总体积(m³)	含矿系数(t/m³)
A1509203001	大井子(北)	1181901	434122	19 390.41	7 047 547.77	492	7 047 547.77	1	3 467 393 503	0.000 005 592

(三)最小预测区预测资源量

1. 估算方法的选择

大井子式侵入岩体型锡矿预测工作区最小预测区资源量定量估算采用地质体积法进行估算(表 8-9)。

表 8-9　大井子锡矿预测工作区资源量估算方法表

预测工作区编号	预测工作区名称	资源量估算方法
1509203001	大井子锡矿预测工作区	地质体积法

2. 估算参数的确定

1)最小预测区面积圈定方法及圈定结果

预测区的圈定与优选采用有模型方法的特征分析法。

最小预测区面积圈定依据：是根据 MRAS 所形成的色块区与预测工作区底图重叠区域前,并结合含矿地质体、已知矿床、矿(化)点及磁异常范围进行圈定。大井子预测工作区预测底图精度为 1：10 万,并根据成矿有利度(含矿层位、矿点、矿化点)、找矿线索及化探异常、地理交通及开发条件和其他相关条件,将工作区内最小预测区级别分为 A、B、C 3 个等级。其中 A 级最小预测区 3 个,面积 22.79km²；B 级最小预测区 4 个,面积 34.64km²；C 级最小预测区 6 个,面积 124.90km²(表 8-10)。

表 8-10　大井子锡矿预测工作区最小预测区面积圈定大小及方法依据

最小预测区编号	最小预测区名称	经度	纬度	面积(km²)	参数确定依据
A1509203001	大井子(北)	1181541	434131	7.05	
A1509203002	大井子	1181901	434122	7.05	
A1509203003	常胜屯	1192102	442703	8.69	
B1509203001	小东沟	1175718	433650	7.05	
B1509203002	苏木沟	1173339	434243	13.49	
B1509203003	白音皋	1174320	434803	7.05	含矿建造、化探异常、物探异常
B1509203004	小井子	1193701	443135	7.05	
C1509203001	达尔罕乌拉嘎查	1193535	444231	4.61	
C1509203002	熊沟	1173201	434517	7.55	
C1509203003	郝沟门	1174049	433926	1.50	
C1509203004	当中营子北	1173125	433054	62.78	
C1509203005	当中营子	1173508	432952	38.99	
C1509203006	官地嘎查	1171507	432051	9.47	

2)延深参数的确定及结果

延深参数是在研究最小预测区含矿地质体地质特征、岩体的形成深度、矿化蚀变、矿化类型的基础上,并对比典型矿床特征综合确定的,部分由成矿带模型类比或专家估计给出,同时根据含矿地质体的地表出露面积大小来确定其延深,详见表8-11。

表8-11 大井子锡矿预测工作区最小预测区延深表

最小预测区编号	最小预测区名称	延深(m)	最小预测区编号	最小预测区名称	延深(m)
A1509203001	大井子(北)	492	C1509203001	达尔罕乌拉嘎查	320
A1509203002	大井子	492	C1509203002	熊沟	320
A1509203003	常胜屯	420	C1509203003	郝沟门	320
B1509203001	小东沟	430	C1509203004	当中营子北	130
B1509203002	苏木沟	430	C1509203005	当中营子	120
B1509203003	白音皋	430	C1509203006	官地嘎查	190
B1509203004	小井子	420			

3)品位和体重的确定

最小预测区品位及体重采用典型矿床的品位0.12%或0.83g/t和体重2.97t/m³。

4)相似系数的确定

大井子锡矿预测工作区最小预测区相似系数的确定,主要依据最小预测区内含矿地质体本身出露的大小、地质构造发育程度不同、化探异常强度、矿化蚀变发育程度及矿(化)点的多少等因素,由专家确定。各最小预测区相似系数见表8-12。

表8-12 大井子锡矿预测工作区最小预测区相似系数表

最小预测区编号	最小预测区名称	相似系数	最小预测区编号	最小预测区名称	相似系数
A1509203001	大井子(北)	1.0	C1509203001	达尔罕乌拉嘎查	0.3
A1509203002	大井子	0.9	C1509203002	熊沟	0.3
A1509203003	常胜屯	0.4	C1509203003	郝沟门	0.3
B1509203001	小东沟	0.4	C1509203004	当中营子北	0.2
B1509203002	苏木沟	0.4	C1509203005	当中营子	0.2
B1509203003	白音皋	0.4	C1509203006	官地嘎查	0.3
B1509203004	小井子	0.4			

3. 最小预测区预测资源量估算结果

用地质体积法,根据预测资源量估算公式:

$$Z_{预}=S_{预}\times H_{预}\times K_S\times K\times \alpha; \quad Z_{总}=Z_{预}+Z_{查明}$$

式中,$Z_{总}$为预测区总资源量;$Z_{预}$为预测区预测资源量;$Z_{查明}$为预测区内已查明的资源量;$S_{预}$为预测区面积;$H_{预}$为预测区延深(指预测区含矿地质体延深);K_S为含矿地质体面积参数;K为模型区矿床的含矿系数;α为相似系数。

本次预测资源总量为7.05×10^4t,不包括已查明资源量3.24×10^4t,详见表8-13。

表 8-13 大井子锡矿预测工作区最小预测区估算成果表

最小预测区编号	最小预测区名称	$S_{预}(km^2)$	$H_{预}(m)$	K_S	$K(t/m^3)$	$Z_{预}(t)$	资源量级别
A1509203001	大井子(北)	7.05	492	1	0.000 005 592	1 505.66	334-1
A1509203002	大井子	7.05	492	1	0.000 005 592	2 933.70	334-1
A1509203003	常胜屯	8.69	420	1	0.000 005 592	8 165.54	334-2
B1509203001	小东沟	7.05	430	1	0.000 005 592	6 778.50	334-2
B1509203002	苏木沟	13.49	430	1	0.000 005 592	12 971.91	334-2
B1509203003	白音皋	7.05	430	1	0.000 005 592	6 778.50	334-2
B1509203004	小井子	7.05	420	1	0.000 005 592	6 620.86	334-2
C1509203001	达尔罕乌拉嘎查	4.61	320	1	0.000 005 592	2 474.75	334-3
C1509203002	熊沟	7.55	320	1	0.000 005 592	4 050.62	334-3
C1509203003	郝沟门	1.50	320	1	0.000 005 592	806.78	334-3
C1509203004	当中营子北	62.78	130	1	0.000 005 592	9 128.00	334-3
C1509203005	当中营子	38.99	120	1	0.000 005 592	5 233.29	334-3
C1509203006	官地嘎查	9.47	190	1	0.000 005 592	3 017.52	334-3

4. 最小预测区资源量可信度估计

根据《预测资源量估算技术要求》(2010年补充)可信度划分标准,针对每个最小预测区评价其可信度,大井子锡矿最小预测区可信度统计结果见表8-14。

表 8-14 大井子式侵入岩体型锡矿预测工作区最小预测区预测资源量可信度统计表

最小预测区编号	最小预测区名称	面积		延深		含矿系数		资源量综合	
		可信度	依据	可信度	依据	可信度	依据	可信度	依据
A1509203001	大井子(北)	0.75	地质建造、物化探异常	0.90	典型矿床勘探深度、物探解译信息、化探异常、专家综合分析	0.75	模型区地质体积法	0.90	勘探深度、预测延深参数
A1509203002	大井子	0.75		0.90		0.75		0.80	
A1509203003	常胜屯	0.75		0.75		0.50		0.70	
B1509203001	小东沟	0.75		0.90		0.75		0.80	
B1509203002	苏木沟	0.75		0.75		0.50		0.70	
B1509203003	白音皋	0.75		0.75		0.50		0.70	
B1509203004	小井子	0.75		0.75		0.50		0.70	
C1509203001	达尔罕乌拉嘎查	0.75		0.75		0.50		0.70	
C1509203002	熊沟	0.50		0.50		0.50		0.50	
C1509203003	郝沟门	0.50		0.50		0.50		0.50	
C1509203004	当中营子北	0.50		0.50		0.50		0.50	
C1509203005	当中营子	0.50		0.50		0.50		0.50	
C1509203006	官地嘎查	0.50		0.50		0.50		0.50	

（四）预测工作区资源总量成果汇总

1. 按精度汇总

大井子式侵入岩体型锡矿预测工作区地质体积法预测资源量，依据资源量级别划分标准，可划分为334-1、334-2和334-3三个资源量精度级别，各级别资源量见表8-15。

表8-15　大井子式侵入岩体型锡矿预测工作区预测资源量精度统计表　　　　　　　　　　单位：t

预测工作区编号	预测工作区名称	精度		
		334-1	334-2	334-3
1509203001	大井子式侵入岩体型锡矿预测工作区	4 439.36	41 315.32	24 710.96

2. 按延深汇总

大井子式侵入岩体型锡矿预测工作区中，根据各最小预测区内含矿地质体（地层）特征，预测深度在380~490m之间，其资源量按预测深度统计结果见表8-16。

表8-16　大井子式侵入岩体型锡矿预测工作区预测资源量深度统计表　　　　　　　　　　单位：t

预测工作区编号	预测工作区名称	500m以浅		
		334-1	334-2	334-2
1509203001	大井子式侵入岩体型锡矿预测工作区	4 439.36	41 315.32	24 710.96

3. 按矿产预测类型汇总

大井子式侵入岩体型锡矿预测工作区中，其矿产预测方法类型为侵入岩体型锡矿，预测类型为次火山岩型锡矿，其资源量统计结果见表8-17。

表8-17　大井子式侵入岩体型锡矿预测工作区预测资源量矿产类型精度统计表　　　　　　单位：t

预测工作区编号	预测工作区名称	侵入岩体型		
		334-1	334-2	334-3
1509203001	大井子式侵入岩体型锡矿预测工作区	4 439.36	41 315.32	24 710.96

4. 按可利用性类别汇总

依据深度、当前开采经济条件、矿石可选性以及自然环境等或利用性，大井子预测工作区最小预测区预测资源量可利用性统计结果见表8-18。

表8-18　大井子式侵入岩体型锡矿预测工作区预测资源量可利用性统计　　　　　　　　　单位：t

预测工作区编号	预测工作区名称	可利用			暂不可利用		
		334-1	334-2	334-3	334-1	334-2	334-3
1509203001	大井子式侵入岩体型锡矿预测工作区	4 439.36	41 315.32	—	—	—	24 710.96

5. 按可信度统计分析汇总

大井子式侵入岩体型锡矿预测工作区预测资源量可信度统计结果见表 8-19,可信度统计平均为 0.65。

表 8-19 大井子式侵入岩体型锡矿预测工作区预测资源量可信度统计表　　　　　单位:t

预测工作区编号	预测工作区名称	$X \geqslant 0.75$			$X \geqslant 0.5$			$X \geqslant 0.25$		
		334-1	334-2	334-3	334-1	334-2	334-3	334-1	334-2	334-3
1509203001	大井子式侵入岩体型锡矿预测工作区	4 439.36	6 778.50	—	4 439.36	41 315.32	2 474.75	4 439.36	41 315.32	24 710.96

6. 按级别分类统计汇总

依据最小预测区地质矿产、物探及遥感异常等综合特征,并结合资源量估算和预测区优选结果,将最小预测区划分为 A 级、B 级和 C 级 3 个等级,其预测资源量见表 8-20。

表 8-20 大井子式侵入岩体型锡矿预测工作区预测资源量级别分类统计表　　　　　单位:t

预测工作区编号	预测工作区名称	级别		
		A 级	B 级	C 级
1509202001	大井子式侵入岩体型锡矿预测工作区	12 604.90	33 149.78	24 710.96
		70 465.64		

第九章　千斤沟式侵入岩体型锡矿预测成果

千斤沟式侵入岩体型锡矿预测工作区隶属于内蒙古自治区锡林郭勒盟,地理坐标为东经115°15′—115°47′,北纬41°36′—42°10′。地处阴山北麓、浑善达克沙地南缘。属中温带半干旱大陆性季风气候,年平均气温1.6℃,年日照时数2937h,年降水量400mm,无霜期110天。交通条件较好。

第一节　典型矿床特征

千斤沟锡矿典型矿床位于内蒙古自治区锡林郭勒盟太仆寺旗千斤沟镇,地理坐标为东经115°34′02″—115°39′04″,北纬41°50′58″—41°53′41″。大地构造位置隶属于内蒙古海西晚期褶皱带化德复向斜之宝昌坳陷内,其紧临内蒙地轴北缘康保深大断裂部位,处于康保台拱与冀北陷断束、化德复向斜3个三级构造单元之交会处,构造较为复杂。

一、典型矿床及成矿模式

(一)典型矿床特征

1. 矿区地质

矿区内出露地层单一,除第四系外,仅见中生界上侏罗统玛尼吐组中酸性火山岩(图9-1)。

上侏罗统玛尼吐组出露于低中山区。岩性主要为粗面岩,偶见石英粗面岩、流纹岩和火山角砾岩。岩石多呈深灰色、褐色,斑状结构,块状构造。斑晶由正长石组成,其边缘有熔蚀现象,见少量角闪石;基质为玻基粗面结构、似粗面结构等,基质成分由少量土化正长石、绿泥石和黑云母等组成。岩石层理不明显,厚度大于1089m。

在与似斑状花岗岩的接触带上普遍发育以硅化为主的蚀变,并伴随不同程度锡矿化。

第四系主要为冲积、洪冲积及风积的砂、砂土、砂砾石等分散沉积物。

矿区内岩浆岩从中深成到浅成、超浅成均有产出,其活动时代都为燕山早期,均侵入于上侏罗统玛尼吐组粗面岩中。其中似斑状花岗岩与成矿关系密切。

似斑状花岗岩出露于矿区中部,呈岩株状,总体形态呈一狭长带状,长轴展布方向65°左右,北东段出露于地表,面积约2km²,南西段隐伏于地下。整个岩体平面形态延长2.5km左右,宽0.5～1.0km。受北东向区域性断裂构造(张北-沽源断裂)控制。

接触带局部发育冷凝边——霏细岩,宽窄不一,从数厘米到数十米不等。外接触带局部有烘烤现象,岩石致密坚硬。冷凝边和烘烤边均不连续。岩体从外向内为边缘相中细粒似斑状花岗岩和过渡相粗粒似斑状花岗岩。剥蚀较浅,相带都不是很典型,边缘相内夹杂有中粗粒块体,过渡相内又偶见细粒块体,而中心相未见出露。

岩石为灰白色,微带肉红色,斑状结构,块状构造。斑晶由钾长石和石英组成,粒径1～7mm,呈半自形板状和他形粒状。斑晶普遍被基质矿物熔蚀;基质为显晶质细粒结构,成分为石英、钾长石、更长石、黑云母等,均为他形粒状,粒径0.18～0.3mm。

岩石化学成分为 SiO_2 73.78%, K_2O+Na_2O 8.9%, Fe_2O_3+FeO 2.14%, MgO 0.06%, CaO 0.52%, TiO_2 0.19%。具高硅,富碱,贫铁、镁、钙、钛等特征,对锡成矿有利。岩石元素含量为 Sn 45×10^{-6}, Bi 1×10^{-6}, W 2×10^{-6}(据2件样品岩石化学全分析结果),与同类岩石相比,其 Sn 含量高出15倍左右。其他元素如 As、F、Cu、Pb、Zn 等含量均高于同类岩石。

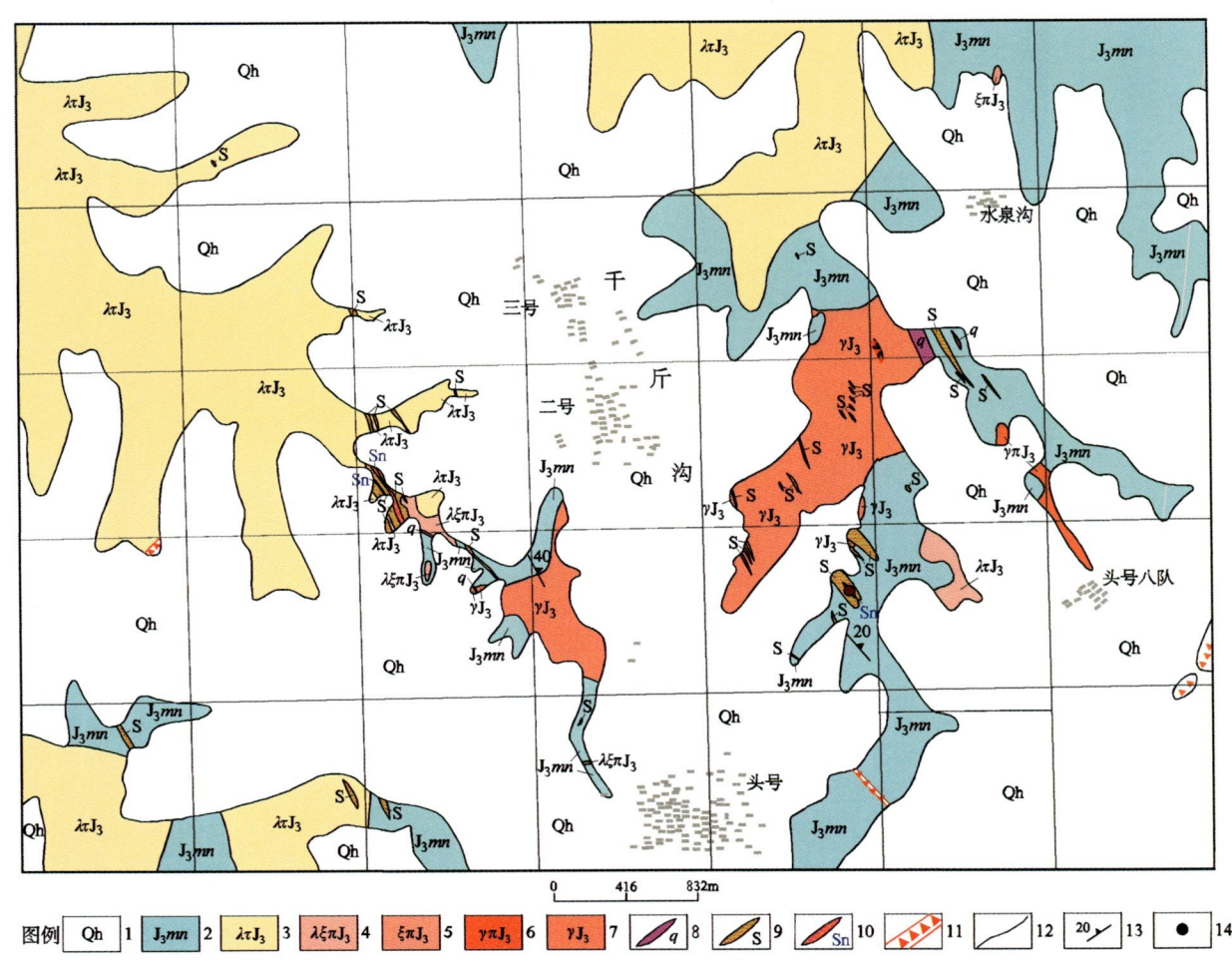

图 9-1 千斤沟锡矿矿区地质图

1.全新统洪冲积、风积砂砾石、砂土;2.上侏罗统玛尼吐组粗面岩;3.次石英粗面岩;4.石英正长斑岩;5.正长斑岩;6.花岗斑岩;7.似斑状花岗岩;8.次生石英岩脉;9.硅化蚀变带;10.锡矿脉;11.构造角砾岩;12.地质界线;13.流面产状;14.矿点位置

岩体内外接触带,沿北西向节理普遍发育蚀变现象,蚀变类型以硅化为主,有绿泥石化、绿帘石化、萤石化、碳酸盐化及表生褐铁矿化等。岩石的蚀变作用,伴随了 Sn、Cu、Pb、Zn 等的矿化作用,局部形成锡矿体。

花岗斑岩,出露于头号八队北部,呈北西-南东向长条形分布,长1000m,宽50～100m。岩石为黄色,花斑结构,块状构造。斑晶由石英、钾长石组成,石英具熔蚀现象;基质为显微文象结构,由钾长石、石英、磁铁矿等组成,钾长石已普遍土化,与石英构成羽毛状、扇状共结体,部分石英成显微粒状,分布于共结体间。

石英正长斑岩，出露面积较小，分布亦较零星，多呈脉状或不规则状。岩石呈黄褐色或灰黄色，斑状结构，块状构造。斑晶由正长石组成，含量一般在 5% 左右；基质为显微文象结构或球粒结构，成分为钾长石、石英及云母碎片，偶见磁铁矿和锆石。

正长斑岩，出露较少，呈小岩株或脉状产出，岩石为褐黄色或灰黄色，具斑状结构或交代结构。斑晶由半自形板状正长石组成，含量约 20%；基质为微粒结构，主要由正长石和次生石英组成，偶见少量褐铁矿。

次石英粗面岩，出露于矿区西部，岩石为深灰色—褐色，斑状结构，块状构造。斑晶以钾长石为主，其次为石英，偶见斜长石、普通辉石，斑晶大多具熔蚀现象；基质为微粒结构，由钾长石、石英和黑云母微晶组成。绿泥石化和高岭土化较发育。在与似斑状花岗岩体接触处以硅化为主，并伴随矿化，局部形成锡矿体。

千斤沟矿区位于天山-兴安地槽褶皱区南缘，内蒙地轴北侧，构造部位较为特殊。矿区以海西晚期—燕山期断裂为主，对整个矿区的成岩、成矿有着明显的控制作用。

张北-沽源断裂，从矿区通过，矿区表现为北东向展布的强硅化角砾岩带和岩浆岩的线状分布，对岩浆活动、成矿作用的控制较为明显。

千斤沟断裂，位于矿区中部，沿千斤沟沟谷展布，地表被第四系覆盖，走向 330°～340°，长约 15 km。活动晚于张北-沽源断裂，并伴生有一些密集的剪性节理，节理走向与该断裂相同，锡矿体的产出和空间排布即受该节理系控制。

矿区无论岩浆岩还是地层中均普遍发育剪性节理，产状以 65°∠75° 和 245°∠75° 两组为主。节理面平直光滑，延续性较好，最密集处可达 30 条/米，接触带岩石蚀变即受其控制，局部节理充填有石英、锡石组合脉和金属硫化物、锡石、萤石组合脉等。锡矿体大多产于这一节理系，尤以 65°∠75° 组矿化较好。从矿体的形态、规模、产状分析，都与节理构造密切相关，因而该节理系即为容矿构造，对锡矿质的沉淀提供了空间条件，是成矿的重要因素。

2. 矿床特征

千斤沟矿区共圈出矿体 69 个，其中非工业矿体 41 个。根据其产出位置及与地质单元的相互关系，分为两个矿段——头号矿段和二号矿段，前者包括矿体 32 个，后者 37 个（图 9-2）。

头号矿段：位于千斤沟乡头号村北，包括工业矿体 13 个，非工业矿体 19 个。

矿体产于似斑状花岗岩的接触带上，内接触带上的锡矿体均赋存于硅化、绿泥石化、钾化似斑状花岗岩内，规模一般较小，延深较浅。地表浅部绿泥石化强烈处，锡较富集。深部绿泥石化减弱，甚至消失，锡含量急剧下降，锡矿体延伸不大即趋尖灭。

外接触带的锡矿体赋存于硅化粗面岩岩石节理带内，矿体沿走向延伸不远即尖灭，沿倾向较内接触带上矿体延深略大，而 Sn 品位无显著变化。

无论内接触带或外接触带，矿体的产出都受控于北西向剪性节理，因此其产状在一定程度上都与 65°∠75° 组节理有关，形态都较规整，一般呈陡倾角（75°～80°），板状或似层状产出。矿体规模一般都较小，长 25.0～125.5m，厚 0.50～4.05m。

二号矿段：位于千斤沟乡二号村西，包括工业矿体 15 个，非工业矿体 22 个。矿体绝大多数赋存于似斑状花岗岩外接触带的硅化次石英粗面岩中，矿体有一定规模，工业锡矿体包含于非工业锡矿体之内。矿体在空间上受陡倾角（大于 75°）剪性节理控制。产状较简单，多以 65°∠75° 左右产出，形态多呈板状或似层状。矿体上有前人采矿遗迹。

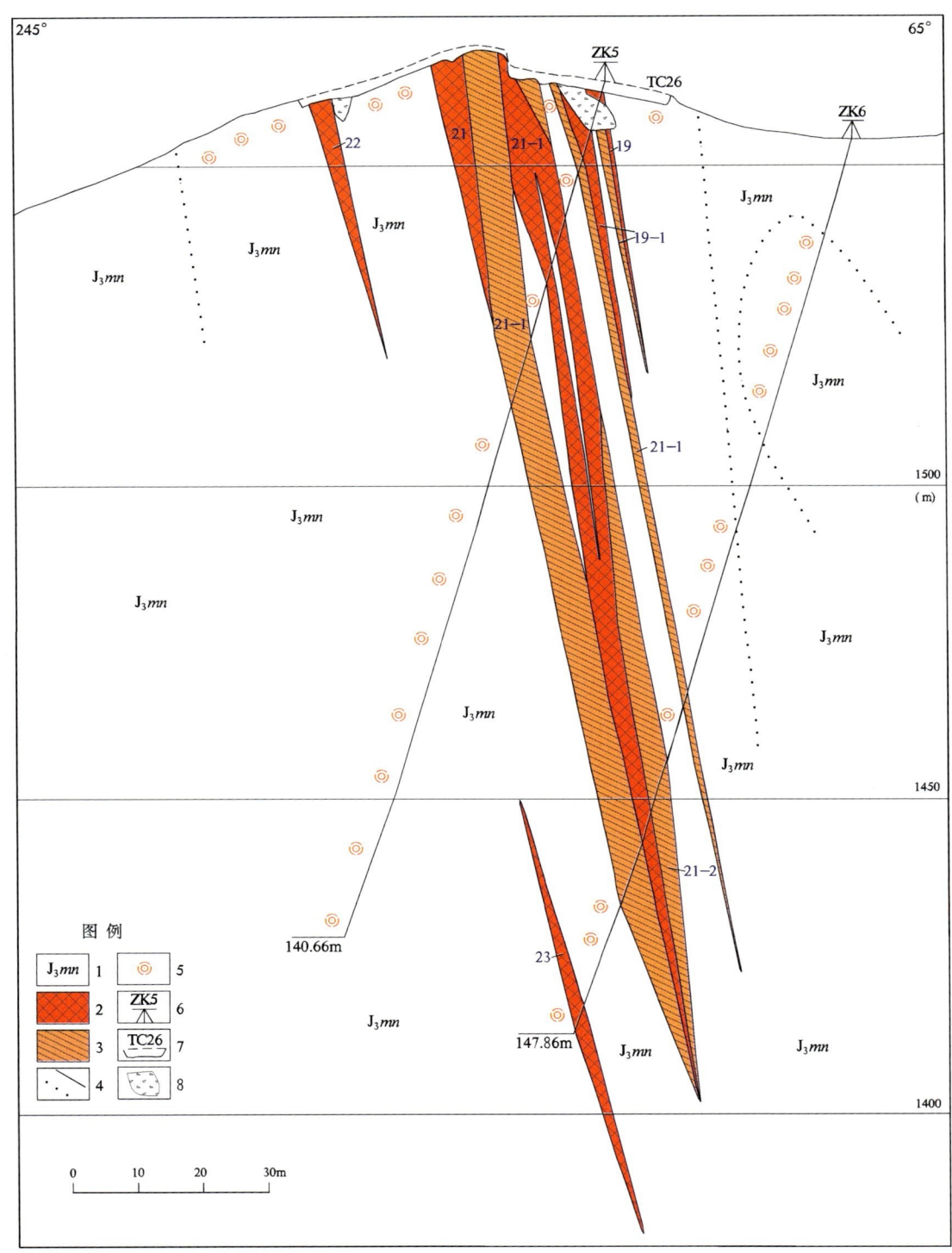

图 9-2 千斤沟锡矿矿区 17 号勘探线剖面图

1. 上侏罗统玛尼吐组粗面岩；2. 平衡表内锡矿体（Sn≥0.2%）；3. 平衡表外锡矿体（0.1%≤Sn<0.2%）；
4. 矿体边界、矿化带边界；5. 硅化；6. 钻孔位置及编号；7. 探槽位置及编号；8. 古采坑碎石堆积

3. 矿石特征

根据矿物产出特征及其共生代关系，主要可划出3类组合，分述如下。

(1)石英、萤石、白云母、锡石组合：锡石呈自形晶或粒状集合体不均匀嵌布于半自形石英、萤石晶体间，白云母呈片状。

(2)金属硫化物矿物、方解石、锡石组合：金属硫化物矿物呈不规则粒状，方解石呈脉状或浸染状嵌布于岩石中，少量他形粒状锡石嵌布于金属硫化物矿物和方解石间。

(3)锡石细脉：锡石集合体呈短细的小脉或鱼籽状浸染分布于脉石中。硫化物矿物形成之后，岩石受力破碎，显微他形粒状锡石沿裂隙充填，集合体呈脉状、鱼籽状。

本矿区锡石形状简单，以不规则粒状为主，粒径0.1～0.2mm；偶有呈鱼籽状者，集合体粒径0.04～0.1mm；也有呈麦粒状、柱状者。金刚光泽，颜色米黄色—棕红色、棕黄色，以黄褐色为主，棕红色次之，棕黑色和无色者少见，硬度和相对密度较大。薄片中呈黄色、棕黄色，糙面显著，正突起高，干涉色不均匀，一轴晶，正光性。

光薄片中锡石含量较低，多呈粒状，并与石英、萤石脉伴生，在脉中偶见自形晶锡石，沿脉壁分布。粒状或粒状集合体锡石不均匀嵌布于石英、萤石间。脉状锡石，脉细而短，分布于脉石裂隙中，少量鱼籽状锡石呈浸染状嵌布于岩石中。

4. 矿石结构构造

矿石以半自形、自形、他形粒状结构为主，其次为交代骸晶结构、包含结构、环边结构及叶片状结构。矿石构造主要为块状构造、网脉状构造、细脉浸染状构造、脉状构造和斑点状构造。

5. 围岩蚀变

矿区围岩蚀变主要发育于接触带内，类型有硅化、绿泥石化、钾长石化、钠长石化、绢云母化、萤石化和微弱的碳酸盐化等，表生条件下还普遍发育褐铁矿化。

内接触带硅质、碱质交代或加入原岩成分，常形成钾、钠含量显著高于原岩的钾长石化花岗岩或钠长石化花岗岩。外接触带蚀变以硅化为主，大量的硅质带入使岩石SiO_2含量显著增高。以长石的被交代、消失和石英含量的剧增并伴随出现绢云母、绿泥石等为特征，岩石常致密、坚硬。除此以外，局部地段尚发育强石英化，形成次生石英岩脉。

矿区矿体大都产于蚀变带上，硅化和绿泥石化较强的岩石一般含锡也较高，因此，围岩蚀变是矿区的主要找矿标志。需要说明的是，在个别岩石蚀变并不强的地段，也发育有较好的锡矿化。

6. 矿床成因及成矿时代

根据成矿地质条件、矿体的形态和产状、矿石的结构构造等特征，矿床的成因类型及矿产预测类型为次火山热液裂隙充填型。成矿时代为燕山晚期。

(二)矿床成矿模式

裂隙是良好的成矿构造环境，尤其是断裂次生的剪性节理，为重要的容矿构造。充填有石英、锡石组合脉和金属硫化物、锡石、萤石组合脉等。

燕山期频繁的岩浆活动为成矿提供了热动力学条件，同时也是成矿物质的供给者。尤其是岩浆岩多期次的活动对已固结冷凝的岩石、矿物进行破坏，其带来的热液沿裂隙贯入，使局部矿化叠加。

岩浆岩、构造对成矿都是较为有利的条件，但地层条件不利于Sn元素的富集，所以本区锡成矿对地层无选择性。千斤沟锡矿成矿模式见图9-3，成矿要素见表9-1。

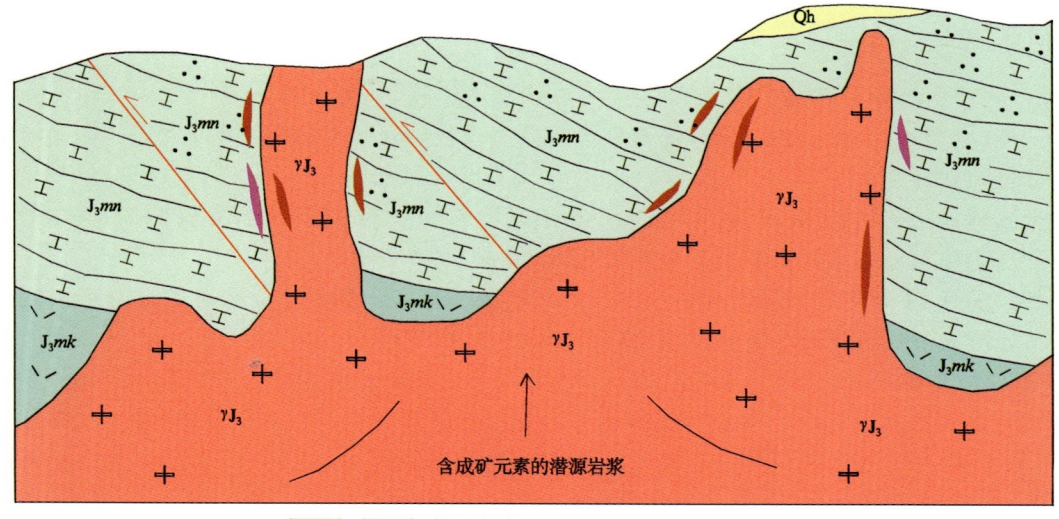

图 9-3 千斤沟锡矿典型矿床成矿模式图

1. 全新统;2. 上侏罗统玛尼吐组粗面岩、石英粗面岩;3. 上侏罗统满克头鄂博组流纹岩;4. 晚侏罗世似斑状花岗岩;5. 蚀变带;6. 锡矿体;7. 逆断层

表 9-1 千斤沟式热液型锡矿典型矿床成矿要素表

成矿要素		内容描述			要素类别
储量		金属量 1535t	平均品位	0.23%	
特征描述		高—中温热液型锡矿床			
地质环境	构造背景	华北陆块区(Ⅱ),狼山-阴山陆块(Ⅱ-4),色尔腾山-太仆寺旗古岩浆弧(Ar₃)(Ⅱ-4-2)			必要
	成矿环境	华北成矿省(Ⅲ-14),华北陆块北缘东段铁、铜、钼、铅、锌、金、银、锰、铀、磷、煤、膨润土成矿带(Ⅲ-10),内蒙古隆起东段铁、铜、钼、铅、锌、金、银成矿亚带(Ar,Y)(Ⅲ-10-①),大西沟-山河达铜、钼、萤石矿集区(Ⅴ-108)			必要
	成矿时代	燕山晚期			必要
矿床特征	矿体形态	矿体形态主要呈板状或似层状产出,较规整			重要
	岩石类型	似斑状花岗岩、花岗斑岩、石英正长斑岩、正长斑岩、次石英粗面岩			重要
	岩石结构	似斑状结构、花斑结构、斑状结构、交代结构			次要
	矿物组合	矿石矿物:主要为锡石、黄铜矿、闪锌矿。脉石矿物:石英、绢云母、长英质岩屑、黄铁矿、毒砂等			重要
	矿石结构构造	结构:以半自形、自形、他形粒状结构为主,其次为交代骸晶结构、包含结构、环边结构及叶片状结构。构造:块状构造、网脉状构造、细脉浸染状构造、脉状构造和斑点状构造			次要
	蚀变特征	主要有硅化、绿泥石化、钾长石化、钠长石化、绢云母化、萤石化和微弱的碳酸盐化等			重要
	控矿条件	上侏罗统玛尼吐组。张北-沽源断裂对整个矿区的成岩、成矿有明显控制作用。矿体大都产于硅化和绿泥石化蚀变带上			必要

二、典型矿床地球物理特征

(一)重力

布格重力异常图上,矿区处在北东向展布的布格重力异常过渡区,异常变化范围为$(-156\sim-154)\times10^{-5}\mathrm{m/s^2}$。剩余重力异常图上,矿区位于北西向剩余重力负异常带中,异常最小值为$-6.33\times10^{-5}\mathrm{m/s^2}$。千斤沟锡矿位于推断的酸性岩体分布区(图9-4)。

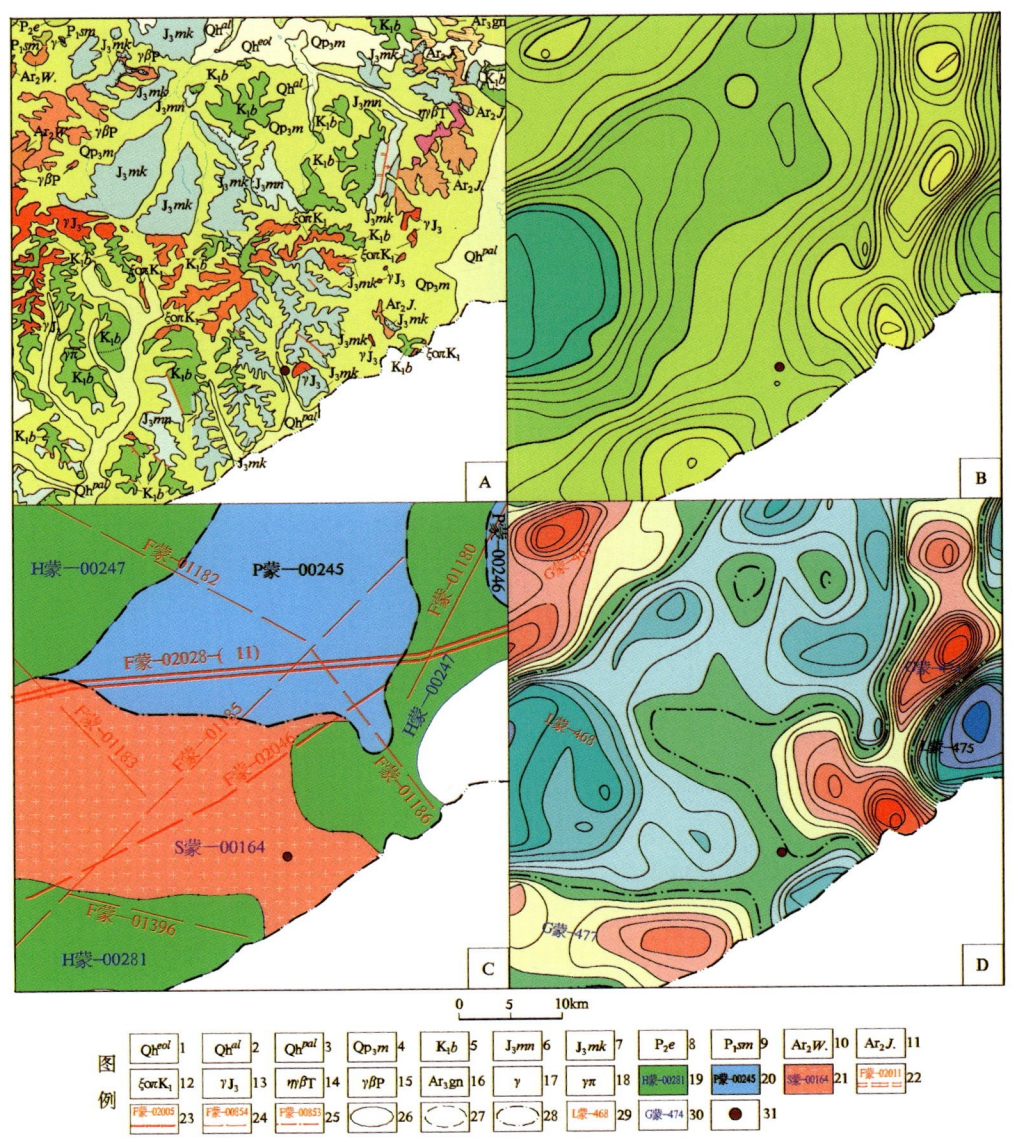

图9-4 千斤沟锡矿区域地质矿产及重力剖析图

A.地质矿产图;B.布格重力异常图;C.重力推断地质构造图;D.剩余重力异常图。1.全新统风积;2.全新统冲积;3.全新统洪冲积;4.上更新统马兰组;5.下白垩统白音高老组;6.上侏罗统玛尼吐组;7.上侏罗统满克头鄂博组;8.中二叠统额里图组;9.下二叠统三面井组;10.中太古界乌拉山岩群;11.中太古界集宁岩群;12.早白垩世石英正长斑岩;13.晚侏罗世花岗岩;14.三叠纪黑云母二长花岗岩;15.二叠纪花岗岩;16.新太古代片麻岩;17.花岗岩斑岩;18.花岗斑岩脉;19.推断古生代地层及编号;20.推断盆地及编号;21.推断酸—中酸性岩体及编号;22.重力推断半隐伏一级断裂构造及编号;23.重力推断半隐伏二级断裂及编号;24.重力推断隐伏断裂及编号;25.重力推断半隐伏断层及编号;26.重力正等值线;27.重力负等值线;28.重力零等值线;29.剩余重力高异常编号;30.剩余重力低异常编号;31.锡矿点

(二)航磁特征

千斤沟式热液型锡矿床处在场值 200nT 左右的平稳正磁场上,矿区所在位置南东侧是负磁场(图 9-5)。

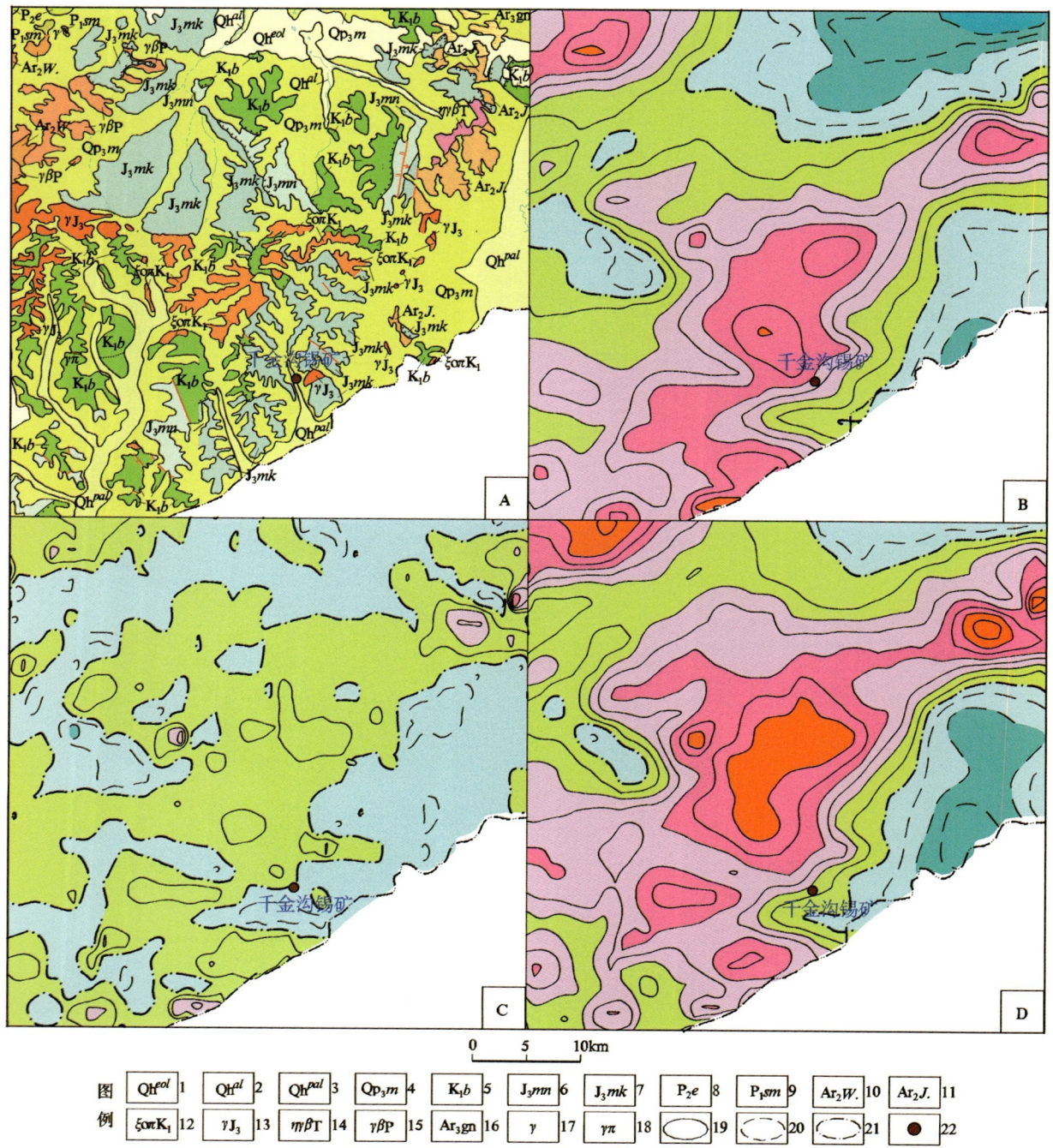

图 9-5 千斤沟锡矿区域地质矿产及磁测剖析图

A. 地质矿产图;B. 航磁 ΔT 等值线平面图;C. 航磁 ΔT 化极垂向一阶导数等值线平面图;D. 航磁 ΔT 化极等值线平面图。1. 全新统风积;2. 全新统冲积;3. 全新统洪冲积;4. 上更新统马兰组;5. 下白垩统白音高老组;6. 上侏罗统玛尼吐组;7. 上侏罗统满克头鄂博组;8. 中二叠统额里图组;9. 下二叠统三面井组;10. 中太古界乌拉山岩群;11. 中太古界集宁岩群;12 早白垩世石英正长斑岩;13. 晚侏罗世花岗岩;14. 三叠纪黑云母二长花岗岩;15. 二叠纪花岗岩;16. 新太古代片麻岩;17. 花岗岩斑脉;18. 花岗斑岩脉;19. 正等值线;20. 负等值线;21. 零等值线;22. 锡矿点

三、典型矿床地球化学特征

千斤沟锡矿,组合异常 Z-1 上主成矿元素 Sn 具有明显的浓度分带和浓集中心,共伴生元素 Ag、Pb、Zn 异常与 Sn 异常的浓集中心套合较好,该处 Au、As、W、Mo 异常与 Ag、Pb、Zn 异常形成水平分带,呈北西向展布(图 9-6)。

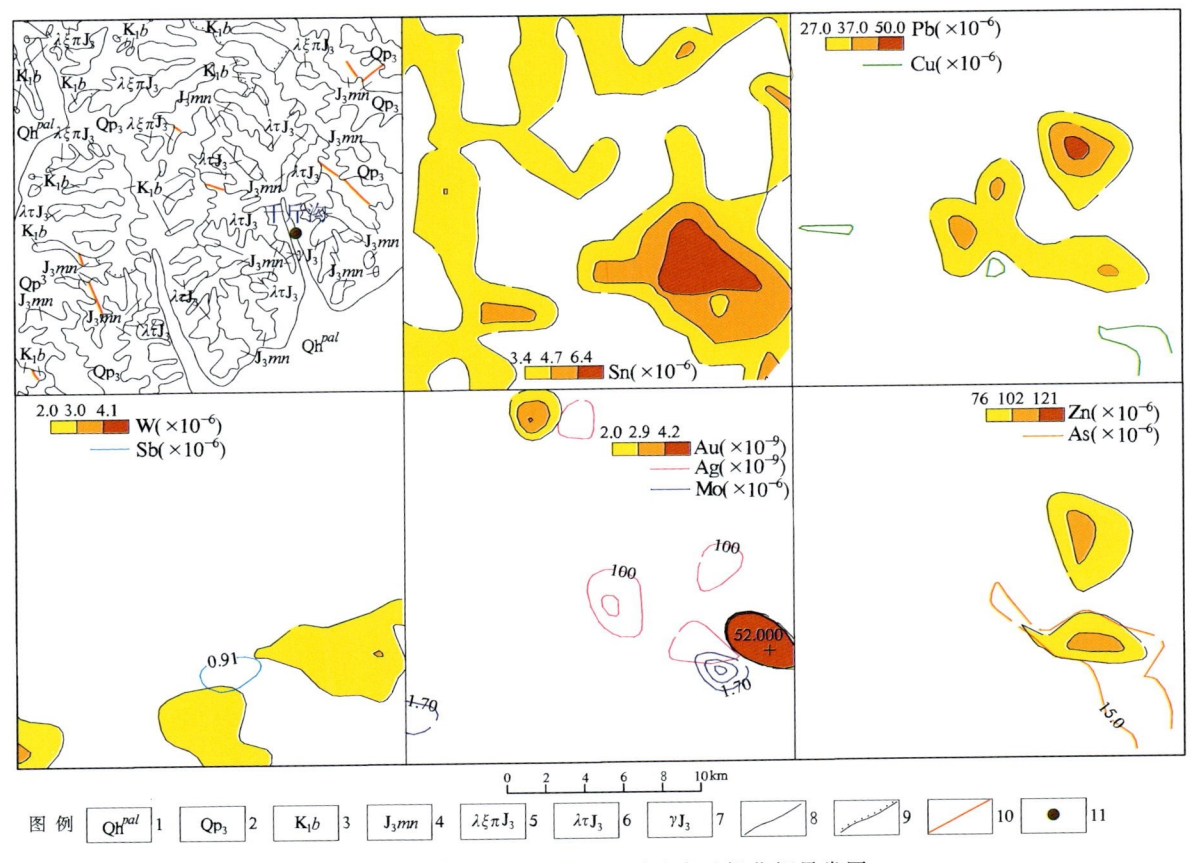

图 9-6　千斤沟锡矿区域地质矿产及锡化探异常图

1. 全新统洪冲积;2. 上更新统砂土;3. 下白垩统白音高老组;4. 上侏罗统玛尼吐组;5. 晚侏罗世石英正长斑岩;6. 晚侏罗世石英粗面岩;7. 晚侏罗世斑状花岗岩;8. 地质界线;9. 角度不整合界线;10. 断层;11. 锡矿位置

四、遥感特征

张北-沽源断裂,呈北东向 45°～50°,矿区内行迹表现为北东向展布的强硅化角砾岩带和岩浆岩的线性分布,其对岩浆活动、成矿作用的控制较为明显,是矿区重要的导矿构造。

千斤沟断裂,走向 330°～340°,时代晚于张北-沽源断裂,伴生有一些密集的剪性节理,节理走向与断裂方位相同,锡矿体的产出和空间排布受该节理系的控制。

本区解译了 5 个环形构造,即证实岩浆活动与内生矿产有密切的依存关系;岩浆活动为成矿提供了热动力学条件,同时也是成矿物质的供给者。千斤沟锡矿赋存于环形构造中玛尼吐组粗面岩与似斑状花岗岩的接触带中(图 9-7)。

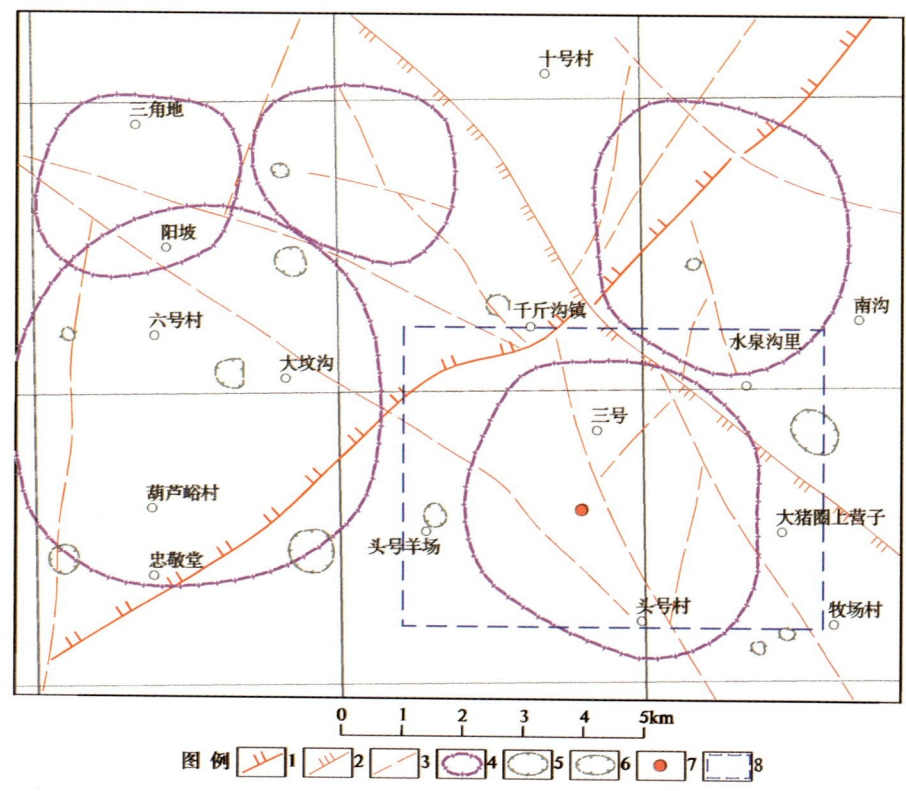

图9-7 千斤沟锡矿区域遥感解译图
1. 中型正断层；2. 小型逆断层；3. 小型性质不明断层；4. 与隐性岩体有关的环形构造；
5. 火山口；6. 火山机构或通道；7. 锡矿位置；8. 典型矿床范围线

五、矿床预测模型

千斤沟式热液型锡矿位于中生代次级火山断陷盆地，主要出露有中生代火山岩、次火山岩及似斑状花岗岩。区内断裂构造十分发育，北西向断裂是北东向张北-沽源断裂的次级断裂构造，如千斤沟断裂、段家营子断裂等。这些断陷盆地是火山岩型有色金属、贵金属矿床成矿的有利地段，该成矿带中已知成矿类型较多，典型矿床预测要素见表9-2。

表9-2 千斤沟锡矿典型矿床预测要素表

成矿要素		内容描述			要素类别
储量		金属量1535t	平均品位	0.23%	
特征描述		高—中温热液型锡矿床			
地质环境	构造背景	华北陆块区（Ⅱ），狼山-阴山陆块（Ⅱ-4），色尔腾山-太仆寺旗古岩浆弧（Ar_3）（Ⅱ-4-2）			必要
	成矿环境	华北成矿省（Ⅲ-14），华北陆块北缘东段铁、铜、钼、铅、锌、金、银、锰、铀、磷、煤、膨润土成矿带（Ⅲ-10），内蒙古隆起东段铁、铜、钼、铅、锌、金、银成矿亚带（Ar,Y）（Ⅲ-10-①），大西沟-山河达铜、钼、萤石矿集区（Ⅴ-108）			必要
	成矿时代	燕山晚期			必要

续表 9-2

成矿要素		内容描述			要素类别
储量		金属量 1535t	平均品位	0.23%	
特征描述		高—中温热液型锡矿床			
矿床特征	矿体形态	矿体形态主要呈板状或似层状产出，较规整			重要
	岩石类型	似斑状花岗岩、花岗斑岩、石英正长斑岩、正长斑岩、次石英粗面岩			重要
	岩石结构	似斑状结构、花斑结构、斑状结构、交代结构			次要
	矿物组合	矿石矿物：主要为锡石、黄铜矿、闪锌矿。脉石矿物：石英、绢云母、长英质岩屑、黄铁矿、毒砂等			重要
	矿石结构构造	结构：以半自形、自形、他形粒状结构为主，其次为交代骸晶结构、包含结构、环边结构及叶片状结构。构造：块状构造、网脉状构造、细脉浸染状构造、脉状构造和斑点状构造			次要
	蚀变特征	主要有硅化、绿泥石化、钾长石化、钠长石化、绢云母化、萤石化和微弱的碳酸盐化等			重要
	控矿条件	上侏罗统玛尼吐组。本区构造以断裂为主，张北-沽源断裂从矿区通过，对整个矿区的成岩、成矿有明显控制作用。矿区矿体大都产于蚀变带上，主要为硅化和绿泥石化，围岩蚀变是矿区的主要找矿标志			必要
地球物理特征	重力	布格重力异常图上，矿区处在北东向展布的布格重力异常过渡区，异常变化范围$(-156 \sim -154) \times 10^{-5} m/s^2$。剩余重力异常图上，矿区位于北西向剩余重力负异常带中，异常最小值为$-6.33 \times 10^{-5} m/s^2$			重要
	磁法	磁异常梯度带			重要
地球化学特征		矿区存在以 Sn、Mo、Ag、Pb、Zn、As、W 为主的多元素综合异常，Sn 为主成矿元素，Ag、Pb、Zn、As、W 为主要的伴生元素，Au、Sb、Cu 为远程指示元素分布于矿区外围。Sn 异常具有明显的浓度分带和浓集中心，共伴生元素 Ag、Pb、Zn 异常与 Sn 异常的浓集中心套合较好，Au、As、W、Mo 异常与 Ag、Pb、Zn 异常形成水平分带，呈北西向或北西西向展布			必要

第二节 预测工作区研究

内蒙古自治区千斤沟式侵入岩体型锡矿预测工作区隶属于内蒙古自治区锡林郭勒盟太仆寺旗。地理坐标为东经115°15′—115°47′，北纬41°36′—42°10′。

大地构造位置位于华北陆块区（Ⅱ），狼山-阴山陆块（Ⅱ-4），色尔腾山-太仆寺旗古岩浆弧（Ar_3）（Ⅱ-4-2）（图2-1）。

成矿区带属华北成矿省（Ⅱ-14），华北陆块北缘东段铁、铜、钼、铅、锌、金、银、锰、铀、磷、煤、膨润土成矿带（Ⅲ-10），内蒙古隆起东段铁、铜、钼、铅、锌、金、银成矿亚带（Ar、Y）（Ⅲ-10-①），大西沟-山河达钼、铜、萤石矿集区（Ⅴ-108）（图2-2）。

一、区域地质特征

（一）成矿地质背景

千斤沟式热液型锡矿对地层无选择性。

区内大面积出露的主要为燕山晚期火山岩和火山碎屑岩，由上而下分为3个组。

下白垩统白音高老组：以球状流纹岩、流纹质凝灰岩、流纹质熔结凝灰岩、流纹质角砾凝灰岩等为主的酸性火山岩、火山碎屑岩建造。

上侏罗统玛尼吐组：以块状安山岩、气孔状安山岩、石英粗安岩为主的中基性火山岩建造。

上侏罗统满克头鄂博组：北部为以流纹质晶屑、玻屑凝灰岩、流纹质熔结凝灰岩等为主的酸性火山岩、火山碎屑岩建造；南部为以流纹岩、粗面岩、粗面斑岩、石英粗面斑岩等为主的酸性—碱性火山岩建造。

另外，在预测工作区北西部有中太古界乌拉山岩群片麻岩、磁铁石英岩零星出露；东侧有中太古界集宁岩群矽线榴石片麻岩零星分布。

侵入岩比较发育，形成时代主要为二叠纪、侏罗纪和白垩纪，岩石系列主要为酸性—碱性岩类，中深成、浅成、超浅成均有。

晚侏罗世大面积出露的是肉红色花岗斑岩，主要分布在预测区西部；白垩纪大面积出露的是灰白色石英正长斑岩，主要分布在中东部。另外还有些小规模超浅成正长斑岩以及潜火山岩-石英粗面岩等。其中最值得一提的是分布在南东部千斤沟一带的晚侏罗世中细粒花岗岩，它与预测区内锡矿关系极为密切。

二叠纪主要为灰白色二云花岗岩和白云母二长花岗岩，分布在预测区北西部，在南西部另有小规模的二长花岗岩出露。

预测区中生代构造运动很强烈，主要表现为脆性变形—断裂构造。

南东部头号村南一带有一宽为1～1.5km的强硅化角砾岩带，出露长度大于3km，走向40°～50°，在该角砾岩带北侧有晚侏罗世中细粒花岗岩侵入，并与之平行呈带状产出。

骆驼山村南西部满克头鄂博组内的走向40°断层，断续长5km。

武家围子北满克头鄂博组与白音高老组接触带北东向断层，长4km以上，破碎带宽20～40m，内有萤石矿化。

千斤沟东北东向断层：长约4km，表现为两侧岩石产状不一，岩石强烈破碎。

本区广泛发育两组剪节理或裂隙(65°∠75°和245°∠75°)。常常密集成带出现，在晚侏罗世花岗岩体附近往往有蚀变现象。

（二）区域成矿模式

矿床（点）处于北西向与北东向断裂构造附近，区内北东—北西向断裂构造为主要控矿构造，具多期性、叠加性特点。成矿要素见表9-3，成矿预测模型如图9-8所示。

表9-3　内蒙古自治区千斤沟式热液型锡矿成矿要素表

区域成矿要素		内容描述	要素类别
地质环境	大地构造位置	华北陆块区（Ⅱ），狼山-阴山陆块（Ⅱ-4），色尔腾山-太仆寺旗古岩浆弧（Ar_3）（Ⅱ-4-2）及狼山-白云鄂博裂谷（Pt_2）（Ⅱ-4-3）	必要

续表 9-3

区域成矿要素		内容描述	要素类别
地质环境	成矿环境	华北成矿省（Ⅱ-14），华北陆块北缘东段铁、铜、钼、铅、锌、金、银、锰、铀、磷、煤、膨润土成矿带（Ⅲ-10）内蒙古隆起东段铁、铜、钼、铅、锌、金、银成矿亚带（Ar、Y）（Ⅲ-10-①）大西沟-山河达铜、钼萤石矿集区（Ⅴ-108），以及白云鄂博-商都金、铁、铌、稀土、铜、镍成矿亚带（Ar_3、Pt、V、Y）（Ⅲ-11-①）头沟地-郝家沟铁、金、银、萤石矿集区（Ⅴ-120）	必要
	区域成矿类型及成矿时代	岩浆期后热液型，燕山晚期	重要
控矿地质条件	赋矿地质体	玛尼吐组粗面岩与似斑状花岗岩的接触带，以硅化为主的蚀变带	重要
	控矿侵入岩	燕山期花岗岩、花岗斑岩	重要
	主要控矿构造	北西向与北东向断裂及断裂附近产生的剪性解理	重要
区内相同类型矿产		小型矿床 1 个	必要

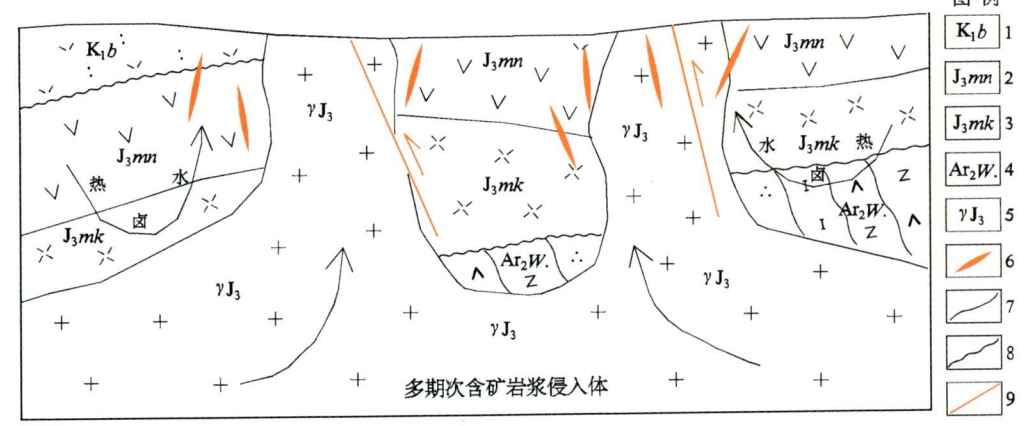

图 9-8　千斤沟锡矿预测工作区预测模型图

1. 下白垩统白音高老组岩；2. 上侏罗统玛尼吐组；3. 上侏罗统满克头鄂博组；4. 中太古界乌拉山岩群；
5. 晚侏罗世似斑状花岗岩、黑云母花岗岩；6. 矿体；7. 地质界线；8. 角度不整合界线；9. 断层

二、区域地球物理特征

（一）重力特征

预测工作区布格重力异常变化不明显，布格重力异常总体走向呈北北东向，具东部高、中西部较低的特点，其值范围为 $(-166.38 \sim -134.76) \times 10^{-5} \mathrm{m/s^2}$。

在剩余重力异常图上，预测区东部、南部和北西部布格重力异常较高区域分布有范围较大的条带状剩余重力正异常，即 G 蒙-474、G 蒙-477、G 蒙-467。这些地区地表零星出露有中太古界集宁岩群或乌拉山岩群，推断由太古宙基底隆起所致。区内北东向展布的剩余重力负异常带西南段（L 蒙-468-1）推断由酸性侵入岩引起，北东段（L 蒙-468-2）分布有第四系、侏罗系，推断由中—新生代盆地引起。

千斤沟锡矿位于推断的酸性岩体分布区,这一区域有化探 Sn、W、Mo 等多金属组合异常,异常分布的地段应是寻找同类型锡矿的有利地区。

(二)航磁特征

太仆寺旗千斤沟式热液型锡矿预测工作区在 1:10 万航磁 ΔT 等值线平面图上,磁异常幅值范围为 $-650\sim625$nT,背景值为 $-50\sim100$nT。除预测工作区北东角为负磁场外,其他部分以正磁场为背景,磁异常形态杂乱,正负相间,多呈不规则形状分布。磁异常轴向及 ΔT 等值线磁场特征延伸方向以北东向为主。千斤沟式热液型锡矿床位于预测工作区中南部,矿区处在场值 200nT 左右的平稳正磁场上,矿区所在位置南东侧是负磁场。

预测区内推断断裂走向与磁异常轴向相同,主要为北东向,以不同磁场区的分界线和磁异常梯度带为标志。结合预测区地质出露情况分析,预测区大部分磁异常多由火山岩地层引起,预测区北西部的条带状磁异常多由变质地层引起的。

根据磁异常特征,太仆寺旗千斤沟式热液型锡矿预测工作区磁法推断断裂构造 6 条,中酸性岩体 9 个,火山岩地层 5 个,变质岩地层 2 个。

三、区域地球化学特征

区域上分布有 Sn、W、Pb、Cu 等元素组成的高背景区带,在高背景区带中有以 Sn、W、Mo、Pb、Zn 为主的多元素局部异常。预测区内共有 14 个 Sn 异常,9 个 Mo 异常,11 个 W 异常,12 个 Ag 异常,13 个 Pb 异常,9 个 Zn 异常,7 个 Cu 异常,7 个 As 异常,7 个 Au 异常,6 个 Sb 异常。

Sn 元素呈高背景分布,已知千斤沟锡矿床具有明显的浓度分带和浓集中心,其他地区均存在大面积的 Sn 异常,但强度不高,无明显的浓度分带。W 异常高值区分布在后水泉村南、太仆寺旗及其南侧约 6km 处,异常呈三级浓度分带,规模达 20km^2。Mo 元素在预测区呈背景及低背景分布,仅在后水泉村周围呈面状分布,具有多个浓集中心。Ag、Pb、Zn 元素呈背景及高背景分布,在太仆寺旗北东形成套合程度较高的 Ag、Pb、Zn 组合异常,均具有明显的浓度分带。Cu、As、Sb 元素呈背景分布,在赛汉卓日具有一定规模的 As 异常。Au 元素在整个预测区呈亏损状态,仅在千斤沟南东约 5km 处以及太平沟南约 3km 处出现明显的 Au 异常,强度较高,规模较小,呈北西向或北西西向展布。

已知矿床千斤沟处组合异常 Z-1 主成矿元素 Sn 具有明显的浓度分带和浓集中心,共伴生元素 Ag、Pb、Zn 异常与 Sn 异常的浓集中心套合较好,该处 Au、As、W、Mo 异常与 Ag、Pb、Zn 异常形成水平分带,呈北西向展布。

四、遥感影像及解译特征

预测工作区内巨型构造华北陆块北缘断裂带位于正北部,横贯整个预测区,呈北西西向延伸,线性影像特征明显。

预测区内共解译出中小型断裂构造 40 余条,多数为北北东向。

环形构造比较发育,共解译出环形构造 10 余个。主要由隐伏岩体、火山机构引起。大多分布于华北陆块北缘断裂带以南。其中有 2 条大型环形构造,环内发育有满克头鄂博组。

羟基异常和铁染异常分布较少且呈无序、无规则零星分布。

预测工作区共解译圈定出 2 个最小预测区。

头支箭乡最小预测区:多条性质不明断层与一条隐伏岩体有关的环形构造交会。

千斤沟镇最小预测区:位于千斤沟镇以南 15km 处,多条性质不明断层交会,最小预测区有一个已知矿点。

五、区域自然重砂特征

太仆寺旗千斤沟锡矿预测工作区只圈定出锡自然重砂异常1个(表9-4)。

表9-4 千斤沟锡矿预测工作区锡石自然重砂异常一览表

异常名称	级别	地质情况	异常特征	评价	推断矿种
千斤沟锡石	I	异常区主要分布上侏罗统满克头鄂博组,以流纹质晶屑凝灰岩为主的火山碎屑岩。出露岩体为中侏罗世细粒花岗岩,侵入大断裂之中,形成锡矿化,所以细粒花岗岩是成矿母岩	重砂锡矿最高含量400粒,异常区形态为不规则状,面积23.43km^2。异常区有小型锡矿床,伴生矿物有黄铜矿、黄铁矿、闪锌矿等	成矿条件较好,可进一步工作	锡石

六、区域预测模型

根据预测工作区区域成矿要素,综合研究重力、航磁、化探、遥感、自然重砂等综合致矿信息,归纳出区域预测要素见表9-5。

以地质剖面图为基础,叠加区域化探、航磁及重力剖面,简要编制出预测工作区成矿模型图(图9-9)。

表9-5 内蒙古自治区太仆寺旗千斤沟式热液型锡矿预测要素表

成矿要素		内容描述			要素类别
储量		1535t	平均品位	0.23%	
特征描述		热液型锡矿床			
构造背景		华北陆块区(Ⅱ),狼山-阴山陆块(Ⅱ-4),色尔腾山-太仆寺旗古岩浆弧(Ar$_3$)(Ⅱ-4-2)及狼山-白云鄂博裂谷(Pt$_2$)(Ⅱ-4-3)			必要
成矿环境		华北成矿省(Ⅱ-14),华北陆块北缘东段铁、铜、钼、铅、锌、金、银、锰、铀、磷、煤、膨润土成矿带(Ⅲ-10)内蒙古隆起东段铁、铜、钼、铅、锌、金、银成矿亚带(Ar,Y)(Ⅲ-10-①)大西沟-山河达铜、钼、萤石矿集区(V-108),以及白云鄂博-商都金、铁、铌、稀土、铜、镍成矿亚带(Ar$_3$,Pt,V,Y)(Ⅲ-11-①)头沟地-郝家沟铁、金、银、萤石矿集区(V-120)			必要
成矿时代		燕山晚期			必要
控矿地质条件	控矿构造	北西向与北东向断裂及断裂附近产生的剪性解理			重要
	赋矿地质体	玛尼吐组粗面岩与似斑状花岗岩的接触带上普遍发育的以硅化为主的蚀变带			必要
	控矿侵入岩	燕山期花岗岩、花岗斑岩			重要
区域成矿类型及成矿时代		岩浆期后热液脉型,燕山期			重要
预测区矿点		1个小型矿床			重要

续表 9-5

成矿要素		描述内容				要素类别
		储量	1535t	平均品位	0.23%	
		特征描述	热液型锡矿床			
物化探特征	重力	布格重力异常图上，矿区处在北东向展布的布格重力异常过渡区，异常变化范围$(-156\sim-154)\times10^{-5}\,\mathrm{m/s^2}$。剩余重力异常图上，矿区位于北西向剩余重力负异常带中，异常最小值为$-6.33\times10^{-5}\,\mathrm{m/s^2}$				重要
	航磁	航磁 ΔT 化极异常强度起始值多数在 $-50\sim150\mathrm{nT}$ 之间				重要
	化探	区域上分布有 Sn、W、Pb、Cu 等元素组成的高背景区带，在高背景区带中有以 Sn、W、Mo、Pb、Zn 为主的多元素局部异常。预测区内 Sn 元素呈高背景分布，高背景带上存在面状 Sn 异常，空间上位于已知千斤沟锡矿床上，具有明显的浓度分带和浓集中心，其他地区均存在大面积 Sn 异常，但强度不高，无明显的浓度分带				重要
遥感特征		解译断层及环要素（推测隐伏岩体）				重要

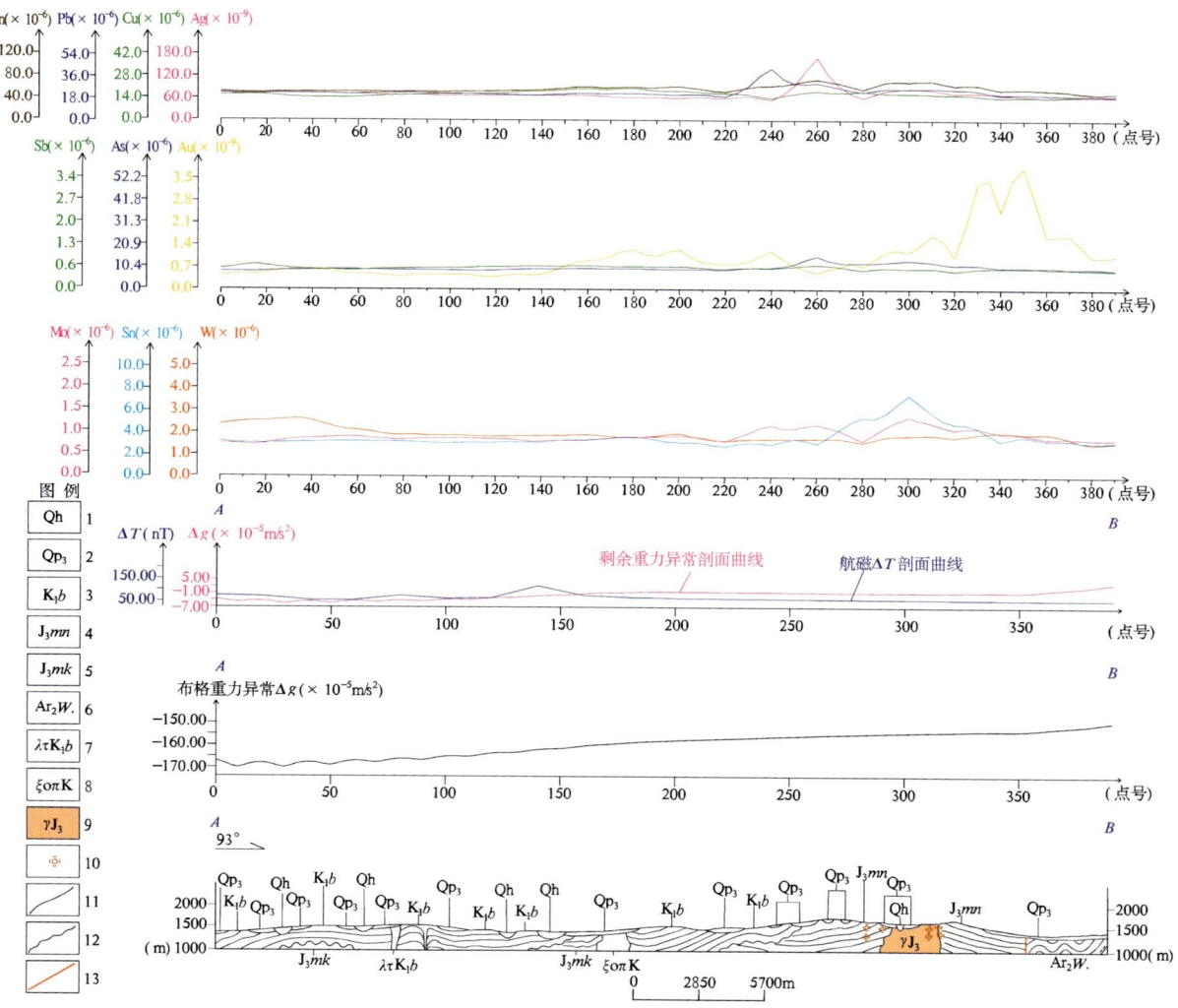

图 9-9 千斤沟热液型锡矿预测工作区预测模型图

1. 全新统；2. 上更新统；3. 下白垩统白音高老组；4. 上侏罗统玛尼吐组；5. 上侏罗统满克头鄂博组；6. 中太古界乌拉山岩群；7. 白音高老期石英粗面岩；8. 白垩纪石英正长斑岩；9. 晚侏罗世似斑状花岗岩；10. 硅化；11. 地质界线；12. 角度不整合界线；13. 断层

第三节 矿产预测

一、综合地质信息定位预测

(一)变量提取及优选

根据典型矿床成矿要素及预测要素研究,选取以下变量。
地层:千斤沟式热液型锡矿对地层无选择性。
矿点:选取千斤沟锡矿。
侵入岩:晚侏罗世黑云母花岗斑岩、早白垩世石英正长斑岩。
构造:北西向及北东向构造。
遥感:遥感解译断裂及环形构造。
重力:剩余重力低值区。
航磁:航磁正异常、矿致航磁异常。
化探:Sn单元素异常区。

在MRAS软件中,对揭露的地质体、断层(包括综合信息各专题推断断层)、蚀变分布范围、遥感异常区、矿点等求预测区的存在标志,对航磁化极、剩余重力、Sn单元素异常求起始值的加权平均值,并进行以上原始变量的构置,对预测单元赋值,形成原始数据专题。

根据已知矿床所在地区的航磁化极值、剩余重力值对原始数据专题中的航磁化极、剩余重力、Sn单元素异常起始值的加权平均值进行二值化处理,形成定位数据转换专题。

(二)最小预测区圈定及优选

预测区内只有一个已知矿床,因此采用MRAS矿产资源GIS评价系统中的预测模型工程,利用网格单元法进行定位预测。采用空间评价中数量化理论Ⅲ、聚类分析、神经网络分析等方法进行预测,比照各类方法的结果,确定采用神经网络分析法进行评价,再结合综合信息法叠加各预测要素圈定最小预测区,并进行优选。叠加所有成矿要素及预测要素,根据形成的预测单元图及不同级别的各要素边界,圈定最小预测区。

添加地质体、断层、Sn元素化探、剩余重力、航磁化极、遥感环要素等专题图层。

采用网格单元法设置预测单元,网格单元范围为预测工作区范围,网格单元大小为10mm×10mm。

化探异常值为$(3.4\sim18)\times10^{-6}$,剩余重力异常值为$(-6\sim0)\times10^{-5}\,\mathrm{m/s^2}$,航磁化极值为$-50\sim150\mathrm{nT}$,并根据形成的定位数据转换专题构造预测模型。

根据种子单元赋颜色,选择千斤沟矿床所在单元为种子单元。

(三)最小预测区圈定结果

根据资源量估算结果和预测区优选结果,进行最小预测区级别划分,根据典型矿床及预测工作区研究,利用证据权重法,采用1km×1km规则网格单元,在MRAS下进行预测区的圈定与优选。然后在MapGIS下,根据优选结果圈定成为不规则形状。最终圈定10个最小预测区,其中A级区1个,B级区2个,C级区7个(图9-10,表9-6)。

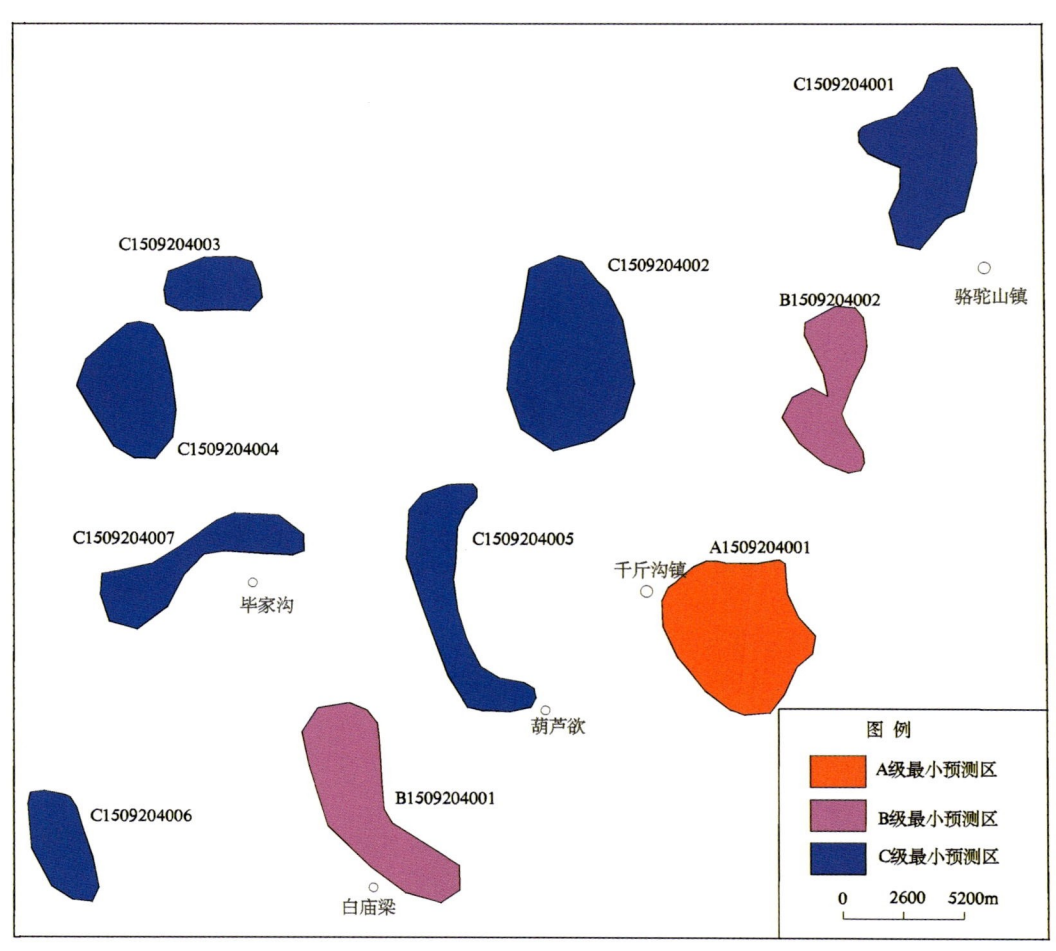

图 9-10　千斤沟式侵入岩体型锡矿最小预测区优选分布图

表 9-6　千斤沟式侵入岩体型锡矿最小预测区一览表

序号	最小预测区编号	最小预测区名称	序号	最小预测区编号	最小预测区名称
1	A1509204001	千斤沟	6	C1509204003	山岔口营子北西
2	B1509204001	白庙梁北西	7	C1509204004	后房子乡南东
3	B1509204002	西帐房山西	8	C1509204005	葫芦峪村西
4	C1509204001	后水泉南东	9	C1509204006	太平沟北
5	C1509204002	六面井上营子	10	C1509204007	毕家沟北西

(四) 最小预测区地质评价

根据资源量估算结果和预测区优选结果,进行最小预测区级别划分,根据典型矿床及预测工作区研究,共划分出 A 级、B 级及 C 级 3 个级别。

A 级:有出露含矿地质体＋化探起始值大于 $4.7×10^{-6}$＋已知矿床＋断层缓冲区＋有出露地表的

硅化蚀变带。

B级:有出露含矿地质体+化探起始值大于4.7×10^{-6}+断层缓冲区;或根据重力及遥感分析在图幅内有隐伏岩体的存在,并且在隐伏岩体附近地表有出露的岩体+化探起始值大于4.7×10^{-6}+断层缓冲区。

C级:有出露含矿地质体+化探起始值大于3.4×10^{-6}+断层缓冲区,或化探起始值大于3.4×10^{-6}+断层缓冲区。

预测区属内蒙古自治区太仆寺旗管辖,属中纬度低中山区,地势北高南低,属剥蚀堆积地形。水系不发育,有少数季节性河流。气候属于典型的大陆性气候,气温变化较大,一月份最冷,最低气温$-33.3℃$,封冻时间长,从10月至翌年5月,雨季在7、8月。区内交通较为便利,属农业区,人口较密集可以提供一定的劳动力。大量用电需经宝昌或沽源与华北电网相接。各最小预测区成矿条件及找矿潜力见表9-7。

表9-7 千斤沟式热液型锡矿最小预测区成矿条件及找矿潜力一览表

最小预测区编号	最小预测区名称	最小预测区成矿条件	找矿潜力
A1509204001	千斤沟	模型区,出露的岩体为侏罗纪花岗岩,Sn元素化探异常起始值大于4.7×10^{-6},有一条规模较大、与成矿有关的北东向断层,地表北西向硅化蚀变带强烈,构造上为一火山喷发中心	找矿潜力巨大
B1509204001	白庙梁北西	出露的岩体为白垩纪石英正长斑岩,Sn元素化探异常值为$(3.4\sim4.7)\times10^{-6}$,北东向大断裂位于该区南侧,北西向次级小断裂发育,根据剩余重力异常推断该区南东部有隐伏岩体存在	找矿潜力较好
B1509204002	西帐房山西	出露的岩体为白垩纪石英正长斑岩,Sn元素化探异常值为$(3.4\sim4.7)\times10^{-6}$,北东向大断裂位于该区南侧,北西向、北东向次级小断裂发育	找矿潜力较好
C1509204001	后水泉南东	Sn元素化探异常值为$(3.4\sim4.7)\times10^{-6}$,有一近南北向规模较大的韧性剪切带,根据重力及航磁推断存在一条近南北向断裂	有一定的找矿潜力
C1509204002	六面井上营子	出露的岩体为白垩纪石英正长斑岩,Sn元素化探异常值为3.4×10^{-6},北西向次级小断裂发育	有一定的找矿潜力
C1509204003	山岔口营子北西	出露的岩体为侏罗纪黑云母花岗斑岩,Sn元素化探异常值为3.4×10^{-6}	有一定的找矿潜力
C1509204004	后房子乡南东	出露的岩体为侏罗纪黑云母花岗斑岩,Sn元素化探异常值为3.4×10^{-6}	有一定的找矿潜力
C1509204005	葫芦峪村西	零星出露的岩体为白垩纪石英正长斑岩,Sn元素化探异常值为3.4×10^{-6},北东向大断裂位于该区南侧,北西向次级小断裂发育	有一定的找矿潜力
C1509204006	太平沟北	Sn元素化探异常值为$(3.4\sim4.7)\times10^{-6}$,北西向次级小断裂发育	有一定的找矿潜力
C1509204007	毕家沟北西	区内酸性花岗斑岩脉较发育,Sn元素化探异常值为3.4×10^{-6}	有一定的找矿潜力

二、综合信息地质体积法估算资源量

(一)典型矿床深部及外围资源量估算

查明资源量、体重及 Sn 品位均来源于内蒙古自治区一〇九地质队 1987 年 12 月编写的《内蒙古自治区太仆寺旗千斤沟矿区锡矿初步普查地质报告》。矿床面积($S_{查}$)是根据 1:1 万矿区地形地质图及 3 条勘探线剖面图所有见矿钻孔圈定,锡矿体延深($L_{查}$)依据主矿体 17 号勘探线剖面图确定。

查明锡金属量 1535t,体重平均值 $2.62t/m^3$,Sn 平均品位 0.277%,从 17 号勘探线剖面图中获取延深为 400m;向下含矿岩系依然存在,结合典型矿床成因类型及矿体特征确定下延深度($H_{深}$)为 200m。

矿床面积的确定是根据 1:1 万千斤沟矿区地形地质图在 MapGIS 软件下读取数据,依据比例尺计算出实际面积 $72\ 256.9m^2$。

典型矿床体积含矿率($K_{典}$)=查明资源储量÷[面积($S_{典}$)×延深($H_{典}$)]=1535÷(72 256.9×400)=0.000 053(t/m^3)。

典型矿床深部预测资源量=查明资源面积×(总延深-查明矿体延深)×体积含矿率=72 256.9×(400-200)×0.000 053=767.5(t)。

典型矿床外围预测资源量=面积($S_{预}$)×延深($L_{查}+L_{预}$)×典型矿床体积含矿率=55 859.2×(400+200)×0.000 053=1 779.97(t)。

典型矿床预测总资源量为锡 4 082.47t。

千斤沟锡矿典型矿床、深部及外围资源量估算结果见表 9-8。

表 9-8 千斤沟锡矿典型矿床、深部和外围预测资源量估算一览表

典型矿床		深部及外围		
已查明资源量(t)	1535	深部	面积(m^2)	72 256.9
面积(m^2)	72 256.9		深度(m)	200
深度(m)	400	外围	面积(m^2)	55 859.02
品位(%)	0.277		深度(m)	600
体重(t/m^3)	2.62		预测资源量(t)	2 547.47
体积含矿率(t/m^3)	0.000 053		典型矿床资源总量(t)	4 082.47

(二)模型区的确定、资源量及估算参数

根据圈定的最小预测区范围,选择千斤沟典型矿床所在的最小预测区为模型区,千斤沟模型区是 MRAS 定位预测后,经手工结合地质、物探、化探、遥感等相关成矿要素优化圈定的 A 级模型区。模型区内出露的侵入体为晚侏罗世花岗岩,Sn 元素化探异常起始值大于 $3.4×10^{-6}$,模型区内有一条规模较大、与成矿有关的北东向断层,有一遥感环要素,指示隐伏岩体的存在。

该模型区资源总量即为千斤沟典型矿床锡矿总资源总量 4 082.47t。

模型区延深与典型矿床一致,为 600m;模型区含矿地质体面积与模型区面积一致,经 MapGIS 软件下读取数据为 $32\ 265\ 959.88m^2$,含矿地质体面积参数为 1。

模型区含矿地质体总体积＝模型区含矿地质体面积×模型区总延深＝32 265 959.88×600＝19 359 575 928(m^3)。

含矿地质体含矿系数(K)＝资源总量($Z_{模}$)÷含矿地质体总体积＝4 082.47÷19 359 575 928＝0.000 000 211(t/m^3)(表9－9)。

表9－9 千斤沟锡矿模型区预测资源量及其估算参数

编号	名称	经度	纬度	模型区总资源量(t)	模型区面积(m^2)	延深(m)	含矿地质体面积(m^2)	含矿地质体面积参数	含矿地质体总体积(m^3)	含矿系数(t/m^3)
1509204001	千斤沟	1171642	492610	14 082.471	32 265 959.88	600	32 265 959.88	1	19 359 575 928	0.000 000 211

(三)最小预测区预测资源量

1. 估算方法的选择

千斤沟式侵入岩体型锡矿预测工作区最小预测区资源量定量估算采用地质体积法进行估算(表9－10)。

表9－10 千斤沟锡矿预测工作区资源量估算方法表

预测工作区编号	预测工作区名称	资源量估算方法
1509204001	千斤沟锡矿预测工作区	地质体积法

2. 估算参数的确定

1)最小预测区面积圈定方法及圈定结果

最小预测区的圈定与优选采用有模型方法的特征分析法。

根据典型矿床成矿要素及预测要素研究,结合现所收集的资料,选取以下变量。

由于预测区中有效的同位素年龄少,因此本次将1∶10万预测底图中晚侏罗世岩体均提取作为含矿层。

目前收集到的有1处小型矿床。

异常起始值为3.4×10^{-6},终止值为18×10^{-6}。

剩余重力异常等值线起始值为－6×10^{-5}m/s^2,终止值为0m/s^2。

航磁化极异常等值线范围为－50～150nT。

蚀变主要是硅化。

近东西向、北东向、南北向、北北东向断层均发生于成矿以前,属控矿构造。

本次利用证据权重法,采用1km×1km规则网格单元,在MRAS下进行预测区的圈定与优选。然后在MapGIS下,根据优选结果圈定成为不规则形状。最终圈定10个最小预测区,其中A级区1个,面积为32.266km^2;B级区2个,总面积为41.213km^2;C级区7个,总面积为132.35km^2。圈定结果见表9－11。

表9-11 千斤沟锡矿预测工作区最小预测区面积圈定大小及方法依据

最小预测区编号	最小预测区名称	经度	纬度	面积(km²)	参数确定依据
A1509204001	千斤沟	1153734	415114.66	32 265 959.88	依据MRAS所形成的色块区与预测工作区底图重叠区域,并结合含矿地质体、已知矿床、矿(化)点及磁异常范围
B1509204001	白庙梁北西	1152528.63	414714.91	25 796 830.29	
B1509204002	西帐房山西	1154036.75	415712.75	15 416 120.04	
C1509204001	后水泉南东	1154325.88	420245.91	24 288 135.02	
C1509204002	六面井上营子	1153215.63	415805.41	34 959 647.82	
C1509204003	山岔口营子北西	1152111.75	415944.5	8 569 902.73	
C1509204004	后房子乡南东	1151831.25	415710.91	18 353 423.63	
C1509204005	葫芦峪村西	1152808.63	415210.69	20 128 916.14	
C1509204006	太平沟北	1151625.88	414611.34	10 272 005.89	
C1509204007	毕家沟北西	1151908.88	415248.84	15 778 614.71	

2)延深参数的确定及结果

延深参数是在研究最小预测区含矿地质体地质特征、岩体的形成深度、矿化蚀变、矿化类型,并对比典型矿床特征综合确定的,部分由成矿带模型类比或专家估计给出,另根据模型区千斤沟锡矿钻孔控制最大垂深为400m,以及含矿地质体产状、区域厚度,同时根据含矿地质体的地表出露面积来确定其延深,详见表9-12。

表9-12 千斤沟式侵入岩体型锡矿预测工作区最小预测区延深表

最小预测区编号	最小预测区名称	深度(m)	最小预测区编号	最小预测区名称	深度(m)
A1509204001	千斤沟	600	C1509204003	山岔口营子北西	200
B1509204001	白庙梁北西	400	C1509204004	后房子乡南东	300
B1509204002	西帐房山西	300	C1509204005	葫芦峪村西	400
C1509204001	后水泉南东	400	C1509204006	太平沟北	200
C1509204002	六面井上营子	600	C1509204007	毕家沟北西	300

3)品位和体重的确定

千斤沟典型矿床矿体Sn平均品位为0.277%,矿石平均体重2.62t/m³,预测工作区内无其他矿床、矿点,所以最小预测区品位、体重均采用千斤沟典型矿床资料(表9-13)。

表9-13 千斤沟式侵入岩体型锡矿预测工作区最小预测区品位、体重采用表

最小预测区编号	最小预测区名称	经度	纬度	品位(%)	体重(t/m³)
A1509204001	千斤沟	1153734	415114.66	0.277	2.62
	其他最小预测区			0.277	2.62

4）相似系数的确定

千斤沟预测工作区最小预测区相似系数的确定,主要依据最小预测区内含矿地质体本身出露的大小、地质构造发育程度、磁异常强度、矿化蚀变发育程度及矿（化）点的多少等因素,由专家确定。各最小预测区相似系数见表9-14。

表9-14　千斤沟式侵入岩体型锡矿预测工作区最小预测区相似系数表

最小预测区编号	最小预测区名称	相似系数	最小预测区编号	最小预测区名称	相似系数
A1509204001	千斤沟	1.0	C1509204003	山岔口营子北西	0.2
B1509204001	白庙梁北西	0.4	C1509204004	后房子乡南东	0.1
B1509204002	西帐房山西	0.4	C1509204005	葫芦峪村西	0.1
C1509204001	后水泉南东	0.2	C1509204006	太平沟北	0.1
C1509204002	六面井上营子	0.1	C1509204007	毕家沟北西	0.2

3. 最小预测区预测资源量估算结果

采用地质体积法,预测区预测资源量估算公式：

$$Z_{预}=S_{预}\times H_{预}\times K_S\times K\times \alpha;\quad Z_{总}=Z_{预}+Z_{查明}$$

式中,$Z_{总}$为预测区总资源量;$Z_{预}$为预测区预测资源量;$Z_{查明}$为预测区内已查明的资源量;$S_{预}$为预测区面积;$H_{预}$为预测区延深（指预测区含矿地质体延深）;K_S为含矿地质体面积参数;K为模型区矿床的含矿系数;α为相似系数。

本次预测资源总量为5 262.78t,不包括已查明资源量1535t,详见表9-15。

表9-15　千斤沟式侵入岩体型锡矿预测工作区最小预测区估算成果表

编号	名称	$S_{预}$(m²)	$H_{预}$(m)	K_S	K(t/m³)	α	$Z_{总}$(t)	$Z_{查明}$(t)	$Z_{预}$(t)	资源量级别
A1509204001	千斤沟	32 265 959.88	600	1	0.000 000 211	1.0	4 082.47	1535	2 547.47	334-1
B1509204001	白庙梁北西	25 796 830.29	400	1	0.000 000 211	0.4	870.90		870.90	334-2
B1509204002	西帐房山西	15 416 120.04	300	1	0.000 000 211	0.4	390.34		390.34	334-2
C1509204001	后水泉南东	24 288 135.02	400	1	0.000 000 211	0.2	409.98		409.98	334-3
C1509204002	六面井上营子	34 959 647.82	600	1	0.000 000 211	0.1	442.59		442.59	334-3
C1509204003	山岔口营子北西	8 569 902.73	200	1	0.000 000 211	0.2	72.33		72.33	334-3
C1509204004	后房子乡南东	18 353 423.63	300	1	0.000 000 211	0.1	116.18		116.18	334-3
C1509204005	葫芦峪村西	20 128 916.14	400	1	0.000 000 211	0.1	169.89		169.89	334-3
C1509204006	太平沟北	10 272 005.89	200	1	0.000 000 211	0.1	43.35		43.35	334-3
C1509204007	毕家沟北西	15 778 614.71	300	1	0.000 000 211	0.2	199.76		199.76	334-3

4. 最小预测区资源量可信度估计

根据《预测资源量估算技术要求》(2010年补充)可信度划分标准,针对每个最小预测区评价其可信度,千斤沟锡矿预测工作区最小预测区可信度统计结果见表9-16。

表9-16 千斤沟式侵入岩体型锡矿预测工作区最小预测区预测资源量可信度统计表

编号	名称	面积		延深		含矿系数		资源量综合	
		可信度	依据	可信度	依据	可信度	依据	可信度	依据
A1509204001	千斤沟	0.75	依据MRAS所形成的色块区与预测工作区底图重叠区域,并结合含矿地质体、已知矿床、矿(化)点及磁异常范围	0.75	专家	0.75	模型区	0.80	地质、物探
B1509204001	白庙梁北西	0.50		0.50	专家	0.25	模型区	0.40	地质、物探
B1509204002	西帐房山西	0.50		0.50	专家	0.25	模型区	0.40	地质、物探
C1509204001	后水泉南东	0.25		0.25	专家	0.25	模型区	0.30	地质、物探
C1509204002	六面井上营子	0.25		0.25	专家	0.25	模型区	0.30	地质、物探
C1509204003	山岔口营子北西	0.25		0.25	专家	0.25	模型区	0.25	地质、物探
C1509204004	后房子乡南东	0.25		0.25	专家	0.25	模型区	0.25	地质、物探
C1509204005	葫芦峪村西	0.25		0.25	专家	0.25	模型区	0.25	地质、物探
C1509204006	太平沟北	0.25		0.25	专家	0.25	模型区	0.25	地质、物探
C1509204007	毕家沟北西	0.25		0.25	专家	0.25	模型区	0.25	地质、物探

(四)预测工作区资源总量成果汇总

1. 按精度汇总

千斤沟式侵入岩体型锡矿预测工作区地质体积法预测资源量,依据资源量级别划分标准,可划分为334-1、334-2和334-3三个资源量精度级别,各级别资源量见表9-17。

表9-17 千斤沟式侵入岩体型锡矿预测工作区预测资源量精度统计表 单位:t

预测工作区编号	预测工作区名称	精度		
		334-1	334-2	334-3
1509204001	千斤沟式侵入岩体型锡矿预测工作区	2 547.47	1 261.24	1 454.07

2. 按延深汇总

千斤沟式侵入岩体型锡矿预测工作区中,根据各最小预测区内含矿地质体(地层、侵入岩及构造)特征,预测深渡为600m之间,其资源量按预测深度统计结果见表9-18。

表9-18 千斤沟式侵入岩体型锡矿预测工作区预测资源量深度统计表　　　　　单位:t

预测工作区编号	预测工作区名称	500m以浅			1000m以浅			2000m以浅		
		334-1	334-2	334-3	334-1	334-2	334-3	334-1	334-2	334-3
1509204001	千斤沟式侵入岩体型锡矿	1 869.06	1 261.24	1 380.31	2 547.47	1 261.24	1 454.07	2 547.47	1261.24	1454.07
		总计:4 510.60			总计:5 262.78			总计:5 262.78		

3. 按矿产预测类型汇总

千斤沟式侵入岩体型锡矿预测工作区中,其矿产预测方法类型为侵入岩体型,预测类型为热液型,其资源量统计结果见表9-19。

表9-19 千斤沟式侵入岩体型锡矿预测工作区预测资源量矿产类型精度统计表　　　　　单位:t

预测工作区编号	预测工作区名称	侵入岩体型		
		334-1	334-2	334-3
1509204001	千斤沟式侵入岩体型锡矿	2 547.47	1 261.24	1 454.07

4. 按可利用性类别汇总

可利用性类别的划分,主要依据深度可利用性(500m、1000m、2000m)、当前开采经济条件可利用性、矿石可选性及外部交通水电环境可利用性,按权重进行取数估算。预测工作区资源量可利用性统计结果见表9-20。

表9-20 千斤沟式侵入岩体型锡矿预测工作区预测资源量可利用性统计　　　　　单位:t

预测工作区编号	预测工作区名称	可利用			暂不可利用		
		334-1	334-2	334-3	334-1	334-2	334-3
1509204001	千斤沟式侵入岩体型锡矿	2 547.47	—	—	—	1 261.24	1 454.07
		总计:2 547.47			总计:2 715.31		

5. 按可信度统计分析汇总

千斤沟式侵入岩体型锡矿预测工作区预测资源量可信度统计结果见表9-21。

表9-21 千斤沟式铁锡矿预测工作区预测资源量可信度统计表　　　　　单位:t

预测工作区编号	预测工作区名称	$X \geqslant 0.75$			$X \geqslant 0.5$			$X \geqslant 0.25$		
		334-1	334-2	334-3	334-1	334-2	334-3	334-1	334-2	334-3
1509204001	千斤沟式侵入岩体型锡矿	2 547.47	—	—	2 547.47	—	—	2 547.47	1 261.24	1 454.07

6. 按级别分类统计

依据最小预测区地质矿产、物探及遥感异常等综合特征,并结合资源量估算和预测区优选结果,将最小预测区划分为 A 级、B 级和 C 级 3 个等级,其预测资源量见表 9-22。

表 9-22 千斤沟式铁锡矿预测工作区预测资源量级别分类统计表　　　　单位:t

预测工作区编号	预测工作区名称	级别		
		A 级	B 级	C 级
1509204001	千斤沟式侵入岩体型锡矿	2 547.47	1 261.24	1 454.07
		总计:5 262.78		

第十章 内蒙古自治区锡单矿种资源总量潜力分析

第一节 锡单矿种估算资源量与资源现状对比

至 2009 年在内蒙古自治区境内,全区共有锡矿上表单元 15 个,其中包括以锡为主矿产的矿产地 5 处、共生锡上表单元 5 个、伴生锡上表单元 5 个。年度上表单元数与上年相同。全区查明锡矿资源储量 816 461t,其中基础储量 45 326t、资源量 771 155t,基础储量和资源量分别占全区查明资源总量的 5.6% 和 94.4%。全区锡金属保有资源储量为 794 785t,其中,基础储量 24 840t、资源量 769 945t,基础储量和资源量分别占全区锡保有资源储量的 3.1% 和 96.9%。与上年度相比,全区锡矿保有资源储量净减 2319t,减少了 0.003%(表 10-1)。

表 10-1 2009 年全区各预测工作区锡矿保有资源储量及矿山占用情况统计表

行政区	上表单元（个）	合计资源储量(t)	矿山占用登记		未占用登记	
			保有资源储量(t)	比例(%)	保有资源储量(t)	比例(%)
内蒙古自治区	15	1 853 970.89	762 847	41	1 091 124	59
毛登-林西预测工作区		24 939.36	4925	20	20 014.36	80
太平林场预测工作区		27 656.45	—	0	27 656.45	100
黄岗预测工作区		1 635 921	715 605	44	920 316	56
朝不楞预测工作区		84 471.2	6137	7	78 334.2	93
孟恩陶勒盖预测工作区		5 254.47	1489	28	3 765.47	72
大井子预测工作区		70 465.63	17 884	25	52 581.63	75
千斤沟预测工作区		5 262.78	1535	29	3 727.78	71

全区锡矿资源集中分布在赤峰市、锡林郭勒盟和通辽市,3 个盟(市)保有资源储量占全区的 100%。其中赤峰市(主要有黄岗铁锡共生矿、大井子铜锡矿等)保有资源储量达 745 092t,占全区的 94.77%;锡林郭勒盟(主要有毛登锡矿、二道沟锡多金属矿、朝不楞铁多金属矿等)保有资源储量为 41 060t,占全区 5.17%;通辽市(主要有孟恩陶勒盖银铅锌锡多金属矿)保有资源储量 461t,点全区的 0.058%。除共伴生上表单元外,在全区 5 个锡矿产地中,查明资源储量规模达中型的 1 处,保有资源储量为 5880t,仅占全区锡矿保有资源储量的 0.74%。大中型矿产地数量合计仅占全区锡矿产地的 7.14%。

2009 年,全区矿山开采消耗上表锡矿资源储量为 590t,其中开采量 537×10^4 t,缺失 53×10^4 t。

第二节 预测资源量潜力分析

一、预测工作区锡矿预测资源量

全区锡单矿种共划分了7个预测工作区,预测工作区总面积 $14.3 \times 10^4 km^2$,总计圈出184个最小预测区,锡预测资源量为1 853 970.90t,7个预测工作区内已查明资源量为762 847t,预测资源量为查明资源量的2~3倍。查明资源量与预测资源量数量比较合理,可信程度较高(表10-2)。

表10-2 内蒙古自治区锡单矿种预测工作区预测及查明资源量表

预测工作区编号	预测工作区名称	总计预测资源量(t)	已查明资源量(t)
1509601001	毛登式热液型锡矿毛登-林西预测工作区	24 939.36	4925
1509601002	毛登式热液型锡矿太平林场预测工作区	27 656.45	0
1509207001	黄岗式矽卡岩型锡矿黄岗预测工作区	1 635 921.00	715 605
1509201001	朝不楞式矽卡岩型锡矿朝不楞预测工作区	84 471.20	6137
1509202001	孟恩陶勒盖式热液型锡矿孟恩陶勒盖预测工作区	5 254.47	3404
1509203001	大井子式次火山热液型锡矿大井子预测工作区	70 465.64	1788
1509204001	千斤沟式热液型锡矿千斤沟预测工作区	5 262.78	1535
内蒙古自治区锡矿资源量合计		1 853 970.90	733 394

本次预测典型矿床深部和外围预测资源量约585 515t,说明在老矿区随勘查深度增加和技术装备的发展,推断外围及深部仍然有50%~100%的查明资源储量的资源潜力。

总之,由于我区总体地质矿产勘查程度低,提高勘查程度就可能发现更多资源储量,对低勘查程度区的锡资源储量进行类比预测,估算锡资源量是切实可行的。

1. 按方法预测

内蒙古自治区锡矿预测资源量仅用地质体积法预测,预测量见表10-3。

表10-3 内蒙古自治区锡矿预测资源量方法统计表

单位:t

预测工作区名称	预测工作区范围	地质体积法
毛登式热液型锡矿毛登-林西预测工作区	东经116°15′00″—118°45′00″, 北纬43°20′00″—44°30′00″	24 939.36
毛登式热液型锡矿太平林场预测工作区	东经120°00′00″—121°15′00″, 北纬51°20′00″—52°00′00″	27 656.45
黄岗式矽卡岩型锡矿黄岗预测工作区	东经117°00′00″—120°00′00″, 北纬43°00′00″—45°00′00″	1 635 921.00

续表 10-3

预测工作区名称	预测工作区范围	地质体积法
朝不楞式矽卡岩型锡矿朝不楞预测工作区	东经 118°30′00″—118°44′20″，北纬 46°27′30″—46°36′30″	84 471.20
孟恩陶勒盖式热液型锡矿孟恩陶勒盖预测工作区	东经 120°00′00″—122°00′00″，北纬 44°00′00″—46°10′00″	5 254.47
大井子式次火山热液型锡矿大井子预测工作区	东经 118°30′00″—118°44′20″，北纬 46°27′30″—46°36′30″	70 465.63
千斤沟式热液型锡矿千斤沟预测工作区	东经 115°15′00″—115°47′00″，北纬 41°36′00″—42°10′00″	5 262.78
总计		1 853 970.90

2. 按精度预测

按精度划分，本次预测工作共获得 334-1 级资源量 596 457.49t，334-2 级资源量 493 548.82t，334-3 级资源量 763 964.59t（表 10-4，图 10-1）。

表 10-4 内蒙古自治区锡矿预测资源量精度统计表

单位：t

预测工作区编号	预测工作区名称	精度			总计
		334-1	334-2	334-3	
1509601001	毛登式热液型锡矿毛登-林西预测工作区	5 342.39	2 909.10	16 687.87	24 939.36
1509601002	毛登式热液型锡矿太平林场预测工作区	—	5 872.09	21 784.36	27 656.45
1509207001	黄岗式矽卡岩型铁锡矿黄岗预测工作区	526 735.00	424 779.72	684 406.28	1 635 921.00
1509201001	朝不楞式矽卡岩型铁多金属矿朝不楞预测工作区	55 717.90	13 896.40	14 856.90	84 471.20
1509202001	孟恩陶勒盖式热液型多金属矿孟恩陶勒盖预测工作区	1 675.37	3 514.95	64.15	5 254.47
1509203001	大井子式次火山热液型锡矿大井子预测工作区	4 439.36	41 315.32	24 710.96	70 465.64
1509204001	千斤沟式热液型锡矿千斤沟预测工作区	2547.47	1 261.24	1 454.07	5 262.78
	内蒙古自治区锡矿预测资源量合计	596 457.49	493 548.82	763 964.59	1 853 970.90

注：表中数据不含已查明资源量。

3. 按深度预测

按预测工作区不同深度进行统计，500m 以浅各精度预测资源量 1 154 220.44t，1000m 以浅预测资源量 1 853 970.90t，2000m 以浅预测资源量 1 853 970.90t（表 10-5，图 10-2）。

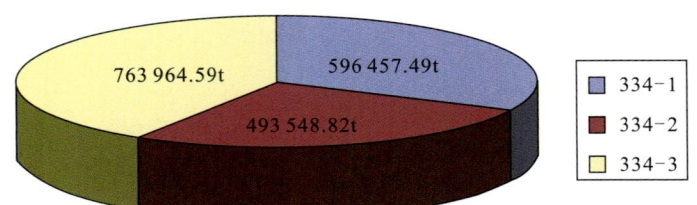

图 10-1 内蒙古自治区锡矿预测资源量按精度统计图

表 10-5 内蒙古自治区锡矿预测资源量按深度统计表　　　　　　　　单位：t

预测工作区编号	预测工作区名称	500m 以浅				1000m 以浅			
		334-1	334-2	334-3	总计	334-1	334-2	334-3	总计
1509601001	毛登-林西预测工作区	2 688.07	2 909.10	13 396.04	18 993.21	5 342.39	2 909.10	16 687.87	24 939.36
1509601002	太平林场预测工作区	—	5 872.09	21 784.36	27 656.45	—	5 872.09	21 784.36	27 656.45
1509207001	黄岗预测工作区	175 470.60	303 414.09	488 861.63	967 746.32	526 735.00	424 779.72	684 406.28	1 635 921.00
1509201001	朝不楞预测工作区	31 716.15	13 896.40	14 856.90	60 469.45	55 717.90	13 896.40	14 856.90	84 471.20
1509202001	孟恩陶勒盖预测工作区	1 396.14	2 929.14	53.48	4 378.76	1 675.37	3 514.95	64.15	5 254.47
1509203001	大井子预测工作区	4 439.36	41 315.32	24 710.96	70 465.64	4 439.36	41 315.32	24 710.96	70 465.64
1509204001	千斤沟预测工作区	1 869.06	1 261.24	1 380.31	4 510.61	2 547.47	1 261.24	1 454.07	5 262.78
内蒙古自治区锡矿预测资源量合计		217 579.38	371 597.38	565 043.68	1 154 220.44	596 457.49	493 548.824	763 964.58	1 853 970.90

预测工作区编号	预测工作区名称	2000m 以浅				已探明 1000m 以浅	总量
		334-1	334-2	334-3	总计		
1509601001	毛登-林西预测工作区	5 342.39	2 909.10	16 687.87	24 939.36	4925	24939.36
1509601002	太平林场预测工作区	—	5 872.09	21 784.36	27 656.45	—	27 656.45
1509207001	黄岗预测工作区	526 735.00	424 779.72	684 406.28	1 635 921.00	715 605	1 635 921.00
1509201001	朝不楞预测工作区	55 717.90	13 896.40	14 856.90	374 503.26	6137	84 471.2
1509202001	孟恩陶勒盖预测工作区	1 675.37	3 514.95	64.15	5 254.47	3404	5 254.47
1509203001	大井子预测工作区	4 439.36	41 315.32	24 710.96	70 465.64	1788	70 465.64
1509204001	千斤沟预测工作区	2 547.47	1 261.24	1 454.07	5 262.78	1535	5 262.78
内蒙古自治区锡矿预测资源量合计		596 457.49	493 548.824	763 964.58	1 853 970.90	733 394	1 853 970.90

注：(1)表中数据不含已查明资源量。(2)1000m 以浅预测资源量含 500m 以浅预测资源量。

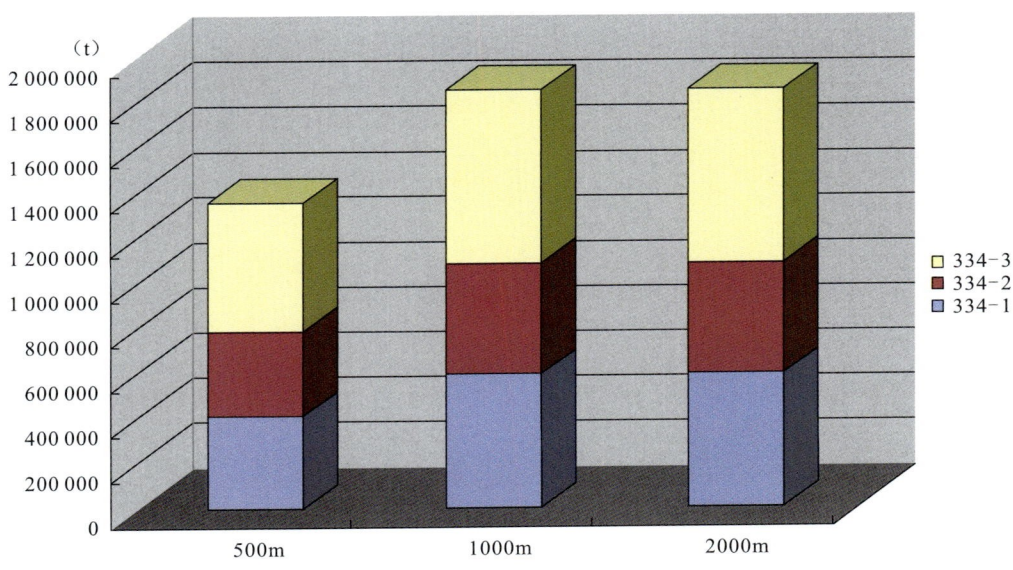

图 10-2　内蒙古自治区锡矿预测资源量按深度统计图

4. 按预测方法类型预测

按照预测方法类型进行统计，复合内生型锡矿预测资源量为 52 595.81t，侵入岩体型锡矿预测资源量为 1 801 375.09t（表 10-6，图 10-3）。

表 10-6　内蒙古自治区锡矿预测资源量按预测方法类型统计表

单位：t

预测方法类型	预测工作区编号	预测工作区	334-1	334-2	334-3	合计
复合内生型	1509601001	毛登-林西预测工作区	5 342.39	2 909.10	16 687.87	24 939.36
	1509601002	太平林场预测工作区	—	5 872.09	21 784.36	27 656.45
	复合内生型锡矿合计		5 342.39	8 781.19	38 472.23	52 595.81
侵入岩体型	1509207001	黄岗预测工作区	526 735.00	424 779.72	684 406.28	1 635 921.00
	1509201001	朝不楞预测工作区	55 717.90	13 896.40	14 856.90	84 471.20
	1509202001	孟恩陶勒盖预测工作区	1 675.37	3 514.95	64.15	5 254.47
	1509203001	大井子预测工作区	4 439.36	41 315.32	24 710.96	70 465.64
	1509204001	千斤沟预测工作区	2 547.47	1 261.24	1 454.07	5 262.78
	侵入岩体型锡矿合计		591 115.10	484 767.63	725 492.36	1 801 375.09
内蒙古自治区锡矿预测资源量合计			596 457.49	493 548.82	763 964.59	1 853 970.90

注：表中数据不含已查明资源量。

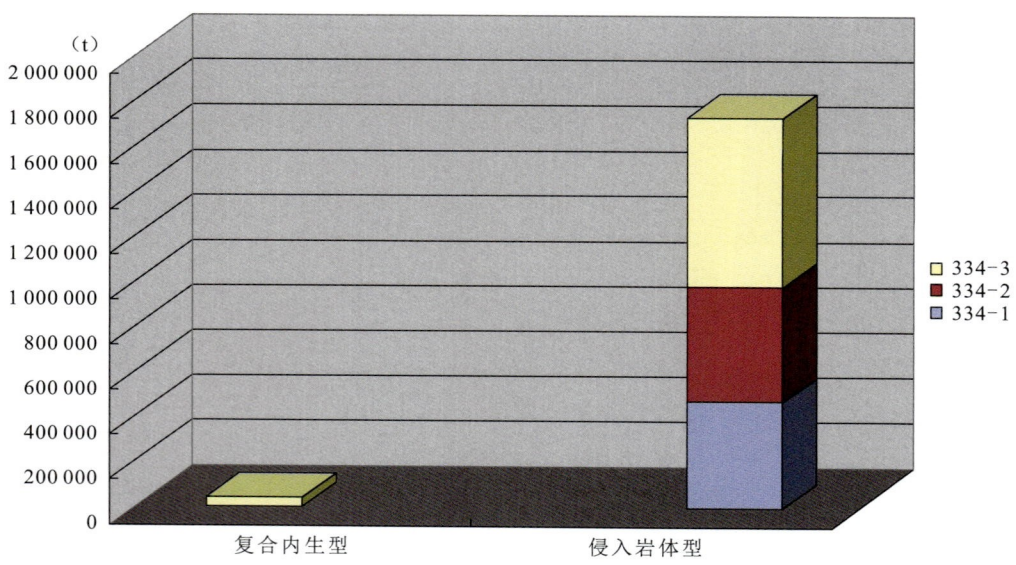

图 10-3　内蒙古自治区锡矿预测资源量按预测方法类型统计图

5. 按可利用性类别预测

根据深度、当前开采经济条件、矿石可选性、外部交通水电环境等条件的可利用性，内蒙古自治区锡矿预测资源量中可利用约 1 097 794.03t，不可利用约 756 176.87t（表 10-7，图 10-4）。

表 10-7　内蒙古自治区锡矿资源量按可利用性分类一览表

单位：t

预测工作区编号	预测工作区名称	可利用				暂不可利用				总计
		334-1	334-2	334-3	合计	334-1	334-2	334-3	合计	
1509601001	毛登-林西预测工作区	5 342.39	2 909.10	—	8 251.49	—	—	16 687.87	16 687.87	24 939.36
1509601002	太平林场预测工作区	—	—	—	—	—	5 872.09	21 784.36	—	27 656.45
1509207001	黄岗预测工作区	526 735.00	424 779.72	—	951 514.72	—	—	684 406.28	684 406.28	1 635 921.00
1509201001	朝不楞预测工作区	55 717.90	13 896.40	14 856.90	84 471.20	—	—	—	—	84 471.20
1509202001	孟恩陶勒盖预测工作区	1 675.37	3 514.95	64.15	5 254.47	—	—	—	—	5 254.47
1509203001	大井子预测工作区	4 439.36	41 315.32	—	45 754.68	—	—	24 710.96	24 710.96	70 465.64
1509204001	千斤沟预测工作区	2 547.47	—	—	2 547.47	—	1 261.24	1 454.07	2 715.31	5 262.78
内蒙古自治区锡矿资源量合计		596 457.49	486 415.29	14 921.05	1 097 794.03	—	7 133.33	749 043.54	756 176.87	1 853 970.90

注：表中数据不含已查明资源量。

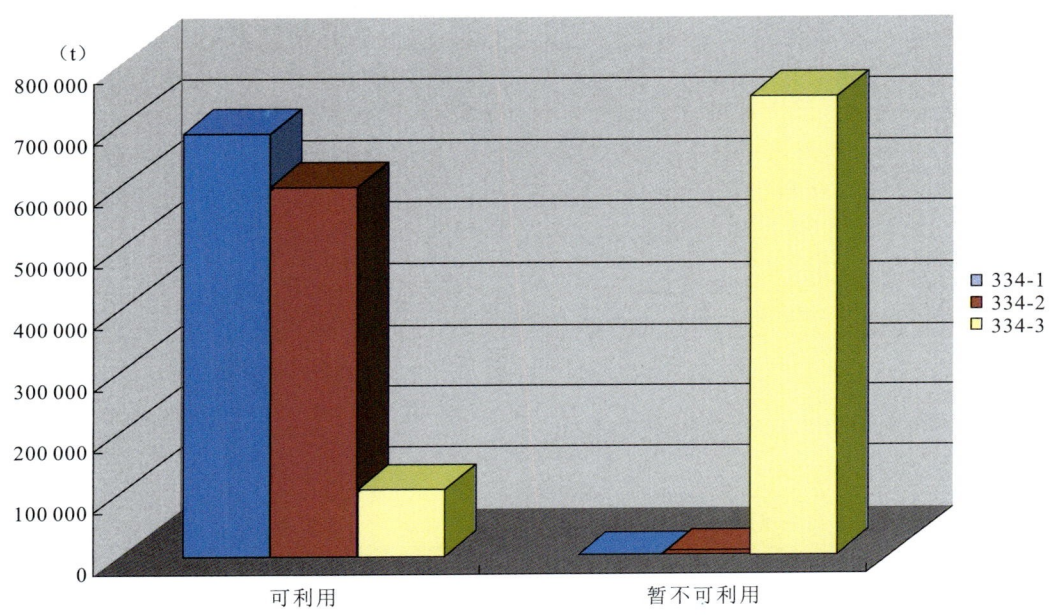

图 10-4　内蒙古自治区锡矿预测资源量按可利用性分类统计图

6. 按可信度统计分析预测

对内蒙古自治区各锡矿预测工作区进行统计分析，预测资源总量（不含已探明资源量）为 1 853 970.90t，可信度 $X \geqslant 0.75$ 的预测资源量为 612 143.59t，可信度 $X \geqslant 0.5$ 的预测资源量为 1 205 036.35t，可信度 $X \geqslant 0.25$ 的为 1 853 970.90t（表 10-8）。

表 10-8　内蒙古自治区锡矿预测资源量可信度统计分析一览表　　　　单位：t

预测工作区编号	预测工作区名称	$X \geqslant 0.75$			$X \geqslant 0.5$			$X \geqslant 0.25$		
		334-1	334-2	334-3	334-1	334-2	334-3	334-1	334-2	334-3
1509601001	毛登-林西预测工作区	5 342.39	—	—	5 342.39	2 909.10	—	5 342.39	2 909.10	16 687.87
1509601002	太平林场预测工作区	—	—	—	—	5 872.09	—	—	5 872.09	21 784.36
1509207001	黄岗预测工作区	526 735.00	—	—	526 735.00	301 302.00	238 055.53	526 735.00	424 779.72	684 406.28
1509201001	朝不楞预测工作区	55 717.90	8 907.50	—	55 717.90	12 751.70	3 844.20	55 717.90	13 896.40	14 856.90
1509202001	孟恩陶勒盖预测工作区	1 675.37	—	—	1675.37	46.42	7.65	1 675.37	3 514.95	64.15
1509203001	大井子预测工作区	4 439.36	6 778.50	—	4 439.36	41 315.32	2 474.75	4 439.36	41 315.32	24 710.96
1509204001	千斤沟预测工作区	2 547.47	—	—	2 547.47	—	—	2 547.47	1 261.24	1 454.07
总计		612 143.59			1 205 036.35			1 853 970.90		

7. 按最小预测区级别分类统计

本次工作共圈定最小预测区 184 个。其中 A 级最小预测区 32 个,500m 以浅预测资源量 834 119.88t,1000m 以浅预测资源量 1 164 426.58t,2000m 以浅预测资源量 1 164 426.58t。B 级最小预测区 57 个,500m 以浅预测资源量 331 337.49t,1000m 以浅预测资源量 439 482.32t,2000m 以浅预测资源量 439 482.32t。C 级最小预测区 95 个,500m 以浅预测资源量 191 597.03t,1000m 以浅预测资源量 250 062.00t,2000m 以浅预测资源量 250 062.00t(表 10 - 9,图 10 - 5)。

表 10 - 9　内蒙古自治区锡矿预测资源量按最小预测区级别分类统计一览表　　　　单位:t

最小预测区级别	矿产预测类型	500m 以浅	1000m 以浅	2000m 以浅
A 级	毛登式热液型锡矿毛登-林西预测工作区	4 209.93	5 051.91	5 051.91
	毛登式热液型锡矿太平林场预测工作区	5 872.09	5 872.09	5 872.09
	黄岗式矽卡岩型铁锡矿黄岗预测工作区	761 494.70	1 066 092.53	1 066 092.53
	朝不楞式矽卡岩型铁多金属矿朝不楞预测工作区	45 612.55	69 614.30	69 614.30
	孟恩陶勒盖式热液型多金属矿孟恩陶勒盖预测工作区	2 202.82	2 643.38	2 643.38
	大井子式次火山热液型锡矿大井子预测工作区	12 604.90	12 604.90	12 604.90
	千斤沟式热液型锡矿千斤沟预测工作区	2 122.89	2 547.47	2 547.47
	A 级预测资源量合计	834 119.88	1 164 426.58	1 164 426.58
B 级	毛登式热液型锡矿毛登-林西预测工作区	10 166.90	12 561.89	12 561.89
	毛登式热液型锡矿太平林场预测工作区	10 427.42	10 427.42	10 427.42
	黄岗式矽卡岩型铁锡矿黄岗预测工作区	263 833.90	369 367.46	369 367.46
	朝不楞式矽卡岩型铁多金属矿朝不楞预测工作区	11 422.30	11 422.30	11 422.30
	孟恩陶勒盖式热液型多金属矿孟恩陶勒盖式预测工作区	1 076.86	1 292.23	1 292.23
	大井子式次火山热液型锡矿大井子预测工作区	33 149.78	33 149.78	33 149.78
	千斤沟式热液型锡矿千斤沟预测工作区	1 261.24	1 261.24	1 261.24
	B 级预测资源量合计	331 337.49	439 482.32	439 482.32
C 级	毛登式热液型锡矿毛登-林西预测工作区	6 428.72	7 325.56	7 325.56
	毛登式热液型锡矿太平林场预测工作区	11 356.94	11 356.94	11 356.94
	黄岗式矽卡岩型铁锡矿黄岗预测工作区	143 186.44	200 461.01	200 461.01
	朝不楞式矽卡岩型铁多金属矿朝不楞预测工作区	3 434.60	3 434.60	3 434.60
	孟恩陶勒盖式热液型多金属矿孟恩陶勒盖式预测工作区	1 099.05	1 318.86	1 318.86
	大井子式次火山热液型锡矿大井子预测工作区	24 710.96	24 710.96	24 710.96
	千斤沟式热液型锡矿千斤沟预测工作区	1 380.32	1 454.07	1 454.07
	C 级预测资源量合计	191 597.03	250 062.00	250 062.00
	内蒙古自治区锡矿预测资源量合计	1 357 054.40	1 853 970.90	1 853 970.90

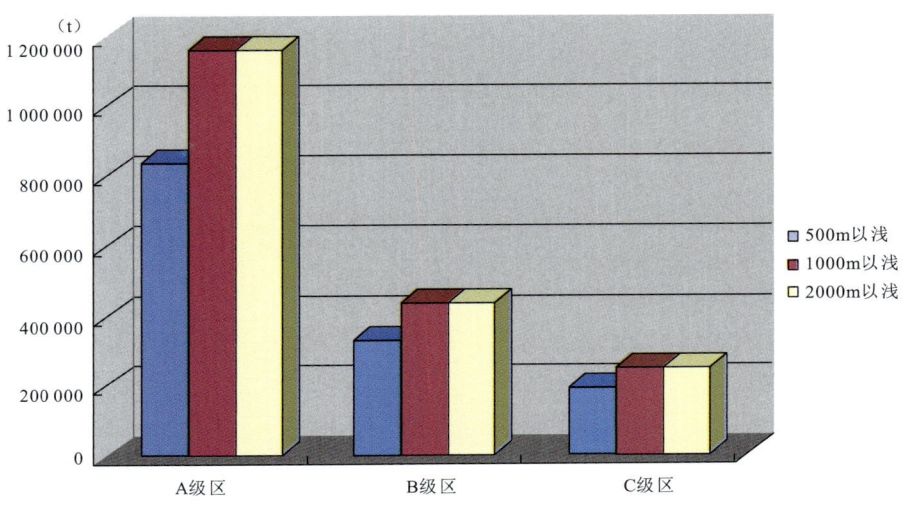

图 10-5 内蒙古自治区锡矿预测资源量按最小预测区级别分类统计图

二、伴生锡矿预测资源量

全区预测资源量仅有朝不楞式侵入岩体型铁多金属矿和孟恩陶勒盖银铅锌多金属矿为伴生锡矿，查明资源量中朝不楞式侵入岩体型铁多金属矿属中型矿，孟恩陶勒盖银铅锌多金属矿为小型矿。在进行主矿种典型矿床外围及深部资源量预测的同时对伴生的锡矿进行资源量预测。

1. 按方法预测

预测工作区预测方法为地质体积法，详见表 10-10。

表 10-10　内蒙古自治区伴生锡矿预测资源量按方法分类统计表　　　　　　　　　　单位：t

预测工作区编号	预测工作区名称	地质体积法
1509201001	朝不楞式矽卡岩型铁多金属矿朝不楞预测工作区	84 471.20
1509202001	孟恩陶勒盖式热液型多金属矿孟恩陶勒盖预测工作区	5 254.47
内蒙古自治区伴生锡矿预测资源量合计		89 725.67

2. 按精度预测

依据资源量级别划分标准，可划分为 334-1、334-2 和 334-3 三个资源量精度级别，各级别资源量见表 10-11、图 10-6。

表 10-11　内蒙古自治区伴生锡矿预测资源量精度统计表　　　　　　　　　　　　　单位：t

预测工作区编号	预测工作区名称	精度			总计
		334-1	334-2	334-3	
1509201001	朝不楞式矽卡岩型铁多金属矿朝不楞预测工作区	55 717.90	13 896.40	14 856.90	84 471.20
1509202001	孟恩陶勒盖式热液型多金属矿孟恩陶勒盖预测工作区	1 675.37	3 514.95	64.15	5 254.47
内蒙古自治区伴生锡矿预测资源量合计		57 393.27	17 411.35	14 921.05	89 725.67

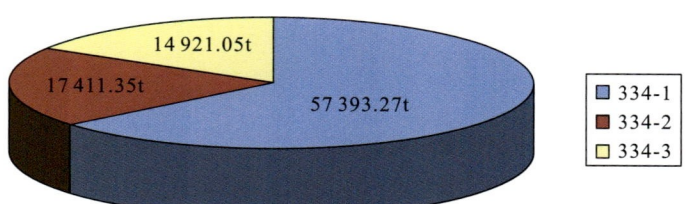

图 10-6 内蒙古自治区伴生锡矿预测资源量按精度统计图

3. 按延深预测

根据各最小预测区内含矿地质体(地层、侵入岩及构造)特征,预测深度在 400~650m 之间,其资源量按预测深度统计结果见表 10-12、图 10-7。

表 10-12 内蒙古自治区伴生锡矿预测资源量深度统计表　　　　单位:t

预测工作区编号	预测工作区名称	500m 以浅			1000m 以浅			2000m 以浅		
		334-1	334-2	334-3	334-1	334-2	334-3	334-1	334-2	334-3
1509201001	朝不楞预测工作区	31 716.15	13 896.40	14 856.90	55 717.90	13 896.40	14 856.90	55 717.90	13 896.40	14 856.90
1509202001	孟恩陶勒盖预测工作区	1 396.14	2 929.14	53.48	1 675.37	3 514.95	64.15	1 675.37	3 514.95	64.15
内蒙古自治区伴生锡矿预测资源量合计		33 112.29	16 825.54	14 910.38	57 393.27	17 411.35	14 921.05	57 393.27	17 411.35	14 921.05

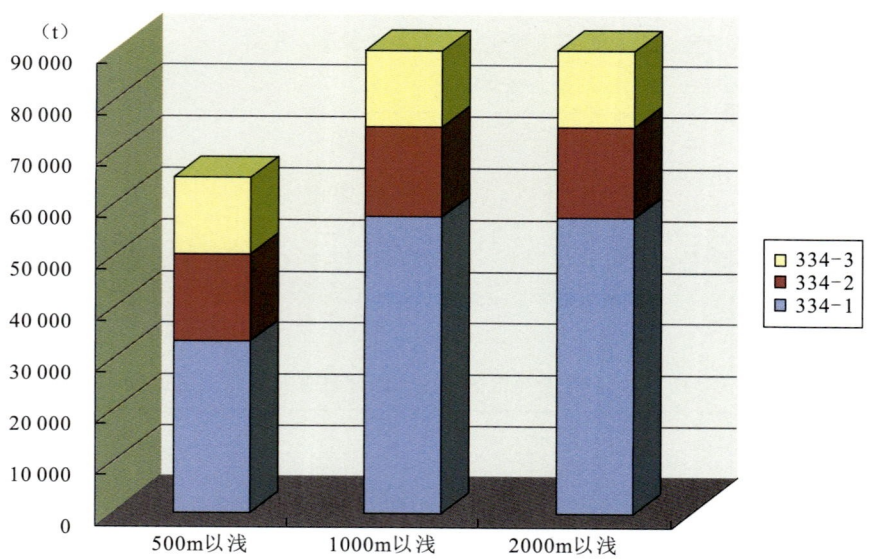

图 10-7 内蒙古自治区伴生锡矿预测资源量按延深统计图

4. 按矿产预测类型预测

本预测工作区矽卡岩型铁锡多金属矿为朝不楞矿床,热液型多金属矿为孟恩陶勒盖矿床。预测方法类型为侵入岩体型,资源量统计结果见表10-13、图10-8。

表10-13 内蒙古自治区伴生锡矿预测资源量矿产类型精度统计表　　　　单位:t

预测工作区编号	预测工作区名称	侵入岩体型		
		334-1	334-2	334-3
1509201001	朝不楞式矽卡岩型铁多金属矿朝不楞预测工作区	55 717.90	13 896.40	14 856.90
1509202001	孟恩陶勒盖式热液型多金属矿孟恩陶勒盖预测工作区	1 675.37	3 514.95	64.15
内蒙古自治区伴生锡矿预测资源量合计		57 393.27	17 411.35	14 921.05

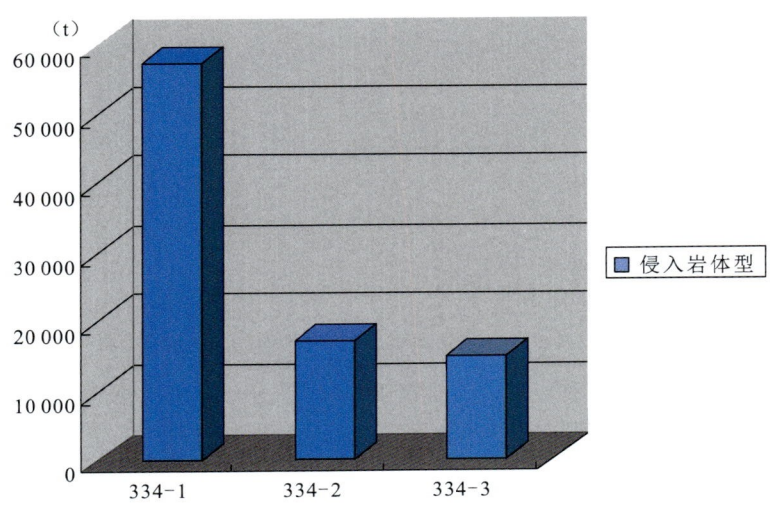

图10-8 内蒙古自治区伴生锡矿预测资源量按矿产预测类型统计图

5. 按可利用性类别预测

根据目前预测区矿床开采深度、矿石可选性、交通等情况,预测资源量可利用情况见表10-14、图10-9。

表10-14 内蒙古自治区伴生锡矿预测资源量可利用性统计表　　　　单位:t

预测工作区编号	预测工作区名称	可利用				暂不可利用			
		334-1	334-2	334-3	总计	334-1	334-2	334-3	总计
1509201001	朝不楞预测工作区	55 717.90	13 896.40	14 856.90	84 471.20	—	—	—	—
1509202001	孟恩陶勒盖预测工作区	1 675.37	3 514.95	64.15	5 254.47	—	—	—	—
内蒙古自治区伴生锡矿预测资源量合计		57 393.27	17 411.35	14 921.05	89 725.67	—	—	—	—

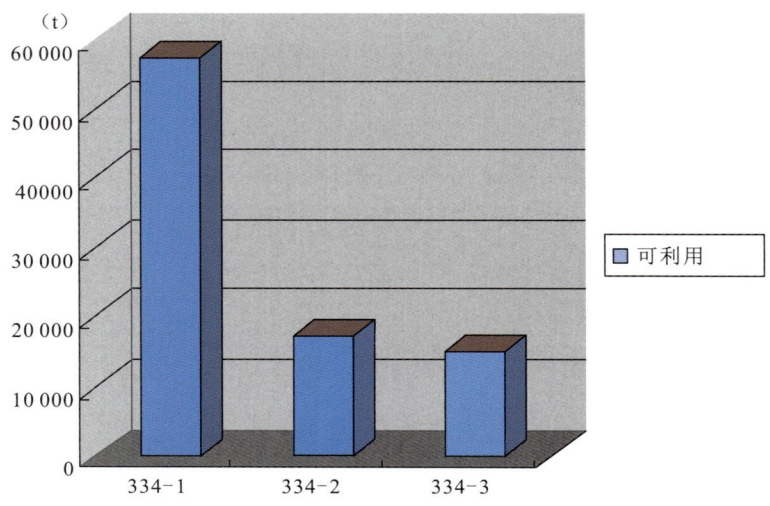

图 10-9 内蒙古自治区伴生锡矿预测资源量按可利用性类别统计图

6. 按最小预测区级别分类统计

依据最小预测区地质矿产、物探及遥感异常等综合特征,并结合资源量估算和预测区优选结果,将最小预测区划分为 A 级、B 级和 C 级 3 个等级,其预测资源量分别为 A 级区 51 220.77t、B 级区 50 933.29t 和 C 级区 37 742.66t(表 10-15)。

表 10-15 内蒙古自治区伴生锡矿预测级别分类统计表　　　　　　　　　　单位:t

矿产预测类型	最小预测区级别	500m 以浅	1000m 以浅	2000m 以浅
朝不楞式矽卡岩型铁多金属矿朝不楞预测工作区	A 级	45 612.55	69 614.30	69 614.30
孟恩陶勒盖式热液型多金属矿孟恩陶勒盖预测工作区		2 202.82	2 643.38	2 643.38
A 级预测资源量合计		47 815.37	72 257.68	72 257.68
朝不楞式矽卡岩型铁多金属矿朝不楞预测工作区	B 级	11 422.30	11 422.30	11 422.30
孟恩陶勒盖式热液型多金属矿孟恩陶勒盖预测工作区		1 076.86	1 292.23	1 292.23
B 级预测资源量合计		12 499.16	12 714.53	12 714.53
朝不楞式矽卡岩型铁多金属矿朝不楞预测工作区	C 级	3 434.60	3 434.60	3 434.60
孟恩陶勒盖式热液型多金属矿孟恩陶勒盖预测工作区		1 099.05	1 318.86	1 318.86
C 级预测资源量合计		4 533.65	4 753.46	4 753.46
内蒙古自治区伴生锡矿预测资源量合计		64 848.18	89 725.67	89 725.67

第三节 内蒙古自治区锡单矿种勘查部署建议

一、部署原则

以 Sn 为主,兼顾 Fe、Pb、Zn、W、Mo、Au 等共伴生金属,以探求新的矿产地及新增资源储量为目标,开展区域矿产资源预测综合研究、重要找矿远景区矿产普查工作。

(1) 开展矿产预测综合研究。以本次锡矿预测成果为基础,进一步综合区域地球化学、区域地球物理和区域遥感资料,应用成矿系列理论,进行成矿规律、矿产预测等综合研究,圈定一批找矿远景区,为矿产勘查部署提供依据。

(2) 开展矿产勘查工作。依据本次锡矿预测结果,结合已发现锡矿床,进行矿产勘查工作部署。在已知矿区的外围及深部部署矿产勘探工作,在矿点和本次预测成果中的 A 级、B 级优选区相对集中的地区部署矿产详查工作,在找矿远景区内部署矿产普查工作。

二、找矿远景区工作部署建议

通过对全区锡矿的综合研究,以地质事件为主线,对区内的成矿区带各地质历史时期成矿的时空演化及相互关系进行了专题研究,建立了矿床成矿谱系,划分了内蒙古自治区境内的成矿区带。在预测工作区最小预测区圈定的基础上,根据各预测工作区的成矿地质条件、已有地质矿产勘查程度、找矿潜力、自然地理及经济技术条件,共划分了 7 个锡矿找矿远景区(图 10-10)。

(一) 太平林场锡矿找矿远景区(Ⅴ-1)

1. 成矿地质背景

大地构造位置位于天山-兴蒙构造系(Ⅰ),大兴安岭弧盆系(Ⅰ-1),额尔古纳岛弧(Pz_1)(Ⅰ-1-2)。成矿区带属大兴安岭成矿省(Ⅱ-12),新巴尔虎右旗-根河(拉张区)铜、钼、铅、锌、银、金、萤石、煤(铀)成矿带(Ⅲ-5),莫尔道嘎铁、铅、锌、银、金成矿亚带(Pt、V、Y、Q)(Ⅲ-5-①),吉拉林-西牛尔河砂金、铁矿集区。

远景区出露地层主要有基底岩系和新元古界的佳疙疸组、额尔古纳河组,侵入岩从新元古代至侏罗纪均有。佳疙疸组为一套滨浅海相碎屑岩夹火山岩、碳酸盐岩沉积等岛弧-活动大陆边缘型沉积岩系,是该远景区主要的赋矿地层。区内古生代岩浆活动强烈,二叠纪花岗岩广泛分布,侏罗纪、白垩纪火山岩亦较发育。

2. 区域成矿特点

远景区内还没有发现锡矿床,但是该远景区内有热液型、斑岩型矿床多处,成矿条件好。且根据 1∶20 万化探,Sn 元素在该远景区内分布广泛,局部地区浓集中心明显,异常强度高,对锡矿床的形成十分有利。成矿时代为古生代。

3. 勘查工作部署建议

根据成矿地质条件及良好的物探、化探异常特征综合分析,本区有较好的找矿前景,应部署矿产勘查项目。在以往工作成果的基础上,对化探异常区开展大比例尺地质、物探、化探综合勘查,圈定异常,选择矿化地段进行深部钻探工作,控制深部矿体,提高资源量。

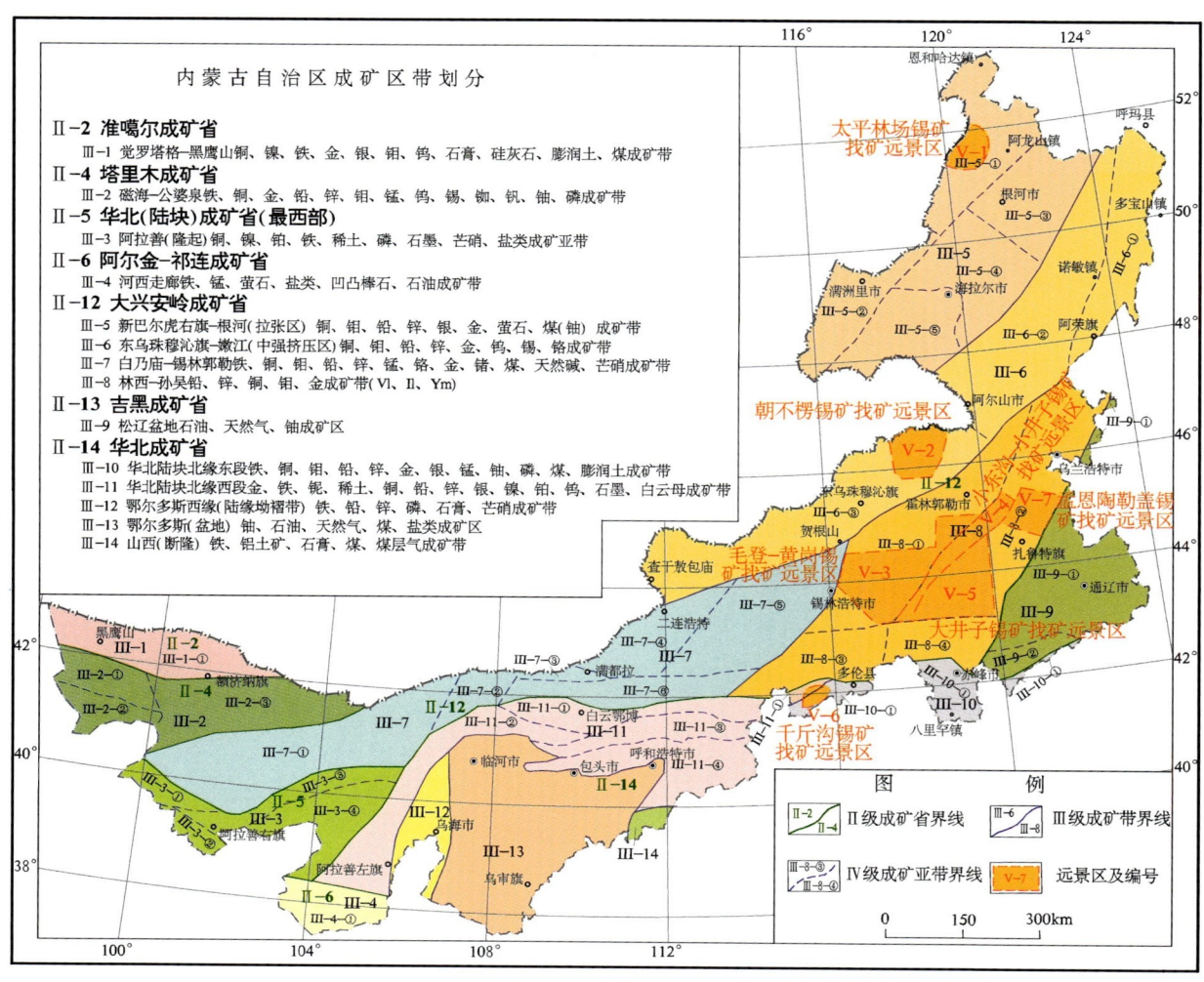

图 10-10 内蒙古自治区锡矿找矿远景区分布示意图

拟提出安排锡普查项目 4 个、详查项目 2 个、勘探项目 1 个,详见表 10-16。普查区工作量以 1∶1 万地质、物探、化探工作,地表槽探,浅井及少量钻探工作为主;详查区以 1∶2000 地质、物探、化探工作,浅井及大量钻探工作为主;勘探区以钻探工作为主。

表 10-16 太平林场锡矿找矿远景区工作部署建议表

勘查类别	名称	编号	面积(km²)	主攻矿床类型	总经费(万元)	工作时间	新增资源量(t)	说明
锡矿普查区	971 高地地区	150003	235.59	复合内生型锡矿	300	2012—2013 年	1 693.19	包含 3 个 C 级区
	炭窑地区	150004	101.40	复合内生型锡矿	200	2012—2013 年	2 439.88	包含 2 个 B 级区
	1169 高地地区	150005	140.49	复合内生型锡矿	200	2012—2013 年	6 388.50	包含 1 个 B 级区,1 个 C 级区
	1124 高地地区	150007	300.27	复合内生型锡矿	400	2012—2013 年	4 558.38	包含 3 个 B 级区,1 个 C 级区
锡矿详查区	黄火地	150002	281.56	复合内生型锡矿	400	2012—2013 年	5 902.75	包含 1 个 A 级区,2 个 C 级区
	加疙瘩村	150006	74.89	复合内生型锡矿	400	2012—2013 年	571.85	包含 1 个 A 级区,1 个 C 级区
锡矿勘探区	西牛尔河南	150001	131.38	复合内生型锡矿	600	2012—2013 年	6 101.91	包含 1 个 A 级区,1 个 C 级区

(二)朝不楞锡矿找矿远景区(Ⅴ-2)

1. 成矿地质背景

大地构造位置位于天山-兴蒙造山系(Ⅰ),大兴安岭弧盆系($Pt_3—T_2$)(Ⅰ-1),东乌珠穆沁旗-多宝山岛弧(O,D,C_2)(Ⅰ-1-5)。成矿区带属滨太平洋成矿域(叠加在古亚洲成矿域之上)(Ⅰ-4),大兴安岭成矿省(Ⅱ-12),东乌珠穆沁旗-嫩江(中强挤压区)铜、钼、铅、锌、金、钨、锡、铬成矿带(Ⅲ-6),二连-东乌珠穆沁旗钨、钼、铁、锌、铅、金、银、铬成矿亚带(V、Y)(Ⅲ-6-③),朝不楞-阿尔哈达铁、锡、铅、锌、银矿集区(Ⅴ-37)。

远景区古生代地层发育中上泥盆统塔尔巴格特组,周边所见地层除少量奥陶系、志留系外,还出露上侏罗统满克头鄂博组、玛尼吐组及下白垩统白音高老组火山岩等。北东向多期次活动的区域性断裂,控制了燕山期中—酸性侵入岩的侵位及展布方向。含矿岩系为中上泥盆统塔尔巴格特组,即燕山期中—酸性侵入岩的外接触带中的矽卡岩带是铁多金属矿床形成的有利构造部位。

2. 区域成矿特点

远景区内有矽卡岩型锡矿床1处,即朝不楞铁多金属矿床,含矿层为中上泥盆统塔尔巴格特组变质火山岩含矿建造,成因类型为接触交代型。成矿时代为燕山晚期。

3. 勘查工作部署建议

根据成矿地质条件及良好的物化探异常和已知矿床、矿点的分布特征综合分析,本区有较好的找矿前景,应部署矿产勘查项目。一是对朝不楞已知矿床应进一步进行矿床外围及深部勘探工作,控制矿体的深部延伸,提高矿体的资源量。二是在以往工作成果的基础上,对其他矿点及化探异常区开展大比例尺地质、物探、化探综合勘查,圈定异常,选择矿化地段进行深部钻探工作,控制深部矿体,提高资源量。

建议安排锡普查项目2个、详查项目1个、勘探项目1个,详见表10-17。普查区工作量以1:1万地质、物探、化探工作,地表槽探,浅井及少量钻探工作为主;详查区以1:2000地质、物探、化探工作,浅井及大量钻探工作为主;勘探区以钻探工作为主。

表10-17 朝不楞锡矿找矿远景区工作部署建议表

勘查类别	名称	编号	面积(km²)	主攻矿床类型	总经费(万元)	工作时间	新增资源量(t)	说明
锡矿普查区	陶申陶勒盖地区	150008	576.72	矽卡岩型锡矿	300	2012—2013年	1 092.4	包含3个C级区
锡矿普查区	伊和阿格特地区	150010	1 207.66	矽卡岩型锡矿	400	2012—2013年	4 390.0	包含2个B级区,5个C级区
锡矿详查区	努仁查干敖包地区	150011	1 064.53	矽卡岩型锡矿	400	2012—2013年	18 233.6	包含3个A级区,5个B级区,2个C级区
锡矿勘探区	朝不楞地区	150009	474.07	矽卡岩型锡矿	600	2012—2013年	60 755.2	包含2个A级区,2个B级区

(三)毛登-黄岗锡矿找矿远景区(Ⅴ-3)

1. 成矿地质背景

大地构造位置跨天山-兴蒙构造系(Ⅰ),大兴安岭弧盆系($Pt_3—T_2$)(Ⅰ-1),锡林浩特岩浆弧(Pz_2)

（Ⅰ-1-7）和索伦山-林西结合带（P_1末—T_2）（Ⅰ-7），达青牧场-扎赉特旗俯冲增生杂岩带（P_1末）（Ⅰ-7-1）、林西残余盆地（P_2—T_2）（Ⅰ-7-2）。所在成矿带为大兴安岭成矿省（Ⅱ-12），林西-孙吴铅、锌、铜、钼、金成矿带（Ⅲ-8），索伦镇-黄岗铁、锡、铜、铅、锌、银成矿亚带（V-Y）（Ⅲ-8-①）的黄岗-同兴铁、锡、铅、锌、银矿集区（V-71）、毛登-白音乌拉铅、锌、锡矿集区（V-67）、拜仁达坝铅、锌、银矿集区（V-68）及道伦达坝铁、铜、锡、铅、锌、银矿集区（V-69），以及神山-大井子铜、铅、锌、银、铁、钼、锡、稀土、铌、钽、萤石成矿亚带（Ⅲ-8-②）的白音诺尔-乃林坝铅、锌、铜、铁矿集区（V-87）、孟恩陶勒盖-布敦花银、铜、铅、锌矿集区（V-81）。

远景区出露地层主要为上古生界和中—新生界，下、中二叠统（大石寨组和哲斯组）为海相碎屑岩夹灰岩和中基性火山角砾凝灰岩，上二叠统（林西组）为陆相-海陆交互相碎屑岩夹泥灰岩。侏罗系和白垩系为火山角砾凝灰岩、安山流纹质熔岩、玄武安山岩、英安岩、流纹岩。主要含矿层为二叠系陆相碎屑岩及海相火山岩。远景区内褶皱和裂隙发育，海西晚期形成的北西向密集节理带，控制了矿带的分布。岩体为燕山期中酸性侵入岩。

2. 区域成矿特点

远景区内有热液型锡矿床、矿点9处，其中黄岗铁锡矿床为超大型矿床，毛登锡矿床为中型矿床，其他为小型矿床及矿点。含矿地质体为燕山期花岗岩与二叠系的接触带，成因类型为热液型。成矿时代为燕山晚期。

3. 勘查工作部署建议

根据成矿地质条件及良好的物化探异常和已知矿床、矿点的分布特征综合分析，本区有较好的找矿前景，应部署矿产勘查项目。一是对毛登、黄岗已知矿床应进一步进行矿床外围及深部勘探工作，控制矿体的深部延伸，提高矿体的资源量。二是在以往工作成果的基础上，对其他矿点及化探异常区开展大比例尺地质、物探、化探综合勘查，圈定异常，选择矿化地段进行深部钻探工作，控制深部矿体，提高资源量。

拟提出安排锡普查项目4个、详查项目2个、勘探项目3个，详见表10-18。普查区工作量以1：1万地质、物探、化探工作，地表槽探，浅井及少量钻探工作为主；详查区以1：2000地质、物探、化探工作，浅井及大量钻探工作为主；勘探区以钻探工作为主。

表10-18 毛登-黄岗锡矿找矿远景区工作部署建议表

勘查类别	名称	编号	面积（km^2）	主攻矿床类型	总经费（万元）	工作时间	新增资源量（t）	说明
锡矿普查区	扎格斯台地区	150018	312.91	热液型锡矿	300	2012—2013年	1 671.89	包含1个B级区，3个C级区
	查干敖包地区	150019	292.89	热液型锡矿	200	2012—2013年	2 662.42	包含3个C级区
	哈登布拉格地区	150020	189.72	热液型锡矿	200	2012—2013年	3 525.27	包含4个C级区
	当中营子地区	150037	219.97	热液型锡矿	200	2012—2013年	14 361.29	包含2个C级区
锡矿详查区	维拉斯托地区	150021	333.70	热液型锡矿	400	2012—2013年	1 856.48	包含3个B级区
	大营子地区	150034	418.73	热液型锡矿	400	2012—2013年	223 418.70	包含1个A级区，1个B级区，1个C级区
锡矿勘探区	毛登地区	150017	88.29	热液型锡矿	600	2012—2013年	13 434.36	包含1个A级区，1个B级区
	黄岗地区	150033	375.96	热液型锡矿	600	2012—2013年	616 361.50	包含1个A级区，3个B级区，1个C级区
	黄岗南地区	150035	107.86	热液型锡矿	800	2012—2013年	151 119.31	包含1个A级区

(四)小东沟-小井子锡矿成矿远景区(Ⅴ-4)

1. 成矿地质背景

大地构造位置属天山-兴蒙造山系(Ⅰ),跨索伦山-林西结合带(P_1末—T_2)(Ⅰ-7)林西残余盆地(P_2—T_2)(Ⅰ-7-2)和包尔汉图-温都尔庙弧盆系(Ⅰ-8)温都尔庙俯冲增生杂岩带(Pt_2—P)(Ⅰ-8-2)。成矿区带属大兴安岭成矿省(Ⅱ-12)林西-孙吴铅、锌、铜、钼、金成矿带(Ⅲ-8),跨神山-大井子铜、铅、锌、银、铁、钼、锡、稀土、铌、钽、萤石成矿亚带(Ⅲ-8-②)白音诺尔-乃林坝铅、锌、铜、铁矿集区(Ⅴ-87)和小东沟-小营子钼、铅、锌、铜成矿亚带(Vm,Y)(Ⅲ-8-④)小东沟-大黑山钼、铅、锌、铜、银矿集区(Ⅴ-95)。

远景区出露地层主要为上古生界和中—新生界,下、中二叠统(大石寨组和哲斯组)为海相碎屑岩夹灰岩和中基性火山角砾凝灰岩,上二叠统(林西组)为陆相-海陆交互相碎屑岩夹泥灰岩。侏罗系和白垩系为火山角砾凝灰岩、安山流纹质熔岩、玄武安山岩、英安岩、流纹岩。区内岩浆活动十分强烈。除大量的火山喷发外,侵入作用也十分强烈。根据其活动特点和演化规律,可分为海西期、燕山早中期和燕山晚期3个旋回。成矿作用主要与燕山晚期岩浆岩关系密切。

2. 区域成矿特点

远景区内有锡矿床或矿点3处,呈北东向分布。与成矿关系密切的地层为二叠系陆相碎屑岩及海相火山岩,岩体为燕山期中酸性侵入岩及富含碱质的钾长花岗岩。成因类型为岩浆型、热液型。成矿时代为燕山晚期。

3. 勘查工作部署建议

根据成矿地质条件、物探、化探异常和已知矿床、矿点的分布特征综合分析,本区有较好的找矿前景,寻找热液型、岩浆型锡矿床应部署以下矿产勘查项目,详见表10-19。对浩尔图、白音诺尔、查干格日格地区锡矿开展详查工作,设详查项目4个;对矿产预测圈定的地区应在以往工作成果的基础上,开展普查工作,设矿产普查项目1个。普查区工作量以1:1万地质、物探、化探工作,地表槽探,浅井及少量钻探工作为主;详查区以1:2000地质、物探、化探工作,浅井及大量钻探工作为主;勘探区以钻探工作为主。

表10-19 小东沟-小井子锡矿找矿远景区工作部署建议表

勘查类别	名称	编号	面积(km^2)	主攻矿床类型	总经费(万元)	工作时间	新增资源量(t)	说明
锡矿普查区	碧流台地区	150040	281.58	热液型锡矿	300	2013—2014年	107 897.40	包含1个A级区,2个B级区,1个C级区
锡矿详查区	浩尔图地区	150029	133.76	岩浆型锡矿	500	2013—2014年	14 786.40	包含1个A级区,1个B级区
	巴彦乌拉地区	150025	20.85	热液型锡矿	100	2013—2014年	97.16	包含1个A级区,2个B级区
	白音诺尔地区	150028	301.34	热液型锡矿	500	2013—2014年	135 291.10	包含1个A级区,5个B级区,1个C级区
	查干格日格地区	150041	344.33	热液型锡矿	600	2013—2014年	96 616.26	包含2个A级区,3个B级区,7个C级区

(五)大井子锡矿找矿远景区(V-5)

1. 成矿地质背景

大地构造位置位于天山-兴蒙造山系(Ⅰ),主要跨大兴安岭弧盆系(Pt_3—T_2)(Ⅰ-1)锡林浩特岩浆弧(Pz_2)(Ⅰ-1-7)和索伦山-林西结合带(P_1末—T_2)(Ⅰ-7)林西残余盆地(P_2—T_2)(Ⅰ-7-2)。成矿区带属大兴安岭成矿省(Ⅱ-12)林西-孙吴铅、锌、铜、钼、金成矿带(Ⅲ-8),神山-大井子铜、铅、锌、银、铁、钼、锡、稀土、铌、钽、萤石成矿亚带(Ⅲ-8-②)大井子铜、铅、锌、银、锡矿集区(V-92)。

远景区出露地层主要为上古生界和中—新生界,下、中二叠统(大石寨组和哲斯组)为海相碎屑岩夹灰岩和中基性火山角砾凝灰岩,上二叠统(林西组)为陆相—海陆交互相碎屑岩夹泥灰岩。侏罗系和白垩系为火山角砾凝灰岩、安山流纹质熔岩、玄武安山岩、英安岩、流纹岩。区内岩浆活动十分强烈。除大量的火山喷发外,侵入作用也十分强烈。根据其活动特点和演化规律,可分为海西期、燕山早中期和燕山晚期3个旋回。成矿作用主要与燕山晚期岩浆岩关系密切。

2. 区域成矿特点

区内有矿床及矿点1个即大井子锡矿床,与成矿关系密切的地层为二叠系陆相碎屑岩及海相火山岩,岩体为燕山期中酸性侵入岩及富含碱质的钾长花岗岩。成因类型为花岗岩型、热液型。成矿时代为燕山晚期。

3. 勘查工作部署建议

根据优越的成矿地质条件、良好的物探、化探异常和已知矿床矿点的分布特征综合分析,本区有较好的找矿前景,应部署矿产勘查项目。对大井子地区开展勘探工作,一是对大井子矿区、大井子北矿区进行深部施工,控制矿体的深部延伸,提高矿体的资源量。二是在以往工作成果的基础上,对矿区外围化探异常区开展大比例尺物探、化探综合勘查,圈定异常,选择矿化地段进行深部钻探工作,控制深部矿体,提高资源量。对远景区内的其他地区,应结合矿产预测成果进行详查或普查工作,具体项目建议见表10-20。普查区工作量以1∶1万地质、物探、化探工作,地表槽探,浅井及少量钻探工作为主;详查区以1∶2000地质、物探、化探工作,浅井及大量钻探工作为主;勘探区以钻探工作为主。

表10-20 大井子锡矿找矿远景区工作部署建议表

勘查类别	名称	编号	面积(km²)	主攻矿床类型	总经费(万元)	工作时间	新增资源量(t)	说明
锡矿普查区	双庙村地区	150030	434.3	热液型锡矿	300	2017—2018年	45 091.44	包含6个C级区
	太平村地区	150031	337.58	热液型锡矿	300	2017—2018年	52 521.53	包含3个B级区,1个C级区
	河东营子地区	150032	186.81	热液型锡矿	200	2017—2018年	9 320.99	包含4个C级区
	刘营子地区	150036	304.61	热液型锡矿	300	2017—2018年	83 273.96	包含1个B级区,4个C级区
锡矿详查区	胜利村地区	150039	57.88	热液型锡矿	400	2017—2018年	39 760.56	包含1个A级区
锡矿勘探区	大井子地区	150038	60.41	次火山热液型锡矿	600	2017—2018年	4 439.36	包含2个A级区

（六）千斤沟锡矿找矿远景区（Ⅴ-6）

1. 成矿地质背景

大地构造位置位于华北陆块区（Ⅱ），狼山-阴山陆块（Ⅱ-4），色尔腾山-太仆寺旗古岩浆弧（Ar_3）（Ⅱ-4-2）。成矿区带属华北成矿省（Ⅱ-14），华北陆块北缘东段铁、铜、钼、铅、锌、金、银、锰、铀、磷、煤、膨润土成矿带（Ⅲ-10），内蒙古隆起东段铁、铜、钼、铅、锌、金、银成矿亚带（Ar,Y）（Ⅲ-10-①），大西沟-山河达钼、铜、萤石矿集区（Ⅴ-108）。

远景区出露地层为上侏罗统火山岩及火山碎屑岩系，集宁岩群片麻岩、乌拉山岩群和白云鄂博群呼吉尔图组零星出露。侵入岩主要为古生代和中生代侵入岩。其中二叠纪主要有二长花岗岩、花岗闪长岩和二云母花岗岩，均分布在中西部地区；侏罗纪主要为二长花岗岩和花岗斑岩；白垩纪为石英二长斑岩，均分布在中部和北部。断裂构造及裂隙较发育，主要为北东—北北东和北西—北北西向两组，南北向次之，一般规模不大。

2. 区域成矿特点

远景区内有热液型锡矿床1处，锡矿主要赋存于燕山期花岗斑岩体内、外接触带，矿床或矿点与燕山期岩体的分布方向一致，成因类型为侵入岩浆高—中温热液型。成矿时代为燕山晚期。

3. 勘查工作部署建议

根据本区成矿地质条件、良好的物化探异常和已知矿床、矿点的分布特征综合分析，本区有较好的找矿前景，应部署矿产勘查项目。一是对千斤沟已知矿床应进一步进行矿床外围及深部勘探工作，控制矿体的深部延伸，提高矿体的资源量。二是在以往工作成果的基础上，对其他矿点及化探异常区开展大比例尺地质、物化探综合勘查，圈定异常，选择矿化地段进行深部钻探工作，控制深部矿体，提高资源量。

拟提出安排锡普查项目4个、勘探项目1个，详见表10-21。普查区工作量以1∶1万地质、物探、化探工作，地表槽探，浅井及少量钻探工作为主；勘探区以钻探工作为主。

表10-21 千斤沟锡矿找矿远景区工作部署建议表

勘查类别	名称	编号	面积（km²）	主攻矿床类型	总经费（万元）	工作时间	新增资源量(t)	说明
锡矿普查区	骆驼山地区	150013	124.99	热液型锡矿	300	2012—2013年	800.32	包含1个B级区，1个C级区
	六面井上营子地区	150014	130.35	热液型锡矿	300	2012—2013年	612.48	包含2个C级区
	后房子乡地区	150015	138.51	热液型锡矿	300	2012—2013年	388.27	包含3个C级区
	白庙梁地区	150016	46.34	热液型锡矿	200	2012—2013年	360.42	包含1个B级区
锡矿勘探区	千斤沟	150012	59.88	热液型锡矿	600	2012—2013年	2 547.47	包含1个A级区

（七）孟恩陶勒盖锡矿找矿远景区（Ⅴ-7）

1. 成矿地质背景

大地构造位置位于天山-兴蒙造山系（Ⅰ），大兴安岭弧盆系（Pt_3—T_2）（Ⅰ-1），锡林浩特岩浆弧（Pz_2）（Ⅰ-1-7）。成矿区带属大兴安岭成矿省（Ⅱ-12），林西-孙吴铅、锌、铜、钼、金成矿带（Ⅲ-8），神山-大井子铜、铅、锌、银、铁、钼、锡、稀土、铌、钽、萤石成矿亚带（Ⅲ-8-②），孟恩陶勒盖-布敦花银、铜、铅、锌矿集区（Ⅴ-81）。

远景区出露地层主要为二叠系寿山沟组、大石寨组、哲斯组及中生界火山岩系。区内侵入岩以二叠纪和侏罗纪—白垩纪酸性岩为主，中性岩零星分布，尤其是侏罗纪酸性侵入岩与铜铅锡银和稀有稀土及放射性矿产有关。

2. 区域成矿特点

远景区内有热液型锡矿床1处，主要赋存于中二叠世斜长花岗岩中，矿床或矿点与岩体的分布一致，成因类型为岩浆晚期热液型。成矿时代为侏罗纪。

3. 勘查工作部署建议

根据本区成矿地质条件、良好的物化探异常和已知矿床、矿点的分布特征综合分析，本区有较好的找矿前景，应部署矿产勘查项目。一是对孟恩陶勒盖已知矿床应进一步进行矿床外围及深部勘探工作，控制矿体的深部延伸，提高矿体的资源量。二是在以往工作成果的基础上，对其他矿点及化探异常区开展大比例尺地质、物化探综合勘查，圈定异常，选择矿化地段进行深部钻探工作，控制深部矿体，提高资源量。

拟提出安排锡普查项目2个、详查项目1个、勘探项目1个，详见表10-22。普查区工作量以1:1万地质、物探、化探工作，地表槽探，浅井及少量钻探工作为主；详查区以1:2000地质、物探、化探工作，浅井及大量钻探工作为主；勘探区以钻探工作为主。

表10-22 孟恩陶勒盖锡矿找矿远景区工作部署建议表

勘查类别	名称	编号	面积（km²）	主攻矿床类型	总经费（万元）	工作时间	新增资源量（t）	说明
锡矿普查区	巴彦朱日和地区	150023	256.34	热液型锡矿	300	2012—2013年	368.42	包含1个B级区
	扎热图地区	150026	50.62	热液型锡矿	200	2012—2013年	79.15	包含2个C级区
锡矿详查区	机械连地区	150027	9.53	热液型锡矿	300	2012—2013年	85.68	包含1个A级区
锡矿勘探区	孟恩陶勒盖地区	150022	469.28	热液型锡矿	600	2012—2013年	4 329.89	包含6个A级区，3个B级区，6个C级区

三、开发基地的划分及预测产能

依据自治区矿产资源特点、地质工作程度及环境承载能力，统筹考虑全区经济、技术、安全、环境等因素，结合本次矿产资源预测结果，在综合考虑当前矿产资源分布和预测成果等因素的基础上，进行未来锡矿开发基地划分，内蒙古自治区境内共划分了7个锡矿资源开发基地。

1. 太平林场锡矿资源开发基地

该开发基地属呼伦贝尔市管辖，位于呼伦贝尔市的北西部，西侧与俄罗斯接壤，属流水侵蚀不明显的浅切割中山区，海拔高度在800~1200m之间，水系十分发育，大面积森林覆盖，由于地处边境，以往地质矿产勘查工作程度相对较低，南东部有得尔布干断裂。大地构造位置属天山-兴蒙造山系，大兴安岭弧盆系，额尔古纳岛弧。成矿区带属滨太平洋成矿域，大兴安岭成矿省，新巴尔虎右旗成矿带。

本区的基础地质勘查程度较低，矿产地质勘查程度相对较高。该区未发现锡矿床，但是其他金属矿床非常多，附近有小伊诺盖沟金矿床、下护林铅锌矿床等，成因类型有岩浆热液型和火山-次火山热液型。该区附近的金属矿床的形成严格受区域性断裂构造(得尔布干断裂)控制,成矿物质主要来源于地壳深部或上地幔,成矿流体主要由岩浆热液、火山-次火山热液以及大气降水演化而成。大地构造位置属古生代大兴安岭弧盆系额尔古纳岛弧,中生代属满洲里侏罗纪—白垩纪火山喷发盆地。

区内未发现锡矿床,但是 Sn 元素化探异常十分明显,强度高,范围大,浓集中心明显,所以该区有很好的锡成矿环境。本次工作预测资源量 A 级 5 872.1t、B 级 10 427.4t、C 级 11 356.9t,共计 27 656.4t,所有预测资源量均在 500m 以浅(表 10-23)。

表 10-23 太平林场锡矿资源开发基地最小预测区及预测资源量一览表 单位:t

编号	名称	经度	纬度	级别	预测资源量	预测资源量总计
A1509601002	黄火地南	1205640.750	515147.750	A 级	1 257.858 0	5 872.094 6
A1509601003	967 高地	1204132.000	514436.375		4 287.565 0	
A1509601004	1050 高地南	1204309.875	513357.438		326.671 6	
B1509601007	1169 高地	1204731.250	513938.531	B 级	4 063.579 0	10 427.416 3
B1509601008	1024 高地	1205004.250	513027.844		1 166.491 0	
B1509601009	1124 高地北	1203940.250	512738.281		2 047.239 0	
B1509601010	962 高地	1203209.625	512429.063		710.224 3	
B1509601011	炭窑	1201801.000	513549.125		369.269 0	
B1509601012	1006 高地	1200754.375	513425.625		2 070.614 0	
C1509601012	877 高地西	1205206.125	515745.813	C 级	4 317.964 0	11 356.937 6
C1509601013	988 高地	1203942.000	514905.406		1 814.342 0	
C1509601014	781 高地北	1210238.250	514823.969		326.925 0	
C1509601015	921 高地	1202836.500	514521.813		600.407 7	
C1509601016	971 高地	1203301.375	513811.188		773.293 5	
C1509601017	993 高地	1203347.625	513339.781		319.483 4	
C1509601018	加疙瘩村北西	1205056.375	513538.594		245.181 3	
C1509601019	1210 高地	1203902.250	513027.125		634.421 7	
C1509601020	829 高地南	1205818.500	514031.656		2 324.919 0	

2. 朝不楞锡矿资源开发基地

该开发基地地处内蒙古自治区北东部草原,中蒙边境地区。行政区划属锡林郭勒盟。地形较为平缓,属高平原区。大地构造位置属大兴安岭弧盆系二连-贺根山蛇绿混杂岩带北侧的扎兰屯-多宝山岛弧。本区地广人稀,只有边防公路及省道通过,交通较为不便。

出露地层有震旦系额尔古纳河组;古生界奥陶系多宝山组和裸河组,石炭系—二叠系宝力高庙组,泥盆系泥鳅河组、大民山组、塔尔巴格特组和安格音乌拉组;中生界主要为一套火山岩。海西期和燕山期中酸性侵入岩浆活动强烈,在与钙质地层接触带形成铁锡矿。

本区主要的锡成矿类型为矽卡岩型,从已知的朝不楞铁锡多金属矿观察,矽卡岩带对矿体的控制作用明显。区内已知矽卡岩型锡矿床只有朝不楞铁锡多金属矿 1 处。探明锡矿总储量 6137t。本次锡矿预测(1000m 以浅),在该区内共预测 A 级资源量 69 614.3t,B 级资源量 11 422.3t,C 级资源量 3 434.6t。锡矿资源潜力巨大(表 10-24)。

表 10-24 朝不楞锡矿资源开发基地最小预测区及预测资源量一览表　　　　　单位：t

编号	名称	经度	纬度	级别	预测资源量	预测资源量总计
A1501202001	朝不楞	1181833	460200	A级	48 003.5	69 614.3
A1501202002	朝不楞南	1183920	460648		8 907.5	
A1501202003	哈丹陶勒盖东	1183424	460844		2 394.4	
A1501202004	哈丹陶勒盖东	1183658	462935		2 594.5	
A1501202005	努仁查干敖包	1184311	462858		7 714.4	
B1501202001	朝不楞	1184548	463523	B级	1 886.4	11 422.3
B1501202002	朝不楞南	1190646	463441		1 957.8	
B1501202003	乌义图音查干	1184953	463111		1 456.2	
B1501202004	梅勒音高吉格日	1185514	463720		1 205.2	
B1501202005	巴勒格尔	1182027	462324		835.2	
B1501202006	巴勒格尔南	1182614	462133		1 103.1	
B1501202007	沃尔格斯特南	1182307	461537		1 814.1	
B1501202008	哈丹陶勒盖东	1181021	462102		716.7	
B1501202009	查干诺尔北	1181153	461404		447.6	
C1501202001	陶申陶勒盖东（北）	1171923	460608	C级	420.2	3 434.6
C1501202002	陶申陶勒盖东（中）	1173450	460633		289.9	
C1501202003	陶申陶勒盖东（南）	1182816	460049		382.3	
C1501202004	敖根恩陶勒盖	1180756	460132		100.8	
C1501202005	敖根恩陶勒盖东	1174508	455342		412.8	
C1501202006	花那格特	1172925	454348		200.9	
C1501202007	伊和阿给特	1173910	455703		504.3	
C1501202008	苏布日牙温多日	1175537	455450		509.8	
C1501202009	沃尔格斯特东	1192547	460216		202.5	
C1501202010	哈丹陶勒盖东	1192945	455614		411.1	

3. 孟恩陶勒盖锡矿资源开发基地

该开发基地地处内蒙古自治区北东部草原区，大兴安岭中南段东坡与松辽平原接壤地带。行政区划属通辽市科尔沁右翼中旗管辖。位于海拉尔盆地南东部，为中低山区，海拔一般在 741～1572m 之间，总地势北西高、南东低。山脉走向北北东向，一般北陡南缓，沟谷切割较深。本区地广人稀，内蒙古省际大通道在本区中西部通过，区内还有多条省道，交通较为方便。

该区在大兴安岭构造岩浆带南东缘，锡林浩特岩浆岩亚带内，火山-侵入岩发育，侵入岩以二叠纪和侏罗纪—白垩纪酸性岩为主，中性岩零星分布。区内矿产资源丰富，与二叠纪酸性侵入岩有关的矿产有铜铅锌银金锡矿等，与侏罗纪中酸性侵入岩有关的矿产有铜钼铅矿，与侏罗纪酸性侵入岩有关的矿产有铜铅锡银矿和稀有稀土及放射性矿产，与白垩纪花岗斑岩有关的矿产有铅多金属矿等。本区地质矿产勘查程度较低。

区内已知锡矿床及矿点1处，即孟恩陶勒盖银铅锌锡多金属矿。探明锡矿总储量1489t。本次锡矿预测（1000m 以浅），在该区内共预测 A 级资源量 2 574.78t，B 级资源量 1 186.51t，C 级资源量 1 199.01t。该区目前虽查明资源量较少，但成矿地质条件优越，锡矿资源潜力较大（表 10-25）。

表 10-25　孟恩陶勒盖锡矿资源开发基地最小预测区及预测资源量一览表　　　　　单位:t

编号	名称	经度	纬度	级别	预测资源量	预测资源量总计
A1506206002	巴彦乌拉嘎查北东	1201711.56	451324.98	A级	20.66	2 574.78
A1506206004	布拉格呼都格北	1211834.34	451736.81		89.51	
A1506206005	白音哈嘎南东	1211459.08	451523.71		181.82	
A1506206006	孟恩陶勒盖银铅矿	1212201.80	451358.19		1 675.37	
A1506206007	靠山嘎查	1211405.98	451129.43		415.91	
A1506206008	石场	1211333.37	450926.53		80.07	
A1506206009	果尔本巴拉南	1211820.48	450844.36		25.76	
A1506206010	机械连南西	1210431.99	445918.18		85.68	
B1506206004	巴彦乌拉嘎查北东	1201748.56	451302.42	B级	67.01	1 186.51
B1506206005	巴彦乌拉嘎查北东	1201712.73	451239.86		9.49	
B1506206006	巴仁杜尔基苏木东	1211403.69	451439.71		108.94	
B1506206007	靠山嘎查南	1211303.37	451044.14		233.17	
B1506206008	新鲜光	1211818.42	451051.26		399.48	
B1506206009	查干淖尔嘎查	1214216.78	450624.53		368.42	
C1506206001	道仑毛都南	1211946.10	451752.29	C级	26.32	1 199.01
C1506206002	冈干营子地铺	1212045.25	451509.74		283.15	
C1506206003	查干楚鲁	1211730.74	451250.46		254.29	
C1506206004	332高地	1211614.49	451226.24		27.23	
C1506206005	海拉苏	1212434.37	451332.24		114.14	
C1506206006	双龙岗	1212207.40	451019.16		414.73	
C1506206007	931高地北	1203642.71	450208.22		56.61	
C1506206008	南萨拉嘎查	1203551.57	445937.60		22.54	

4. 白音诺尔-浩尔图锡矿资源开发基地

该开发基地地处内蒙古自治区东部。行政区划隶属于赤峰市、锡林郭勒盟。区内交通条件较为便利,集通铁路及内蒙古省际大通道及多条国道从本区通过。位于内蒙古高原东部,属大兴安岭中南段主峰、西坡及锡林郭勒草原,地势较高,海拔一般在1000～1800m之间,为中高山区;切割深度为100～600m。总的地势为北西低、南东高。

区内主要出露上古生界和中—新生界,下、中二叠统(大石寨组和哲斯组)为海相碎屑岩夹灰岩和中基性火山角砾凝灰岩,上二叠统(林西组)为陆相-海陆交互相碎屑岩夹泥灰岩。侏罗系和白垩系为火山角砾凝灰岩、安山流纹质熔岩、玄武安山岩、英安岩、流纹岩。岩体主要为燕山早期钾长花岗岩和少量黑云母钾长花岗岩。脉岩不发育,有花岗斑岩、伟晶岩、流纹斑岩、闪长岩。

区内已知热液型锡矿点3处,本次锡矿预测(2000m以浅),在该区内共预测A级资源量223 041.2t,B级资源量125 015.8t,C级资源量81 167.13t。该区为内蒙古自治区东部重要有色金属基地,成矿地质条件优越,锡矿资源潜力较大(表10-26)。

表 10-26 白音诺尔-浩尔图锡矿资源开发基地最小预测区及预测资源量一览表 单位：t

编号	名称	经度	纬度	级别	预测资源量	预测资源量总计
A1509207001	查干格日格南	1193844	443652	A级	17 503.71	223 041.20
A1509207002	哈日淖尔西	1194942	444232	A级	25 798.69	
A1509207003	胜利村西	1194938	440902	A级	39 760.56	
A1509207004	乃林坝牧场	1190155	443229	A级	62 380.19	
A1509207005	碧流台乡	1190910	441421	A级	69 432.51	
A1509203003	常胜屯	1192102	442703	A级	8 165.54	
B1509207001	乌兰达坝东	1193430	443431	B级	1 294.06	125 015.80
B1509207002	浩布高嘎查东	1191838	444025	B级	1 597.01	
B1509207004	迷力营子	1191725	442521	B级	2 461.83	
B1509207005	乌兰坝西	1191116	443719	B级	2 677.06	
B1509207007	乌兰达坝东	1193619	443523	B级	3 537.99	
B1509207008	浩布高嘎查	1191649	443919	B级	6 103.84	
B1509207009	乌兰坝鹿场西	1192132	444107	B级	8 616.92	
B1509207010	乌兰坝	1191346	443760	B级	52 966.35	
B1509207011	老万营子	1191360	442051	B级	10 342.50	
B1509207013	权吉牧场南	1194806	442521	B级	1 863.17	
B1509207015	鼻阻马场南	1193323	443926	B级	26 934.21	
B1509203004	小井子	1193701	443135	B级	6 620.86	
C1509207002	乌兰达坝苏木西北	1192817	443415	C级	937.56	81 167.13
C1509207003	浩尔吐嘎查东	1193116	443646	C级	938.69	
C1509207004	乌兰坝鹿场西	1191853	444101	C级	949.72	
C1509207005	西乌兰达坝苏木西北	1192618	443314	C级	1 003.57	
C1509207014	巴林左旗鹿场北	1191947	444508	C级	1 629.62	
C1509207015	乌拉根坂护林场北	1191026	445550	C级	1 831.73	
C1509207016	浩尔吐嘎查东	1193052	443801	C级	2 258.10	
C1509207019	乌兰达坝东	1193317	443508	C级	2 802.56	
C1509207025	鼻阻马场北东	1193319	444121	C级	3 806.47	
C1509207026	乌拉根坂护林场北	1190948	445713	C级	3 843.71	
C1509207028	鼻阻马场	1193124	444024	C级	4 254.74	
C1509207036	浩尔吐嘎查东	1193405	443653	C级	6 612.05	
C1509207037	乌力牙斯台分场南	1190238	445221	C级	6 749.09	
C1509207040	乌力牙斯台分场南	1190457	445212	C级	7 523.83	
C1509207041	乌拉根坂护林场北	1191119	445250	C级	7 890.34	
C1509207042	二道井子村	1191106	442414	C级	25 660.60	
C1509203001	达尔罕乌拉嘎查	1193535	444231	C级	2 474.75	

5. 河东营子-太平村锡矿资源开发基地

该开发基地地处内蒙古自治区东部。行政区划隶属于赤峰市。区内交通条件较为便利,集通铁路、内蒙古省际大通道和多条国道从本区通过。本区位于内蒙古高原东部,属大兴安岭中南段主峰、西坡及锡林郭勒草原,地势较高,海拔一般在1000~1800m之间,为中高山区;切割深度为100~600m。总的地势为北西低、南东高。

区内主要出露上古生界和中—新生界,下、中二叠统(大石寨组和哲斯组)为海相碎屑岩夹灰岩和中基性火山角砾凝灰岩,上二叠统(林西组)为陆相-海陆交互相碎屑岩夹泥灰岩。侏罗系和白垩系为火山角砾凝灰岩、安山流纹质熔岩、玄武安山岩、英安岩、流纹岩。岩体主要为燕山早期钾长花岗岩和少量黑云母钾长花岗岩。脉岩不发育,有花岗斑岩、伟晶岩、流纹斑岩、闪长岩。

区内未发现矿点。本次锡矿预测(2000m以浅),在该区内共预测B级资源量49 705.84t,C级资源量78 628.71t。该区为内蒙古自治区东部重要有色金属基地,成矿地质条件优越,锡矿资源潜力较大(表10-27)。

表10-27 河东营子-太平村锡矿资源开发基地最小预测区及预测资源量一览表   单位:t

编号	名称	经度	纬度	级别	预测资源量	预测资源量总计
B1509207003	修家湾南	1193606	434106	B级	1 849.22	49 705.84
B1509207006	兴隆村北	1194308	434344		3 306.66	
B1509207016	太平村	1192450	433359		44 549.96	
C1509207007	张家店村南	1193043	435406	C级	1 198.59	78 628.71
C1509207008	双井北	1190328	433445		1 241.65	
C1509207009	索贝山村	1194040	435725		1 276.21	
C1509207010	上洼村北	1192720	434859		1 348.20	
C1509207012	上洼村	1192722	434822		1 473.21	
C1509207013	巴彦查干牧场	1192345	432136		1 492.51	
C1509207017	巴彦宝力格西	1190134	433856		2 285.38	
C1509207018	上洼村东	1193230	434803		2 715.74	
C1509207020	兴隆村南	1194520	434260		2 815.69	
C1509207022	罗布格	1190126	433157		2 926.46	
C1509207023	倪家段村西	1194335	435752		3 208.94	
C1509207024	西拉西庙	1193422	431632		3 215.93	
C1509207027	西拉西庙北	1193201	431651		3 981.17	
C1509207029	巴音查干牧场南	1192240	432029		4 686.85	
C1509207030	盖家店村南	1191505	434145		4 837.52	
C1509207035	巴音查干牧场南东	1192614	432023		6 406.48	
C1509207043	双庙村南	1192405	434854		33 518.18	

6. 毛登-黄岗锡矿资源开发基地

该开发基地行政区划隶属于赤峰市、锡林郭勒盟。区内交通条件较为便利,集通铁路、内蒙古省际大通道和多条国道从本区通过。本区位于内蒙古高原东部，属大兴安岭中南段主峰、西坡及锡林郭勒草原，地势较高，海拔一般在1000～1800m之间，为中高山区；切割深度为100～600m。总的地势为北西低、南东高。

区内主要出露上古生界和中—新生界，下、中二叠统（大石寨组和哲斯组）为海相碎屑岩夹灰岩和中基性火山角砾凝灰岩，上二叠统（林西组）为陆相-海陆交互相碎屑岩夹泥灰岩。侏罗系和白垩系为火山角砾凝灰岩、安山流纹质熔岩、玄武安山岩、英安岩、流纹岩。

区内岩浆活动十分强烈。除大量的火山喷发外，侵入作用也十分强烈。根据其活动特点和演化规律，可分为海西期、燕山早中期和燕山晚期3个旋回。海西期岩体受东西向基底构造控制，从早期到晚期岩石类型由辉长岩（玄武岩）向花岗闪长岩（安山岩、英安岩）变化，化学成分由基性向酸碱性增强的方向演化。燕山早中期岩浆旋回以中酸性为主，从早期到晚期由中性、中酸性—酸性、超酸性，向富硅富碱方向演化。燕山晚期岩浆旋回以黑云母花岗岩、钾长花岗岩为主，从早期到晚期硅碱组分有所降低。成矿主要与燕山晚期岩浆岩关系密切。本区地质矿产勘查程度较高。

区内已知热液型锡矿床及矿点11处，矿床规模以大中型为主，大型锡矿床1处，中型3处，探明锡矿总储量约781 879t（包括共、伴生锡矿）。本次锡矿预测（2000m以浅），在该区内共预测A级资源量26.46×10^{4}t，B级资源量26.11×10^{4}t，C级资源量25.48×10^{4}t。该区为内蒙古自治区东部重要铜有色金属基地，成矿地质条件优越，锡矿资源潜力较大（表10-28）。

表10-28　毛登-黄岗锡矿资源开发基地最小预测区及预测资源量一览表　　　　　　　单位：t

编号	名称	经度	纬度	级别	预测资源量	预测资源量总计
A1509601001	毛登	1163343	441047	A级	5 051.91	860 708.15
A1509207006	红光牧场东	1172350	432945	A级	151 119.31	
A1509207007	刘家营子	1174807	434109	A级	173 362.57	
A1509207008	黄岗	1172912	433908	A级	526 735.00	
A1509203001	大井子（北）	1181541	434131	A级	1 505.66	
A1509203002	大井子	1181901	434122	A级	2 933.70	
B1509601001	多日勃吉勒南东	1163804.500	441044.531	B级	8 382.45	227 255.17
B1509601002	扎格斯台嘎查东	1165156.875	441316.594	B级	979.86	
B1509601003	维拉斯托	1172901.250	440420.219	B级	290.48	
B1509601004	1704高地北	1180037.625	440221.531	B级	485.86	
B1509601005	1511高地北西	1182039.500	441003.875	B级	1 343.10	
B1509601006	1391高地	1174454.875	440500.531	B级	1 080.14	
B1509207017	三楞山	1175910	434426	B级	49 249.37	
B1509207018	刘营子	1175912	432036	B级	58 736.24	
B1509207019	四号义马厂东	1173257	434300	B级	65 825.45	
B1509207014	蒙古营子东	1175045	431916	B级	14 353.31	
B1509203001	小东沟	1175718	433650	B级	6 778.50	
B1509203002	苏木沟	1173339	434243	B级	12 971.91	
B1509203003	白音皋	1174320	434803	B级	6 778.50	

续表 10-28

单位:t

编号	名称	经度	纬度	级别	预测资源量	预测资源量总计
C1509601001	杰仁苏木北	1164343.125	441713.781		278.98	
C1509601002	1078 高地北	1165147.250	442218.156		251.56	
C1509601003	1126 高地东	1165913.125	441821.125		161.49	
C1509601004	乌兰和布日嘎查	1165713.750	435556.094		1 191.15	
C1509601005	巴彦查干苏木北	1170931.750	435136.188		445.84	
C1509601006	查干敖包	1164527.125	435055.344		383.27	
C1509601007	西乌登西	1163644.875	434455.969		1 088.00	
C1509601008	珠腊木台北东	1170426.125	434135.906		1 075.95	
C1509601009	1418 高地	1170508.875	433625.969		1 105.89	
C1509601010	哈登布拉格嘎查	1165950.125	433203.563		423.38	
C1509601011	哈登布拉格嘎查南西	1170246.875	433112.375		920.05	
C1509203002	熊沟	1173201	434517	C级	4 050.62	62 414.17
C1509203003	郝沟门	1174049	433926		806.78	
C1509203004	当中营子北	1173125	433054		9 128.00	
C1509203005	当中营子	1173508	432952		5 233.29	
C1509203006	官地嘎查	1171507	432051		3 017.52	
C1509207001	蒙古营子北	1174859	431928		874.99	
C1509207006	五星台牧场南	1171047	432235		1 160.85	
C1509207011	五星台牧场东	1171509	432608		1 383.22	
C1509207031	依里嘎吐东	1171001	435115		4 895.62	
C1509207032	水泉沟南	1181447	432132		5 347.04	
C1509207033	新城子镇南	1181106	432224		5 797.72	
C1509207034	莲花山村	1181003	432042		6 150.37	
C1509207038	大金沟	1180745	432226		7 242.59	

7. 千斤沟锡矿资源开发基地

该开发基地位于锡林郭勒盟南部,属太仆寺旗管辖。地理位置属低中山区,地势北高南低,海拔1473~1682m,属剥蚀堆积地形,水系不发育,人口较密集。大地构造位置属色尔腾山-太仆寺旗古岩浆弧三级构造带,属色尔腾山-太仆寺旗古岩浆弧构造-岩浆岩亚带。出露地层主要为上侏罗统火山岩、火山碎屑岩及集宁岩群片麻岩,乌拉山岩群和白云鄂博群呼吉尔图组零星出露。侵入岩主要出露古生代和中生代侵入岩。其中二叠纪主要有二长花岗岩、花岗闪长岩和二云母花岗岩,均分布在中西部地区;侏罗纪主要为二长花岗岩和花岗斑岩;白垩纪为石英二长斑岩,均分布在中部和北部。脉岩不发育,只有少量花岗斑岩脉和花岗细晶岩脉。断裂构造及裂隙较发育,主要为北东—北北东向和北西—北北西向两组,南北向次之,一般规模不大,出露不连续。本区地质矿产勘查程度较高。

区内已知锡矿床及矿点 1 处即千斤沟锡矿,探明锡矿总储量约 1535t。本次锡矿预测(1000m 以浅),在该区内共预测 A 级资源量 2 547.47t,B 级资源量 1 261.24t,C 级资源量 1 410.73t。成矿地质条件独特,锡矿资源潜力较大(表10-29)。

表 10-29　千斤沟锡矿资源开发基地最小预测区及预测资源量一览表　　　　单位:t

编号	名称	经度	纬度	级别	预测资源量	预测资源量总计
A1509204001	千斤沟	1153734	415114.66	A级	2 547.47	2 547.47
B1509204001	白庙梁北西	1152528.63	414714.91	B级	870.90	1 261.24
B1509204002	西帐房山西	1154036.75	415712.75		390.34	
C1509204001	后水泉南东	1154325.88	420245.91	C级	409.98	1 410.73
C1509204002	六面井上营子	1153215.63	415805.41		442.59	
C1509204003	山岔口营子北西	1152111.75	415944.5		72.33	
C1509204004	后房子乡南东	1151831.25	415710.91		116.18	
C1509204005	葫芦峪村西	1152808.63	415210.69		169.89	
C1509204007	毕家沟北西	1151908.88	415248.84		199.76	

结 论

内蒙古自治区锡单矿种共设有 7 个预测工作区,总面积约 $14.3\times10^4 km^2$。

对锡矿 7 个预测工作区共提取局部剩余重力异常 188 个。推断断裂构造 348 条,地层单元 119 个,酸性岩体 43 个,基性—超基性岩体 45 个,盆地 106 处。

全区共圈定 Sn 地球化学综合异常 182 个,其中甲类 12 个,乙类 131 个,丙类 39 个;同时确定了各个综合异常的成因类型。圈定了 8 个找矿预测区,其中 A 级区 1 个,B 级区 3 个,C 级 4 个。圈定锡矿最小预测区 3 个。

在遥感矿产地质特征解译基础上,对羟基异常、铁染异常和近矿找矿标志、各类型构造等特征的综合分析,共解译出锡矿最小预测区 34 个。

在系统研究锡成矿地质背景的基础上,充分利用地球物理、地球化学、遥感及自然重砂等资料,通过对典型矿床成矿规律研究,总结编制出了典型矿床成矿要素、成矿模式;对预测工作区内成矿规律研究,总结编制出了预测区成矿要素、预测要素、区域成矿模式和区域预测模型。划分了内蒙古自治区与锡有关的主要成矿系列、成因类型及成矿时代。

对 7 个预测工作区进行了最小预测区优选,共圈定出 184 个最小预测区,已查明锡资源储量 762 847t,预测锡资源总量为 1 853 970.90t。其中,A 级最小预测区 32 个,预测锡资源量为 1 164 426.58t;B 级最小预测区 57 个,预测锡资源量 439 482.32t;C 级最小预测区 95 个,预测锡资源量为 250 062.00t。

对朝不楞铁多金属矿床,在进行主矿种铁典型矿床外围及深部资源量预测的同时对伴生的锡矿进行了资源量预测,预测锡资源储量 84 471.20t,其中 A 级预测资源量 69 614.30t,B 级预测资源量 11 422.30t,C 级预测资源量 3 434.60t。

对孟恩陶勒盖银铅锌多金属矿床伴生锡矿进行了资源量预测,预测锡资源量 5 254.47t,其中 A 级预测资源量 2 643.38t,B 级预测资源量 1 292.23t,C 级预测资源量 1 318.86t。

根据各预测工作区的成矿地质条件、已有地质矿产勘查程度、找矿潜力、自然地理及经济技术条件,共划分了 7 个锡矿产远景区,提出 40 个勘查工作区,拟新增锡资源储量 1 739 207.14t。其中锡矿普查区 21 个,拟新增锡资源储量 343 497.60t;锡矿详查区 12 个,拟新增锡资源储量 539 168.01t;锡矿勘探区 7 个,拟新增锡资源储量 856 541.53t。

依据内蒙古自治区矿产资源特点、地质工作程度及环境承载能力,统筹考虑全区经济、技术、安全及环境等因素,结合本次矿产资源预测结果,在综合考虑当前矿产资源分布和预测成果等因素的基础上,进行未来锡矿开发基地划分,内蒙古自治区境内共划分了 7 个锡矿资源开发基地,包含 171 个最小预测区,预测锡资源量 1 830 243.42t,其中 A 级预测区 29 个,预测锡资源量 1 164 358.04t;B 级预测区 51 个,预测锡资源量 426 274.09t;C 级预测区 91 个,预测锡资源量 239 611.29t。

主要参考文献

黄岗梁地区 1∶5 万区调片区总结地质报告[R]. 赤峰:内蒙古第十地质矿产勘查开发院,1998.

吉林省科尔沁右翼中旗孟恩陶勒盖矿区银铅锌矿地质勘探总结报告[R]. 长春:吉林省地质局第十地质队,1978.

内蒙古自治区地质矿产局. 内蒙古自治区区域地质志[M]. 北京:地质出版社,1991.

内蒙古自治区地质矿产局. 内蒙古自治区岩石地层[M]. 武汉:中国地质大学出版社,1996.

内蒙古自治区东乌珠穆沁旗朝不楞矿区-矿带铁锌多金属矿补充详查报告[R]. 赤峰:内蒙古自治区内蒙古物华天宝矿物资源有限公司,2005.

内蒙古自治区克什克腾旗黄岗梁铁锡矿Ⅲ区锡矿Ⅰ号脉详查地质报告[R]. 赤峰:内蒙古赤峰地质矿产勘查开发院,1997.

内蒙古自治区林西县官地乡大井矿区铜锡多金属矿(北)详查地质报告[R]. 三河:华北有色地质勘查局综合普查大队,1990.

内蒙古自治区太仆寺旗千斤沟矿区锡矿初步普查地质报告[R]. 呼伦贝尔:内蒙古自治区一○九地质队,1987.

内蒙古自治区锡林浩特市毛登矿区锡矿详细普查地质报告[R]. 呼伦贝尔:内蒙古自治区一○九地质队,1984—1989.

内蒙古自治区锡林浩特市毛登小孤山北矿区锌锡矿详查报告[R]. 济南:山东省鲁地矿业有限公司,2008.

宁奇生,唐克东,曹从周,等. 大兴安岭区域地层[M]//黑龙江省地质局. 大兴安岭及其邻区区域地质与成矿规律. 北京:地质出版社,1959:6—41.

邵济安,唐克东. 蛇绿岩与古蒙古洋的演化[M]//张旗. 蛇绿岩与地球动力学研究. 北京:地质出版社,1996:117—120.

邵济安,张履桥,牟保磊. 大兴安岭中南段中生代的构造热演化[J]. 中国科学(D辑),1998,28(3):193—200.

邵济安,张履桥,牟保磊. 大兴安岭中生代伸展造山过程中的岩浆作用[J]. 地学前缘,1999,6(4):339—346.

邵济安,张履桥,肖庆辉,等. 中生代大兴安岭的隆起——一种可能的陆内造山机制[J]. 岩石学报,2005,21(3):789—794.

邵济安,赵国龙,王忠,等. 大兴安岭中生代火山活动构造背景[J]. 地质论评,1999,45(增刊):422—430.

陶奎元. 火山岩相构造学[M]. 南京:江苏科学技术出版社,1994.

王鸿祯,刘本培,李思田. 中国及邻区大地构造划分和构造发展阶段[M]//王鸿祯,杨森楠,刘本培,等. 中国及邻区构造古地理和生物古地理. 武汉:中国地质大学出版社,1990.

王荃. 内蒙古东部中朝与西伯利亚古板块间缝合线的确定[J]. 地质学报[J],1986(1):31—43.

王蓥. 大兴安岭侏罗、白垩系研究新进展[J]. 地层学杂志,1985,9(3):203—209.

王忠,朱洪森. 大兴安岭中南段中生代火山岩特征及演化[J]. 中国区域地质,1999,18(4):351—

359+372.

魏家庸,卢金明,徐怀艾,等. 沉积岩区 1:5 万区域地质填图方法指南[M]. 武汉:中国地质大学出版社,1991.

吴福元,孙德有,林强. 东北地区显生宙花岗岩的成因与地壳增生[J]. 岩石学报,1999,15(2):22—30.

锡林郭勒盟毛登铜矿区地质普查检查报告[R]. 内蒙古:内蒙古地质局 126 地质队,1960—1961.

赵国龙,杨桂林,王忠,等. 大兴安岭中南部中生代火山岩[M]. 北京:科学技术出版社,1989.